# 节日研究

# Festival Studies

第十七辑

主编 王加华
主办 山东大学

山 东 大 学 出 版 社

**图书在版编目(CIP)数据**

节日研究.第17辑/王加华主编.—济南:山东大学出版社,2021.6

ISBN 978-7-5607-6966-0

Ⅰ.①节… Ⅱ.①王… Ⅲ.①节日—研究—世界 Ⅳ.①K891.1

中国版本图书馆CIP数据核字(2021)第110224号

责任编辑 郭凯迪
封面设计 牛 钧

出版发行 山东大学出版社
社 址 山东省济南市山大南路20号
邮政编码 250100
发行热线 (0531)88363008
经 销 新华书店
印 刷 济南华林彩印有限公司
规 格 787毫米×1092毫米 1/16
19.25印张 296千字
版 次 2021年6月第1版
印 次 2021年6月第1次印刷
定 价 86.00元

# 《节日研究》编委会

# 目 录

## 田野报告

# 理论探究

# 仪式与距离：中国传统春节的社会组织意义与艺术性*

耿　波**

理论探究

**摘　要**

春节研究从民国时期即已开始。中华人民共和国成立以来，先后经历了对春节的“置身事外”研究到“本土体验”研究的阶段。从本土体验看，春节是“仪式”，它的作用在于通过典型节俗与符号的展演，实现人与人、人与神的社会组织功能。然而，春节作为“仪式之事”一方面具有社会组织功能，另一方面包含着“距离”性的“旁观”要素：他人看自己、自己看自己、祖宗之神的参与观看。这些“旁观”要素，使春节具有被观看的意义，从而具有艺术性的特征。春节是人的五感依次呈现并在高潮时刻得以融合的仪式，烟花爆竹的烟火味、焚香的味道与祭品的腥气味引导人们进入春节的“洞穴”，实现了春节的升华。

**关键词**

仪式　社会组织　距离　祖宗　烟花爆竹

---

* 本文系教育部哲学社会科学研究重大课题攻关项目“非物质文化遗产美学研究”（18JZD019）阶段性成果。

** 耿波，中国传媒大学人文学院教授。

## 一、1949年以来春节研究的“置身事外”及回归本土与体验

春季是中国传统文化中的“八大节”(春节、元宵、清明、端午、七夕、中秋、重阳、除夕)之首,其重要意义自是不言而喻。对春节的关注,自汉代就开始了。20世纪二三十年代以后,随着“北大歌谣运动”的推进,民间文化被知识分子关注,产生了很多杰出的研究著作。中华人民共和国成立以来,作为节日的春节仍是中华传统文化最为显著的符号之一。20世纪40～80年代,中国传统春节可以说是相对无事;但从20世纪80年代后半叶以来,作为传统节日的春节出现了日渐式微等问题。这一问题的实质,是传统中国在现代化进程中的问题。在越来越快、越来越速效的现代化语境中,人们发现春节成了自己的“负担”。然而,这还不是最重要的,关键在于,人们发现春节在使我们烦恼的同时,却不能真正舍弃春节。春节成为已步入现代化的国人的“隐痛”。

春节既已如此,对春节的研究亦是如此。对春节的研究,从中华人民共和国成立以来,先后经历了“节俗与起源研究”“节日文化论”“节日符号论”“节日遗产论”等不同阶段。可以看出,对传统春节的研究,表面上数量众多,其实并没有发展出真正对“春节”本身的研究。对春节的研究,很大程度上还是随着现代化进程而产生的非学术活动。下面,我们梳理一下1949年以来春节研究的四个阶段,以此明确一个问题:春节研究作为学术问题,到底要研究什么?

第一个时期是从中华人民共和国成立至20世纪80年代。此期,春节研究几乎是空白,大部分是政府发布的春节动员令。这与春节在此时尚无“问题”有关。

第二个时期是从1981年到20世纪90年代初。在长达10年的时间内,对春节的研究主要集中在习俗探讨方面,出现了《春节习俗探源》《“春节”探

微》《侗族春节习俗活动及其社会功能》《鲁南春节的"摇钱树"》等学术性文章。[①] 另外，这个时期还出现了有关少数民族春节习俗研究的文章，如《藏历新年与农历春节日期异同》《壮族春节习俗研究》等。[②]

进入20世纪80年代，虽然实行了家庭联产承包责任制，但更大范围内的开放与全球性流动尚未实现，春节作为中国人的传统生活方式尚未遭遇全面危机。因此，这个时期的春节研究较多停留在对春节习俗的探讨上。对春节习俗的记述是春节研究的重要内容，这一研究向度从20世纪80年代开始，至今未断。春节习俗记述是对春节仪式的"书写"，然而，这一"书写"问题很大。对春节的"书写"，其实就是把节日作为客观对象描述出来，在此过程中，研究者事实上是"置身事外"的。因此，我们看到在对春节习俗的"书写"中，存在着很大的主观性：不仅所列的春节习俗是随意择取的，而且鲜少提及这些意象背后的内在联系，通篇只是春节习俗与意象的罗列。那么，应当怎样向人们呈现春节的习俗或意象呢？春节既是节日，也是人间的仪式，其实是前后呼应、有着自己内在叙事的一整套仪式。从春节前的小年开始（其实可以更早，追溯到腊八），一直到春节后的元宵，其实是一个完整的仪式。在这个仪式中，重大的习俗在其中各有自己的文化功能。从小年至元宵，人们体验到的应该是作为人间实践的春节、作为文化象征的春节和作为"整体经验"的美学经验的春节。

第三个时期是从20世纪90年代初到21世纪初。在这一时期，对春节习俗的叙述仍然是主要内容，但也出现了对春节的"文化"研究，思路开始开阔。这一时期的代表性论文包括《从春节习俗看中国传统文化的凝聚力》《客家地区春节前后的旧俗及传说》《春节文化与春节晚会》《关于阴阳历及春节日期界定的研究》《开发春节的文化潜能》《世俗仪式的庆典——春节联

① 罗贤梁：《春节习俗探源》，《赣江经济》1981年第2期；张振犁：《"春节"探微》，《兰州大学学报》（社会科学版）1982年第1期；杨世灯：《侗族春节习俗活动及其社会功能》，《民族论坛》1985年第4期；文瑜：《鲁南春节的"摇钱树"》，《民俗研究》1990年第2期。

② 黄明信：《藏历新年与农历春节日期异同》，《中国藏学》1988年第4期；覃圣敏：《壮族春节习俗研究》，《广西民族研究》1989年第3期。

欢晚会》与《端午重阳腊八春节的中医药文化底蕴源流考》等。[①]

对当代中国而言，20 世纪 90 年代的确是值得回味的年代。随着“经济”取代“政治”成为时代的主调，传统春节遭遇了前所未有的危机。电影《过年》向我们展示了春节在那时已成为各种社会矛盾的聚集地。然而，在春节呈现危机之时，有关春节“文化”的研究出现了，这是节日研究的进步。在此时期，还有一个值得关注的现象，就是对春晚的研究。春晚起源于 1979 年，正式创办于 1983 年。从节日仪式的角度看，“春晚”替代了传统春节仪式中的“守岁”，让人们在欢乐中度过关键性的过渡点。春晚的存在，在某种意义上对传统春节起到了破坏作用。寒光较早反思了春晚的反节日意义，他说：“可悲、可怕也正在这里：像我们这样一个文化悠远的大民族，只靠如此轻浅的三个‘小品种’(小品、相声和流行歌曲——引者注)，就能把十多亿人最重要的一个节日‘对付’过去！”[②]然而，这样的反思并不能阻碍春晚在春节的隆重上演，而对春晚的研究从某种程度上推动了春晚的合法化。因此，在这一时期，不管是从“文化”角度研究春节，还是对春节中“春晚”的研究，都是沿着当初对春节民俗“记叙”(书写)的道路走下去，指向了对传统春节的“隔离”与旁观。这种“隔离”，是因为人们没法沉浸到节日中以获得丰盈的节日体验而产生的必然结果。

第四个时期是进入 21 世纪后。这一时期，春节研究在两个方向上发展：第一个方向是认为春节体现了中华民族传统文化，是强有力的文化符号；另一个方向则是反思春节作为节日的社会组织功能。

进入新世纪，中国面临的形势空前复杂，不仅改革进入深水区，而且人们对中国在世界民族之林中的位置也产生了新的看法。强调春节是传统文



---

① 邓毅顽：《从春节习俗看中国传统文化的凝聚力》，《广东民族学院学报》1991 年第 2 期；文澜：《客家地区春节前后的旧俗及传说》，《岭南文史》1992 年第 4 期；寒光：《春节文化与春节晚会》，《群言》1993 年第 2 期；应振华：《关于阴阳历及春节日期界定的研究》，《陕西师大学报》(自然科学版)1995 年第 S1 期；刘啸霆、刘群英：《开发春节的文化潜能》，《哈尔滨师专学报》(社会科学版)1997 年第 4 期；杨珺：《世俗仪式的庆典——春节联欢晚会》，《中国电视》1999 年第 S1 期；赵鸿君：《端午重阳腊八春节的中医药文化底蕴源流考》，《中医药学刊》2001 年第 3 期。

② 寒光：《春节文化与春节晚会》，《群言》1993 年第 2 期。

化符号的研究在新世纪大行其道，比如杨根培、廖赤阳等人的探讨①，持续在世界民族文化长廊中定位春节文化的意义。对春晚的研究，在这一时期也达到了新的高峰。然而，这个时期最值得关注的是春节研究从文化"符号化"转向"地方性"研究。2006年，中国民俗学会、中山大学中国非物质文化遗产研究中心、广州市番禺区委宣传部主办的"春节：地方性与民族文化认同"学术研讨会在广州市番禺区莲花山粤海度假村召开。相比以前的社会学者与传播学者，此次会议意味着人类学家、民俗学者开始大规模介入春节的研究。此次会议的重要性在于，它不再是"隔离""旁观"地看待春节，而是将春节看作特殊的社会组织方式，提出了许多新的见解。如黄涛认为，跪拜式的拜年礼仪除有悠久厚重的古老习俗驱动以外，还是乡土生活的内在需要和乡民情感的自然流露。②



进入新世纪，春节研究的重大进步在于，从把春节单纯作为文化"符号"开始，反思其"本土性"。然而，2005年之后，更加复杂的地方在于，随着非物质文化遗产运动的开展，春节作为"遗产"替代了它的"本土性"，发展出全新的研究角度。非物质文化遗产的本意，是反思人们对非物质文化遗产的个体化占用与运用。但在当代中国，在各种力量的运作下，春节作为非物质文化遗产却成了"文化资源"③。春节研究，再一次走向了对之"隔离"与"旁观"的老路。然而，此时的春节研究已不可能完全被这样的研究路数包办，对春节的本土社会组织功能之观照仍在强力推进并产生了大量研究成果。④ 在此特别值得一提的是刘铁梁的《身体民俗学视角下的个人叙事——以中国春节为例》一文。在该文中，刘铁梁指出："如果要检讨我们的春节研究还有什么不足的话，重要的一点就是缺乏与社会发展实践相关联的讨论，特别是没有对当下老百姓在节日中的亲身经历给予更多的关注"，"春节的个人叙

---

① 杨根培：《春节与圣诞节中的中西方文化习俗》，《长沙航空职业技术学院学报》2002年第4期；廖赤阳、王维：《全球化背景下的地方先导与传统塑造——长崎新地中华街社区与春节祭之形成》，唐力行主编：《国家、地方、民众的互动与社会变迁》，商务印书馆2004年版，第414～422页。

② 参见黄涛：《村落拜年礼仪及其社会文化功能——以河北省景县拜年习俗为例》，陶立璠主编：《亚细亚民俗研究》第六辑，学苑出版社2006年版，第265～279页。

③ 萧放：《文化遗产与文化资源——现代语境下的春节习俗意义》，《江西社会科学》2006年第2期。

④ 如张士闪：《春节：中华民族神圣传统的生活叙事》，《河南社会科学》2010年第1期；乌丙安：《中国春节：祭典与庆典严密组合的传统行事》，《江西社会科学》2011年第1期。

事研究，就是要将这些鲜活的经历讲出来、写出来，呈现给全社会。这样，讲述者就会进一步发挥出参与春节生活的积极作用，通过沟通人们对于春节生活的感受，加深人们对春节传统与社会发展现实的体悟，使春节生活的核心价值不断得到发扬光大”。[①] 刘铁梁强调了春节个人叙事的重要性，强调要发现春节中鲜活的个人体验，这是传统节日研究中极其重要的视角与路径。注重个人的节日体验，其实是对节日“本土化”研究的进一步深化，超越了抽象的文化与符号，是真正发现中国传统春节内在逻辑的途径。



## 二、中国传统春节作为“仪式之事”的社会组织功能

作为节日的春节，其研究向“本体化”与个体经验的回归，是当代春节研究的巨大进步。然而，要解开春节的秘密，我们还得回归春节的“原初身份”，即春节在根本意义上是作为“仪式之事”的存在。

春节首先是仪式，是人们通过象征性“行事”来实现自己的人间信仰与社会组织功能的方式。关于仪式的研究不计其数，马林诺夫斯基、涂尔干、根纳普、特纳等都提出过自己关于“仪式”的非凡见解。[②] 综合此前关于“仪式”的研究，我们认为，仪式的核心有如下几点：(1)仪式是在世之人的人间信仰，不是真正意义上的宗教，但起着人间宗教的作用。涂尔干在《宗教生活的基本形式》中认为宗教分为“信仰”和“仪式”，仪式不是信仰，而是信仰的物质和行为模式。[③] 世界分为“神圣”与“世俗”两个层面，信仰与仪式指向的是“神圣”层面。(2)仪式中最重要的是生命仪礼。在生命仪礼中，过渡性仪式又是最重要的，“分离”“过渡”和“组合”构成过渡仪礼中“阈限”的三个部分。根纳普在《通过仪式》中首先提出了仪式的生命仪礼问题，并对生命礼仪中的“阈限”进行了阐释[④]，产生了巨大影响。后来，特纳等学者对此又作了进一步的发挥。(3)作为生命仪礼的仪式内部，在阈限上是冲突的。也

---

① 刘铁梁：《身体民俗学视角下的个人叙事——以中国春节为例》，《民俗研究》2015年第2期。

② 参见彭兆荣：《人类学研究评述》，《民族研究》2002年第2期。

③ 参见[法]涂尔干：《宗教生活的基本形式·导言》，渠东、汲喆译，上海人民出版社1999年版，第1～26页。

④ 参见岳永逸：《范·根纳普及其〈通过仪礼〉》，《民俗研究》2008年第1期。

就是说，在仪式中，一个阈限与另一个阈限之间是模糊与模棱两可的。(4)仪式的作用乃是通过特定符号的社会展演，以此处理人与人之间的关系。我们将春节视为“仪式”时，发现它符合仪式的这四个特征。因此，春节在根本上就是人们通过符号展演而进行的一场生命复活的仪式。

前文我们已指出，中华人民共和国成立以来对春节节俗的“书写”混乱随意，没有体现出春节背后的逻辑。下面我们将春节作为生命复活的“仪礼”来呈现其完整历程。

1. 腊八

春节从什么时候开始？这是个问题。高丙中教授认为，“从个人来说，一些人从圣诞节开始仪式活动，比较多的人从元旦开始”，“中国社会在圣诞节就进入过年的状态了”。① 这是一个新的发现，但高丙中说的是城市的情形，将之放到中国大部分地区，我认为是腊八。② 腊八节时，人们喝腊八粥，吃腊八蒜，此外还有一个常被人们忽略的重要节俗，就是把自己熬的腊八粥分发给邻居，共食度腊八。

腊八是传统腊祭仪式与佛教仪式的合流。对于中国的腊祭仪式，葛兰言认为，其在汉代之前的节日形态是人与人之间的狂欢。③ 东汉以后，随着佛教传入我国，腊八节开始受到佛教的极大影响，因为传说释迦牟尼的生日也是在十二月八日。受佛教影响，人们在腊八节把腊八粥熬熟后，先祭祀祖宗，然后聚家而食，而最重要的是把自己的腊八粥主动与邻居、亲戚朋友分享，这恰恰符合佛教万物一体的观念。腊八作为春节的先声，具有重要意义。④ 春耕、夏耘、秋收、冬藏，在忙碌了一年后，在将要进入生命“复活”时，使自己从功利化的活动中脱离出来，环顾与自己同在的邻人、亲戚，将佛教

---

① 高丙中：《作为一个过渡礼仪的两个庆典——对元旦与春节关系的表述》，《中国人民大学学报》2007 年第 1 期。

② 如周虹就曾谈道：“‘腊八腊八二十三，过年剩了七八天’，老家的这条有关过年的谚语，表明‘年’是从腊月初八开始的。”周虹：《喂树、问树、嫁树及其他》，《民俗研究》1994 年第 2 期。

③ 葛兰言认为：“宽泛地说，它们是结合的节庆，在其中，人们清楚地意识到那些将他们维系到一起的黏合剂，意识到他们与自然环境的一体性。不只如此，在确保人与物的繁荣状态的同时，它们也能够保障自然界的正常运行。”（[法]葛兰言：《中国古代的节庆与歌谣》，赵丙祥、张宏明译，广西师范大学出版社 2005 年版，第 161 页）

④ 葛兰言认为，中国的“八蜡”祭祀本身就是人们在农忙结束之后向大自然的酬谢。因此，自然带有狂欢的特征。参见[法]葛兰言：《中国古代的节庆与歌谣》，赵丙祥、张宏明译，广西师范大学出版社 2005 年版，第 155 页。

的广法之义变为中国的世俗精神。腊八节这种“环顾世界”的举动，是人们进入生命“复活”之春节的前奏。

2. 小年

从腊八到小年，是人们备年的时期。腊八节后，人们从自己的功利化世界抽身出来，略作瞻顾后，便开始备年。备年这个行为耐人寻味，因为它指向的活动就是过年。因此，在长达半个月的备年时间中，人们不再从事任何有实际价值的活动，而是做着无为之事，优哉游哉专等过年。小年这一天有所谓“官三民四渔五”的说法，可以说是这种无所事事的活动达于高潮的一天。小年的习俗主要包括祭灶、扫尘、洗浴、吃糖瓜等。为什么会在此时祭灶呢？人们在此时祭灶，其实是全面转向自己“家庭”的时刻，因为“灶”是家庭最重要的象征，祭灶意味着春节节奏向内转。然后是扫尘、沐浴，这更是春节节奏向内转的重要象征。吃糖瓜是人们在这种无所事事的状态中，解放自己被功利化活动尘封已久的味觉，从而进入“好日子”的重要“印章”——“甜”只有在无所事事中才能真正被体会。

3. 除夕

从小年开始，人们正式进入过年的节奏。这其实是此前两条线索的深化：一是人们之前“无所事事”状态的继续发展，这将一直持续到元宵节；二是春节节奏从“外”向“内”的进一步发展。到了除夕这一天，两条线索的发展也达到了顶点。人们贴对联、放爆竹、请祖宗，做各种年节食品。从除夕至初五，不仅农活不能做，而且其他的事也不能做。除夕这一天，如果借过别人家的东西，一定要送回去，保证家里不能有任何一点别人家的东西。由此，“向内转”的节奏达到了顶点。

除夕的守岁是春节的顶点时刻。吃过年夜饭，阖家围炉而坐，各自闲谈，谈论的核心往往是往事，尤其是本家族的往事。在此回忆性闲谈中度过一夜，呈现了共聚于此之人至为深刻的血缘关系，最大程度上强化了共聚于此之人对“家”的认同。由此，春节体验也达到了酣畅淋漓的高度。然而，央视春晚的出现，彻底改变了守岁的性质。它虽然也让人们在有闲中度过，但是这种“闲”和守岁之“闲”截然不同：看央视春晚过除夕，其实是“闲”中之“忙”，是通过“娱乐”剥夺了人们反思、回顾的可能，从而彻底改写了春节的意义。

4.元宵

除夕到破五是“闲闲闲”日子，但是闲中也有“动”。人们在“无所事事”中诞生了自己与他人交际的节俗之事：大年初一给亲戚、本家磕头，初二嫁出去的女儿回娘家。初三之前的走动，算是一个对外交际的活动，交际的人群则以“家庭”为中心；之后，则是姥姥、姑姑等亲戚；再之后，则走访更远的亲戚、朋友。我们可以看到，走亲戚完全是以“家庭”为中心、由亲而疏展开的。到了元宵节，也就到了春节的末尾，这也是人们最后的“闲闲”日子。从“外—内—外”的角度而言，人们经历了从家庭外到家庭内再到家庭外的转变。从人类学的角度来看，其实是经历了“死而复生”的过程。人们张灯结彩，四处游玩，将自己融入他人的世界中，其实也是为来年的活动做好准备。

通过简单的梳理，我们可以看到，林林总总的春节习俗是服务、贯穿于春节作为“生命复活”的总体进程的；春节有着自己非常重要的社会组织功能，那就是和合家庭与和睦亲戚的功能。从小年开始，通过“扫尘”“年夜饭”等仪式，和合了家庭；进而在年后，通过与远近亲戚的走动，强化了彼此的联系。事实上，春节的社会组织功能是其在现代化语境中仍能存在的主要原因。在此意义上，我们可以认为，春节通过“仪式之事”实现了其社会组织功能。然而，春节的这种社会功能，是不是春节仍可存留的主要原因呢？事实上，从社会组织角度而言，现代化提供了比春节更丰富有效的社会组织手段，比如个人逐步扩大的社会关系、职场关系、情感关系等；在社会组织层面，这些方式比春节更加有效。因此，春节在今天的价值绝不仅仅体现在它的社会组织功能上，还应该有别的功能。

## 三、中国传统春节中的“距离”存在与“他人”观照

春节作为“仪式之事”，具有独特的社会组织功能，妥善地处理了家庭内部、外部的关系，甚至与陌生人的关系在春节中也得到了妥帖的安置。春节作为“仪式之事”，是全体人参与的事情，人人概莫能外。除家庭、亲戚等层面外，春节还通过一些特殊节俗活动在更大范围内建构了人与人之间的社会联系，比如春节期间的戏剧表演。在春节戏剧表演中，人们兴高采烈地围观着精彩的戏剧演出。那么，这种“围观”意味着什么呢？

哈里森以古希腊戏剧为切入点，探讨了“艺术”是如何从“仪式”中诞生的。她说：“对于希腊人来说，观众是一个全新的因素，因为有了观众，舞蹈从人们共同参与的活动，变成了供人从远处欣赏观看的对象，变成了某种壮丽的景观。过去，所有的人都是参与者和崇拜者，现在，其中的大部分人变成了旁观者，他们看、听、想，但不再做。这是这种全新的旁观者的态度，在仪式和艺术之间划了一条界限。原本是你自己亲身参与的行事，你自己的所作所为，现在变成了戏剧，戏剧依然是行事，但却与你的行为相疏离。”①作为节日，春节首先是仪式；作为仪式，它首先是对人与人、人与神关系的安排。然而，我们看到，就在春节戏这种节俗中却产生了“观众”。正是“观众”的存在，使春节在“仪式”中产生并包含着“艺术”的要素。

日本学者田仲一成在谈到中国传统戏剧的产生时，重大发现就是将作为艺术的戏剧与中国祭祀中的“春祈”联系在一起。他认为：“在祭祀活动时，降临的神（神尸）和迎接的巫之间进行对舞、对唱，其中的歌唱、舞蹈、动作、神谕、祝词等要素在未分化的情况下融合而成狂乱的附体动作，这些动作自神秘消失进而转化为人民观赏对象的过程中，原本包括在其中的歌舞、动作、对白等要素为适于人们观赏而分化独立，并被提炼美化，作为神灵降临故事的戏剧于是产生。”②田仲一成同样提到了“观赏”的产生。因此，仪式中产生了带有距离感的“观众”，从而完成“观赏”行为，是“仪式”中产生“艺术”的关键。春节戏的产生，是春节“艺术性”产生的高潮。不过，我们如果再审视一遍春节就会发现，其实其中已蕴含着“距离”与“旁观”的要素。在此意义上，作为“仪式”的春节其实与作为“艺术”的春节是交织在一起的。

首先是腊八。前文中我们指出，腊八可视为春节的开端。腊八根本上是中国的腊祭仪式与佛教仪式的综合。腊八节的重要性在于，它是对他人的邀请：人们以胡桃、松子、莲子、枣、芡实、荔枝等煮粥，送给亲友，谓之“腊八粥”。在今天不少地方，腊八送粥的风气仍在。比如在浙江湖州，十二月初八人们取粳米、糯米，并放入赤豆、黄豆、山薯、芋芯等一起煮，再配以作料，以送人为乐。腊八粥送人，在中国传统社会中，是有意味的举动。自春

① [英]简·艾伦·哈里森：《古代艺术与仪式》，刘宗迪译，三联书店2008年版，第82页。
② [日]田仲一成：《中国戏剧史》，布和译，北京大学出版社2011年版，第2页。

至秋，中国的民众其实大部分时间都在劳作，生活在以家庭为中心的狭小范围内。腊八通过施粥而与家庭以外的人发生了关系，打破了封闭的同心圆。腊八时节邀请他人，是结束功利化活动的第一步，其情形就好比我们走进剧场与同伴寒暄，静待好戏登场。

从腊八到小年这段时间，是人们备年的时候，我们发现，相互观看的"互演行为"在这一时段得到了极大加剧。这段时间，家里的东西什么都要求全求整，比如碟子、碗筷之类的东西要添置齐全，还要给家里的老人、孩子买东西。天津有句俗话："闺女要花，小子要炮，老人要顶毡帽。"人们过年所需的各类年货用品全部上市，此时的大街上，年画、花炮、吊钱儿、窗花、灯笼、脸谱、行榴花、春联、金鱼等琳琅满目，米面庄、海味店、酱菜园、香烛纸马儿店等也生意兴隆。腊月二十前后，大多数人家开始采买鱼、肉、蔬菜和干鲜果、糕点菜食等物。如果从谢克纳所谓"社会表演"的角度看①，这一段时间真像是"街头表演"。因为买的、卖的并不是特别急需的，人们办年货就像是在演戏，人与人在买卖中"相互观看"。此外，从腊八到小年的办年，不仅是"互演"，更加重要的是"自演"。春节作为仪式，特别重要的是它的"重复"特征。每年的春节仪式会有小的变动，但在仪式的基本程序上却是相同的。因此，人们在做仪式时，就会产生"自己看自己"的感觉。当然，这种"自演"也许会随着当事人对此节俗的熟稔而减少，但并不会完全消失。

其次是小年。小年的核心内容是清扫门户，也是要清扫自己。家家户户择晴暖的日子进行大扫除，翻箱倒柜，扫掉四壁、墙角和顶棚上的尘土，擦净门窗和玻璃，擦亮桌椅柜橱和各处的铜饰件儿，面板、菜板、锅盖、拍盖儿等炊具也要刷洗，要求里里外外一尘不染，以一番新的气象辞旧迎新。那么，小年时，人们扫房洗澡，一切都干干净净，给谁看呢？这是个很重要的问题。对深陷功利的人而言，"干净"并不必要，且耗时耗力，不划算，因此"干干净净"的意义必是在功利之外的事情。那么，干干净净过新年的节日心理是什么呢？我觉得包括两个方面：其一，春节是新一年的开始，在个人心理上看，要干干净净迎接新日子的到来；其二，也是更重要的，在于给即将到来的"祖宗神"看看自己的精气神，让他们放心。小年还是家里的灶王爷上天

① 参见廖静：《谢克纳表演理论研究》，武汉大学 2015 年博士学位论文。

报告的日子，所以，从这一天开始，春节进入了人神沟通的时刻。这样的时刻，自然包含着“祖宗神”回家的心理认同，而洒扫干净就是给“祖宗神”“观看”的。如果说腊八是人看人的话，小年则是“(祖宗)神看人”。

再次，除夕可以说是春节的顶点，也是相互“观看”的顶点。人们贴对联、福字、春花等，这一整套的春节符号，既给别人看，也给来家的“祖宗神”们看。然而，这还不是最重要的。除夕，最重要的节俗是全家吃年夜饭。不同地方年夜饭的形式不同，但在“祖宗”灵前进餐却是固定的。[①] 所以，年夜饭并不只是简单满足口腹之欲，更大的意义在于，自己的进食其实是在“祖宗神”面前的表演。由此，春节作为仪式，至少有三方面的“观众”：现实中的他人、自己和邀请到家里来的“祖宗”。可以说，我们的春节从来不是独自狂欢，而是在其他人注视下的共同“狂欢”。

最后是元宵节。春节中的“他人”内涵盛极而衰，重新回归功利化世界。从初一到元宵节的半个月内，从他人“观看”的角度来看，人们走出自己的家庭，以自己家庭为中心，逐步由亲到疏拜访亲戚，具有很强的社会组织意义。在走亲戚中，人们遇见了“熟悉的陌生人”——自己的亲戚：亲戚是熟悉的，因为他和“我”有血缘关系；但又是陌生的，因为“我们”不是时时见面。正月十五元宵节，华灯初上，我们进入“狂欢”的时刻，节日仪式的“他人”内涵被放到最大；也是在元宵节，“他人”内涵孕育着转机：在娱乐化、世俗化的氛围中，人与人之间抹平了差距，共生一体，“他人”性开始消失。

因此，可以这样认为，腊八是人与人观瞧，小年、除夕等则是“祖宗”观瞧，但到元宵节则是回到了神人杂处的狂欢化时空。从“他人”的角度而言，到了“旁观”的最高点，同时意味着“旁观”的沦落。元宵节之后，我们加入了他人，去做功利之事，等待下一个春节的到来。所以，春节其实是人们参与其中、概莫能外的“仪式”与总有“距离”之“旁观”两种文化形式的杂糅。春节中“距离”的存在，导致人在春节中对自己行为的观看，正是在这个意义上，“仪式”成为“艺术”。通过这种距离式的观察，人们在春节中感受到一种

---

① 年夜饭起于何时，还是一个悬而未决的问题；但年夜饭起源于人们在新旧交替时庆丰收、酬谢祖宗的仪式活动，却是学界公认的。因此，年夜饭自然而然包含着与“祖宗之神”共同进食的意义，与一般饮食不同。参见李永顺编：《中国年节》，云南大学出版社 2007 年版，第 66 页。

时间的“整体”感，节日的艺术化体验得以产生，人们由此形成一种时间上的整体感，即圆美的感觉。汉学家葛兰言谈到，通过“节日”，人们获得一种时间上、空间上的整体感，这种整体感其实就是一种“圆”的形式感。①

冯骥才在谈到春节守岁时，提到了我们对时间流逝的“体验”：“也许我们平时不曾感受时间的意义，但在这旧的一年将尽的、愈来愈少的时间里——也就是坐在这儿守岁的时刻里，却十分具体又真切地感受到时光的有限与匆匆。它在一寸一寸地减少。在过去一岁中，不管幸运与不幸，不管‘喜从天降’还是留下无奈、委屈与错失——它们都已成为我们生命的一部分。在它即将离我们而去时，我们便有些依依不舍。所以古人要‘守’着它。”②对于时间，我们是感觉不到的，那为什么偏偏是在守岁的时刻，我们感到了它的流逝呢？不管用什么方法，守岁的奥秘，正在于通过放弃功利化活动，“看”到了时间的流逝，从而由此溯往、由此及彼，产生人生在世的整体感。因此，春节中的守岁，其实是春节仪式中“观望”的典型形式。



## 四、爆竹的意义：中国传统春节的感官融合与嗅觉的引入—引出意义

爆竹是中国传统春节的独特符号。然而，关于爆竹在春节体系中的意义却鲜有讨论，尤其是国家禁止燃放烟花爆竹后，爆竹更被视为中国传统春节的“污点”，关注的人就更少了。但是，从春节整体来看，爆竹其实扮演着重要的角色。从人们对春节的感官接受角度看，爆竹所产生的嗅觉体验，更是春节从世俗活动向上升华的关键。

春节燃放爆竹的习俗，历史悠久。早在《诗经》时代，就有“庭燎之光”，人们把竹子放到火中，燃烧之下，竹子发出巨大的声响。据民间传说，春节之所以要燃放爆竹，原因在于震慑年兽、扫除秽恶。宋代，民间开始普遍用

① 参见[法]葛兰言：《古代中国的节庆与歌谣》，赵炳祥、张宏明译，广西师范大学出版社 2005 年版，第 156 页。

② 冯骥才：《守岁》，《冯骥才散文精选：灵感忽至》，华中科技大学出版社 2018 年版，第 286 页。

纸筒和麻茎裹火药编成串，做成“编炮”燃放。宋代之后，人们在解释为什么要燃放烟花爆竹时，产生了一个较为科学性的解释，即火药能治疮癣、杀虫、辟湿气、祛瘟疫。因此，春节燃放爆竹的意义在于，利用火药杀死病菌。这种说法不无道理。中国传统节日在根本上是一种独特的社会组织方式，具有现实的社会功用，因此“避疫说”并非臆想。然而，爆竹不仅具有实际的功用，而且是节日升华的关键一步。



传统春节不是抽象的春节，是人们诉诸感官的特殊时空场景。我们知道，人的感官分为视觉、触觉、味觉、听觉与嗅觉五感。如果从五感角度分析春节，我们发现爆竹所产生的嗅觉，有“引入—引出”的特殊意义。在五感中，嗅觉最具让人产生情景想象力的功能。在传统仪式中，人们特别重视“嗅觉”的作用。《周礼·天官·甸师》中说：“祭祀，共萧茅。”[①]萧者，香草也。《礼记·郊特性》也说：“萧各黍、稷，臭阳达于墙屋。”[②]也就是说，早在周代，人们在祭祀时就着意选取香草，目的在于将自己的诚意借助气味达于神灵。《礼记·礼运》说：“夫礼之初，始诸饮食，其燔黍捭豚，污尊而抔饮，蒉桴而土鼓，犹若可以致其敬于鬼神……作其祝号，玄酒以祭，荐其血毛，腥其俎；孰其殽，与其越席，疏布以幂，衣其浣帛，醴盏以献，荐其燔炙。君与夫人交献，以嘉魂魄。是谓合莫。然后退而合亨，体其犬豕牛羊，实其簠、簋、笾、豆、铏、羹。祝以孝告，嘏以慈告，是谓大祥。此礼之大成也。”[③]这里说得很清楚，祭祀的目的是“致其敬于鬼神”。因此，在制作祭品时，要“荐其血毛，腥其俎；孰其殽”，就是祭品不能太熟，要半熟，要保留腥气和血气，只有这样才能达于神灵。“燔炙”，就是烤肉，献祭时上烤肉，目的也在于肉香四溢，引动神灵。因此，嗅觉在祭祀中其实占有核心地位。

那么，春节中人们首先唤醒的是什么感觉呢？在小年到春节的办年时间里，人们心里想着年，但其实并无实际的感官，只是在悬想，想象着过年的种种情形。首先开始的应是视觉，也就是从对屋宇干净、人人穿新衣与贴对联的感受开始。视觉最强烈，且对人的暗示意味最直接，它告诉我们，仪式

① 李学勤主编：《周礼注疏》，北京大学出版社1999年版，第97页。
② 李学勤主编：《礼记正义》，北京大学出版社1999年版，第817页。
③ 李学勤主编：《礼记正义》，北京大学出版社1999年版，第666、676页。

开始了。在春联张贴完毕到年夜饭之前这段时间里，按传统春节的年俗顺序，应该是“接祖宗”，就是请祖宗到家中，或者去上坟。从这个阶段开始，视觉开始消退，真正发生的是人的触觉。在整理祭纸、祭品时的触感中，以及对眼不能见的祖宗的想象中，触觉发生了，人们似乎逐渐到了另一个时空。

春节的高潮是年夜饭。在年夜饭之前，首先出场的是视觉，其次是触觉，即通过想象祖先的存在而产生的触感。然而，不管在哪个阶段，其实都没有听觉的出场，也就是老百姓所谓的“清静年”。年夜饭时刻，视觉其实已经隐退了。年夜饭中，家人之间的劝酒、劝饭以及叙谈事情的欢声笑语，充盈耳畔，听觉站出来了；忙碌了一年，人们终于可以坐下来吃顿安稳饭，不是为劳作而吃，而是纯粹的吃与享受，味觉便突现了；对已延请到家中祖宗的想象，意味着触觉的持续。听觉、味觉、触觉交织在一起，人们就像看戏的观众，沉浸在春节仪式的剧情中。

然而，这出戏剧的高潮是在燃放烟花爆竹的时刻。什么时候燃放鞭炮呢？在鲁中地区，年夜饭后（或者与年夜饭同时）有个环节叫作“发纸马”，就是燃烧芝麻秆、祭纸和供奉祭品。这时，鞭炮齐鸣，排山倒海，达到了春节的高潮。在这个时刻，人们固然赞叹烟花爆竹的绚烂，但真正使人难忘的却是呛得人睁不开眼睛的火药味。这种火药味和发纸马所产生的熊熊火光，使春节变成了幽深的“洞穴”，而我们借助奇特的火药味和火光到达了“洞穴”的最底部，实现了对日常现实的彻底忘却与超越。这就是春节作为仪式的“阈限”时刻。是什么带我们达到此“阈限”的呢？肯定是嗅觉。爆竹作为气味的主要来源，其重要性在此暴露无遗。在此，我们发现了嗅觉独特的“引入—引出”意义。引入，就是嗅觉使人产生强烈的情境暗示能力，从而慢慢步入春节的幽暗“洞穴”。这种“引入”，也是人们从现实中逐渐脱离，是相对于现实生活的“引出”，产生了“距离”的意义。爆竹声再次响起的时刻，是年初一的下午，这个时刻在鲁中被称为“送家堂”。此刻，鞭炮齐鸣，恭送“祖宗”归去。这是发纸马之后的第二个鞭炮燃放时刻，其剧烈程度有过之而无不及。此时，火药味、焚香味、祭品味道的交融达到了顶点，人们沉浸在年节的“年味”中。从初一到十五，按照春节的习俗，烟花爆竹是燃放无禁。有时，人们去亲戚朋友家也要焚香、烧纸、燃放鞭炮。

到了正月十五，其他的感觉慢慢沉降下去，原先在年节开始就出现的视觉，这时又出现了，即正月十五看花灯。尼采认为，古希腊文化中存在着象征秩序的“日神”和象征沉醉的“酒神”的对立。① 以此来看，中国传统春节也是如此，即从代表理性的“视觉”开始，从“视觉”慢慢沉入“触觉”，然后在年夜饭之后落入以“嗅觉”为代表的非理性阶段，最后在元宵节的“视觉”理性中重新醒来。因此，中国传统春节不仅仅是独特的社会组织方式，还是在“嗅觉”中趋于非理性，实现日常生活的现实升华的“艺术化”时刻。



## 结　语

在对中国传统春节的探讨中，我们深切认识到，所谓“春节”，其实是多种文化传统漫长调适的结果，并不存在一体化的春节。然而，春节作为节日，其内部存在着明显的连贯性。家内与家外、他人与家人之间的辩证互动，是贯穿春节的两条主线。就仪式而言，春节符合仪式的四个核心特征，即人间信仰、死而复生的生命仪礼、阈限阶段的自我冲突和作为仪式通过符号展演的社会组织功能。因此，春节的本质乃是“仪式之事”。春节具有社会组织的功能，但春节戏的存在，提醒我们春节仪式中其实产生了“距离”与“旁观者”。在这种“旁观”中，人们产生了整体性观照，春节的“艺术性”由此产生。春节在现代化语境中存在的意义，除了它的社会组织功能以外，还在于人们能在春节中感受到艺术的张力。

我们可以由此反思当代春节的衰落。春节在现代化语境中的最大问题在于成了文化符号。全球化时代，文化生产的关键在于其文化符号意义。自从央视春晚出现之后，人们热衷于提炼春节的文化符号，阐释其象征意义，将本身作为“生活组织方式”的春节扯为碎片。春节在根本上是特殊的社会组织方式，它的作用在于处理人与人、人与祖先、人与神的关系，以文化符号看待它，其实导致了春节整体的离散。更加重要的问题在于，在春节失去了社会组织功能的时代，人们只把它看作一整套操练的符号体系。在此意义上，春节包含的“距离”也消失了，人们完全是从与己无关的角度审视春

① 参见[德]尼采:《悲剧的诞生》,周国平译,三联书店1988年版,第12页。

节。春节中“旁观”的辩证之处在于，它既是“旁观”又是“参与”。春节中作为“旁观者”的他人、自己甚至祖先神，都是春节仪式必不可少的部分。在春节中，当这种“旁观”不存在的时候，人们会觉得春节毫无趣味，因此春节中的“旁观”又是奇特的参与形式。文化符号时代，人们失去了对春节的参与意识，只是把它看作古老的文化形式，随之而来的则是春节中的“旁观”也消失了。当人们把春节看作一整套符号系统时，春节的意义仅仅在于彰显自己是“谁”，其中的社会组织功能和艺术意义早已荡然无存。

# 乡村庙会治理:悖论与困境*

华智亚**



**摘　要**

作为乡村生活中一种公开的群体性信仰活动,庙会总是引发管理者的关注。从抗日战争背景下的根据地时期直至改革开放后,庙会既是开展农村工作的重要场合,也是管理的对象。庙会上的"热闹"要打破社会规范和秩序,因而常被视为"乱"的渊薮;同时,热闹中又包含"红火"和活力,因此其又可以看作"治"的表征。这种"治—乱"悖论成为追求"去乱求治"的管理者面临的一个难题。庙会由于具有便利商贸、发展旅游、申报文化遗产等经济文化功能,因此常常成为地方政府看重的资源;但同时,其中的民间信仰活动又是政府试图规训的对象,这种矛盾使得地方政府常常摇摆于鼓励与取缔之间。在此悖论和困境之下出现的运动式治理,常常造成负面影响。为此,对乡村庙会的治理更应回归"治理"的本义。

**关键词**

乡村庙会　社会治理　热闹　狂欢　节日

## 引　言

在中国广袤的乡村地区,庙会有着悠久的历史。所谓"乡村庙会",是指

* 本文系上海市浦江人才计划资助项目"转型期农村社会风险与民间信仰的复兴:理论与经验研究"(13PJC099)的阶段性成果。

** 华智亚,上海政法学院政府管理学院副教授。

由普通民众在其生活的村落或集镇的神庙举办的以祭神和酬神为核心，兼有交易和娱乐的群体性活动。乡村庙会一般以年度为周期定时举办，具体又可分为村落庙会、联村庙会、集镇庙会等不同类型。它与佛道寺观举办的庙会，在举办者、举办地以及规模等方面有所不同，参与者往往局限于村落社区内部或者邻近村落，跨区域长途旅行前来“赶会进香”者较为少见。

虽然规模有限，乡村庙会却是民众信仰和生活中的“大事”。首先，庙会是民间信仰活动的集中展演。作为汉民族民俗宗教的一种基本实践模式①，乡村庙会的核心是祭祀和敬拜神灵，并且是社区民众集体的祭祀和崇拜，因而不仅绝大部分平日以个体或家户方式进行的民间信仰活动会出现在庙会上，而且按照欧大年(Daniel Overmyer)的说法，整个地方宗教的组织、结构和内在逻辑都会在庙会上得以体现②。其次，庙会总是在神灵诞辰、忌日、升天日等特定的时间举行，并伴随请神、祭神、送神等不同阶段而施行特定的仪式，与民众日常信仰的随意性迥然有别。可以说，乡村庙会是民间信仰中为数不多的郑重和严谨的场合之一。此外，庙会期间，不仅流动商贩会聚，而且平日难得一见的剧班、马戏团、杂耍艺人云集，民众既可以享受交易买卖之便利，又可以呼亲唤友、娱乐交游，完全把庙会当作自己的节日。

正因为如此，与平日的安静沉闷相比，喧闹嘈杂的庙会总是使得乡村社会异于平常；再加上庙会活动的群体性和公开化，乡村庙会不可避免地引发管理者的关注、担心甚至防范。古往今来，乡村庙会始终是管理者管控和治理的重点对象。

帝制时期，朝廷对于庙会引发的人员聚集以及借由庙会所展现出来的民间社会的组织性深感不安，不仅常常晓谕地方劝阻民众“进香”“过会”，甚至把“吃斋作会”视为“异端”的表现而严加禁止。③ 晚清以降，随着“反迷信”运动的开展，在“现代化”的旗号下，政府对乡村庙会的管理和抑制有了更为“合法”的依据。在清末的“庙产兴学”运动中，乡村庙会被认为靡费资财，因

① 参见刘铁梁：《庙会类型与民俗宗教的实践模式——以安国药王庙会为例》，《民间文化论坛》2005 年第 4 期。

② Overmyer, Daniel L., *Local Religion in North China in the Twentieth Century: The Structure and Organization of Community Rituals and Beliefs*, Leiden: Brill, 2009, p. 9.

③ 参见梁景之：《清代民间宗教与乡土社会》，社会科学文献出版社 2004 年版，第 139 页。

而被禁止举办，并要求把相关经费用来资助新式学校。① 民国期间，乡村庙会被看作妨碍社会进步的“迷信”和“陋俗”，成为应当废除的对象，甚至在抗日战争烽火连天的岁月中，一些地方政府也不忘禁止民众举办庙会。② 从抗日战争后期开始，根据地政府即开始关注乡村庙会。中华人民共和国成立之后，庙会始终是地方政府开展农村工作的一个重要对象和场合。时至今日，乡村庙会不仅依然存在，而且常常成为“乡村社会治理创新”的试验场。例如，在江苏南京，地方政府以“低档”“低俗”为由取消多个乡村庙会③；在河北南和县三思乡，当地政府认为乡村庙会滋生攀比浪费和社会治安问题，因此要求将全乡原有的27个庙会裁减一半④。然而，如果仔细审视就会发现，从根据地时期直到改革开放之后，数十年来，政府对待乡村庙会的政策始终处于抑制与鼓励的摇摆之中，甚至相互抵牾，由此不仅导致地方政府对于乡村庙会的管理时紧时松，而且为乡村庙会的存续、复兴和发展提供了可能的空间。



本文将在梳理庙会治理历史的基础上，探讨乡村庙会治理的内在悖论，试图解释庙会治理过程中显现出来的矛盾和困境，并为理解当代乡村庙会的发展提供一个新的视角。

## 一、无序与红火：“治一乱”视野下的乡村庙会

秩序是社会治理的重要目标之一。对于庙会与社会秩序的关系，研究者之间有较大分歧。赵世瑜根据文献资料探讨了中国庙会中的狂欢精神，认为传统庙会一类的集体性娱神活动源自原始的宗教庆典，因而具有打破一般社会规范的非理性精神。庙会中的这种狂欢精神不仅表现为参与主体的广泛性，而且突出表现在对于社会规范的反抗和挑战上。赵世瑜认为，庙

① Thompson, Roger, “Statecraft and Self-Government: Competing Visions of Community and State in Late Imperial China”, *Modern China*, Vol. 14, No. 2, 1988, pp. 188-221.

② 参见李德英：《从民国温江县档案看抗战时期国民政府对乡村民间信仰的抑制与利用》，《宗教学研究》2014年第3期。

③ 参见《南京多个庙会因“低档”“低俗”被取消，农民失落》，人民网，2015年3月18日，http://js.people.com.cn/culture/n/2015/0318/c360308-24189452.html。

④ 参见《南和三思乡移风易俗出新“裁”，取消五成以上庙会》，长城网，2017年8月23日，http://report.hebei.com.cn/system/2017/08/23/018477193.shtml。

会的狂欢精神具有“潜在的颠覆性和破坏性”，即在社会稳定时期，它可以起到社会安全阀的作用，让民众借以宣泄情绪，调整心态；一旦社会关系紧张，它也可能引发社会失序。[①] 刘晓春从庙会代表的民间文化与主流意识形态关系的角度出发，认为改革年代复兴的庙会更多地依存于而不是颠覆和嘲弄主流意识形态，因此当前的大多数庙会并不具有狂欢精神。[②] 基于对当代庙会实践的直接观察，岳永逸主张“神圣”“狂欢”“非常”都只是乡村庙会的一个面相，如果放弃神圣与世俗、狂欢与日常等源自西方文化的二元分析框架，就会发现庙会等民众信仰活动只是人们日常生活的延续和日常实践的集中展演。[③] 姜士彬(David Johnson)在研究山西迎神赛会的过程中则提出，庙会仪式支持地方政治层级，通过确认地方领袖的权威，以及仪式中再生产儒家价值体系的因素来维系既有体系和社会秩序。[④] 与之类似，一贯强调中国民间信仰“非反抗性”和“非秘密性”的欧大年也认为，把庙会解释为“狂欢”是不完全的，庙会虽然有着娱乐的功能，但也包含很多有着繁复组织和不同领导的仪式，而这些组织和仪式恰恰是对地方社会秩序的一种认可。[⑤]



虽然本质上属于涉及涂尔干(Emile Durkheim)“集体欢腾”理论[⑥]的不同看法，但上述分歧的一个焦点在于，能否用“狂欢”来概括中国庙会的精神特质，而这在某种程度上又与对“狂欢”一词的理解有着紧密的关联。事实上，如果使用民众自己的语汇，他们更愿意把庙会看成一种“热闹”的事件，无论是管理者还是研究者都不会否认这一点。“热闹”是中国文化中一个特有的概念，一般用来形容众人集体从事某事并产生嘈杂的声响和热烈欢快气氛的场面。人类学家潘英海认为，“热闹”一般由“人群”“活动”和“声音”

---

① 参见赵世瑜：《中国传统庙会中的狂欢精神》，《狂欢与日常——明清以来的庙会与民间社会》，三联书店 2002 年版，第 116～139 页。

② 参见刘晓春：《非狂欢的庙会》，《民俗研究》2003 年第 1 期。

③ 参见岳永逸：《灵验·磕头·传说：民众信仰的阴面与阳面》，三联书店 2010 年版，第 235～240 页。

④ Johnson, David, “Confucian Elements in the Great Temple Festivals of Southeast Shanxi in Late Imperial Times”, *T'oung-pao*, Vol. 83, No. 1-3, 1997, pp. 126-161.

⑤ Overmyer, Daniel L., *Local Religion in North China in the Twentieth Century: The Structure and Organization of Community Rituals and Beliefs*, Leiden: Brill, 2009, pp. 10-11.

⑥ 参见[法]涂尔干：《宗教生活的基本形式》，渠东、汲喆译，商务印书馆 2011 年版，第 296～301 页。

构成，是中国人生活中相当特殊的一种社会心理现象。① 更直白地说，中国人“好热闹”，在生活中尤其是一些人生仪礼中会努力追求“热闹”的效果。例如，无论是婚礼还是寿宴，人们都希望办得“热热闹闹”的，如此，举办者会觉得“脸上有光”；相反，如果把这些人生仪礼办得“冷冷清清”的，则不仅举办者有失面子，而且周围人也会有所议论。

在乡村生活中，庙会本身就是一个“热闹”的事件。作为一种集体活动，庙会不仅在特定的时空聚集大量人员，而且庙会上活动种类繁多，既包括日常的人际交往、买卖交易，也包括平日不多见的仪式表演、歌舞娱乐、念佛诵经等，各种活动都会发出声响，这些声响混合在一起，自然喧闹而嘈杂；同时，参与者无论信仰神灵与否，大都心情放松，故而整体气氛热烈而欢快。②

不仅如此，一个社区的庙会是其成员尤其是那些信仰者希望办得“热热闹闹”的集体活动。在河北农村，有时候村民会直接把举办庙会称作“闹庙会”或“哄庙会”，其意暗含了对于“热闹”的直接追求。类似地，山西农村“闹社火”的说法也有异曲同工之妙。为了达到这种效果，庙会的举办者会使用各种方法增加“人群”“活动”和“声音”，以营造庙会上“热闹”的氛围。例如，在河北农村，人们会延请戏班、民间花会到庙会上进行表演，或者邀请有影响力的民间信仰“服务者”来庙会现场提供服务，同时不同村落社区的信仰者还会通过庙会期间的相互“赶会”而彼此帮衬和助兴。③

显然，要在庙会上营造热闹的氛围，难免会人员聚集、男女杂处，而且要嘈杂喧闹，甚至会逾越一些平日需要遵守的规矩。对于农村居民而言，过去每逢庙会，便要迎亲接友，“家家户户都要包饺子、包粽子、请亲戚，穿上最好看的衣服，带着一家大小到庙上去看热闹”④。甚至有时候，一场庙会可以让一座城市万人空巷。在传教士兼研究者施赖奥克（John K. Shryock）的笔下，当安庆城里的城隍庙会举办之时，“市民们纷纷恭迎城隍大驾的光临，各

① 参见[法]潘英海：《热闹：一个中国人社会心理现象的提出》，杨国枢主编：《本土心理学的开展》，《本土心理学研究》第一期，桂冠图书股份有限公司 1993 年版，第 330～337 页。

② 参见华智亚：《热闹与乡村庙会传统的生命力——以冀中南地区为中心的考察》，《文化遗产》2012 年第 4 期。

③ 参见华智亚：《热闹与乡村庙会传统的生命力——以冀中南地区为中心的考察》，《文化遗产》2012 年第 4 期。

④ 定县人民政府：《占领庙会文化宣传阵地：定县庙会调查报告及改进庙会文化宣传的意见》，1963 年，河北省档案馆，卷宗号：1030-5-324。

个商铺和住户都在门口摆上桌案，点烛烧香，燃放鞭炮"。一些平日居于社会边缘的人士不仅堂而皇之地在庙会上活动，甚至成了庙会的主角，"整个城市充满节日气氛，乞丐、算命先生、赌徒、说书人和玩杂技的挤满了街道"。[①] 不仅如此，为了达到热闹的效果，一些庙会还以挑战平日的社会规范为乐。在山西大同，每逢庙会，"女子爱成群站在两街店铺的台阶上，展示自己的绣花鞋"，由此演变而成的"赛脚"之俗常常令外地人瞠目。[②] 虽然这些反常规的活动增添了庙会的热闹氛围，但在管理者看来，这种"热闹"就是"无序"和"混乱"。正因为此，庙会不断受到批评和指摘。



然而，"热闹"中不仅存在"混乱"和"无序"，还包含了"热情""红火"和"生机勃勃"。例如，周越(Adam Chau)发现，在陕北方言中，"热闹"就是"红火"的意思，是人们向往和追求的一种社会性的模式。[③] 因此，庙会上的"热闹"就是"红火"和"生机"的表现，庙会办得越热闹，意味着人们的生活越红火。在管理者看来，庙会上的"热闹"也就是民众和乐、生活美满、日子兴旺的表现，而这些恰恰又是"治"的表征。一则民间故事很好地说明了这一点：

> 有一年南边长毛造反，有个叫林凤祥的长毛领着人马打到河北省来，李庄这一带村子就有的人暗里顺了长毛。有一天，官家一名探子走到李庄洼里被人暗杀了，满清(按：原文如此)皇帝大惊，派一名官儿来调查，赶巧这天李庄正是个大庙会，高台大戏非常热闹，这官儿来一看，回去奏上一本，说这里老百姓如此这般太平无事。皇上高兴，为了收买人心，给李庄老百姓发下许多赏赐。[④]

因为赶上了热闹的庙会和演戏，前来查访的官员就断定此地"太平无事"。这说明，在管理者的眼中，"热闹"的庙会也是社会"有序"和"治"的标志。很显然，管理者也需要欢迎这种"热闹"的庙会。由此也不难理解，帝制时期官员们并非一味严禁庙会，反而有时鼓励庙会甚至积极参与，因为他们不仅想"与民同乐"，还想从"热闹"的庙会中感受"治理有方"的成就。

---

① [美]施赖奥克：《近代中国人的宗教信仰——安庆的寺庙及其崇拜》，程曦译，安徽大学出版社2008年版，第115页。

② 《大同的佛光笑影》，《人民日报》1989年3月10日。

③ Chau, Adam Yuet, *Miraculous Response*: *Doing Popular Religion in Contemporary China*, Stanford, Calif.: Stanford University Press, 2006, pp. 147-168.

④ 《东西李庄的故事》，《人民日报》1949年9月4日。

虽然物换星移、时代更迭，但是这种把庙会上的“热闹”“红火”与“治”联系起来的观念却一直延续至今。根据《人民日报》1946 年 6 月刊发的一篇题为《妙峰山盛大庙会，观光者达十五万》的新闻报道，西距北平（北京）40 公里、位于昌平解放区境内的京西进香圣地妙峰山在该年阴历四月初举办的庙会吸引了京、津、冀地区多达 15 万名香客，其中来自北平、天津、保定等非解放区的香客通过庙会上的接触和观感，非常“羡慕解放区人民安乐生活”。在这篇报道的记者看来，盛极一时的庙会不仅体现了当地人民的安乐生活，而且说明了“由于民主政府的努力建设，当地社会秩序日臻安宁，交通异常方便”①。

类似地，在一篇题为《山西庙会记》的文章中，记者也把改革开放之后复兴的乡村庙会与农村社会的红火和生机联系起来：“山西的城乡村镇已有很多年没有庙会出现了。现在猛一兴起来，给人耳目一新之感。特别是给农村带来一股生气。……在我国历史上，凡是太平盛世庙会就兴，凡是兵慌[荒]马乱或饥灾年月，庙会就冷落。”②这意味着，即便在当代，庙会不仅依然被看作“太平盛世”的标志，甚至还被当作政治安定团结、经济蒸蒸日上的产物。毫无疑问，这样的庙会是受欢迎的。正是在这一背景之下，随着改革开放之后社会秩序的安定和国民经济的恢复发展，北京市在 20 世纪 80 年代后期逐步恢复和创办了地坛、龙潭、白云观、大钟寺等庙会。至 2001 年，仅春节期间，北京市就举办了 13 个庙会，接待游客近 600 万人次。③ 在媒体的渲染之下，这些“红红火火好热闹”的庙会不仅体现了民众的欢乐祥和，而且呈现出社会安定团结的盛世景象。这些在城市中举办的以游乐为主的庙会虽然有别于传统的庙会，但始终打着“庙会”的旗号，再加上媒体的热情报道，最终引得各地政府纷纷效仿，乐于通过庙会的“热闹红火”来彰显太平。

如同“社会”这个概念是舶来品一样，中国古代思想中也没有“社会秩序”的概念。人们评价社会秩序和社会总体运行状态最常用的标准是“治”和“乱”。人们追求“治世”而尽力避免“乱世”，用董仲舒的话说就是：“世治

① 《妙峰山盛大庙会，观光者达十五万》，《人民日报》1946 年 6 月 21 日。
② 《山西庙会记》，《人民日报》1981 年 9 月 4 日。
③ 参见《黄金周：六十八万外地游客来京过年》，《人民日报》2001 年 2 月 1 日。

而民和，志平而气正，则天地之化精，而万物之美起；世乱而民乖，志僻而气逆，则天地之化伤，气生灾害起。”①同样，那些胸怀天下的明君贤臣和仁人志士在关心王朝兴亡、国运盛衰之外，也会关注“天下治乱”问题。在《六韬·盈虚》中，针对文王有关天下治乱原因的疑问，太公问答说：“君不肖，则国危而民乱；君贤圣，则国安而民治。”②这是把天下的治乱归因于管理者，而管理者也莫不把“治世”作为至上追求，这从“文景之治”“贞观之治”受到历代的追怀即可见一斑。

通过对民国年间北平郊区青苗会的再研究，岳永逸讨论了作为社会组织的“会”与作为仪式庆典的“会”之间的互动生成关系，并主张作为仪式庆典的“会”是以社群秩序为鹄的的“治”的一种有效生成机制。③ 然而，本文以为，在管理者看来，红火热闹的庙会本身既是“乱”的渊薮，又是“治”的表征。很显然，这种内在的悖论让那些受传统治理思想影响而试图“去乱求治”的管理者难以执其一端。



## 二、规训与资源化：地方政府的矛盾

加拿大历史学者傅凌智（James Flath）分析了成书于民国期间的《山东庙会调查集》中的资料，发现比之宗教和信仰因素，民国政府在“反迷信”运动中更在意政治与经济因素，把寺庙及庙会看作在地方建立中央权威而必须控制的政治及经济资源，而地方政府和精英们同样觊觎这些资源，由此不可避免地导致了冲突，并削弱了“反迷信”运动的成效。④ 直至中华人民共和国成立后的改革开放时期，地方政府始终是乡村庙会治理的主角。同样，从地方政府的视角来看，乡村庙会具有多种资源。

从经济方面来看，长久以来，庙会的商品贸易功能一直为人们所关注、所利用。在中国大多数乡村地区，“赶庙会”同“赶集”一样，是人们进行商品

---

① （汉）董仲舒著，周桂钿译注：《春秋繁露·天地阴阳》，中华书局 2011 年版，第 231 页。

② 《六韬·盈虚》，中华书局 2007 年版，第 10 页。

③ 参见岳永逸：《社会组织、治理与节庆：1930 年代平郊的青苗会》，《文化遗产》2018 年第 2 期。

④ Flath, James, “Temple Fairs and the Republican State in North China”, *Twentieth Century China*, Vol. 30, No. 1, 2013, pp. 39-63.

和物资交易的重要方式和途径，因而庙会和集市一起构成了地方的初级市场和商品交易网络。为了利用这一资源，在特定时期，政府会积极鼓励庙会的举办。早在中华人民共和国成立之前的解放区时期，根据地政府为了便利贸易、加强流通、促进生产发展，就曾号召恢复因长期战争而停办的乡村庙会。[①] 20 世纪 50 年代，百废待兴，为了恢复农村地区的商业网络，庙会与集市、骡马大会都成为地方政府鼓励恢复的对象。在河南南阳地区，1951 年政府推动恢复了 89 个庙会，赶会者达 200 万之众。[②] 改革开放之后，为了重振受长期动乱影响的经济，尤其是促进商品交易，扩大工业品销售，一些地方政府也积极恢复一度被禁止的庙会。在河北束鹿（今辛集），当地政府在 20 世纪 80 年代初倡导恢复了原有的 15 个乡村庙会，每次庙会前夕，县政府都出面协调，要求县内各部门积极支持，并大张旗鼓地予以宣传、广招客商，取得了不俗的经济表现，成为河北省利用庙会促进商贸发展的先进典型。[③] 庙会促进地方经济的效果显现之后，各地竞相模仿，仅在河南禹州地区，自 20 世纪 80 年代至 90 年代初就恢复乡村庙会 410 多个。[④]

20 世纪 90 年代以后，随着改革的深入和向社会主义市场经济的转轨，商品经济蓬勃发展，除极少数偏远地区之外，“乡村女儿远离市”的局面已一去不复返；相应地，乡村庙会的商品贸易价值逐渐下降。然而，在同一时期，随着国内旅游业的兴起，很多地方为了推动区域经济发展，纷纷主打“旅游牌”。在此背景之下，庙会的旅游价值逐渐被地方政府发现，乡村庙会又成为一种重要的乡土旅游资源。

对乡村庙会进行旅游产业开发，同样受到城市“庙会经济”的启发。改革开放之初，为了推动城市经济的发展，一些学者提议通过庙会吸引人流，开展商贸活动，经济学家薛暮桥甚至提议在故宫午门广场举办庙会。[⑤] 随后，北京等大城市恢复或创办庙会，不仅推动了群众性娱乐活动的发展，而



---

① 参见华智亚：《地方政府与乡村庙会——以河北省为中心的考察》，《民俗研究》2012 年第 5 期。

② 参见《向区内外主动设法打开销路，中南各地土产畅销》，《人民日报》1951 年 5 月 27 日。

③ 参见河北省商业厅：《束鹿县举办庙会扩大工业品下乡》，1983 年 12 月 19 日，河北省档案馆，卷宗号：999-11-403。

④ 参见《禹州工商局办多种交易会》，《人民日报》1992 年 5 月 9 日。

⑤ 参见《在天安门增添游览服务设施》，《人民日报》1981 年 7 月 29 日。

且吸引了游客，拉动了消费，形成了“庙会经济”。根据媒体观察，“文化内涵丰富、群众参与性强的庙会、灯会等民俗旅游活动”已然成为节日旅游的最大亮点。① 乡村庙会虽然比不上城市庙会的规模，举办者的资源动员能力也远不及城市庙会，尤其是那些城市“新庙会”②，然而亦有其自身优势。首先，作为乡村生活中“热闹”的事件，乡村庙会不仅是民间信仰生活的集中展演，而且荟萃了演艺娱乐和商贸交易，具有休闲娱乐性③、展示性和可观赏性，符合中国人喜欢热闹、追求红火的民族心理。其次，乡村庙会源自草根，富有乡土气息，契合工业化、城市化推动的急剧社会变迁背景下的人们怀旧和寻找乡愁的情感需求，容易成为那些试图在一个多元而裂变的世界中寻求建构自我认同的人的凝视对象。再次，乡村庙会往往带有地方特色，与已经“麦当劳化”的城市“新庙会”以及“标准化”的传统节庆④相比，能够占据独特的旅游市场区位。

由于庙会只在特定时间举办，单独围绕某个庙会发展旅游的例子并不多见，常见的情况是根据旅游规划的“点轴”理论，把乡村庙会整合进旅游线路或旅游带中。在河北蔚县，众多乡村庙会就被整合进了蔚县民俗文化旅游节，并助力蔚县成为首批国家全域旅游示范区。在其他地方，虽然能否推动旅游业发展尚不可知，但旅游价值的显现，至少让乡村庙会受到更多重视，甚至得到了地方政府的扶持。河北赵县常信村，由于正处赵县东部千亩梨园的核心区域，是当地政府致力打造的“梨园观光”旅游线路的重要节点。该村举办的“水祠娘娘庙会”被纳入旅游发展规划，由原本在春夏之交干旱季节的一个求雨庙会逐渐发展成纪念当地历史人物“水祠娘娘”贾亚茹的祭祀仪式，并在当地政府的支持下，得以在“刘秀走国文化博物馆”的名义下为“水祠娘娘”建设庙宇。

除了有形的功用之外，进入21世纪之后，乡村庙会的无形价值也被挖掘

---

① 参见《春节黄金周旅游市场呈现三大特点》，人民网，2014年2月7日，http://culture.people.com.cn/n/2014/0207/c172318-24289654.html。

② 参见张成福：《资源动员与庙会传统的建构——以青岛“东夷渔祖郎君节”为例》，《青岛农业大学学报》(社会科学版)2015年第3期。

③ 参见徐京波：《传统庙会与农民闲暇生活方式——以胶东P市为例》，《民俗研究》2015年第2期。

④ 参见岳永逸：《粽子与龙舟：日渐标准化的端午节》，《中原文化研究》2016年第2期。

出来。2004年,中国加入联合国教科文组织推动的《保护非物质文化遗产公约》,非物质文化遗产保护工作在我国展开。随后,中央要求各地政府及文化部门建立分级非物质文化遗产代表作名录体系,甄选相关项目并加以保护和扶持。在非物质文化遗产代表作名录中,庙会作为民俗的一种,位列其中。更重要的是,2006年,北京市和河南省分别将厂甸庙会以及俗称"人祖庙会"的太昊伏羲祭典成功申报为首批国家级非物质文化遗产代表性项目。这一行为产生了示范效应,让庙会的文化遗产价值广为人知。

"口头与非物质文化遗产"与自然遗产、文化遗产并称世界"三大遗产"。对于很多既没有名山大川也没有古典建筑等自然遗产、文化遗产的地方而言,民间歌舞、小戏花会、庙会巡游等过去不上大雅之堂的东西都有可能跻身非物质文化遗产之列,这对地方政府尤其是其文化部门而言不失为一个福音。因为,获得一些非物质文化遗产的称号,不仅能让他们的工作别开生面,还是为政之绩的一种表现。在此背景之下,很多民俗得到政府部门的重视,而乡村庙会作为地方信仰与多种民俗的复合体更是备受青睐。在河北赵县,以祭祀地方性神灵"龙牌老爷"为主的范庄龙牌会在当地政府部门和多方努力之下,成功入选河北省省级非物质文化遗产名录。①

综上所述,对于地方政府而言,乡村庙会存在多方面的价值,是重要的经济、商贸、旅游和文化资源。为了发掘这些价值,地方政府有可能积极推动庙会的举办。从某种意义上说,这是乡村庙会在共和国时期延续并在改革开放年代得以复兴的原因之一。改革开放以后,国家发展战略中心转向经济建设,使得乡村庙会的资源尤其是经济资源为地方政府所重视。为了推动地方经济的发展,地方政府默许或允许庙会的恢复,从而推动了乡村庙会在20世纪80年代之后的复兴。例如,曾经被批评为"封建势力复辟"的河北省迁西县新集庙会在1985年开始恢复举办,该年共有20多个商业团体,500多个联合体、个体商户,以及来自各地的十几个戏剧、杂技、马戏等文艺团体和附近农民组织的65道花会参加了庙会活动,前来赶庙会的民众达到

① 参见华智亚:《龙牌会:一个冀中南村落中的民间宗教》,上海人民出版社2013年版,第220～224页。

6万人次。[①] 据河北省元氏县的统计，改革开放之后，该县原有的111个庙会不仅全部恢复活动，而且1987～2005年新起庙会29个，共有140个村庄举办庙会。[②]

然而，地方政府对庙会的各种“弊端”，尤其是其中的“迷信”和信仰问题有着清醒的认识，并始终把乡村庙会作为政府规训和管制的对象。从根据地时期开始，政府就对庙会引发奢侈浪费、影响工农业生产以及滋生治安事端等问题提出过批评，但更为根本的则是对庙会上的“迷信”和信仰问题的关切。作为一种信仰民俗，庙会的核心是集体祭祀神灵，因而在一些政府文件中，庙会被看作“封建迷信的阵地”。[③] 改革开放之初，“搞庙会”与“修庙宇”“求仙拜佛”一起被列为要坚决制止的“封建迷信活动”。[④] 同样，即便在当下，官方媒体仍时时呼吁要反对庙会上的“封建迷信”活动。[⑤]

早在解放区时期，根据地政府就提出要“改造庙会”，即保留和发展庙会促进物资交流、繁荣商品贸易的功能，试图去除其中的敬神祭祀、演剧娱乐的成分。例如，临清市就把一个原来以“接驾送驾”的“迷信活动”为主的歇马亭庙会改造成“百货贸易大会”。[⑥] 20世纪50年代到60年代初，虽然也鼓励恢复旧有的庙会，但地方政府同样没有放松对庙会的改造，他们目标明确，希望把原有敬神拜神的庙会改造成物资交流和时事宣传的场所。为此，地方政府一方面禁止算命先生、卜卦师、相面者等“迷信职业者”进入庙会或者动员他们回乡参加农业生产，从而减少“迷信”的供给；另一方面发动了反迷信宣传，组织剧团、文化馆等专业文艺宣传队伍，结合政府机关、学校等业余文艺队伍在庙会上进行反迷信题材的演出，试图教育百姓抵制迷信活动，从而减少对“封建迷信”的需求。

---

① 参见《迁西县志·大事记》，中国科学技术出版社1991年版，第800页。

② 参见《元氏县志（1986～2005）》，河北人民出版社2015年版，第301页。

③ 参见定县人民政府：《占领庙会文化宣传阵地：定县庙会调查报告及改进庙会文化宣传的意见》，1963年，河北省档案馆，卷宗号：1030-5-324。

④ 参见《坚决制止党员干部搞封建迷信活动》，《人民日报》1979年4月18日。

⑤ 参见《期盼文明和谐的庙会》，《人民日报》2010年2月23日。

⑥ 参见《坚决保护工商业发展农工业生产，临清百货大会盛况空前》，《人民日报》1948年6月22日。

然而，庙会是广袤乡村的宗教节日[①]，对神灵的祭祀是其核心内容，以至一些地方政府为了"反迷信"不得不取缔庙会。抗日战争后期，冀中根据地为了振兴贸易和发展生产而鼓励恢复庙会，结果却发现恢复起来的庙会上充斥着"封建迷信"活动，以至于最后不得不下令"停止恢复庙会"。[②] 1963 年，有"京东第一大庙会"之称的河北省迁西县新集凤凰山庙会受到批评后，当地政府表示要"逐步地取缔庙会活动"[③]。



最终，我们看到，庙会具有的众多价值使其成为地方政府看重的资源，但庙会上的信仰活动又让他们有所顾忌。在这一情形之下，地方政府左右摇摆、矛盾重重，具体表现为一时鼓励庙会举办，一时又禁止庙会举办。例如，20 世纪 60 年代，河北定县在改造和限制乡村庙会方面走在全省前列，但到 1982 年，定县政府又鼓励开办庙会以扩大工业品下乡。

近年来，为了规避这一矛盾，一些地方政府则采取了"修辞学"的策略，对一些可资利用的乡村庙会进行"文化化"的处理，即给庙会贴上"文化"的标签，以求规避信仰方面的争议。例如，河北省赵县范庄的乡村庙会——"龙牌会"被塑造成中国"龙文化的活化石"之后，不仅得到地方政府支持，而且成功申报河北省省级非物质文化遗产。[④] 虽然庙会的"文化化"似乎让地方政府、地方精英和民众"各得其所"，实现了"共赢"，但从中亦不难窥见地方政府在对待乡村庙会问题上的矛盾立场和尴尬处境。

## 三、从运动式治理回归"治理"本义

作为乡村生活中的一种集体性事件，庙会总是引发政府的关注。由于庙会上的热闹既要打破原有的秩序和规范，又饱含生机和活力，因此其既可以看作"乱"的渊薮，又可以看作"治"的表征。对于尽力追求"去乱求治"的

① Zhao Xudong & Duran Bell, "Miaohui, the Temples Meeting Festival in North China", *China Information*, Vol. 21, No. 3, 2007, pp. 457-479.

② 参见华智亚：《地方政府与乡村庙会——以河北省为中心的考察》，《民俗研究》2012 年第 5 期。

③ 中共迁西县委：《关于新集庙会情况向地委的检查报告》，1963 年 6 月 27 日，河北省档案馆，卷宗号：855-9-4024。

④ 参见华智亚：《龙牌会：一个冀中南村落中的民间宗教》，上海人民出版社 2013 年版，第 207～210 页。

管理者而言，庙会本身的“治—乱”悖论让他们难以执其一端。同时，乡村庙会可以便利商贸，是农村初级市场的重要组成部分，蕴含着巨大的经济功能。改革开放之后，为适应经济社会的变迁，乡村庙会又成为旅游开发和文化遗产保护的对象。因此，对地方政府而言，乡村庙会是一种可资利用的资源。对于庙会的“资源化”利用，是地方政府允许乃至支持庙会举办的一个原因，由此也推动了庙会在改革开放时期的复兴。同时，庙会上的敬神祭神等活动又成为政府试图规训的对象。这一矛盾也让地方政府左右为难。

近年来，在经济社会变迁的大背景下，乡村庙会可资利用的“外显价值”逐渐式微，再加上对社会管理、秩序与稳定的强调，地方政府对于乡村庙会更多采取的是“运动式治理”。“运动式治理”的出现，与乡村庙会治理的悖论、矛盾有着密切的关联。因为地方政府在庙会问题上左右摇摆，这时“权力”的重要性便会凸显。受大环境的影响，对待庙会的具体政策就有可能从一极走向另一极，加上“权力”具备强大的资源动员能力，实施起来往往都是兴师动众、雷厉风行。

然而，运动式治理从短期来看似有成效，但从长期来看往往空耗人力物力，甚至造成危害。首先，运动式治理易于反复，会造成资源的大量耗费。例如，浙江台州地区发动过数次“民间庙宇集中整治运动”，近 20 年来累计拆除 6600 多座民间庙宇，但绝大多数庙宇在运动之后又被民众建造起来。①这意味着那些“整治运动”并没有取得实质性成效，但大量人力、物力却随着这些运动的开展而付诸东流。其次，运动式治理往往导致简单的“一刀切”，而运动期间的激烈行动更会伤害民众的情感。岳永逸在河北梨区的考察发现，当地政府使用推土机利用夜色的掩护一举摧毁铁佛寺数十个民众自建的小庙后，不仅没有阻止当年的庙会，反而激发了周边民众前来赶庙会的热情②；在江苏镇江，当地政府取缔了一些乡村庙会，但天王镇庙会当日仍有三四万人前来赶会③。民众的这些举动可以看作他们情感的表达，所以运动式治理有可能引发民众的对立情绪，反而不利于社会的稳定。此外，运动式治

① 参见陈进国、林敏霞：《如何走向“善治”：浙江省民间信仰“社会治理”转型的反思》，邱永辉主编：《中国宗教报告(2015)》，社会科学文献出版社 2016 年版，第 199 页。

② 参见岳永逸：《传统民间文化与新农村建设：以华北梨区为例》，《社会》2008 年第 6 期。

③ 参见郭文君：《镇江部分乡镇取缔庙会引争议》，《新华日报》2004 年 6 月 4 日。

理不利于庙会积极功能的发挥，过度介入反而可能损害民间社会的自组织机制。

如前所述，对热闹的追求必然要求庙会在一定程度上挑战秩序，虽然这种挑战只是暂时性和“戏拟性”的。同样，管理者对社会秩序的追求也合情合理。然而，正如帕森斯(Talcott Parsons)在对霍布斯功利主义社会理论的批评中所指出的，单一力量维系的秩序往往是低效的、不充分的，甚至反而会带来困扰。[①] 要走出“运动式治理”的困境，最关键的是要回归“治理”本义。与政府作为单一主体有异，“治理”强调多元主体以及他们之间的互动和协作。[②] 对于乡村庙会的治理亦可采取同样思路，除了政府之外，民众、非政府组织、新闻媒体亦可以参与进来。对于“铺张浪费”“占道经营”“治安事端”等由庙会引发的问题，让多元主体参与监督，发挥民众的聪明智慧和自我组织、自我管理能力，自行探讨和寻求解决问题的方案。

同时，对于乡村庙会价值和功能的判断，还可以引入社会学、民俗学、人类学等视角，关注乡村庙会在民众自组织能力锻炼、社会自身调节机制的建立、文化遗产的传承以及社群团结和凝聚力的强化等方面的意义。



---

① 参见[美]帕森斯：《社会行动的结构》，张明德、夏遇南、彭刚译，译林出版社2003年版，第100～106页。

② 参见[英]格里·斯托克：《作为理论的治理：五个论点》，华夏风译，《国际社会科学杂志》1999年第1期。

# 要素传承与功能重构：中国传统节日重阳节的当代变迁*

邓清源　黄永林**



**摘　要**

节日要素是节日功能得以呈现的客观载体，节日功能是节日要素传承发展的内驱动力。面对全球化、城市化、市场化和信息化等现代化力量的强烈冲击，传统节日的要素和功能发生了变化，这是民俗传承变异规律与社会文化力量共同作用的必然结果。随着重阳节的文化空间、节俗物品、节日仪式以及民俗心理在传承中发生变化，与重阳节俗有关的文化交流、文化教育、文化经济和文化认同等功能正被重新建构。

**关键词**

重阳节　传承　功能　重构　变迁

重阳节作为中国七大传统节日之一，在我国民俗文化体系中占有重要的地位。节日是流变的传统，变迁是节日的常态。萧放梳理古代文献中关于重阳节俗的记载后指出："重阳登高活动也经历了从实际践履郊野的登高到象征性的仪式表演登高，从民众共享的避忌登高到主要是文人、市民的娱

---

* 本文系国家社科基金特别委托项目"中国节日志·重阳节"(09@ZH013)项目研究成果。

** 邓清源，华中师范大学国家文化产业研究中心博士研究生；黄永林，华中师范大学国家文化产业研究中心教授。

乐登高的历史变化。"[①]在全球化、城市化、市场化和信息化等现代化语境下，重阳节文化变迁速度超过历史上的任何时期。董晓萍认为，传统节日可以按时间节点含有不同的节日要素，如"整合社会""整合资源"以及"带有不同历史时期、不同社会阶段和不同人生文化观念"三类[②]，它们分别起到凝聚国家、祈祀天地和满足民众需求的作用。从传统节日的传承演变来看，节日要素随着社会历史的发展而转换或消亡，其隐含的节日功能也随着节日要素的变化而变化。基于上述维度的观察，可以说，重阳节的当代变迁集中体现在节日要素的传承和节日功能的重构两大方面。

笔者曾主持国家社会科学基金特别委托项目"中国节日志·重阳节"的研究和编撰，组织团队对天津、上海、湖北、广西、云南等全国10余个代表性地区的重阳节作传承现状的深入调研。基于这些重阳节习俗的调研报告，本文从现代民俗学的视角分析重阳节在节日要素和节日功能两个层面上的传承与重构问题，以之管窥中国传统节日习俗的发展趋势。

## 一、重阳节节日要素的传承

重阳节历史悠久、影响广泛，经过千年的传承演变，形成了丰富的节俗传统。重阳节在全国各地有"晒秋节""老人节""菊花节""茱萸节""登高节""女儿节"等称谓，这些名字呈现出重阳节习俗在不同民族或地域的价值旨归。虽然各民族和各地的重阳节风俗存在差异，但是它们都包括文化空间、节俗物品、节日仪式以及民俗心理等四方面的节日要素。这些节日要素相互关联、相互补充，共同构成了当下重阳节的节俗体系。

### （一）作为重阳节"记忆时空"的文化空间的变化

亨利·列斐伏尔较早提出了"文化空间"的概念，指出"空间"不再是一个地理的或物质的，而是一个社会的、历史的概念。[③] 作为联合国教科文组织非物质文化遗产保护项目的关键概念，"文化空间"被界定为"一个可集中

① 萧放：《传统节日与非物质文化遗产》，学苑出版社2011年版，第171页。

② 参见董晓萍：《全球化与民俗保护》，高等教育出版社2007年版，第321页。

③ 参见陈桂波：《非遗视野下的文化空间理论研究刍议》，《文化遗产》2016年第4期。

举行流行和传统文化活动的场所，也可以定义为一段通常定期举行特定活动的时间，这一实践和自然空间是因空间中传统文化表现形式的存在而存在的”①。2005 年《国家级非物质文化遗产代表作申报评定暂行办法》的相关定义是：“文化空间，即定期举行传统文化活动或集中展现传统文化表现形式的场所，兼具空间性和时间性。”②这与联合国教科文组织的理念保持了一致。有学者认为，“文化空间从其自然属性而言，必须是一个独在的文化场，即具有一定的物理、地理空间或场所”，“文化空间从其文化属性看，往往具有综合性、多样性、岁时性、周期性、季节性、神圣性、族群性、娱乐性等等”。③ 对于传统节日而言，公共的时间性、空间性和特有的节日传统使其构成一种公共文化空间，进而发挥了构建身份认同、传承文化传统、加固乃至重构文化记忆的功能。其中，重阳节的节俗内容、节日意象和文化记忆的主导主体均发生了变迁。重阳节的文化空间主要有民众自发组织形成和政府或组织精心设计构建两种形式，在城市大多以政府或组织构建的文化空间为主，而在乡村大多以民众自发组织形成的文化空间为主。随着社会的发展，政府或组织建构的文化空间越来越多，而民众自发组织的文化空间越来越少，其文化空间的核心价值和主体象征也发生了如下变化：

第一，核心价值从以传承民俗为主转向以社会公益为主。传统的重阳节重点在于庆祝丰收、祈求健康长寿，地点主要在当地比较有名的公共空间，如天津市民登高祈福主要在玉皇阁、天后宫，南京市民主要在紫金山，南昌市民主要在滕王阁、西山梅岭等。集中于家庭空间和私人领域的活动今天已经基本消失不见，如做重阳糕、酿菊花酒。当下的重阳节以“孝老敬亲”的情感倾向为主，政府全面倡导关爱老年人的行为。重阳节的节俗增加了许多有组织性的公益行为，例如天津天后宫内重阳节这天有企业提供经费赞助，为当天参与活动的市民免费提供菊花饮和菊花盆栽。与此同时，通过社区或街道工作人员组织的重阳节庆典活动，老年人收获了来自基层政府的祝福、问候以及社会大众的关注与赞赏，获得了心理上的满足。由此，重

① 乌丙安：《非物质文化遗产保护中文化圈理论的运用》，《江西社会科学》2005 年第 1 期。

② 关昕：《文化空间构建与传统节日保护》，《文化学刊》2009 年第 5 期。

③ 向云驹：《论“文化空间”》，《中央民族大学学报》(哲学社会科学版)2008 年第 3 期。

阳节的文化空间从传承民俗为主逐渐转向以社会公益为主。

第二，核心象征从象征主体突出走向多元象征并行。高丙中认为，文化空间的关键意旨为“具有核心象征的文化空间”①。核心象征，指一种具有集体认同特点，并且区别于其他文化的文化独特性而呈现出的某种象征物或意象，通过这种象征物或意象可以把握一种文化的基本内容。传统的重阳节文化象征物以菊花和茱萸、菊花酒和重阳糕等为主，具备观赏性和可食用性；而当下的重阳节因文化内涵的丰富、民俗心理的转变，更多地围绕老年人的象征物而出现，如菊花摄影展、重阳主题邮票展、金婚庆典等。核心象征的多元并行一方面是民众的共同选择赋予了物体和空间以意义，另一方面是重阳节俗本身的变异规律使然。变异是民俗文化机能的自身调适，也是民俗文化生命力的所在。②

### （二）作为节日文化“物质载体”的节俗物品的变化

重阳节的节俗物品是节日文化的物质载体，节俗物品一部分是被节日强化了特殊意义的旧事物，一部分是因节日文化的需要而被改造或创造出来的新事物。节俗物品的发展演变与节日文化的内涵基本保持一致，同时存在节俗物品基本不变但节日文化发生变化的情况。

重阳节正值菊花盛开的金秋时节，菊花是重阳节重要的节日元素之一。东汉时期，有“桓景避祸”的传说，桓景因饮菊花酒、佩茱萸叶避开灾祸。《西京杂记》卷三则借宫女之口，称：“九月九日，佩茱萸，食蓬饵，饮菊花酒，令人长寿。”③这表明菊花、菊花酒在重阳节最初是承载民众祈求辟邪消灾、延年益寿的重要载体，表达了古代人们对平安和长寿的朴素愿望。因陶渊明一句“采菊东篱下，悠然见南山”，菊花逐渐成为重阳节重要的景观。在工业化、城市化的社会背景下，人们观赏菊花不再需要奔赴野外，也不仅限于重阳节当天；囿于时间和精力，人们也不再酿制来年的菊花酒。对于当代民众来说，菊花辟邪消灾的意义已经逐渐隐退，祈福长寿的意愿依然留存，作为

① 关昕：《“文化空间：节日与社会生活的公共性”国际学术研讨会综述》，《民俗研究》2007年第2期。

② 参见钟敬文主编：《民俗学概论》，上海文艺出版社2009年版，第8页。

③ （晋）葛洪著，周天游校注：《西京杂记》卷三，三秦出版社2006年版，第146页。

节日影像留念的重要角色，其观赏性被民众放在了节日文化要素的第一位。

重阳节的另一标志性植物是"茱萸"。茱萸，雅号"辟邪翁"，与菊花"延寿翁"并称"二翁同出"，是重阳节传统节俗的重要物品。与菊花不同的是，茱萸成为重阳节日元素之初就是以佩戴香囊方式辟邪消灾。观赏性不足的茱萸在节日习俗演进中逐渐被淡化，生活在城镇中的居民没有办法进行采摘、佩戴茱萸的行为，茱萸驱虫防蛀的作用也被其他物品代替。茱萸只能作为药材，是历史和民众的必然选择。

民以食为天，我国地大物博，日常饮食因地域、民族之别而存在较大的差异。重阳糕是重阳节又一重要的文化载体，古人取"糕"同"高"之意，祝福吃"糕"之人"步步高升"或以吃"糕"代替"登高"。当下的重阳糕没有固定品种，各地在重阳节吃的松软糕类都称作"重阳糕"，与平日吃的糕没有明显的区别，不像端午节的粽子、中秋节的月饼极具辨识度。民众对重阳糕的文化记忆正在逐渐消散。

重阳节从最初的辟邪消灾、祈福长寿逐渐演变成以孝老敬老、保健娱乐为主的节日文化，相应的节日载体也发生了变化，有的节俗物品逐渐退出，有的节俗物品依然保留，还有的节俗物品专为节日文化创造而生。在当下的重阳节，孝老敬老是节日文化的重点内容，民众在节日文化价值的导向下更加关注家庭长辈以及社区老人的生活感受。因此，民众在重阳节为父母、老人准备过冬衣物、生活必需品和保健品成为新的节日习俗，这些节俗物品也因民众的意愿而被赋予了重阳节独特的孝老文化内涵。



### （三）作为节日文化"表达形式"的节日仪式的变化

节日活动与节日仪式相辅相成，共同构成了节日表达的外在形式。仪式是一个包含丰富社会观念和社会实践的象征体系，是一种文化建构起来的象征交流的系统。[①] 节日仪式作为一种节日文化表现具有象征意义，而其象征意义是由其组成决定的。任何节日的符号与仪式，都存在两个基本的方面：一是它们的精神文化内涵因素，二是体现这些精神文化内涵的符号与

① 参见[英]鲍伊：《宗教人类学》，金泽译，中国人民大学出版社2004年版，第17页。

仪式的外在形式和物化的载体。[①] 重阳节的节日文化内涵不断演变，民众选择的节日物品迭代更新，节日仪式相应地也发生了诸多变化。

第一，仪式取向从神圣高雅走向世俗娱乐。重阳节俗的初始之义，与“祓禊”“趋避”的观念有关。随着岁月流逝，重阳节中的信仰成分日渐淡薄，人民更加注重节日的休闲、保健、团聚等内容。浙江金华的东坑村至今流传着重阳“炼火”仪式。[②] 田野调查发现，炼火起源于远古时代先民对火的崇拜，是古代“祓除”的遗存。炼火最初是为了驱逐晦气、妖魔、灾难和疾病，而现在对于东坑村民而言，炼火一方面表达了保佑平安、祈免火灾之意，另一方面集结了众多外出打工的年轻人返回乡村，在参与仪式的过程中达到了娱乐健身、家人团聚、邻里联系情感的目的。

第二，仪式内容从单一转向复合。由于中国特色社会主义文化建设具有开启民智、凝聚民心、纯化民风等多重现实需求，当下的节日仪式就不再以单一的仪式呈现，而是伴随着多主题的表达形成了复合仪式。以陕西黄陵县的重阳祭祀黄帝仪式为例，几千年来，老百姓都会在重阳节这一天通过敬献三牲（牛羊猪）、蒸花馍等形式进行祭拜，而目前的重阳祭祀除了形成一套完整的仪式程序外，还根据每年的文化主题增加新的系列活动。如 2018 年重阳恭祭黄帝就包括书法创作笔会、联谊晚会、参观文化中心以及敬老活动等。复合仪式的生成是现代社会文化发展的必然要求，也是重阳文化多视角、多侧面的表达。如果说节日仪式承担着民众对节日的神圣想象，那么节日活动则是普通民众能够身体力行的，能让广大民众更有参与感与满足感。

第三，活动主体从个人走向群体。节日活动的主体也是民俗传承的主体。民俗一旦形成，就与创造、享用这种民俗的民众或个人密不可分，没有民众，民俗不可能被创造也不可能被传承。对于创造初期的重阳节而言，节日活动例如登高、赏菊、吃重阳糕等基本上是个人化或家庭化的行为；而当

① 参见李心峰：《当前专家学者关于中华传统节日符号与仪式的探讨》，《艺术百家》2012 年第 4 期。

② 浙江金华的东坑村“炼火”仪式，包括请神游神、生火堆、降僮请神、开水火门和炼火几个部分的活动，一场“炼火”往往要动员全村。“炼火”仪式的高潮就在于仪式当天晚上的炼火，勇士们一个接一个赤脚迅速跑过炭火堆，如此往复，直到把火山踏得平平的，火山被踏得越平就预示着越平安。

下重阳节的活动更加丰富，活动主体也形成了群体化倾向，例如逛庙会、看菊花展、开办敬老联谊晚会等。通过节俗活动，个体之间有了更多沟通与交流，人与人之间形成了精神链接与文化认同，有利于重阳节俗的传承发展。

第四，活动目的从精神满足转向物质追求。在市场化、商业化的社会发展趋势下，传统节日充溢着商业活动，并且节日活动中的经济因素被逐渐强化。实际上，文化与经济之间的积极互动对传统节日的发展是一种积极因素，但过度趋利则会使节日习俗趋向形式化、商业化和庸俗化。田野调查发现，上海的颛桥重阳糕会精心设计了重阳糕售卖、赏菊、“非遗”展示以及传统游戏体验等丰富的节日活动，通过重阳糕的售卖唤起了民众对重阳节的舌尖记忆，通过“非遗”展示为民众了解传统文化、增强节日记忆提供了新的途径。



### (四)作为节日文化“原生动力”的民俗心理的变化

民俗借助个体的心理认同和群体的价值取向保持着长久的传承与稳定，而民俗心理就像是一只看不见的手，无形中支配着人的行为。马雷特曾说：“心灵的判断力远比大脑的判断力更普遍更持久，首先应该归属于心灵判断力的是那些惊人相似的习俗，在任何社会制度体现着多数人情感而不是少数人意愿的地方，相似的习俗就自发地显露出来。因此，通过富有同感的感悟力……我们才有希望认识到沉淀在习俗中的许多模糊不清的信念之真实面目。”[①]节日民俗的形成最根本的原因就是民众形成了一致的心理认同，进而形成群体性的节日民俗行为。这种在心理上形成的共同的价值观、世界观、人生观是节日生成的最原始的动力，也是群体维持节日传承与发展的最顽固的力量。重阳节背后的民俗心理经历了自发形成、民众选择到官方引导的变迁过程，这在传统节日的发展中是比较少见的。

首先，重阳节的形成来自民众“避灾趋吉”的心理。在古代，天灾多是人们无法预料的，因而人们通过各种方式如易经卜卦、天文历法的方式，断定农历九月九日为一年之中的极恶之日。同时，人们无法与这种“天意”对抗，

① [英]马雷特：《心理学与民俗学》，张颖凡等译，山东人民出版社1988年版，第116页。

只能选择“避祸”“辟邪”的方式登上高处、远离平地，从而得到一种心理或精神上的庇护。

其次，在重阳节的传承过程中，民众逐渐形成了“祈福感恩”“娱乐身心”“孝老敬老”的多维心理特点。随着重阳节在底层民众中的不断传播传承，古老的避灾辟邪诉求逐渐淡化，娱乐化、世俗化因素不断加强。人们在重阳节登高远游，既是感恩自然的馈赠，祈福来年的丰收，又是团结亲人、放松身心的好机会。与此同时，因“九”和“菊花”都有“长寿”“长久”的寓意，民间也逐渐将重阳佳节作为孝敬老人、家庭团聚的时日。

最后，政府倡导下的“敬老孝亲”价值认同，成为重阳节最重要的民俗心理驱动原因。2005 年 6 月 17 日，中宣部、中央文明办、教育部、民政部、文化部印发的《关于运用传统节日弘扬民族文化的优秀传统的意见》指出：“重阳节期间，要突出敬老孝亲的主题，大力弘扬尊老敬老的传统美德。”①《中华人民共和国老年人权益保障法》第十二条则明确规定“每年农历九月初九为老年节”。据此，2013 年的重阳节（10 月 13 日）成为中国第一个法定的老年节。政府将重阳节命名为“老年节”，从法律意义上确立了重阳节“敬老孝亲”的重要性和合法性，民众自觉或不自觉中形成的群体性心理认同，反过来会影响其在节日民俗中的行为与表达。

综上所述，传统节日本身就是一个整合的系统。当下重阳节的文化空间、节俗物品、节日仪式以及民俗心理等四种要素共同构成了重阳节的节俗体系，它们互相关联、互相影响，分别对重阳节的节俗体系有某种功能的贡献，伴随着它们的变化，节日功能也会发生重构。

## 二、重阳节节日功能的重构

钟敬文先生指出：“民俗文化的传承，是由它的功能决定的。”②节日民俗作为民俗文化的一种，其传承延续的动力也来自节日功能，但节日功能并不

① 《关于运用传统节日弘扬民族文化的优秀传统的意见》，人民网，2015 年 8 月 24 日，http://ccn.people.com.cn/n/2015/0824/c366510-27505437.html。

② 钟敬文主编：《民俗学概论》，上海文艺出版社 2009 年版，第 14 页。

是从节日诞生就一直保持不变的。作为我国重要的传统节日，重阳节最突出的特点就是活态性，最直观的表现就是节日元素随时代和社会的变迁而变化，更深层的变化还在于节日功能的重构。当代民众面对工业化、城市化、市场化和信息化复杂交织的现代化社会环境产生了多样化的需求，当下，重阳节的节日功能最突出的特点就是从单一性趋向复合性，其变化的内驱动力就在于民众的需求更加多元。于是，仅有加强思想道德的教育功能还不够，还需要有拉动消费的经济功能；除了促进代际的和谐功能，还应当有更深层、更强有力的文化认同的凝集功能。



### （一）公民道德修养下文化教育功能的建构

2019年，中共中央、国务院印发的《新时代公民道德建设实施纲要》指出："中国特色社会主义进入新时代，加强公民道德建设、提高全社会道德水平，是全面建成小康社会、全面建设社会主义现代化强国的战略任务，是适应社会主要矛盾变化、满足人民对美好生活向往的迫切需要，是促进社会全面进步、人的全面发展的必然要求。……坚持在继承传统中创新发展，自觉传承中华传统美德，继承我们党领导人民在长期实践中形成的优良传统和革命道德，适应新时代改革开放和社会主义市场经济发展要求，积极推动创造性转化、创新性发展，不断增强道德建设的时代性实效性。"①重阳节在2006年被列入第一批《国家级非物质文化遗产代表性项目名录》（民俗类）②，获得了来自官方的认定和民间的支持。在加强公民道德建设的新形势下，以往重阳节满足民众避灾驱邪、祈求丰收心理需求的功能被弱化，而传播和传承传统思想道德文化的教育功能成为主导。

节日民俗是人创造出来的，不仅记载着祖先对自然运动规律的认识与把握，而且显示了不同历史阶段的社会、经济、文化的发展水平，同时反映了民众的理想诉求。民俗传承既是某一社会或民族的群体行为，也是该社会或民族群体中的个人行为。人们在参与节日的过程中同时存在着个体寻求

① 《新时代公民道德建设实施纲要》，中国法制出版社2019年版，第1～2、4～5页。

② 《国家级非物质文化遗产代表性项目名录》（第一批），中国非物质文化遗产网，http://www.ihchina.cn/project.html#target1。

和集体濡化两种状态，个体的过节有族群作背景，就获得了集体的力量。对节日来源、节日文化、节日习俗的追问，是人类与生俱来的探索欲望。在这一过程中，人们通过享用节日物品、参与节日活动、体验文化空间，不自觉地受到节日文化潜移默化的教育和影响。经过漫长的传承，也许节日习俗的原因已被人遗忘，但是参与节日活动却成了周期性的行为。课题组在湖北恩施进行田野调查时发现，民众对重阳节“打粑粑”这一行为的遵从来自当地俗语“重阳不打粑粑，老虎拖走妈妈”。虽然“打粑粑”民俗的深层原因已无从考据，但“重阳节要孝敬老人”的核心观念却成为当地居民过重阳节必须遵守的规矩。



传统节日具有浓郁的文化特性，蕴藏着深厚的思想道德内涵，无论是对启蒙阶段的孩童、成长阶段的少年还是进入社会的成年人都有不同意义的教育功能。在传承延续节日习俗时，个体经历了从幼时的文化萌芽到成年后的主动践行，这种贯穿人生、血脉延续的文化符号是本民族共同的文化记忆。

### （二）精神满足需求下文化经济功能的建构

需求是人类的原始本能，马斯洛将人的需求分为五个层次，由较低层次到较高层次排列依次为生理需要、安全类型的需要、归属与爱的需要、自尊需要、自我实现的需要。① 在封建社会，人们因担心天灾影响来年的庄稼丰收，于是产生了重阳节祭祀祈求丰收的习俗；因医疗卫生水平落后而恐惧患病、死亡，于是产生了重阳节祈福健康长寿的习俗；因社会道德伦理的约束形成孝老敬老的习俗。当代社会，人们物质生活富足，但是同质性、单调性的都市生活使得城市居民更青睐一种不同于城市生活的方式，更加渴望精神上、文化上的满足，进而寻求多种认同，追求多样化的物质与精神的享受，于是一系列文化旅游相结合的休闲项目应运而生。

在重阳节期间，各地的节日活动不再仅限于当地居民的互动参与，而是通过现代传媒技术手段，扩大节日活动的影响力，吸引更多外来人员参与，

① 参见[美]亚拉伯罕·马斯洛：《动机与人格》，许金声译，中国人民大学出版社 2007 年版，第 15～29 页。

为节日习俗提供对外交流的窗口，如前文提及的浙江磐安县东坑村重阳节炼火习俗。现在每次炼火现场的最佳观看位置都会留给民俗文化摄影爱好者；同时，为了让游客亲身感受到炼火的惊险刺激，炼火仪式结束后会特地在火堆中间划出一条通道，供他人行走体验。贵州茅台镇有着重阳节投料下沙①的历史传统，人们选择在重阳节当天举行活动，主要是顺应高粱收割季节以及当地的气候特点，且九月九象征天长地久，体现了中华民族传统文化。从2004年开始，茅台集团就把每年的重阳节作为茅台酒节，赋予了重阳节新的民俗文化意义。当地各大酒厂也顺势而为，在每年的重阳节前后开展类似的民俗活动。值得注意的是，这种从注重"工匠精神"到商贾交流、旅游观光和品牌推广的转变，存在明显的商业化过重而民众参与不足的问题。



重阳节的经济功能建构中，应当更注意维护商业经济效益与民俗文化效益的平衡。在市场经济飞速发展的今天，良好的经济效能对节俗的传承与发展产生积极的促进效果，但过度逐利而无视本民族、本地区的节日文化特色将扭曲节俗的文化传承。

### （三）时代精神要求下文化和谐功能的建构

我国是一个贵人伦、重亲情的国度，尤其注重孝文化的传承。孙中山认为，对于孝，"中国尤为特长"，讲得最"完全"，"《孝经》所讲孝字，几乎无所不包，无所不至"。② 孝文化作为中国流传广泛、影响深远的传统文化之一，"涉及到家庭、个人情感，社会道德之行为规范，也可以理解为社会的语言和行为模式"③。"孝"的甲骨文字，形似一个曲背的老人用手抚摸幼子的头，展现了父祖与儿孙之间的亲爱关系。《尚书·尧典》说"克谐以孝"④，"孝"有了下对上的孝顺之意；《尔雅·释训》中讲"善父母为孝"⑤，"孝"又有了侍奉父母的含义。孔子对"孝"的诠释，形成了完整的理论系统，并且"孝"从此突破血

---

① 投料下沙，是茅台镇白酒从业者为下一年的酿造做准备。重阳节下沙生产的出酒率相较于其他时节最高，且出酒具有酱香突出、细腻丰满、酒体醇厚、回味悠长的风格特点，具有酱香型白酒的典型风格。

② 孙中山：《三民主义·民族主义》，《孙中山全集》第9卷，中华书局1986年版，第244页。

③ 陶立璠：《论孝文化与当代生活的衔接》，《民间文化论坛》2015年第3期。

④ （宋）林之奇著，陈良中点校：《尚书全解》上册，人民出版社2018年版，第18页。

⑤ 胡奇光、方环海：《尔雅译注》，上海古籍出版社2004年版，第187页。

亲的限制；孟子对此作出了进一步论述："老吾老，以及人之老。"①后来，孝文化成了重阳节民俗精神的一部分，人们在这一天为老人祈福，老人尽享天伦之乐。

传统的孝文化精神到当代社会拥有了新的时代性特征。其一，新时代孝文化是和谐理念的重要组成部分。孝文化的核心是"尊老敬老"，一方面指的是年轻人对老年人的尊重照护，另一方面是指老年人对年轻人的爱护和提携，两方面的结合形成了新时代家庭伦理向社会伦理延伸的和谐的代际关系。其二，新时代孝文化极具人道主义关怀。传统的孝道主要强调孩子对父母、祖辈的顺从和照顾，而当下老年人的精神需求却普遍被忽视，新时代的孝文化更强调从"爱"出发。其三，新时代孝文化具有强烈的社会现实意义。中国自2000年起进入老龄化社会，老龄化步伐日益加快，增加了家庭成员的生活压力。政府将重阳节命名为"老人节"，从法律层面肯定重阳节作为新时代孝文化载体的重要性，以官方力量发动社会各界开始了走近老人、了解老人、关爱老人的公益行动。

这种时代精神的要求，使得重阳节成了促进代际沟通和谐关系的纽带。因此，当下的重阳节，除了传统的习俗活动，还增加了很多关爱老人、帮扶老人的新民俗。河南上蔡作为中国的"重阳文化之乡"，自2006年起一直坚持举办"重阳文化节"。在重阳节这天，当地民众不仅坚持登高、赏菊的传统习俗，还成了新民俗"重阳文化节"的参与者。人们参观书画展览，参与文化研讨，评选孝心模范和孝道家庭，加入志愿者行列去帮扶留守老人、散居老人和困难老人，用实际行动传承着新时代的孝文化。

### （四）工业化城市化下文化认同功能的建构

中国拥有源远流长的农耕文化，以农为本、靠天吃饭的思想影响深远。相较于世界发达国家，我国的工业化起步晚、底子薄，城市和农村在发展规模和水平等方面极不平衡。改革开放以来，随着社会主义市场经济体制的建立和完善，我国的工业化和城市化飞速发展，我国也开始融入世界，与全球接轨。面对全球严峻的经济竞争环境，各国间的文化竞争更为复杂、更具

① 方勇译注：《孟子·梁惠王上》，中华书局2010年版，第12页。

有挑战性。因此，党的十八大以来，习近平总书记系统阐释了“文化自信”，为中华优秀传统文化的传承与发展坚定了信心，指明了方向。重阳节作为中华优秀传统文化的代表之一，在传承与发展中蕴含着文化认同的凝聚功能，在团结社会各界、各代际人群方面发挥着重要的作用，理应列入“展示和传播优秀民族文化的重要阵地，弘扬和培育伟大民族精神的重要载体，成为满足人民群众精神文化生活需要的重要渠道”①。



事实上，文化认同是个体识别的重要标志之一，是个体寻求同类和融入群体的标准和依据；对社会群体而言，文化认同是群体特性的表现，是区别“我们”和“他们”的依据。② 文化认同的依据主要有使用相同的文化符号、秉承共同的文化理念、遵循共同的思维方式和行为规范以及追求共同的文化理想。当下的重阳节虽然在节日空间、节俗物品、节日形式、节俗心理上发生了一些变化，但是核心的节日元素（菊、登高）仍在延续，核心的节日理念（孝老敬亲）得到了广泛的社会响应，形成了工业化、城市化背景下历史感与现代感并存的文化认同机制。具体说来，这种由节日激发的社会效应主要体现在以下几个方面：

第一，强化家庭意识，团结血缘亲情。在传统的儒家“孝文化”盛行的封建社会里，家庭的长者拥有绝对的话语权和支配权，人们的思想意识教化大部分来自家庭；但在如今平等自由的现代社会里，家庭成员拥有平等对话的权利，长辈对后辈没有了绝对强有力的约束，甚至有些人放任自流，过度地逐利，心理开始异化，形成了“一切向钱看”的异化准则，忽视了自己身边的亲人、父母。重阳节为各个家庭提供了团结、交流的契机，在传统文化的熏陶下，在民俗活动的互动中人们可以感受到亲情的美好与可贵。

第二，强化社会意识，拉近城乡距离。每位社会公民都在社会中承担着一定的社会职能。在城市化迅猛发展的同时，城乡差距越来越大，造成了城市与乡村之间文化的二元对立，总有人把城市文化与乡村文化用先进与落后、文明与愚昧等标签简单地对立起来，除了城市居民甚至有的农民也持这

① 《中央宣传部等部门发出〈意见〉提出 运用传统节日弘扬民族文化的优秀传统》，《人民日报》2005 年 6 月 24 日。

② 参见佐斌、温芳芳：《当代中国人的文化认同》，《中国科学院院刊》2017 年第 2 期。

种观点。在重阳节的节日民俗中，无论是城市还是乡村都是平等的参与者，许多来自乡村的“非遗”项目通过重阳节的集会走进了城市，越来越多的城市居民也倾向于在重阳节前往山清水秀的乡村感受民俗风情。重阳节俗在潜移默化中拉近了城乡距离，强化了社会文化认同。

第三，强化国家意识，凝聚民族认同。马克思和恩格斯曾说：“社会结构和国家总是从一定的个人的生活过程中产生的。”[①]个人参与节日民俗活动，也在一定程度上形成了群体性的文化认同。重阳节极具中华民族优秀传统文化特质，民众在丰富的节日活动中见证国家的强大、民族文化的魅力，增强了民众的文化自信心，能够凝聚起时代性的民族精神认同。政府在重阳节俗进行的过程中也发挥着重要的作用，推动国家、社会、个人三个层次的交往互动，凝聚社会价值共识，形成公认的社会价值行为准则。



## 结　语

传统节日的传承与重构过程也是传统文化新生的过程。经过现代社会的变异和重构，传统节日重新为民众所辨识、所珍惜，并以其独特的文化基因濡化、感染、团结了所在的族群。在现代文明的全新环境中，植根于农业社会的传统节日要适应当代社会，其内在功能与外在形式的变化及调整是必然的选择。我们强调节俗传统保护，主要就在于保护它的节俗功能与文化象征意义。

---

① 《马克思恩格斯选集》第一卷，人民出版社 1995 年版，第 71 页。

# 节目变迁

# 嘉兴网船会的形成与演变*

龙　圣**



**摘　要**

嘉兴王江泾连四荡刘王庙建于太平天国运动后，围绕该庙逐渐形成了大型的民间集会活动——网船会。网船会主要由渔民、船民等“水上人”推动，最初具有典型的水上赛会特点。经过百余年发展演变，其赛会形式逐渐“陆地化”，最终与江南各地陆上的“抬猛将”出巡活动趋于一致。

**关键词**

网船会　刘猛将　王江泾　连四荡

嘉兴网船会，亦称“刘王庙会”，是晚清、民国以来嘉兴江、浙、沪各地渔民、船民等为纪念“上天王刘猛将”而自发形成的民间集会。网船会以嘉兴王江泾镇连四荡（今作莲泗荡）刘王庙为中心，每年正月、清明前后、八月、腊月举行，届时，各地渔民、船民提前数日赴会，从连四荡往西至王江泾镇大约10里的水面布满了成千上万艘大大小小的船只，其中以打渔的丝网船最多，故称“网船会”。嘉兴网船会盛极一时，后因20世纪五六十年代刘王庙被拆除而停办。改革开放后，刘王庙及网船会渐次恢复，网船会于2007年、2011

* 本文系山东省社会科学规划研究项目“明清京津冀鲁地区运河盗匪研究”（19CLSJ09）的阶段性成果。

** 龙圣，山东大学儒学高等研究院副教授。

年分别被列入省级(浙江省)、国家级(第三批)非物质文化遗产名录。① 随着网船会的复兴,相关研究成果日益增多,对我们了解网船会的发展概貌、活动流程、艺术形式等具有重要的意义。② 然而,学界对船家在连四荡聚集的传统、连四荡刘王庙的历史、网船会迎神赛会的形式和变化等方面仍缺乏深入的探讨。鉴于此,本文主要对网船会形成和演变的历史脉络加以梳理,并就与之相关的刘猛将信仰略作讨论。



## 一、船只候检与聚会传统

嘉兴王江泾连四荡刘王庙的网船会,在晚清、民国时期异常兴盛,是江南地区最著名的庙会之一。其举办地点王江泾、连四荡,在明清时期即有记载。

王江泾,位于浙江省的北部,是今嘉兴市秀洲区下的一个镇。该镇北与江苏盛泽毗邻,南与嘉兴市区相连。据元代岑士贵的《税暑亭记》,宋元时期王江泾即设有市。③ 元代,王江泾属嘉兴县,不但有市,而且设巡检司,专事缉捕。④ 明初,王江泾本属嘉兴府嘉兴县,但该府政繁事冗,只设三县,不能得到有效治理,故宣德五年(1430)大理卿胡槩奏准在该府"增设县治,建官

---

① 参见袁瑾、陈宏伟编著:《江南网船会·序言》,浙江摄影出版社2015年版,第1~5页。

② 相关研究主要有俞晓燕:《一个庙会的复兴与再定义——对嘉兴网船会的民俗志研究》,北京师范大学2009年硕士学位论文;文敏:《"网船会"的集结》,《书城》2009年第6期;耿俪洳、吴桂潮:《江南网船会:流淌着的运河民俗》,《长三角》2010年第5期;于能:《江南网船会:流淌着的运河民俗》,《浙江画报》2011年第5期;于能、吴桂潮:《江南网船会:流淌着的运河民俗》,《浙江画报》2011年第5期;张帮人:《网船会:庶民的节日》,《大江周刊》2011年第10期;俞忠民:《江南网船会流淌着的运河民俗》,《大视野》2011年10期;吴桂潮:《江南网船会:流淌着的运河民俗文化》,《文化交流》2012年第3期;吴桂潮、朱维达、吴采莲:《网船会:江南渔民的水上庙会》,《长三角》2012年第4期;仲美文:《传承三百年的水上庙会:网船会》,《中国国家地理》2013年第3期;徐昱:《水上庙会"江南网船会"》,《浙江画报》2015年第5期;袁瑾、陈宏伟编著:《江南网船会》,浙江摄影出版社2015年版;王娟:《嘉兴莲泗荡网船会的民俗文化传承与保护研究》,《嘉兴学院学报》2016年第2期;林莉君:《网船会》,《浙江艺术职业学院学报》2018年第3期;胡双喜、于彪:《传统民俗"江南网船会"的现代文化意义探析》,《农村经济与科技》2018年11A期;顾希佳、袁瑾主编:《网船会》,光明日报出版社2019年版;等等。

③ 参见(明)李培修,(明)黄洪宪纂:《(万历)秀水县志·遗文·税暑亭记》,明万历二十四年(1596)修,民国十四年(1925)铅字重刊本。

④ 参见(元)单庆修,(元)徐硕纂:《(至元)嘉禾志·徼巡》,清文渊阁《四库全书》本。

分理”。于是，王江泾所在的区域从嘉兴县析出，置秀水县。[①] 县分永乐、思贤等乡。王江泾位于秀水县北部，属永乐乡。[②] 因有京杭大运河从其境穿过，王江泾的丝绸业在明代获得了很大发展，进而成为江南五大市镇之一(余四为盛泽、震泽、濮院、双林)。“王江泾镇，在县北三十里永乐乡，旧有王氏、江氏所居，因以名镇。镇南尽秀水县界，北据吴江县界，俗最刁顽，多织䌷，收丝缟之利，居者可七千余家，不务耕绩，多儒登贤书者，数有之。”[③]

连四荡，今作莲泗荡，由西向东依次由陶家、文泉、庙前、桥北四荡组成。连四荡位于王江泾以东，二者由铁店港连接。铁店港西接王江泾，东接连四荡中的陶家荡。明代及清初文献均未提到“连四荡”这个名称，但对这个地方却有涉及。据《(万历)秀水县志》记载，秀水县思贤乡有思贤荡，该荡对附近区域起到很大的灌溉作用。其中，有淡沧溪港，长930丈，水从北运河来，入思贤荡，灌田34顷；又有彰陵港，长712丈，水从思贤荡来，入闻家湖，灌田32顷；又有急水港，长823丈，水从思贤荡来，入北高荡，灌田21顷；又白龙港，长450丈，水从思贤荡来，从杨树港去，灌田11顷。[④]《(康熙)秀水县志》亦将之载入其中。[⑤] 清末唐佩金《闻川志稿》提道：“陶家荡、连四荡今颇著称，而郡邑旧志皆未载，莫知乾隆以前之旧名，阅康熙中《秀水任[县]志·塘堰门》有云：淡沧溪从运河来，思贤荡去。急水港从思贤荡来，北高荡去。始知二荡于国初统号思贤也。”[⑥]可见，当时人仍然知道淡沧溪、急水港的具体位置，并确定与之相连的思贤荡即后来陶家荡等的统称。只是他们误以为这是清初的称谓，其实早在明代，人们就用思贤荡来称呼后来连四荡的主体部分了。

在确定了明清时期王江泾、连四荡这两个重要地点后，接下来我们再对

---

① 参见《明宣宗实录》卷六四，“宣德五年三月戊辰”条，“中央研究院”历史语言研究所，1931年，第1522页。

② 参见(明)李培修，(明)黄洪宪纂：《(万历)秀水县志·舆地志·市镇》，明万历二十四(1596)年修，民国十四年(1925)铅字重刊本。

③ (明)李培修，(明)黄洪宪纂：《(万历)秀水县志·舆地志·市镇》，明万历二十四年(1596)修，民国十四年(1925)铅字重刊本。

④ 参见(明)李培修，(明)黄洪宪纂：《(万历)秀水县志·舆地志·乡都》，明万历二十四年(1596)修，民国十四年(1925)铅字重刊本。

⑤ 参见(清)任之鼎纂修：《(康熙)秀水县志·塘堰》，康熙二十四年(1685)刻本。

⑥ (清)唐佩金纂：《闻川志稿·乡圩》，《中国地方志集成·乡镇志专辑》(19)，上海书店1992年版，第575页。

此处举办的刘王庙、网船会作进一步的讨论。晚清、民国时期的网船会以连四荡的刘王庙(位于连四荡中的庙前荡的北侧岸边)为中心,从刘王庙出会,西行至王江泾后再返回刘王庙。届时,浙江、江苏、上海各地很多渔民、船民纷纷聚集在连四荡至王江泾的水域岸边,参加赛会。王江泾和连四荡这两个地方在明代和清初文献中均有记载,然而,连四荡的刘王庙和网船会却寂寂无闻。明代《(弘治)嘉兴府志》《(正德)嘉兴府志补》《(嘉靖)嘉兴府图记》《(万历)嘉兴府志》《(万历)秀水县志》及清代《(康熙)秀水县志》,均没有连四荡刘王庙和网船会的记载。从《(康熙)秀水县志》绘制的地图来看,当时思贤荡附近是一片湖泽,岸边并没有刘王庙。



此外,从明代到清中叶的情形来看,当时也不太具备迎神赛会的条件。明宣德五年(1430)分置秀水县后,王江泾发展成市镇。然因与江苏吴江交界,"俗最刁顽",故设巡检司负责缉捕盗匪,维护治安。[①] 清初以来,王江泾仍设巡检司捕盗,至雍正三年(1725)撤销。[②] 王江泾的地理位置特殊,往东经过铁店港、连四荡可通嘉善、上海等地,往南可通嘉兴、杭州。每年春季都有大量粮船经过王江泾运河北运,所以王江泾巡检司的一项重要任务就是稽查粮船是否夹带走私,包括私盐、火药等。此外,渔民、船民因有舟楫之便,参与走私亦是常事,甚至有些发展成为"湖盗""河盗"一类的武装势力,是巡检司稽查的重点。在检查船只过程中,巡检司弓兵又常以缉捕私盐为名,搜刮经过运河的各类船只。"市设巡检司,司有弓兵十数辈,名为巡盐,实则摽掠,小船经运河中者无不被其患。"[③]粮船、渔船、民船,对王江泾巡检司的搜刮心存忌惮,避之不及,自然难以形成后来从连四荡至王江泾运河一带的赛会活动。同时,船只迎神赛会容易滋生事端,阻塞河道,耽误漕运。从官方角度而言,也不太可能在春季漕运繁忙之际允许、支持民间在漕渠沿线进行赛会活动。

然而,正是因为王江泾设有巡检司稽查,各类船只需排队等候,依次检

---

① 参见(明)李培修,(明)黄洪宪纂:《(万历)秀水县志·舆地志·市镇》,明万历二十四年(1596)修,民国十四年(1925)铅字重刊本。

② 参见金蓉镜等纂修:《重修秀水县志·古镇》,不分卷,民国九年(1920)稿本。

③ (明)李培修,(明)黄洪宪纂:《(万历)秀水县志·舆地志·市镇》,明万历二十四年(1596)修,民国十四年(1925)铅字重刊本。

查通过，故每年春季粮船北运时，大量船只停泊在王江泾以东铁店港至连四荡较开阔的水域候检。由于漕粮是“天庾正供”，故粮船先检先行，其次才轮到渔船和民船。又因粮船数量较多，渔民、船民需要等候的时间较长，这便为他们提供了聚集的机会。渔民、船民这些水上人群，以船为家，常年四处漂泊，难得有机会聚在一起，因此正好利用候检的时机相聚。这样一来，便为水上人之间的联姻创造了条件。[①] 候检期间被迫聚集等候，原本只发生在少数经过此地的渔船、民船身上，但它为水上人提供了聚会和谈婚论嫁的机会，影响逐渐传播开去。慢慢地，周边越来越多的水上人主动前往当地聚集。可以说，聚会和谈婚论嫁成为他们最初一段时间前往当地聚集的主要目的。这点在当地人的记忆中有比较明确的体现：

> 这会的发源和“刘王”的历史，据大家晓得，远在洪杨（洪秀全、杨秀清——笔者注）之前即已有峰行。当时规模很小，原系使一向散处在水上的船家，借此有一个欢聚的机会，同时并可作为双方儿女联姻的机会。[②]

从这个记忆来看，远在太平天国运动发生之前（咸同之前）就有水上人来此聚集，最初规模很小，目的主要是聚会和解决子女的婚姻问题。这个诉求实际上直到晚清、民国时期网船会期间仍一以贯之。清末王江泾文人唐佩金作《刘王庙》一诗，提道：“箫鼓送迎神，风光正好春。相逢云水处，解珮定何人？”[③]其中，“相逢云水处，解珮定何人”一句明显反映的是渔民、船民等水上人聚在一起解决婚姻问题。这种看法并非局外人（镇上居民）的一面之词，就连水上人自己也是这样认为的。1935 年，某位记者采访前来参加网船会的一船家，船家的回答与唐佩金诗所反映的一致：

> 记者挤出人群中，下船向船家访问。据答，网船会每年举行一次，江浙两省船帮均来参加，船家参加此会之习惯，因平日各自东西，晤面机会极少，虽系亲戚亦复如此，借此会期内可互相过访，或说亲拜堂，或集会还

---

① 尽管历史上水上人与岸居者之间也不乏通婚的情况，但由于他们各自的生活方式和文化习俗有着较大的差异，因此水上人与岸上居民联姻事实上存在一定的困境，而水上人之间通婚则成为常态。参见赵世瑜：《唐传奇〈柳毅传〉的历史人类学解读》，《民俗研究》2021 年第 1 期。

② 《嘉兴网船会盛况犹昔——参加船只万艘以上 与会人数近二十万》，《新闻报》1949 年 4 月 4 日。

③ （清）唐佩金：《闻川缀旧诗·刘王庙》，清宣统三年（1911）铅印本。

钱等事，迨此两日会期一过，各船家又复东西分离，各谋生活云云。①

此外，民国时期还有其他一些报道也提到水上人利用网船会来解决婚姻困境的诉求。

嘉兴王江泾于每年春季必有迎赛网船会之举……江浙两省船帮渔家，每年借此迎赛网船会以相晤面，船民中有订婚者，均于此两日内行之，因平日各自西东，殊少晤见也。②

终年依水上生活的船家，他们迎网船会，一方面是借佛集会，因为他们平时各自西东，一年中晤面的时机很少，每年齐集于迎网船会。虽然时间只有短短的两天，他们却要借此会期互叙离愫，或看亲订婚。③

综上所述，本文认为明代至清乾隆年间由于王江泾设巡检司稽查船只，因而水上人聚集在水域较开阔的连四荡附近。他们借此与亲友会面、谈婚论嫁，早已形成一种传统，但为保证春季运河漕运顺畅，早期并没有形成大型的迎神赛会活动。乾隆元年(1736)之后，虽然裁撤了巡检司，但只要漕运仍在，对迎神赛会依然会有限制作用。就文献记载而言，晚清以前看不到连四荡刘王庙的身影，自然也不可能形成以该庙为中心的网船会活动。

## 二、刘王庙的修建与晚清、民国的网船会

### (一)刘王庙的修建

连四荡刘王庙是何时形成的？这个问题对于了解当地网船会的形成至关重要。清末唐佩金所撰《闻川志稿》记载：

刘王庙。一在西方庵侧，乾隆中迁瑞华庵之西北，经乱毁。一在连四荡东北滨。④

据此，王江泾似有两座刘王庙。一座在西方庵旁边，于乾隆中叶迁至瑞华庵

① 《网船连樯八九里 王江泾镇江浙渔帮赛会 官厅禁止迎赛临时取销》，《时报》1935年4月11日。

② 《纪念刘琦 王江泾 迎赛网船会》，《时报》1936年3月30日。

③ 资一：《记迎赛网船会》，《大公报(上海)》1937年4月12日。

④ (清)唐佩金：《闻川志稿·祠庙(寺观附)·刘王庙》，宣统三年(1911)铅印本。

的西北。其建庙时间不晚于乾隆时期。然而，这个庙很值得怀疑，一是早期文献并无关于该庙的记载，二是唐佩金另有《闻川缀旧诗》也提到刘王庙，所记与《闻川志稿》相似，只提连四荡的刘王庙，而未论及乾隆中叶由西方庵旁迁至瑞华庵西北的这座庙宇。[①]《闻川志稿》于宣统三年(1911)铅印出版，《闻川缀旧诗》也在这年由作者整理完成，是其撰志稿时不便编入又不忍舍弃而自己收藏的部分。[②] 公开示人者提及该镇很早便有刘王庙，而私藏自赏者却不提，其中缘由颇耐人寻味。这似有地方文人试图将家乡文化往前推进之意，所以公开示人者要把历史讲得早一些，而私藏自赏者则无此必要。因此，前一个刘王庙的记载实际上并不可靠。如果载乾隆及其以前王江泾就有这样一座庙宇，为何在同时期的材料中却毫无记载?!

后一个刘王庙，即连四荡的刘王庙建于何时？王水指出，“王江泾方志《闻川志稿》(唐佩金撰，刊于宣统三年)记载，刘猛将祭祀起源于明代，清咸丰三年(1853)建庙”[③]。陈宏伟亦认为，“据嘉兴王江泾方志《闻川志稿》的记载，这一带刘猛将祭祀起源于明代，清咸丰三年(1853)在莲四荡建庙”[④]。此外，王娟也指出，“地方志《闻川志稿》记载莲泗荡清咸丰三年(1853)建刘王庙，西方庵侧刘王庙毁于太平天国时期”[⑤]。从前文笔者所引《闻川志稿》来看，它只讲连四荡边上有一座刘王庙，却没有说这座庙宇建于咸丰三年，也没有讲当地刘猛将祭祀起源于明代。另外，王娟的文章附有参考文献，其所用《闻川志稿》乃为《中国地方志集成·乡镇志专辑》所收录。笔者通阅该志，亦未见其他部分有关于当地刘猛将祭祀起源于明以及咸丰三年建连四荡刘王庙的记载。不知此二说何据。

从以上分析可以看出，目前尚无可靠的史料具体指出该庙修建的年代。不过，我们可以从王江泾当地历史发展的脉络和部分间接史料对此问题加以讨论。

王江泾是明清时期江南的重要市镇，以产销纺织品著称，在明代市内便

---

① 参见(清)唐佩金：《闻川缀旧诗·刘王庙》，宣统三年(1911)铅印本。

② 参见(清)唐佩金：《闻川缀旧诗·自序》，宣统三年(1911)铅印本。

③ 王水：《从田神向水神转变的刘猛将——嘉兴连泗荡刘王庙会调查》，上海民间文艺家协会、上海民俗学会编：《中国民间文化——民间稻作文化研究》，学林出版社1993年版，第115页。

④ 袁瑾、陈宏伟编著：《江南网船会》，浙江摄影出版社2015年版，第13页。

⑤ 王娟：《嘉兴莲泗荡网船会的民俗文化传承与保护研究》，《嘉兴学院学报》2016年第3期。

有7000多家，人丁兴旺、商业发达，可谓名副其实的江南巨镇。清初经过一段时期的恢复，该镇仍然延续了明代的繁荣。至清咸同年间，太平天国运动爆发，王江泾与运动中心南京距离不远，加之商业发达，该镇遂成为各种势力争夺的对象。在战争影响下，王江泾商业遭到很大破坏，人口损失十分严重，战后经济萧条，人烟稀少，从此一蹶不振。这点在晚清时期很多文人笔下都有体现。例如，咸丰九年(1859)中举的杨象济(字利叔)家，自清初杨佐桥定居王江泾以来已有200余年，在当地颇有名望。其家在太平天国运动期间被付之一炬，事后其子媳双亡，家道中落，已不复当年局面：





> 窃职先八世祖佐桥于国朝著籍秀水之王江泾已阅二百余年，世以任恤称于里党，而先祖母节孝，郑氏推假赒贫，一遵祖德。经庚申(咸丰十年，1860——笔者注)兵燹以来，屋庐全烬，职橐笔遨游，藉资薪水，自两年秋，儿子生员庆宪夫妇双亡，未遗子息，而职年将就衰，亦无后望。①

王江泾还有很多家族与杨氏的遭遇类似，他们大都在战乱中遭到重创。这使得该镇元气大伤，从整体上走向衰落。即便到了清末，经过半个多世纪的发展，王江泾也远未恢复到战前的繁盛局面：

> 苏浙接壤处，南秀水，北吴江，有市集曰王江泾。发逆蹂躏甚，华屋尽坵墟。五十年来，规复不及半。盖地当塘路之要冲，故其遭劫为特巨。②

> 咸丰兵燹，尽付一炬，同治初，故老殚力招徕，迄今五十余年才三百家，不及盛时二十分之一。③

从“规复不及半”可以看出，清末王江泾整体上的恢复程度不到战前的一半。尤其是人口方面，明代该镇有7000多家，经过明清之际的战乱及清初以来的恢复，至太平天国运动爆发之前仍有6000多家，人口虽不及明代鼎盛时期，但基本延续了之前的局面。太平天国运动之后，该镇人口损失巨大，经过半个多世纪的发展，到清末民初也只有300家，不及战前人口的1/20。

由此可见，太平天国运动后该镇面临比较严峻的人口问题。故同治初

---

① 杨象济:《置产赡族呈》,《申报》1876年8月10日。

② (清)佚名:《梵门绮语录·王江泾瑞华庵小宝》,《丛书集成续编》第212册，新文丰出版公司1989年版，和362页。

③ (清)唐佩金:《闻川志稿·地理志·沿革》,宣统三年(1911)铅印本。

年，当地士绅极力招徕人口，以图发展。即便如此，当地人口也相当稀少，以至光绪十二年(1886)、十三年(1887)又不得不“招宁、绍、温、台客民垦荒”①，将其安置在接战港(今铁店港)一带。

笔者认为，在人烟稀少的背景下，太平天国运动后也有部分的水上人被地方士绅招到当地。尽管这些水上人长期从事渔业，不善于种地，但在当时的情况下，招徕他们对该镇有利。只要稍微留意一下王江泾太平天国运动前后的经济情况，便会明白这点。该镇自明代以来便以产销纺织品而著称，其产品主要通过京杭运河输送到山东临清，再转运到北方各地。由于咸同之际战乱的影响，运河时而通畅，时而阻滞，该镇原有的长程贸易模式受到很大影响，并最终随着人口的大量流失而崩溃。因此，太平天国运动后该镇不仅存在人口稀少的问题，而且面临着经济转型的问题。该镇素以工商业见长，在太平天国运动后进行长程贸易已不再现实的情况下，通过短途贸易来恢复经济不失为一条可行之路。水上人——渔民、船民在这方面有其优势，他们善使舟船，有运输之能，既可将本地产品运出，又可将外地物资运回，有助于该镇经济的恢复。这正是地方士绅招徕部分水上人的原因。

与此同时，由于水上人与镇上居民之间在文化和生活习惯方面有较大差异，他们并不像其他客民(农民)那样能够在离该镇较近的地方“结茅而居”，垦荒种田，而是被安置在离镇上有一定距离的近水区域。这样更符合其长期在水上生活的习惯，也有利于他们从渔业向半渔半农的生产形态过渡。从后来的情形来看，水上人非常崇拜刘猛将，将之视为保护神，这应当有一个相当长的传统。故笔者认为，之前不见于记载而于晚清时期开始频频出现在文献中的那座连四荡刘王庙，正是太平天国运动后为招徕安置在当地水边的水上人所建。

以上看法并非全然无据。据载，咸丰十年(1860)王江泾镇遭到洗劫，官署、民房及庙宇皆付之一炬，唯有瑞华庵幸存。“王江泾镇遭兵燹，市廛民舍、衙廨庙宇，焚毁一空。后虽次第起造，不到从前十分之二三。惟是庵为

① (清)唐佩金:《闻川缀旧诗·万寿桥 中丽桥 尚德桥》，宣统三年(1911)铅印本。

乱前物。”①后来某年就有无锡某渔民来参加刘王庙会，因其子女较多，难以养活，于是把叫作小宝的女儿舍入瑞华庵。镇上居民对小宝很照顾，教她读书识字，后来这一渔家女子变得很有才华：

小宝本无锡渔家女。王江泾镇，每年于二三月间，例赛猛将会，俗称网船会。凡寻常之渔船，克期云集，多至千计，顾其作俑不可得而知。某年某渔船赴会到此，因子息多，艰于字养，乃以最幼之女舍身于瑞华庵，即小宝也。时只三四岁耳，住持尼故与郡中某绅夫人善，岁时入城，必与小宝偕，且信宿焉。某绅家女公子辈，莫不深通文墨，小宝薰陶久，由识字而读书，十数年来，学且与诸女公子俱进。所读之书，或借观也，或竟索归也。性本颖悟，复以潜心研究，则所造竟在诸女公子上矣。②

从早期文献来看，未有关于王江泾有刘王庙和网船会的记载。至1860年遭到洗劫后，除了华瑞庵，该镇所有庙宇都已被焚毁，后逐步建造了少量庙宇。结果，某年便有无锡渔民来参加刘王庙会，并把女儿舍入华瑞庵。可见，刘王庙是在太平天国运动后修建起来的，其修建年代不应早于1860年(咸丰十年)。同时，这个故事也说明太平天国运动后该镇并不排斥水上人，反而对水上人持包容和接纳态度。因此，该镇在太平天国运动后招徕水上人助其恢复经济也并非没有可能。如此，连四荡的刘王庙自当是这些崇拜刘猛将的水上人所建。直到今天，在连四荡刘王庙旁边的民主村老人当中仍流传着一种说法，即徐长汇、王家浜(今民主村所属的两个片区)当地的村民、渔民以前组织有“四社会”，刘王庙就是由这些村民、渔民管理的。③ 这也证明，刘王庙的修建与上岸的水上人有着密切的关系。

### (二)晚清、民国的网船会

如前述所，由于船只通过王江泾巡检司需排队候检，周边水上人早在太平天国运动前就已形成每年春季聚集在连四荡水域会友、定亲的传统，当太

① (清)佚名：《梵门绮语录·王江泾瑞华庵小宝》，《丛书集成续编》第212册，新文丰出版公司1989年版，第362页。

② (清)佚名：《梵门绮语录·王江泾瑞华庵小宝》，《丛成集成续编》第212册，新文丰出版公司1989年版，第363页。

③ 参见朱梁峰、陈苏：《民间社团：狂欢的主角》，《嘉兴日报》2012年4月6日。

平天国运动后部分上岸的水上人在荡边建起刘王庙后，那些同样崇拜刘猛将的水上人除每年春季仍旧来连四荡会友、定亲外，自然也要去庙里拜神、娱神。由此，刘王庙会即网船会便形成了。

由于咸同以后，京杭运河北段已不通航，江南一带漕粮改由海船从海上运输，故春季在王江泾连四荡水域举办网船会并不影响漕粮北运，也就不至于遭到地方官的反对。相反，从太平天国运动后当地的情形来看，举办庙会能吸引周边各府州县之人前来王江泾消费，促进当地经济发展。因此，如无特殊情况，不论是地方官还是该镇民众，大都支持这一庙会。每年只要如期举行，镇上做生意的居民就有一笔可观的收入。这也正是网船会在连四荡兴起的原因。



就笔者目前所见，最早记载连四荡网船会的资料是 1885 年 4 月 10 日《申报》刊载的《禾中近事》一文：

> 连四荡有刘王庙，素号灵应，凡操舟为业者，每年封印、开印时齐往拈香，及届赛会之期又各醵赀然放烟火，招集梨园，盖若辈以一年利市皆以祀神之虔否卜之，故不惜浪掷金钱也。今年自本月二十一日起至二十三日止，循例赛会，兴高采烈，不为雨丝风片所阻也。①

由上述记载可以看出，参加连四荡网船会的主体是“操舟为业者”，即水上人。会讯有三：开印（正月二十）、清明庙会（清明前后）、封印（腊月二十）。庙会期间通常要燃放烟花、酬神演戏，清明庙会还要迎神赛会。实际上，除这三次庙会外，连四荡网船会还包括每年农历八月十三的刘王诞。1886 年《点石斋画报·网船会》对此记载颇详：

> 嘉兴北乡连泗荡，普佑上天王刘猛将庙为网船帮香火主，亦犹泛海者之崇奉天后也。浮家泛宅之流平日烧香、许愿来往如梭，以故该庙香烟独盛。八月十三日为刘王诞期，远近赴会者扁舟巨舰不下四五千艘，自王江泾长虹桥至庙前十余里内排泊如鳞。②

刘王诞这天举办的网船会有远近大小船只四五千艘，浩浩荡荡地分布在王江泾长虹桥至连四荡刘王庙前的水域，可以看出晚清时期连四荡网船会已

① 《禾中近事》，《申报》1885 年 4 月 10 日。
② 子琳：《网船会》，《点石斋画报》1886 年第 91 期。

有不小的规模。实际上,刘王诞这天的船只还不是最多的,最多的是每年明清前后的网船会。据宣统三年(1911)的《闻川缀旧诗》记载:

刘王庙,在连四荡滨……每年正月二十日为开印,八月十四日为诞辰,届期凡江浙之渔船咸集荡中,以数万计,演剧献牲,岁以为例。至二三月之交,船之集多于前数,谓网船会。①

可以看出,赶清明网船会的船只比赶刘王诞网船会的船只还要多。此时(清末)江浙一带来赶刘王诞网船会的船只已有数万,赶清明网船会的船只数量则更多。



民国时期,连四荡刘王庙仍举办网船会,各地来赶会的船只很多,分布在连四荡至长虹桥之间10余里的水面,看上去非常壮观。刘王庙中挤满了进香的信众,香火十分旺盛。王江泾镇上尤其是长虹桥一带,观会者人山人海,商家生意兴隆,尤其是有赛会的时候,更是人声鼎沸,热闹非凡,呈现出一派繁荣的景象。这些在民国时期的诸多记载中都有体现。

1916年,《申报》报道说:"嘉兴王江泾镇比联之连四荡地方有刘王庙者,一般船帮中人最为崇信,每届阴历正月二十日为该庙开印之期,各帮船户纷纷咸集,多至千有余艘。"②1920年修毕的《重修秀水县志》记载网船会期间,赶会的船只众多,镇上生意兴隆,"泾人借以谋利,颇有益商市,而一时烟波画船、衣香鬓影,辄荡漾其间,亦韵事也"③。1927年,《新闻报》报道:"嘉兴王江泾区连泗荡之刘王庙,香火素盛,向例每年清明前后,迎赛神会一次,各处船只,不远千里而来,巨舰盈千累万,绵亘至十余里之长。"④

据记载,1934年以前,连四荡网船会人数最多时达到20多万,"一年一度的'连泗荡'香会,往常原是闹热非常的。据说:'那香会最盛的一年,香客驾船前往朝拜的,几乎要达到二十万以上,就单论上海方面,每年驾船赴会的,也要达到数千号船;再加着江、浙内地的其他各处,凡是船家,都要去进香祈福。'"⑤

---

① (清)唐佩金:《闻川缀旧诗·刘王庙》,宣统三年(1911)铅印本。

② 《地方通信·杭州》,《申报》1916年2月24日。

③ 金蓉镜等纂修:《重修秀水县志·刘王庙》,不分卷,民国九年(1920)稿本。

④ 《刘王庙停止迎赛神会》,《新闻报》1927年4月18日。

⑤ 碧玉:《连泗荡的庙会——长虹畔挤死多人 菩萨有灵欤?》,《社会日报》1934年4月21日。

1934年的网船会也颇为壮观。这年农历二月二十六、二十七、二十八三天(公历4月9日、10日、11日),连四荡刘王庙举办庙会并且有赛会活动,吸引了大量的人前往参观。加之,这年苏州至嘉兴的公路通车,所以来赶会的人特别多。"出会的正日那一天,携着'元宝香烛',穿着'红衫',摇着'橹'和'桨',前来赴会的船儿,一共有一万数千号以上,这成绩,在近数年来,可也要算'极好'了。"①"因是江浙两省人士前往观赛者达十余万人之多,长虹桥桥块船只之多,为从来所未有"②,"本县王江泾镇,因迎赛刘王庙会,观众累万"③。由此来看,当年春季有1万多船只前来赶会,参加庙会的香客、观众等加起来达到了十几万人。二十六日下午两点多,王江泾镇东的长虹桥上挤满了观看赛会的人,突然有人起哄说刘王菩萨将到,于是人群涌动,彼此推挤,最终酿成严重的踩踏死亡事故。

> 废历二十六日上午安然渡过,下午长虹桥上一带观者塞途,拥挤不堪,当时有基干队士出动维持,幸未肇祸。至二时余,乡人饭罢,聚集益多,且盛传菩萨将到,于是前呼后拥,桥狭人众,基干队人少,维持为难,而观众中老妪小孩妇人居多,且长虹桥桥高数十丈,而此拥彼推,妇孺力小,遂被挨倒,于是惨剧发生,因是前推后倒,更来者更因地上有人,亦为绊倒在上,故人与人之间,积压地上至十余层之高,人潮蜂拥,更形紧张,于是相率逃命,而被压在最下之数层,竟气绝身死。④

在这场事故中,当场死亡者12人(男女各6人)。二十七日,又有6人因重伤不治而死亡。其余伤者没有确切统计,有百人之多。

1935年,连四荡在四月九、十两日举办网船会。原本打算本年继续赛会,但因上一年赛会过程中出现了严重的事故,当地政府事前发布告,禁止庙会期间进行赛会活动。"嘉兴县政府鉴于去年长虹桥惨剧之前车可鉴,事前出布告严禁。"⑤因此,这年赶会的船只数量比上一年有所下降,但仍有



① 碧玉:《连泗荡的庙会——长虹畔挤死多人 菩萨有灵欤?》,《社会日报》1934年4月21日。

② 《嘉兴竞赛刘王会 长虹桥上发生惨剧 观众拥倒伤亡竟达百余名》,《大公报(天津)》1934年4月5日。

③ 《王江泾赛会踏毙十三人 尸首面目模糊》,《民报》1934年4月11日。

④ 《嘉兴竞赛刘王会 长虹桥上发生惨剧 观众拥倒伤亡竟达百余名》,《大公报(天津)》1934年4月15日。

⑤ 《网船连樯八九里 王江泾镇江浙渔帮赛会 官厅禁止迎赛临时取销》,《时报》1935年4月11日。

5000多只，浩浩荡荡地分布在连四荡至王江泾一带。“江浙两省上海、吴淞、苏州、无锡、杭州、嘉兴、湖州等处外海及内河船帮，大小船只五千余艘，会集于去年曾肇空前踏毙二十三人巨祸之王江泾长虹桥连泗荡一带，停泊长达九里。”①上海船帮的部分船只不顾禁令，赶在正日头一天提前举行了赛会活动，结果观者如云。“八日上海船帮曾有一部份迎赛至镇，有高脚人，大旗帜，并表演各项技术，观者甚众，记者于下午二时乘舟返王江泾，斯时长虹桥上人山人海，参加者达十万人之众。”②上海帮的提前赛会，使得当地人士措手不及。为避免其他船只纷纷效仿，他们在八日晚上与江浙等其他船帮进行了紧急磋商，决定次日的网船会仍然举办，但不进行赛会活动。“故王江泾地方人士八日夜与江浙各地网船各帮领袖会商于刘王庙，结果网船盛会仍如期举行，惟不沿途迎赛。”③尽管如此，这年的网船会还是很热闹，刘王庙中香火旺盛，收入不菲。“刘王庙前，爆竹声锣声，不绝于耳，红男缘女，来自远道者，络绎于途，庙内香烛之盛，实所罕见，会期内两日收入，数达万金。”④此外，庙会期间王江泾镇上的生意也不错。“王江泾镇上商市，每年靠此两日会期内收入盈余，可维持一年之开销，临时商店亦增设不少，莫不利市三倍，其中尤以无锡惠泉山泥佛，最受人欢迎。”⑤

1936年，连四荡网船会于3月28日、29日举办，当地政府批准可以赛会。因此，各地前来赶会的人非常踊跃，人数达到了20多万，使得这年的网船会格外热闹。“嘉兴王江泾于每年春季必有迎赛网船会之举，此次于廿八、廿九两日举办，事前经嘉兴县府核准迎赛、参加迎赛者达万余人，到上海吴淞外海及江浙两省船户达二十余万人。”⑥“年一度的王江泾连泗荡刘王会，今年在上月二十八日、二十九日两天热烈的迎赛了，上海吴淞外海船帮和江浙两省苏州、无锡、常州、杭州、嘉兴、嘉善、平湖、泗安、广德等地内河船帮，都齐集在王江泾与连泗荡一带，望不见边际的大荡，大小船只盈万的停泊着，人数达二十万人，横贯着的苏嘉铁路，看会的人站立得都像蚂蚁一般，

① 《网船连樯八九里 王江泾镇江浙渔帮赛会 官厅禁止迎赛临时取销》，《时报》1935年4月11日。
② 《网船连樯八九里 王江泾镇江浙渔帮赛会 官厅禁止迎赛临时取销》，《时报》1935年4月11日。
③ 《网船连樯八九里 王江泾镇江浙渔帮赛会 官厅禁止迎赛临时取销》，《时报》1935年4月11日。
④ 《网船连樯八九里 王江泾镇江浙渔帮赛会 官厅禁止迎赛临时取销》，《时报》1935年4月11日。
⑤ 《网船连樯八九里 王江泾镇江浙渔帮赛会 官厅禁止迎赛临时取销》，《时报》1935年4月11日。
⑥ 《纪念刘琦 王江泾 迎赛网船会》，《时报》1936年3月30日。

赛会的情形,热闹得很。”①

此外,还有报道称,这次网船会的人数超过了30万:“嘉善船帮之网船会,一年一度,情况极盛,今年于三月二十八、二十九两日,在连泗荡举行,与会者不下三十万人。”②不论孰是孰非,总之这次网船会的规模是相当大的。这些来自各地的船只,大小、种类不一,都按照一定的区域,有秩序地停泊在连泗荡至王江泾一带。“每年的清明节前,一班船户就推出了代表在刘王神像前求签询问何日出会,一到日期到临,上海浦东、吴江的盛泽与嘉兴六县的大小船只,都先三数日开到,大至大嵣山船的驳船和货船,小至蚱蜢式的划子船,无不应有尽有,各式俱全,不啻开一船的展览会(轮船除外)。他们中间分开来有:上海帮,嘉兴、盛泽等船帮。停泊都有一定位置,不得妄自扰动,如上海帮底船,依次排列的停在连泗荡内,嘉兴帮停在王江泾关帝庙前,盛泽帮停在关帝庙不远的长虹桥一带,民船何止千数百只。”③

各地船只到达后,船家先去刘王庙里祭祀刘猛将。去时拿着猪头等供品,庙里非常拥挤,常常连放供品的地方都没有,于是简单祭拜后就拿出来。庙里进香的人很多,均由庙祝代为操作,并根据进香者的情况索取不同的费用。庙会期间香火旺盛,收入不菲。在庙里拜过后,船家就回到船上进行祭祀,同时请太保先生来唱赞神歌。“那刘王庙里,焚香点烛,顶礼膜拜的尽是船家夫妇儿女,人是拥进拥出,肩摩接踵,声音嘈杂,震耳欲聋,船夫头顶着木桶,里面是盛着猪头三牲,因没有地方可摆放,兜回了圈子出来算了,大家都是如此的。香烛由庙祝代插点,就得化钱,衣服华丽点,就索价一元左右,衣服朴素的,几角钱亦行了,那时是庙中全年收获期,收入很丰富的。凡是船到后,大船主就联合请位赞神先生,在船中的一只船上,祭拜刘王木主,那赞神歌的先生,是叫做太保先生。”④

这次网船会,县里特别派人参加,调查是否有迷信色彩。“县政府对于迎赛刘王会,派了民政科李科员并调集乡镇事务员六七人,前往调查研究这个会中含的迷信成分是怎样,是否是劳民伤财。”当地为证明赛会的合理性,

① 谁信:《盛极一时之嘉兴刘王会》,《小日报》1936年4月4日。

② 《嘉善之网船会》,《金钢钻》1936年4月8日。

③ 伯阳:《连四荡的网船会》,《世界晨报》1936年6月7日。

④ 伯阳:《连四荡的网船会》,《世界晨报》1936年6月7日。

以便政府批准赛会活动，于是将明朝在这一带抗击倭寇的历史搬了出来，作为赛会的理由。明代，俞大猷等人在王江泾镇东的铁店港大败倭寇，故民间也称该港为“接战港”。结果，当地以纪念“戚继光”尽忠报国、在接战港取得抗倭大捷作为赛会动机，呈报给地方政府，以此作为赛会的口号。“那个地方有个‘接战港’有三里长，从王江泾通至甸上从前明朝时候戚继光抵御倭寇，就在那里接战，当时人也死得很多，后来人民纪念御倭寇壮举，把那条河港取名‘接战港’。我们去这个地方顾名思义，正有值得纪念的深意在里头。听说他们地方上呈准县府的理由，虽是把这段有民族意义戚继光抵御倭寇的事实，拉作迎赛这个刘王庙网船会动机，所以这次迎赛刘王会，就把‘尽忠报国’四字来标榜，借‘戚继光抵御倭寇’的功绩，移作‘刘王菩萨’所做的功事，实在滑稽得很……这次迎赛刘王会，地方组织管理会，两会里所标榜着，第一天写着‘敬刘王的也该尽忠报国’，第二天写着‘刘王是尽忠报国的伟人’，张冠李戴，他们把戚继光的功绩来借用，借来标榜，作为唯一好口号。”①

“张冠李戴”的做法，表面上看起来很滑稽，但这种“被发明的传统”对于发展当地经济来说至关重要。“泾镇商号，有‘终年营业，不如三日会汛’之定论，其盛况亦可想见矣。”②因此，不得不为之，“现在谈到迎赛刘王会，因为这个会是江浙闻名的，地方上要想出张冠李戴的方法来准迎，原来也有意思在里头，因为一年一度的刘王会，可以繁荣王江泾的市面，这两天会期里各商店可以靠此增加营业，而刘王庙在迷信上的收入、数量更有可观，所以赛刘王会可以繁荣王江泾市面，也有这层意思在里头”③。

1937年，连四荡网船会于4月7日、8日两日举行。有七八千艘来自浙江嘉兴、湖州、杭州，江苏苏州、无锡，上海等地的船只参加。其中，上海的船帮中有用轮船来烧香的。庙会期间，苏嘉铁路、货车、汽车、轮船、民船里都坐满了携带元宝香烛、往王江泾去的善男信女。到了王江泾，放眼看去，连四荡里长虹桥畔，桅杆如林，上面悬挂着各色花旗，十九是崭新的，尤其是每个桅杆上都悬着崭新的国旗。在接战港以东广阔的荡面上，船只自由地走

---

① 谁信：《盛极一时之嘉兴刘王会》，《小日报》1936年4月4日。
② 《嘉善之网船会》，《金钢钻》1936年4月8日。
③ 谁信：《盛极一时之嘉兴刘王会》，《小日报》1936年4月4日。

着各自的路。“有的载着穿着红衣服的‘犯人’，打锣打鼓的在水面上余，那声响从水面传送过来。有的在船舱里向外悬挂着很长的纸码，像是在接财神，斋土地那样的，也在桌子上供奉着猪头，高烧红烛；香的气味，随送到邻舟。有的船头上插着宝盖，船舱上盖着绣花的罩子，装饰得像古图画中的游船。”①至刘王庙跟前，朝里望过去，庙里“人山人海，拥挤得不可开交。庙里香烛鼎盛，庙东用砖砌成的大香炉库，俨如一间房屋。香投入‘库’里焚烧，灰已堆得高如小丘了”②。7日黎明时，猛将出会，会长五六里，吸引了成千成万的观众。8日傍晚，赛会结束，各船陆续离去。



1947年的连四荡网船会，会期比往届都长，从农历二月二十始至闰二月初十日止。这次庙会，不但有江苏吴江、苏州、溧阳，浙江杭州，上海崇明、浦东等地的船只，还有来自安徽巢湖的船只，其总数达万艘以上③，参会人数大约有35万④。刘王庙里异常热闹，抽签的人很多，庙里的10多只签筒就没有闲下来的时候，周围都是抽签的人，力气小的根本挤不进去。有趁机揽生意的，一张辟邪灵符要2000元(法币，下同)，一张解签的经要500元。庙里供台上摆满了香客进供的红烧猪头，堆在一起，高得快要接近屋梁。⑤ 据事后统计，这些红烧猪头共有18.3万多个。庙的外面还有400多个做买卖的临时摊位。⑥ 那些晚到的香客，从正门外边挤不进去，有的就给管事4000元小费，设法从其他渠道进去祭拜刘王。正日当天的赛会活动热闹非凡，爆竹之声响彻云霄，整个仪仗队有数千人之多。庙会期间，王江泾镇上的生意非常火爆，每家商店每天的营业额都在数百万以上，利市百倍。⑦

1948年，连四荡刘王庙于农历三月初一、初二、初三(公历4月9日、10日、11日)举办网船会，赶会的远近香客近50万人。刘王庙里比上一年更加热闹，香客向庙里贡献的猪头约有22万个，比上一年增加了1/5。猪头太多，以至于只能堆在一旁；想将猪头献上神座的，还得缴纳10万～30万元(法

---

① 资一：《记迎赛网船会》，《大公报(上海)》1937年4月12日。

② 资一：《记迎赛网船会》，《大公报(上海)》1937年4月12日。

③ 参见红：《王江泾的刘王会》，《水产月刊》1947年(复刊2)第2期。

④ 参见《嘉兴陋俗 刘王会浪费五千亿》，《大公报(上海)》1948年4月27日。

⑤ 参见红：《王江泾的刘王会》，《水产月刊》1947年(复刊2)第2期。

⑥ 参见《嘉兴陋俗 刘王会浪费五千亿》，《大公报(上海)》1948年4月27日。

⑦ 参见红：《王江泾的刘王会》，《水产月刊》1947年(复刊2)第2期。

币)的香金。由于刘王庙历年来香火旺盛,管庙的特意给刘王定制了一顶新的纱帽,这顶富丽堂皇的纱帽价值黄金 6 两。庙的周围,有 300 多个做生意的临时摊位。这些摊位都是每年正月就提前租好的,租金根据摊位位置的好坏而定,从二石至十石不等。虽然赶庙会的人很多,但各摊位生意却很冷淡,因此摊位数量比 1947 年减少了 100 多个。这次迎会因为在战乱期间,庙头曾为此大伤脑筋,后来花了 3 亿元(法币)的代价,终于大迎而特迎。直到过了农历三月初三,各船只才陆续从连四荡离去。即便那时也有大船 800 余艘、轮船 24 艘以及数不清的小网船和民船。其中,上海帮的船最多,此外有 3 艘船来自汉口,1 艘船来自北方的青岛,1 艘船来自南方的香港。① 这次庙会期间,由于人数很多,也发生了一场事故。初二这天上午 11 点多,正当熙熙攘攘的人群走在王江泾镇上的一座木桥上时,该桥突然垮塌,20 多人跌入水中被淹死或被压死。②

1949 年,连四荡网船会照旧举办,会期是农历三月初三至初五。由于战事,长江被封锁了,参加这次网船会的仅有江南的船只。即便如此,到会的船只也有 1 万多艘,参会人数近 20 万,在规模上并没有比以往逊色多少。从王江泾到连四荡 10 里的河面,一路上塞满了船只,每一艘船都竖起一根桅杆,上面悬挂着五彩缤纷的旗帜。站在长虹桥上望去,十分壮观。在 3 天会期当中,船户们除了一批一批地涌向刘王庙去供三牲、烧香燃烛外,还要行会,在此过程中表演才艺。其中,最惊心动魄的莫过于"臂香"和站刀板。臂香表演者用铁钩子穿进前臂的皮上,钩子下面系绳索,绳索下面挂上花盆或数十斤重的铁香炉。表演时,前臂往前伸直,将花盆或铁香炉提起来。此时,钩子将臂肉拖得往下坠,而表演的人却一点也没有痛苦的感觉。站刀板,即在一块木板上架起两把刀,刀锋朝上,表演者赤脚站在刀锋上面,手中捧香,而其脚底一点也不会受伤。这些精彩而又惊险的表演,吸引了附近大量民众前往观看。③

① 参见《嘉兴陋俗 刘王会浪费五千亿》,《大公报(上海)》1948 年 4 月 27 日。

② 参见《木桥中断淹死二十余人》,《水产月刊》1948 年(复刊)第 4 期。

③ 参见张勉:《嘉兴网船会盛况犹昔》,《新闻报》1949 年 4 月 4 日。

## 三、从“水陆赛会”到“陆上赛会”

如上所述，连四荡刘王庙由部分上岸的水上人建于1860年之后。周边水上人有每年春季来连四荡水域聚会、定亲的传统，且信奉刘猛将，将之视为保护神，认为他主宰水上人的安全和财富，故围绕该庙形成了网船会。一般情况下，网船会每年都有迎神赛会活动。如果对其早期至现在的情况作一梳理，不难发现网船会的赛会活动经历了一个从“水陆赛会”到“陆上赛会”的转变过程。

### （一）水陆赛会

前已述及，目前笔者所见最早记载连四荡网船会赛会活动的资料是1885年4月10日《申报》刊载的《禾中近事》一文。但具体如何迎神赛会，该文只是说“循例赛会”，并没有详细记载。其实，前已述及，除清明赛会外，每年农历八月十三的刘王诞也有赛会。这在1886年的《点石斋画报·网船会》中记载颇详。出会前，会众先将连四荡刘王庙中的神像迎接到舟中，然后驾船从水路出发，一路前行，至王江泾镇上的长虹桥，再原路折返，最后将神像重新安置于庙内。除文字外，《点石斋画报·网船会》一文还配有图画。画面直观展示出刘王诞这天赛会的情景：在广阔的湖面上，一艘大船载着刘猛将的神像，打着“上天王”“护国吉祥王”的旗号，行驶在最后；大船的前面有5艘小船为其鸣锣开道；其余船只则密密麻麻地分布在荡的两边，船头摆满了各种祭品，船上的人都跪着迎接刘猛将神像的到来。① 可见，刘王诞这天，整个赛会活动只有半天时间，走的是水路，其水上赛会的特点十分显著。

除刘王诞赛会外，连四荡刘王庙每年清明庙会期间也会举办赛会活动，且规模比刘王诞赛会更大，是网船会主要的赛会活动。1886年4月2日的《申报》对当年的刘王庙明清赛会情况进行过报道：

> 王江泾镇落乡地名连泗荡有刘王庙，即祀典中之刘猛将军也。该

① 参见子琳：《网船会》，《点石斋画报》1886年第91期，第4～5页。

处乡民及各处网船等集资，于二十日为始，迎赛刘王胜会数日，遍巡各乡村毕后始回殿，其名俗呼谓网船会，亦循历年向例也。①

此外，1895 年 4 月 16 日的《申报》也有本年度连四荡刘王庙清明赛会的报道：

连泗荡刘王庙供奉刘王。乡民及远近各网船供奉极虔，自初五日起赛会三日，周历各村，各村皆传班演戏，或奏清音，或陈酒醴，迎事回殿，远近各网船到者约有数千艘，极一时之盛事。②

据这两条资料的记载，连四荡刘王庙清明迎赛刘王的方式是"遍巡各乡村""周历各村"，显然是陆上赛会，与刘王诞水上赛会的形式有很大的不同。为何同一时期同一庙宇神祇的赛会，相差如此之大？这颇让人难以理解。事实上，这种巨大差异主要是文献记载不全面造成的。1893 年 4 月 27 日的《申报》对连四荡刘王庙清明赛会的记载就比较全面，可帮助我们深入理解当时的赛会形式。该报道如下：

连泗荡刘王庙，经乡民及网船帮迎赛刘王胜会，廿五日至王江泾镇，廿六日由镇起马绕至各乡村氓，巷女结伴纵观者有如水如云之盛。③

由上可知，清明赛会两日，前一日由连四荡刘王庙出发至王江泾镇，走的是水路，挨荡巡游。刘王神像在镇上停留一夜。次日，神像从镇上返回刘王庙，走的是陆路，巡游各村。1886 年、1895 年的清明赛会报道只笼统描述了返程的情况，因此看起来就像纯粹的陆上赛会一样。其实不然，刘王庙清明赛会采用水陆结合的方式进行，第一天出发走水路，第二天返回走陆路。这点在后来的报道中也有体现，比如 1937 年 4 月 12 日上海《大公报》便报道说："网船会，是在昨（七日）今（八日）两天在嘉兴王江泾连泗荡一带迎赛的，除了水上，还有陆上。"④

通过以上分析可以看出，早期连四荡刘王庙的清明赛会和刘王诞赛会都必须走水路。只不过，前者赛会两日，时间较长，回程可以通过陆路仔细巡游；相反，刘王诞赛会仅一日，早上水路出发，午后就得水路返回，故有所

① 《鸳水春声》，《申报》1886 年 4 月 2 日。

② 《倾脂河畔泛舟记》，《申报》1895 年 4 月 16 日。

③ 《秀州杂录》，《申报》1893 年 4 月 27 日。

④ 资一：《记迎赛网船会》，《大公报（上海）》1937 年 4 月 12 日。

不同。因此，我们可以称这一阶段的网船会赛会为“水陆赛会”，其中水上巡游是其显著特点。

另外，值得注意的是，早期网船会赛会，不论是清明赛会还是刘王诞赛会，路线都是从连四荡的刘王庙出发至王江泾镇上，再返回刘王庙。其背后的巡游逻辑是值得思考的。如前所述，晚清以前有漕运时，假设在春季赛会则有碍运粮，官府必然禁止赛会。故早期连四荡虽有水上人聚集，但活动主要是聚会和谈婚论嫁，不大可能有诸如后来这样的游神赛会活动。晚清时期连四荡刘王庙建起来以后，兴起了网船会赛会活动，这是新生事物，此前连四荡并无这一传统，故赛会的路线也是新生的。那到底怎么巡游？应该从刘王庙出发朝东、南、西、北哪个方向巡游？巡游多远？这些都是需要人为设计的。从其早期实践来看，网船会选择从连四荡刘王庙出发往王江泾方向而不是往其他方向巡游，到底是为什么？本文认为，这恰恰是因为连四荡的刘王庙是镇上士绅招徕的水上人建的，他们是“客”，这个庙也是所谓的“客庙”，是借人家的地盘而建的，故需要往镇上的方向游神赛会，去镇上“拜码头”。另外，对于该镇民众来说，他们也希望网船往镇上出游，这样会给镇内商铺带来不小的收入。相反，假设往其他地方巡游，赛会期间来镇上的信众、游客稀少，就会影响镇内的生意。可以说，早期网船会决定往王江泾镇上方向巡游并非偶然，背后有着深刻的原因，反映出太平天国运动后当地人群结构的变化和经济发展的诉求。



### （二）陆上赛会

早期连四荡刘王庙的赛会，水陆结合，并且具有鲜明的水上赛会特色。后来，其水上赛会的形式慢慢消失，最后基本上演变成了陆上赛会活动。

一方面，清末刘王诞赛会一日，早上水路出发，午后水路返回，是完全的水上赛会。这种水上赛会形式到民国年间就慢慢消失了。比如，1927 年 4 月 18 日的《新闻报》报道说：“嘉兴王江泾区连泗荡之刘王庙，香火素盛，向例每年清明前后，迎赛神会一次，各处船只，不远千里而来，巨舰盈千累万，绵亘至十余里之长。”[①]可以看出，此时连四荡网船会每年只在清明前后进行

---

① 《刘王庙停止迎赛神会》，《新闻报》1927 年 4 月 18 日。

赛会，刘王诞期间已经不再赛会了。1936年6月7日的《世界晨报》对此说得更加清楚："到了秋天八月中或到九月初，船户又许多到连四荡刘王庙来烧香求福，但已没有清明那样兴致了，会是没有的。"①这说明，此时农历八月十三日的刘王诞除了有人前来进香外，已经没有在水上迎神赛会的活动了。

另一方面，清末连四荡刘王庙清明赛会水陆并举，出发为水路，返程为陆路。后来，出发和返程都逐渐变成了陆路的形式。比如1947年，连四荡刘王庙清明赛会出会便是走的陆路。





当"刘王会"仪仗在踏上塘道时，爆竹之声响彻云霄，两旁伫立而观者，如潮水般的开始汹涌，穿衣裙的"犯人"，如穿花的蝴蝶，出入于密集着的人群中，旄帜漫天，大纛旗高及十丈，临风招展。后随提炉队，高跷，肉身伞对，台阁队等全队何只数千人，提炉队中收音机一面走一面播唱，诚为怪现象，真是"十八世纪的作风，二十世纪的配备"。更有妙龄女郎，朱颜玉貌，均服白色西装裤香港衫，黑墨眼镜，而纤纤之手臂下，札上紧密的铁钩，下面悬着沉重的玻璃花篮，可说是残酷的怪镜头，还有美式配备的"打莲响"，穿白海军制服，手执黄铜响棒，用熟练的手技，边走边舞，奏出各种不同的音调，"台阁"上有小孩子，扭演各种戏剧，令人醒目，"荡湖船"由男女小丑所饰，姿态滑稽突梯，哼着特异的调调，这是渔民们唯一的"土风舞"。刘王出巡时，善男信女就开始膜拜，刘王的出巡，空暖轿有十乘之多，飞机二架，汽车一辆(当然是纸糊的)，穿的是锦绣蟒袍，手指上戴的是赤金粗首饰，较目前的大官员出进阔绰多多。②

从这个记载来看，赛会队伍从庙里出来，通过塘道巡游，道路两边站满了观众。巡游队伍里，有人穿红衣扮演犯人，有人手执大旗，有人提炉③，有人踩高跷，有人手执锦绣伞，有人表演抬阁，有人扭着荡湖船的舞步等，整个仪仗队有数千人之多。走在队伍最后的是刘王神像，用轿子抬着，身上穿着锦绣蟒袍，手上戴赤金首饰，此外还有十几乘空轿子以及纸飞机、纸汽车等。

① 伯阳:《连四荡的网船会》,《世界晨报》1936年6月7日。
② 红:《王江泾的刘王会》,《水产月刊》1947年(复刊2)第2期。
③ 即上文所提到的"臂香"表演。

后来的调查显示，1947 年的这次刘王庙赛会的方式和具体路线是：

出会一般走旱路，从莲泗荡刘王庙出发到王江泾长虹桥的关阳庙，在那里过一夜，第二天返回，一共两天的时间。具体的路线如下：莲泗荡刘王庙—元通庵—三王庙—井田庙—木老太庙—关阳庙（宿山）—嵊泗石桥镇阳庙—莲泗荡民主村济阳庙—刘王庙。①

可以看出，1947 年的巡游路线为陆路，从刘王庙出发，沿途经过陆上的多座庙宇，至王江泾镇长虹桥东侧的关阳庙（即关帝庙）过夜；次日再从关阳庙出发，沿途经过两座庙宇，返回刘王庙。这是那个时代通常的出巡路线。当然，也有特殊情况，即遇到雨天，“刘王老爷要坐船到关阳庙，除了白无常跟老爷上船外，其他班口还是在旱路上走”②。可见，之前清末刘王庙清明赛会出发走水路的形式已经发生了变化，基本上改成了走陆路，已经感受不到水上赛会的特色。



据说，1947 年是解放前连四荡最后一次举办刘王庙清明赛会活动。此后到 1958 年，虽有庙会和进香活动，但一直没有迎神赛会。1986 年，连四荡刘王庙得到重建，2003 年当地举办了首届江南网船会③，但仍然没有迎神赛会。直到 2009 年，赛会活动才得到恢复。据亲历者记载：

赶会的香客都在等待明天一早的“猛将出会”，一九四九年以后这里还没有举办过“出会”，所以今年这台压轴大戏引得万众瞩目。……翌日的“出会”定于凌晨五点开场，天不亮就要从市区赶过来。……赶到民主村，早已过了五点……我们没有赶上“猛将出会”开锣那一刻，“出会”的旗幡仪仗和表演队伍已往邻村去了。……大约六点半光景，“出会”的队伍回来了。④

截止到 2018 年，2009 年是连四荡刘王庙庙会恢复后唯一一次赛会活动，“2009 年举行了唯一一次，只在小范围游一圈就返回了”⑤。由此可见，21 世纪以来首次恢复的刘王庙赛会活动，仅持续了 1.5 个小时，只在庙宇附近的

① 袁瑾、陈宏伟编著：《江南网船会》，浙江摄影出版社 2015 年版，第 32 页。

② 袁瑾、陈宏伟编著：《江南网船会》，浙江摄影出版社 2015 年版，第 36 页。

③ 参见袁瑾、陈宏伟编著：《江南网船会 · 序言》，浙江摄影出版社 2015 年版，第 1～5 页。

④ 文敏：《“网船会”的集结》，《书城》2009 年第 6 期。

⑤ 胡双喜、于彪：《传统民俗“江南网船会”的现代文化意义探析》，《农村经济与科技》2018 年第 21 期。

村落简单游了一圈便返回了。不论在出巡时间还是在范围上，都要远远逊色于以往的赛会活动，且此时的“猛将出会”在形式上已经完全是陆上出巡了。

## 余　论



长期以来，学界对江南刘猛将信仰作了较多的讨论。早期人们研究这个神祇时，多关注其人物原型和“驱蝗”的功能，将之与江南农民的农事生产联系在一起，尽管也偶有人注意到渔民对猛将的崇拜，但主要还是将其作为“岸上人”的信仰来看待。[①] 在这个基础上，王水结合连四荡网船会的情况，提出刘猛将早期为护佑农业的“田神”，后来才转变为船家信仰的“水神”。[②] 与之不同，滨岛敦俊在讨论江南刘猛将时，也注意到这个神前后性质的不同，但认为刘猛将与总管、李王、周孝子等神一样，早期与护佑水路有关，是一个受船家崇拜的水神，至清代由于官府强制介入，驱蝗的说法才广泛流传开来。[③] 陈泳超的研究在时间层面上纠正了滨岛的看法，提出驱蝗的记载在明中后期即已有之。[④] 尽管如此，滨岛认为刘猛将早期与水上人关系密切的观点仍具有很大的启发性。可以看出，学界在江南刘猛将信仰的起源上颇有争议。无怪乎赵世瑜会提出这样的问题：“刘猛将是水上人的神？岸上人的神？还是他们共同的神？”[⑤]他根据明清以来的部分记载和民间传说，提出了一个大胆的假设，即“刘猛将是随着水上人上岸而上岸的，就像广东的金

---

① 参见［日］泽田瑞穗：《驱蝗神》，《东方宗教》1978 年第 51 号；周正良：《驱蝗神刘猛将流变初探》，王栋、车锡伦、张海保主编：《民俗论丛》第一辑，南京大学出版社 1989 年版，第 133～149 页；车锡伦、周正良：《驱蝗神刘猛将的来历和流变》，上海民间文艺家协会编：《中国民间文化——稻作文化与民间信仰调查》，学林出版社 1992 年版，第 1～21 页；袁震：《苏州地区水稻生产中的信仰现象》，上海民间文艺家协会、上海民俗学会编：《中国民间文化——民间稻作文化研究》，学林出版社 1993 年版，第 101～111 页；吴滔、周中建：《刘猛将信仰与吴中稻作文化》，《农业考古》1998 年第 1 期。

② 参见王水：《从田神向水神转变的刘猛将——嘉兴连泗荡刘王庙会调查》，上海民间文艺家协会、上海民俗学会编：《中国民间文化——民间稻作文化研究》，学林出版社 1993 年版，第 112～129 页。

③ 参见［日］滨岛敦俊：《明清江南农村社会与民间信仰》，朱海滨译，厦门大学出版社 2008 年版，第 54～55 页。

④ 参见陈泳超：《互文形塑：刘猛将传说形象的历史辨析》，《民族艺术》2020 年第 2 期。

⑤ 赵世瑜：《江南“低乡”究竟有何不同？——〈垂虹问俗〉读后》，《民俗研究》2018 年第 3 期。

花夫人、龙母，福建的妈祖一样”[①]。此外，他通过对洞庭东山刘猛将信仰的考察，指出当地的猛将堂与水上人上岸之后建立的村落有着对应的关系。尽管现在多数“抬猛将”是村落间走街串巷，但农历六月有些村落要坐船从水路去槎湾葑山寺举行仪式，这或许体现了水上人与先上岸陆居人群之间的关系。[②]

就目前来看，要解决刘猛将在起源上的人群归属问题，并非易事。不过，有证据表明，水上人对这个神的传播有着极大的推动作用。我们不能肯定明清以来江南陆地上的刘猛将信仰都是水上人上岸所形成的，但的确有一些与此相关。本文涉及的嘉兴连四荡刘王庙及其网船会便是如此。特别是在“猛将出会”的形式上，这个由水上人促成的活动，早期水陆并举，具有典型的水上出巡的特点；然而，经过百余年的发展演变，已经完全变成了陆上出巡，与文献记载以及现实中江南其他陆上“抬猛将”活动的形式并无二致。如果我们承认江南各地水注成陆以及水上人上岸发展的历史有先有后，那么也有理由相信，连四荡刘王出巡方式的演变过程即是江南某些岸上地区“抬猛将”习俗形成的一个缩影。此外，吴滔研究的吴江庄家圩猛将会，其出巡基本上也是在陆上举行(除极少的接渡会用到船外)。不过，张舫澜在20世纪80年代初调查时，除提到陆上出会外，还提到水上出会的形式。[③]这表明，此处的猛将信仰其实也与水上人有着密切的关系，推测它与连四荡的网船会一样大致经历过从水陆赛会到陆上赛会的转变。只是这个过程并没有在两篇文章中得到更多的讨论。尽管如此，这些片段仍然提醒我们，江南地区水上人上岸与刘猛将信仰形成之间的关系值得进一步探讨。



① 赵世瑜:《江南“低乡”究竟有何不同？——〈垂虹问俗〉读后》,《民俗研究》2018年第3期。

② 参见赵世瑜:《历史过程的“折叠”与“拉伸”——社的存续、变身及其在中国史研究中的意义》,《清华大学学报》(哲学社会科学版)2020年第2期。

③ 参见[日]佐藤仁史、吴滔、张舫澜、夏一红:《垂虹问俗——田野中的近现代江南社会与文化》,广东人民出版社2018年版,第174～222页。

# 历史记忆与节俗变异

## ——基于福建莆田“五日岁”年俗的个案探讨

郑　芩*



**摘　要**

地方性节日文化含括“特异”与“变异”两种形态。其中，节日变异的表征为节俗变异，对其嬗变渊源的考察不能脱离对地方社会尤其是民众心态的观照。在福建莆田地区，正月初一至初五这一年节的核心部分又名“五日岁”，其间伴有不少极具地方特色的变异节俗，在民间传说中，其缘起均与嘉靖四十一年(1562)的倭患相关。经考证，传说与史料多龃龉，但这正说明：节俗变异的根源并不在于对历史真实的依循，而是作为记忆主体的莆地人民对倭患记忆的选择性重构，延续至今，其已成为民众塑造地方认同的话语资源。这种变异逻辑所秉持的价值立场以及将记忆转化为节俗实践的逻辑机制，与我国东南沿海曾遭倭患侵扰的各地保持区域一致性。面对莆地变异年俗日趋消逝的当代命运，研究者不应越俎代庖，盲目呼吁民俗复兴，而应对新现象包容对待、客观研究、正确引导。

**关键词**

年俗　变异　莆田　地方性　区域性

无论是民众对于传统节日的理解还是学者对于节日文化的研究，通常

* 郑芩，北京大学中文系民间文学专业硕士研究生。

包含两大认知面向:一是普适的、全民共享的,关注其"民族性",强调节日之于某一民族及其文化的象征意义。例如,人们通常会认为春节是中国传统文化的重要组成部分,而将圣诞节视为西方基督教文明的产物。二是相对的、地方特有的,侧重其"地方性",揭示的是节日具体的生存语境及其所根植的地方社会与外部世界的互动关系。节日之"民族性"在维持一国(族)之文化认同层面无疑发挥着举足轻重的作用,但对民众个体而言,节俗实践更多有赖于其"地方性",即人们惯于依循地方社会的传统方式及自身对节日文化的理解来行事,一方文化得以存续的生命力也正体现在地域性的差异之中。



具体而言,任一节日的地方特性可归结为"特异"与"变异"两种略有差异的形态。前者由一地独有之风土人情或社会历史造就,在他处难觅相似身影,强调节日在某地从"无"到"有";后者则关涉先在的节日"传统"在某地历经特殊历史阶段后的在地化改造,侧重节日样态从"此"到"彼"。"特异"与"变异"并不互斥,"特异"的地方性节日在历史长河中亦可能发生"变异",本文之旨趣便在于管窥地方节日的"变异"过程及其发生机制。节日变异,主要表征为节俗的变异,包括节日时间、内涵、仪式活动等诸多方面的嬗变,欲厘清地方性节俗的变异逻辑,便不能脱离对地方社会背景尤其是民众心态的观照。本文拟以笔者家乡福建莆田"五日岁"期间的特殊年俗为个案,结合当地民间传说及相关史料记载,探讨其细节变异渊源,进而将视野延伸至我国东部沿海一带更宏阔的区域社会,挖掘地方性背后深层的变异逻辑。

## 一、"五日岁"的特殊年俗及其传说

《说文·禾部》载:"年,谷孰也。"①"年"本标志谷物收成,后因农业每岁一产,逐渐发展为时间段落标志。所谓"过年",如老北京童谣《小孩小孩你

① (汉)许慎:《说文解字》,影印本,中华书局1963年版,第146页上。

别馋》[①]所唱，是一个含括年前岁后的过程性概念。在福建莆田地区，人们惯称正月初一至初五这一年节的核心部分为“五日岁”，其间伴有不少对全国通行的传统节俗的地方性变异，其中尤以正月初四晚“做大岁”[②]、正月初二“探亡日”忌登门以及白额春联三大民俗事象为代表。此三者中“做大岁”历来最为莆人所津津乐道，被视为比之他地“独树一帜”的存在。

在中国传统年俗中，于“月穷岁尽”的除夕夜阖家团圆的年俗由来已久。晋朝周处《阳羡风土记》载：“至除夕达旦不眠，谓之守岁。”[③]“祭先竣事，长幼聚饮，祝颂而散。”[④]但莆田人民在除夕之后还需于正月初四晚补行“做岁”，且除夕夜为“小岁”，初四晚为“大岁”，庆贺仪式之隆重比之除夕有增无减，此为全国罕见的“一年两过”奇俗。此外，在团圆之余，古时过年的另一项重要活动为官方朝会与民间走访，演变至后代即为人们习称的“拜年”。《左传·文公四年》载：“昔诸侯朝正于王，王宴乐之，于是乎赋《湛露》，则天子当阳，诸侯用命也。”[⑤]可见，早在周代已出现诸侯向天子朝贺新年的礼仪。清代依然沿袭此俗，《燕京岁时记·除夕》载：“是日清晨，皇上升殿受贺；庶僚叩谒本管，谓之拜官年。”[⑥]官拜规模宏大，但在性质上与民间团拜并无二致，均在于联络感情，重整人伦秩序。正月初二常为民间拜年日。是日，人们多走访亲戚邻里，出嫁女子也多于此日归宁；但莆地历来却谨守初二不登门、不走访的禁忌，如若破禁，将视为给对方家庭带来厄运。因无法登门拜年，莆地逐渐形成初二日出游踏春的定例。《兴化府莆田县志》载：“二日自城中及乡村有踏青之游，长少皆衣冠出游园林山寺。词人墨客多挈榼展席，择胜处吟赏，抵暮乃归。儿童竞采桃李菜花，持归为新年之瑞。”[⑦]再者，源于

---

① 《小孩儿小孩儿你别馋》：“小孩儿小孩儿你别馋/过了腊八就是年/腊八粥/喝几天/哩哩啦啦二十三/二十三，糖瓜粘/二十四，扫房日/二十五，冻豆腐/二十六，去买肉/二十七，宰公鸡/二十八，把面发/二十九，蒸馒头/三十儿晚上熬一宿/大年初一满街走。”（丛超编：《中华优秀传统文化丛书·腊八节》，吉林出版集团有限公司 2013 年版，第 82 页）

② 在莆仙方言中，“做岁”即“过年”。

③ （晋）周处：《阳羡风土记·补辑》，张智主编：《中国风土志丛刊》第 32 册，广陵书社 2003 年版，第 34 页。

④ （清）翟灏撰：《通俗编·时序·分岁》引《风土记》，清乾隆十六年(1751)翟氏无不宜斋刻本，第 13a 页。

⑤ 杨伯峻：《春秋左传注》，中华书局 1995 年版，第 535 页。

⑥ （清）富察敦崇：《燕京岁时记·除夕》，北京出版社 1961 年版，第 96 页。

⑦ （清）汪大经等修：《兴化府莆田县志·舆地志·风俗》，清光绪五年(1879)补刊本，民国十五年(1926)重印本，第 79a～79b 页。

上古驱鬼辟邪之需的贴春联为又一通常不可或缺的节俗活动。《论衡·订鬼篇》引《山海经》佚文载:每至春节“立大桃人,门户画神荼、郁垒与虎,悬苇索以御凶魅”①。历经桃人、桃板、桃符等多种形态,至明代,春联取代桃符渐趋定型。现今汉族人家的春联多用红纸作底,上书对偶诗句,以添喜庆吉祥之意。红色常与血、火相关,在汉文化中有辟邪之意,因而无论是桃木抑或春联,“红”均是其基本特征(服丧之家除外)。然而,在莆田地区,春联的红纸顶端总留有两寸长的“白纸额头”,当地称此形制为“白额联”或“白头联”,民间谜语“头戴白巾,身披红袍。胸膛刻字,脊背挨柴”便是对其样貌的生动刻画。



上述节俗的变异源起何时?据福建现存最早郡志——《(淳熙)三山志》记载:“闽俗诸节,最重元日……是日,享祀毕,序拜,称觞祝寿于尊者。出见亲族邻里,更相庆贺”②,“州人坟茔,尽在四郊。岁节之二、三日,华门大姓,率携家拜扫,虽贫贱市贩,亦盛服靓装”③。又记:“《荆楚岁时记》云:‘岁暮,家家具肴馔为宿岁之储,以迎新年相聚酣饮。’闽俗亦然”④,“书桃符置户间,挂钟馗门上,禳厌邪魅”⑤。可见,南宋时闽地拜年贺岁、扫墓祭祖、置桃符钟馗等年俗与全国各地大同小异。至明弘治年间,《八闽通志》卷三载:“〔元旦〕是日,昧爽谒先祠,飨祀毕,乃序拜,称觞上寿于尊长,然后谒族祠会族”⑥,“〔除夕〕是夜,以牲醴拜荐于祖考毕,乃集诸卑幼燕饮”⑦,依然未见莆俗有何特殊之处。但至清末民初,莆地竹枝词“入春四日夜围炉,妇女争相

① (东汉)王充:《论衡·订鬼篇》,上海人民出版社1974年版,第345页。袁珂先生认为,此段文字不见于今本《山海经》,当属佚文。参见袁珂:《中国神话传说辞典》,上海辞书出版社1985年版,第302页。

② (宋)梁克家修纂,福州市地方志编纂委员会编:《三山志·土俗·元日·序拜》,海风出版社2000年版,第639页。

③ (宋)梁克家修纂,福州市地方志编纂委员会编:《三山志·土俗·元日·上冢》,海风出版社2000年版,第639页。

④ (宋)梁克家修纂,福州市地方志编纂委员会编:《三山志·土俗·岁除·宿岁》,海风出版社2000年版,第646页。

⑤ (宋)梁克家修纂,福州市地方志编纂委员会编:《三山志·土俗·岁除·桃符 钟馗》,海风出版社2000年版,第646页。

⑥ (明)陈道修,(明)黄仲昭纂:《(弘治)八闽通志·风俗·岁时·元旦·序拜》,明弘治刻本,第14a页。

⑦ (明)陈道修,(明)黄仲昭纂:《(弘治)八闽通志·风俗·岁时·除夕·辞年》,明弘治刻本,第15b页。

大岁呼。不是天将除夕闰，家家酒又熟屠苏”[①]，以及民间歌谣“新春朔旦高门开，济济衣冠接踵来；独有古风初二日，杜门谢客自举杯”[②]等记载表明，莆地的变异年俗至迟在此时已出现。然而，做岁时间、探访禁忌和春联形制又为何悄然发生嬗变呢？

有意思的是，在莆地民间口头传说中，三大节俗的变异根源常自成一体、连缀讲述，且不同版本间情节梗概大同小异，均与明代兴化府的倭患相关。据《中国民间故事集成·福建卷·莆田县分卷》搜集：

> 明时，戚继光在莆田消灭了倭寇以后……前脚才走，一部分残余倭寇后脚又来。那天，正好是年关三十暝[③]……又听说莆田受难，（戚继光）就立即带领兵马，再来福建……不到四更，戚家军就全部包围了莆田城……初二日，戚家军打赢后，家在城里的老百姓纷纷到厝[④]探望……大家忙着收尸，料理后事。为了表示对死难亲人的哀悼，家家在大红的春联上覆盖一截白纸，叫做“白头春联”。又因初二到厝为亲人收尸，大家就把这日定为“探亡日”。至今，莆俗初二，即使是至亲，也不相往来。由于三十暝“围炉”[⑤]不成，改为初四重新“围炉”。从此，莆田人就把三十暝作为小年“除夕”，正月初四作为大年“除夕”。三十暝为小年除夕，正月初四为大年除夕。[⑥]

与原莆田县（今莆田市辖区不含仙游县的部分）在“做岁”时间上略有不同，仙游县为正月初五晚“做大岁”。相传，“倭寇攻陷莆田城后，分兵南下，大举进犯仙游县境，到处杀掠，仙游城内百姓四处逃生，流离失所，无法团聚过年，直到二月初五日，倭寇溃逃，百姓才得以重聚团圆，后来便约定正月初五‘做大岁’”[⑦]。对比可见，流传于仙游县的传说与莆田县卷本记载的解释

---

① 翁祖荫：《莆俗时序竹枝词·正月初四》，李光荣撰：《兴安风雅汇编》，莆田市图书馆藏手抄本，第 46 页。

② 中国民间文学集成全国编辑委员会编：《中国歌谣集成·福建卷》，中国 ISBN 中心 2007 年版，第 204 页。

③ 莆仙方言中“三十暝”即“大年三十晚上”。

④ 莆仙方言中“厝”即“自家房屋”。

⑤ 莆仙方言中“围炉”即“吃年夜饭”。

⑥ 莆田县民间文学集成编委会编：《中国民间故事集成·福建卷·莆田县分卷》，内部发行，1991 年，第 329～330 页。

⑦ 陈玉伦、刘家军编：《福建节庆习俗》，海峡文艺出版社 2011 年版，第 339～340 页。

逻辑近乎一致。综观其他各版本关于莆田“五日岁”变异节俗的溯源传说[①]，均围绕嘉靖四十一年(1562)抗倭错过除夕之后补行做岁、初二返乡吊丧日演变为探亡日、为哀悼至亲而将大红春联顶端留白等核心情节展开，不同说法之间高度统一，仅有具体表述之差。

## 二、抗倭记忆与地方认同

节俗变异缘由是否确如传说所言，首先需要厘清的是莆地与倭患之历史关联。倭寇祸起元代，是对由海上侵扰我国东部沿海及朝鲜、南洋等地的流寇的泛称。明中期后，不少国内富商巨贾联合地方官吏及穷苦贫民，假借倭名烧杀抢掠[②]，故而《明史·日本列传》载：“大抵真倭十之三，从倭者十之七”[③]，其中“闽、浙、江南北、广东人皆从倭奴”[④]。福建一带港汊深入、人烟稠密、经济繁荣，深受倭患荼毒，兴化府“故瘠壤，善俭，久而厚积致富”[⑤]，后致“衣冠巨族，繁侈相望”[⑥]，尤是倭寇垂涎之地，仅明嘉靖二十二年(1543)至四十一年间有史可稽的进犯就达15次之多[⑦]。倭乱之地生灵涂炭，莆籍御史林润(1530～1569)曾在《请恤三府疏》中感慨：“今遭寇患之际……死于锋镝者十之二三；被其虏掠者十之四五；流离转徙于他乡者，又不计其数。……哭声连门，死尸塞野。孤城之外，千里为墟”[⑧]，加之“时疫气盛



---

① 例如莆田市民间文艺家协会、莆田市文联编：《莆田民间故事选·做大岁》，海峡文艺出版社2017年版，第255页；宋涛主编：《实用节日手册·做大岁》，北京燕山出版社2008年版，第31页；林成彬编：《民俗风物·正月初四做大岁》，福建人民出版社2003年版，第29页。

② 观点参考自樊树志：《“倭寇”新论——以“嘉靖大倭寇”为中心》，《复旦学报》(社会科学版)2000年第1期。

③ (清)张廷玉等撰：《明史·外国列传三·日本列传》，中华书局1974年版，第8353页。

④ (明)严从简著，余思黎点校：《殊域周咨录·东夷·日本国》，中华书局2000年版，第117页。

⑤ (明)谢杰：《虔台倭纂·倭变二》，《北京图书馆古籍珍本丛刊》(10)，书目文献出版社1990年版，第249页。

⑥ (明)何乔远辑：《名山藏·臣林记·嘉靖臣纪八·戚继光传》，明崇祯刻本，北京大学出版社1993年版，第4892页。

⑦ 参见莆田县县志编辑委员会编：《反侵略反压迫斗争史资料之一：明代倭寇祸莆(草稿)》，内部资料，莆田市图书馆，1963年。

⑧ (明)林润：《请恤三府疏》，转引自朱维幹：《福建史稿》下册，福建教育出版社1986年版，第233页。

行，人多病殁”①，可见明时莆地倭患惨状。由此可初步推知，节俗变异传说确有当地抗倭历史积淀。接着需进一步探明的是，为何各传说均指向嘉靖四十一年(1562)？

考辨莆地历代地方史志，将嘉靖四十一年明确与倭患相勾连的记载大致集中于清代乾隆之后。《兴化府莆田县志》载：“〔嘉靖四十一年〕十一月新倭四千余，日来薄围，二十九日四更城陷。（原注：时分守翁时器巽懦寡谋，城中食尽，兼之大疫，士民日夜乘郛，翘望救兵，巡抚游震德遣总兵刘显来援，刘持寡弱兵屯江口，不敢进……二十八日，刘又遣兵八人衣‘天兵’之衣，赍文于翁，竟为贼执杀之，于是贼衣其甲，向城持公牒要纳，翁勾视之，缘十贼登城，署郡同知奚世亮、署县通判李邦光皆疑非真，请锢之。翁怒，不听，即令十贼守北门……放火杀人，死者相藉……历六十余日，贼以城中腥秽不堪，乃趋平海）”②又载：“四十一年十一月，倭大集环攻三旬，守困援绝，竟为伪卒内应城陷，屠戮甚惨，据两阅月。”③由上可见，正如传说所述，兴化府于嘉靖四十一年惨遭倭寇侵袭，且因潜倭里应外合，于十一月廿九日四更城陷。这是明嘉靖倭乱中唯一被攻破的府城，危害之深震惊八闽。然而，由“六十余日”及“两余月”可推知，倭寇撤退时间当在次年(1563)正月廿九之后，且《戚少保年谱耆编》明确记载“贼于二十九日戊申弃兴化去”④，因此逃难百姓应于此后陆续返城收殓亲尸、重整家园。此间错过的除夕夜按照择近日补过的原则，最快也只能在二月初补行做岁，与传说所述的正月初四并不完全吻合。民间之所以流传此说，大致因为后世沿袭的做岁时间在正月初四。那么，这一个月之差要如何解释？莆地部分民俗精英认为：因二月为农忙时节，为不扰农事，人们便将做岁时间提前至正月。⑤ 这种推断有其合理性，王霄冰曾在探讨节日时间时表示，“一个新节日在诞生时，人们为它挑

① 卢文辉存稿，陈衷瑜编：《三一教主夏午尼林子本行实录》，《北京图书馆藏珍本年谱丛刊》第49册，北京图书馆出版社1999年版，第568页。

② （清）汪大经等修：《兴化府莆田县志·祥异志》，清光绪五年(1879)补刊本，民国十五年(1926)重印本，第8b～9a页。

③ （清）汪大经等修：《兴化府莆田县志·建置志·城池》，清光绪五年(1879)补刊本，民国十五年(1926)重印本，第4b页。

④ （明）戚祚国撰，李克、郝教苏点校：《戚少保年谱耆编》卷四，中华书局2003年版，第106页。

⑤ 关陈谟《莆中倭祸记》最早提出此观点，后李嘉谟《莆田风俗记》、《莆田大事记》、谢如明《莆田传统文化概论》等多承此观点。

选日子并不是随意的，而是必须按照当地的岁时和农时来决定”[①]，言即此理。但为何选择正月初四日而非他日？笔者推测，一来既为“补过”，便不宜离做岁原定的日期过远；二来可能与该日素为迎灶神日有关。《兴化府莆田县志》载：“腊月二十四日，各家拂尘。是夕，言百神有事上帝，具蔬食米粿，画幢幡舆马，仪从于楮上，焚而送之。至正月四日，乃迎而复之，于祀灶尤谨。”[②]寒食、上巳与清明的合流证明节日融合在民间早有先例，在莆地既有的岁时系统中，正月四日各家本需置办佳肴以迎神，再附上做岁之喜，或有双喜临门之意。另据《（康熙）仙游县志》记载：“嘉靖四十二年癸亥十二月，倭寇围城（原注：相持五十余日，十二月二十六日，都督戚继光统兵至，围解）”[③]可知，嘉靖四十二年（1563）末仙游县确如传说所言，再遭倭患，至十二月末得解。但为何选择翌年正月初五日则无从考证，推测亦应是待乡民整饬完毕后择一近日，并于此后相沿成习。

关于正月初二“探亡日”，《（道光）莆田县志稿》载：“唯初二日为忌日，不独不敢贺岁，虽朋友亲戚，是日禁不往来。外地人或犯之，则其家不利。”[④]施鸿保（1804～1871）在《闽杂记》中亦述：“仙游俗以正月初二为鬼贺年，是日咸闭门设供，不相往来。若他处流寓者不知往贺，亦皆坚拒不纳，以为犯之则主人与客，是年俱不利也。”[⑤]可见莆人对“探亡日”守禁之严。至民国，张琴（1876～1952）撰《莆田县志》对此作出解释：“〔正月二日〕是日也，宾客不相往来，惟一日。已至者不忌。先是明嘉靖四十一年，倭寇陷城，戚继光率兵来莆，倭先期遁至平海，戚会师歼之，至于招抚逃难者回城。二日各家吊死问伤，互相慰籍[藉]，嗣后，以是日为纪念。”[⑥]亦将“探亡日”追溯至嘉靖四十一年（1562）城陷后民众避难返乡时的相互吊丧。因探访意味着家有新丧，故此后形成忌登门的禁忌。值得注意的是，由于此句记载并不涉及主语

① 王霄冰：《节日民俗志的提出及其关注重点》，《节日研究》第12辑，学苑出版社2018年版，第32页。

② （清）汪大经等修：《兴化府莆田县志·舆地志·风俗》，清光绪五年（1879）补刊本，民国十五年（1926）重印本，第80b页。

③ （清）卢学俊修，（清）郭彦俊纂：《（康熙）仙游县志·祥异志·木》，清康熙十九年（1680）刻本，第74a页。

④ （清）林扬祖修：《（道光）莆田县志稿》，不分卷，稿钞本，无注明页码。

⑤ （清）施鸿保：《闽杂记·鬼贺年》，福建人民出版社1985年版，第16页。

⑥ 石有纪修，张琴纂：《（民国）莆田县志·风俗志·岁时》，钞本，第20～21页。

转换，末句"二日"仍指正月二日，与当代民间流传的"正月回城说"如出一辙。由此亦可反推，该传说至迟在民国时已在莆地民间流传。但关键在于，《游洋志》载："〔元日〕再旦，丧家于午后设奠举哀，宗邻亲戚知以次赴吊"①，可见莆地于正月初二日探亡的节俗至少在明代正统年间（1436～1449）就已存在。虽更早期的文献难以追溯，具体起源时间暂不可考，但至少可以明确的是，"探亡日"的渊源应比传说及民国县志归因的嘉靖倭患要早。



至于白额联的渊源，笔者认为，亦难以推断其与明代抗倭的必然关系。首先，白额联在莆地文物中的始现时间难与倭患年代契合。为纪念抗倭而建的黄石镇林墩戚公祠、东镇祠②以及始建于明万历二十年（1592）的陈经邦大宗伯第等建筑的门联上，均为普通红联；相反，一些清代建筑，如始建于清初的西岩寺、江口园下村关氏宗祠及重建于清代的白沙澳柄宫等，门前则出现白额联。城殇之事，却要等待近一个世纪后再来纪念，于情于理并不成立。再者，白额联这一特殊节俗在清代各版莆仙县志及其他文献资料中均未提及，亦颇为费解。又，莆地民间一直小范围地流传有另一"抗清说"：

> 1648年既[即]明永历二年，朱继祚军队克复了兴化府城，但同年七月又在清兵大举反攻下失败了。清兵第二次在明军手里夺下的地方，例要屠城示威。那时兴化城内的人民被杀甚众……幸存的人又受到清兵剃发令的威胁，"留头不留发，留发不留头"。结果是每家每户都有人被杀，家家都办丧事贴白联。到了新年，清政府强迫大家要贴红联给"新朝贺岁"，若不听令，又是杀头的罪名。按中国老习惯，丧家未到除服是不能贴红联的。因此人们不得已遵令贴上红联，但巧妙的上头留出一段原来白联的白纸以示抗议。第二年为了纪念这一惨痛时刻，就于大红纸上边特制一段白头，成为如今的兴化习俗。③

---

① （明）周华撰，蔡金耀点校：《游洋志·风俗志·元日》，龙岩新华印刷厂，2001年，第51页。此又名《福建兴化县志（铅印本）》，民国张国枢补缀缺文改名印行。

② 黄石林墩戚公祠始建于嘉靖四十一年，为林墩大捷后莆人林龙江捐赠的戚继光生祠，后于1996年重修。东镇祠始建于万历己亥年（1599），由三一教门人林贞明在华东村西沟尾为纪念抗倭殉难群众修建。

③ 《白额春联》，中国社会科学网，2017年1月4日，http://econ.cssn.cn/zt/zt_xkzt/zt_wxzt/92476/2017cl12/201701/t20170106_3373306.shtml。

《海东逸史》记载:“〔继祚〕举兵应鲁王。戊子正月,与同安伯杨耿攻取兴化城。……守将不敢入,遂克之。三月,北兵至,城复破。继祚被执。”① 清兵据城,“时剃头令下,闾左无一免者。金钱鼠尾,几成遍地腥膻”②。由此猜测,张贴白额联或许源于幸存者对清政府“剃头令”的抗议,以及对因拒绝剃头而遭屠戮的亲朋之怀思。此便能解释在文字狱盛行的清代,官方县志为何对此节俗讳莫如深,以及为何白额联在莆地现存文物中最早始现于清代而非抗倭年代。

综合考证可知,民众对“五日岁”变异节俗的地方性解释虽有一定历史依据,但目前尚缺乏充分史料证明其与倭患的直接渊源,传说在具体时间或细节上均与史载存在偏差。甚或可以说,节俗已成为“箭垛”,民众不断将各种可能的事迹附会其上。若变异果真缘起嘉靖四十一年(1562),那么至清末民初,此间存在约300年的史料空白,传说及节俗实践是如何被传承下来的?这种看似“偏离史实”的说辞又为何能在民间广泛流传?由此,我们可作一推想,或许清代是为“五日岁”节俗及其相关传说的生成期,故而才能够在一定程度上回应,为何诸溯源传说均提及的嘉靖四十一年抗倭,其史料记载肇始于乾隆之后。然而推想渺茫,终难坐实,本文的重心需要从考辨节俗事象历史流变的传统思路转移到以民众心理为主导的建构主义方法论上来。秉承这一研究理路,笔者以为,上述问题的关键在于民众的集体记忆。记忆不同于历史之处在于,历史希望通过对史料客观真实性的确认,还原过去真实的图景;而记忆则根本上颠覆所谓“历史本质主义”的立场,是记忆主体针对自身所处状况唤起特定的过去事件并赋予意义的主体行为。③ 从当代民俗学的立场视之,确切的历史时间及真实性对民众而言并不十分重要,无论做岁时间最初在正月还是二月、“探亡日”渊源于嘉靖年间抑或更早、白额联是否果真与抗倭有关,均无关宏旨。人们需要的是某种载体来留存记忆与宣泄情感,节俗变异正是地方进行自我建构的装置。通过传颂,主观上勾连抗倭历史的起源传说,生成并遵循在其支撑下被体系化、被合理化的变

① (清)翁洲老民:《海东逸史·朱继祚传》,浙江古籍出版社1985年版,第28～29页。

② (清)陈燕翼撰:《思文大纪》卷八,清钞本,第343页。

③ 阿部安成、小関隆等编:『コメモレイションの文化史·記憶のかたち』,柏書房,1999年;转引自王晓葵:《记忆论与民俗学》,《民俗研究》2011年第2期。

异节俗，莆地惨痛的抗倭记忆得以激活与延续，从而使人们在年复一年的节俗实践中渐趋接受并沉淀对家乡的情感态度与价值认同。换言之，节俗变异的根源并不在于对历史真实的依循，而是一种记忆场域的选择性重构，在历史与传说之间，地方性变异节俗成为民众塑造地方认同的话语资源。

这种从民众（甚或官方）主观意图剖析民俗事象的思路不仅适用于对节俗变异的考察，实际上是当代学界解读民俗乃至其他人类文化的一种普适性视角，呼应了人文社会科学研究方法论从实证主义向胡塞尔现象学式建构主义的转型。研究悬置对文化本质的论争，将其视为一种建构、言说的过程，旨在阐明"主观性、相对性和多样性的社会规则或文化准则"①，而不再拘泥于追寻所谓的历史真实与真相。在形塑身份认同的相关神话传说中，这种建构逻辑尤为凸显。家之有谱，犹如国之有史，族谱与一族之神话传说均是层累产生，亦是证明上述观点的绝佳例证。族谱与移民传说蕴含的建构心态自20世纪末已得到刘志伟、赵世瑜等历史人类学派代表学者的关注与考察②，陈泳超先生关于中国古史神话（从感生到帝系）的研究则是在神话领域的佐证③，而莆地的节俗变异传说亦是民众在历史的大浪淘沙下坚守地方身份与塑造文化认同之产物。质言之，民俗所凝聚的社会记忆并不单纯是历史的储藏库，而是记忆主体针对自身所处状况唤起特定的过去事件并赋予其意义的主体行为。民俗是建构的，建构则是有特定目的的。

## 三、节俗的地方性与区域社会的一致性

由上述梳理可知，莆地人民对倭患主观真实的历史记忆而非客观真实的历史本相形塑了特殊的"五日岁"节俗，若将视野扩展至更广阔的区域社会进行整体观照，便能发现地方性背后的区域社会逻辑。历史上，倭患不仅

① 吕微：《反对社区主义——也从语词层面理解非物质文化遗产》，《西北民族研究》2018年第2期。

② 例如刘志伟：《附会、传说与历史真实——珠江三角洲族谱中宗族历史的叙事结构及其意义》，王鹤鸣等编：《中国谱牒研究——全国谱牒开发与利用学术研讨会论文集》，上海古籍出版社1999年版，第149～162页；赵世瑜：《从移民传说到地域认同：明清国家的形成》，《华东师范大学学报》（哲学社会科学版）2015年第4期。

③ 陈泳超：《从感生到帝系：中国古史神话的轴心转折——兼谈古典神话的层累生产》，《民俗研究》2018年第3期。

限于莆田一地，福建境内北及霞浦、福州、宁德等地，南至南安、惠安、泉州、同安，甚至偏远的内陆郡县如漳浦、平和、古田、长泰等都曾遭劫掠[①]，浙、苏、粤、鲁等其他沿海地区也深受其害。在漫长的抗倭斗争中，共享倭患记忆的沿海诸地都曾形成各异的独特节俗，其形式表征虽不相同，但重构记忆的价值立场以及将记忆转化为节俗实践的逻辑机制则与区域内各地保持相当程度的一致性。做一个或许不够恰当的比喻，各地因倭患而生的特色节俗宛如一类民间故事的异文，各文本之间理应共同遵守此一故事类型的共性规律。

这种一致性首先表现在民众对节俗变异所根植的社会记忆的价值立场与情感内涵层面。对各类与倭患相关的纪念性节俗的传承与践行，表达了人们对无辜死难者的沉痛哀悼及对屈辱历史的深刻铭记。倭寇之患致使无数亲族同胞命丧黄泉，此后人们通过周期性的年俗实践表达哀思，进而强化灾难记忆，教育后人勿忘历史，珍惜来之不易的和平生活。例如，对"五日岁"变异节俗的文化普及已成为如今莆田地区幼小教育的"必修课"，"这种习俗隐含着历史的剧痛，有思亲念祖、爱国爱乡的情怀，还有教育警示后人的意义"[②]。其次，相关传说多会提及某些抗倭领袖，如名将戚继光、宁德罗唇的马元帅……变异节俗亦渗透出当地民众对英雄人物的崇拜与感恩之情。再者，节俗的变异与延续不仅眼光向后，更朝向当下与未来，所有节俗最终都以服务现世人生为旨归。在"灵魂不灭"的传统观念影响下，民间普遍认为，死者若得不到殓葬与拜祭便会影响生人，"闽俗好巫尚鬼"[③]，"今之巫觋……闽、广为甚"[④]，沿海一带尤重视对死难者的崇敬与祀奉。因此，变异节俗在深表怀思之余另有畏惧亡灵的面向，莆田、福清、同安等地在特定时节忌探亲朋的规定便是防止将邪祟污秽带给他人。大难之后重整旗鼓，依然欢度"做岁""补年兜"[⑤]，则体现民众化悲痛为力量、积极面对未来人生的乐观心态。质言之，各地与倭患相关的变异节俗，其情感与价值动机均以

① 参见朱维幹：《福建史稿》下册，福建教育出版社 2008 年版，第 155、207～208 页"嘉靖年间倭寇入犯"两表。

② 语出东南网对莆田学院汉语言文学系教授刘福铸的采访，见 http://fj.people.com.cn/n/2015/0107/c234957-23468781.html。

③ （明）陈道修，（明）黄仲昭纂：《（弘治）八闽通志 · 祠庙》，明弘治刻本，第 12b 页。

④ （明）谢肇淛：《五杂组 · 人部二》，明刊本，美国加利福尼亚大学伯克利分校藏，第 31a 页。

⑤ 闽南方言里"年兜"即"除夕夜"。

社会集体记忆为纽带来铭记过去、把握当下并启迪未来，在对往事的缅怀与悼亡中，融入对生活的眷恋与热忱，以及对美好明天的希冀与憧憬，表达人们憎恶战争离乱、渴望和平安宁、祈盼健康幸福的永恒追求。

康纳顿(Paul Connerton)表示，社会记忆“是(或多或少)由仪式操演来传达与维持的”①，遵循节俗即为一种操演地方记忆的实践模式。比照东南沿海各地因纪念抗倭而催生的节俗，部分完全新造，而仍有相当比例是对传统节俗的变异。传统节俗由于在长期历史中已形成稳定的话语意涵，依附其上更易形成文化“冲突”，引起民众注意，从而可将意义最大化。各地节俗虽形式殊甚，但内在的变异机制却具有普遍规律性，其逻辑大致可分为三种类型：(1)调整时间。节俗变异的表现之一即对过节时间的调整，通常分为因抗倭提前或补过原节两种情况，并以补过居多。将节期提前的例子，如浙江台州的“正月十四闹元宵”②；而补过则是与原定的节期相隔一段时间后再次过节。虽为补过，但节俗意义通常更深远、仪式更隆重，莆田地区除夕为“小岁”而补过的初四晚为“大岁”即为典型代表。相同的生成逻辑亦可见于泉州崇武地区正月初五晚“补年兜”或“吃大顿”，以及惠安辋川村标美顶正月初五的“无头节”，此皆为对错过除夕团圆的弥补。(2)变革活动。民俗不啻一种抽象的精神文化，其更会以具体的活动形式加以呈现，正如莆地对传统春联形制的改造。倭患除影响原定节俗时间以外，还会对节俗活动尤其是活动依凭的民俗载体进行调整与变革。例如，福州连江县，相传戚继光抗倭时不熟悉当地形势，百姓在军行之处张灯举火接应，此后每年正月初十晚村中各处都要高挂红灯，并上书“供过良辰”四字，此即对春节期间挂红灯古俗的改造。(3)增改内涵。除上述两种情况之外，变异还体现为对节俗传统内涵的增改。正月初二原有走亲访友或女子归宁的喜庆、祝福之意，莆地的抗倭记忆则赋予该日以晦气不祥之兆，由此促成探访禁忌。宁德福安地区的“做白年”与此类似，厦门正月初三日“忌往人家贺年”③亦同此理。又

---

① [美]保罗·康纳顿：《社会如何记忆》，纳日碧力戈译，上海人民出版社2000年版，第38页。

② 据说明嘉靖年间，戚继光在台州一带指挥抗倭，正月十四那夜，戚家军在海边打垮了一股入侵的倭寇，残余分子无处可逃，只得向内地逃窜。那时，天色已晚，个个如丧家之犬……戚继光率军追赶，命令士兵大举灯火。百姓纷纷点灯燃烛，帮助戚家军搜索残敌。一时间县城内外灯火通明，倭寇很快被一网打尽。为了纪念戚家军的功绩，台州百姓从此把元宵节提前到正月十四。参见叶娇编：《台州风俗小故事》，北岳文艺出版社2009年版，第7页。

③ 厦门市地方志编纂委员会办公室整理：《厦门市志·礼俗志·岁时》，方志出版社1999年版，第458页。

如，宁德霞浦二月初二的“七圣真君神诞日”，原为庆祝隋嘉州太守赵昱诞辰，后因其在抗倭中“显灵”，此节又增添感念其御敌之恩的内涵。

综上，“五日岁”期间的节俗变异虽承载着莆地特殊的历史记忆，但其变异的价值立场、情感动机与生成机制实则与我国沿海一带共享抗倭记忆的区域社会保持一定程度的一致性，看似迥异的节俗选择背后隐伏着共守的文化逻辑。

## 余 论

本文以莆田地区的“五日岁”为例，考察其间变异年俗的地方性成因，进而尝试廓清地方性背后的区域社会逻辑。特殊年俗内蕴的历史记忆与春节固有的崇神敬祖、节日狂欢色彩相互交织，共同塑造出莆地独有的文化生态。

在历史的演进过程中，地方性变异节俗并非一成不变，通常有两种发展趋向：一是被放大，凸显其差异性；二是被弱化或被取代，共性成为主流。在当下的莆田地区，白额联已逐渐在城市家户中消失，但正月初四“做岁”及初二忌走访的节俗却被民众继承发扬，现代化没有令其消亡，反而增强其存续的生命力。归根到底，对现代社会的适应性是决定节俗命运的关键：需手工制作的白额联因工序繁杂，终被全国批量生产的红联取代；而初四“做岁”置办佳肴虽煞费苦心，但为人们快节奏的现代生活提供了一个与亲朋团聚的难得契机；初二日忌探亡延续至今，则演变为举办各类“同学会”的良辰佳期，亦有其稳定的生存空间与补偿机制。对于逐渐消逝的节俗，一味宣扬“归其本位”并不是明智之举，时代语境的改变表明，要想完全复归过去的民俗生活模式只能是徒劳，试图让家家户户重新贴上白额联并不切实际，民俗主体有权进行自由选择。面对新变化，学者应以包容的态度客观研究、理性对待；同时，对于节俗所镌刻的地方文化记忆，则应不忘其本、正确引导。

# 乱世佳节:《退想斋日记》中的节日生活与时间体验兼论日记作为民俗资料的价值

程浩芯[*]



**摘　要**

个人日记作为一种民俗资料,内容上具有鲜明的主观倾向,形式上沿时间维度展开,在节日研究中有着独特价值。本文以近代乡绅刘大鹏的《退想斋日记》为例,探讨节日的生活属性和时间特性。从个人实践的角度理解节日,节日本身嵌于日常生活之中,在欢乐、宣泄、狂欢等模式化叙述之外,不同个体的节日感受丰富多样,循环的节日中包含着不断更新的精神体验,这构成节日之于实践者的真实意义;从社会时间的角度理解节日,许多用而不觉的时间制度与时间观念影响着人们对节日的感知,节日的变化或改造往往又是这些制度和观念静水深流的结果。"非常"与日常、节日与平日的依存关系,需要研究者细加留意。

**关键词**

节日　日记　时间民俗　《退想斋日记》

近年来,不少民俗学者呼吁将学术关注的重点从民众集体转向个人,通

---

* 程浩芯,北京大学中文系博士研究生。

过个人叙事、个人生活史等方法来研究个体的民俗实践。① 在节日研究领域,已有学者进行了相关探索。张勃通过对白居易节日主题诗文的解读,探究了这位唐代诗人如何在民俗惯制、时代风尚、个人经历、社会关系等多重因素的影响下开展自己的节日生活。② 刘铁梁从身体民俗学的视角,将节日看作"在每一个人身上实际发生的一种有声有色、有形有味因而令人心动的感性文化传统",提醒我们注意当代节日中的个人叙事。③ 这些成果超越了传统节日研究中的平面化、模式化倾向,对俗民个体丰富多彩的节日生活及其生动表达予以充分关注,最终指向民俗学的基本问题:传统如何经由个人的实践得以不断传承与丰富?

受上述研究启发,笔者选择刘大鹏——一位近代华北乡居者为对象,对他的民俗生活展开探究。个人日记构成本文的基本研究资料。刘大鹏是山西太原县(今太原市晋源区)赤桥村人,生于清咸丰七年(1857)。他从 1890 年开始写日记,直到 1942 年逝世,连续记录 51 年未曾中断。因内容丰富、记述详尽,他的《退想斋日记》甫经整理出版便成为社会史研究的热点,不少学者通过它来透视近代革命、经济、战争、教育、风俗等社会生活的不同侧面,刘大鹏及其代表的乡村士绅的生命史与心态史,也越来越清晰地呈现在当代人眼前。④

就本文关注的话题来说,《退想斋日记》中有不少关于节日、赛会等的民俗记录,前人研究时有涉及,多用以说明当时的地方节俗特色、乡村演剧情



---

① 参见刘铁梁:《个人叙事与交流式民俗志:关于实践民俗学的一些思考》,《民俗研究》2019 年第 1 期;王加华:《个人生活史:一种民俗学研究路径的讨论与分析》,《民俗研究》2020 年第 2 期。

② 参见张勃:《白居易的节日生活——兼及俗民个体实践与节俗传承、变迁的关系》,《民间文化论坛》2006 年第 4 期。

③ 刘铁梁:《身体民俗学视角下的个人叙事——以中国春节为例》,《民俗研究》2015 年第 2 期。

④ 刘大鹏著,乔志强注:《退想斋日记》,山西人民出版社 1990 年版。对刘大鹏个人生平的研究,参见行龙:《怀才不遇:内地乡绅刘大鹏的生活轨迹》,《清史研究》2005 年第 2 期;[英]沈艾娣:《梦醒子:一位华北乡居者的人生》,赵妍杰译,北京大学出版社 2013 年版。以《退想斋日记》为基本资料的社会史论著还有罗志田:《科举制的废除与四民社会的解体——一个内地乡绅眼中的近代社会变迁》,《权势转移——近代中国的思想与社会》,北京师范大学出版社 2014 年版,第 53 页;任吉东:《近代太原地区的粮价动向与粮食市场——以〈退想斋日记〉为中心》,《中国农史》2003 年第 4 期;郝平:《〈退想斋日记〉所见抗战时期的民众生活——以太原为中心》,《史林》2005 年第 4 期;等等。

况、宗教信仰图景等。[①] 日记，确实为我们提供了置身历史现场、触摸历史现实的难得机会。发掘和解读个人日记中的史料价值，也是目前日记研究领域最常见的范式。但正如周作人在一篇散文中指出，日记既是一种“考证的资料”，首先更是“作者的个性”“主人的性格”之体现。[②] 也有学者反思，既有研究中“‘日记’还是被当作社会历史文献的补充，就其本身的文体特点、存在形态还缺乏足够的分析和研究”[③]。这些都提醒我们注意日记文体的特殊性以及日记作为史料的可靠性。呼应前引刘铁梁、王加华等学者的倡导，本文从个人叙事角度来理解《退想斋日记》中的节日记录，希望在事象化的罗列和描述之外，发掘节日实践更为丰富的一面，这是日记作为民俗资料的优势所在。

首先，日记书写作为一种个人叙事，本身倾注着强烈的个人情感和主观表达。刘大鹏身处一个社会剧烈动荡的特殊时代，他的日记能为我们呈现乱世飘摇中普通人的节日体验和时间认知，让我们明白“由现实的春节感受所构成的春节意义，怎样不同于书本上的说教”[④]，这正可以展现节日民俗的生活属性。

其次，日记与节日的契合之处在于二者共有的时间维度。当充分注意到岁时节日的时间特性并将其放回实践者的生活之流，像《退想斋日记》这样天天写、年年记的日记文本，正是研究个人时间生活的绝佳材料：以年为单位作考察，日记不仅呈现了每个年度的岁时节律特征，还透露出日记主人年节活动、忙闲状态、生活节奏等的周期性规律。当把刘大鹏50余年的日记作为一个整体时间进行观察时，读者会看到随着时光流逝和年龄增长，一个人生命意识与时间感受的变化以及他所体验到的习俗风尚的变迁。本文意图将节日放在日常生活的整体时间中进行探讨，充分关注节日的生活属性和时间特性。正因如此，除了岁时节日，日常生活中的时间感受和时间体验

① 如安介生：《困顿与坚守——从〈退想斋日记〉看清末民初晋中岁时风俗与节庆文化之变迁》，《中国非物质文化遗产》2007年第3辑；韩晓莉：《社会变动下的乡村传统：〈退想斋日记〉所见清末民国年间太原地区的乡村演剧》，《史学月刊》2012年第4期；郝平：《嬗变与坚守：近代社会转型期晋中的民间宗教活动：以〈退想斋日记〉为中心》，《世界宗教研究》2012年第6期；等等。

② 参见周作人：《日记与尺牍》，钟叔河编：《周作人文选1898～1929》，广州出版社1995年版，第367页。

③ 李怡：《近现代私人日记与中国现代文学文献研究——一个亟待展开的学术领域》，《文艺争鸣》2019年第11期。

④ 刘铁梁：《身体民俗学视角下的个人叙事——以中国春节为例》，《民俗研究》2015年第2期。

也将纳入本文的视野。这些共同构成刘大鹏的时间生活，也是个体所实践的"时间的民俗"。① 本文希望通过刘大鹏这一具体个案的呈现，丰富对节日研究、日记研究等相关话题的讨论。

## 一、知礼守常：刘大鹏的节庆记录与节俗实践

### (一)公共节庆记录

根据已出版的《退想斋日记》，笔者统计出刘大鹏在51年里记录的传统节日及每个节日出现的次数。(见表1)



**表1　《退想斋日记》中记录的传统节日及次数情况**

| 节日 | 时间 | 记录次数 | 首次记录年份 | 最后记录年份 |
|---|---|---|---|---|
| 元旦 | 正月初一 | 26 | 1897 | 1942 |
| 破五 | 正月初五 | 7 | 1922 | 1942 |
| 人日 | 正月初七 | 4 | 1932 | 1941 |
| 十子日 | 正月初十 | 2 | 1933 | 1942 |
| 元宵节 | 正月十五 | 25 | 1893 | 1942 |
| 小添仓节 | 正月二十 | 8 | 1894 | 1942 |
| 老添仓节 | 正月二十五 | 8 | 1894 | 1942 |
| 中和节 | 二月初一 | 3 | 1897 | 1942 |
| 上巳节 | 三月初三 | 1 | 1926 | — |
| 寒食节 | 冬至后一百五 | 15 | 1896 | 1940 |
| 清明 | 寒食后两日 | 10 | 1893 | 1940 |
| 端午节 | 五月初五 | 17 | 1893 | 1941 |
| 天贶节 | 六月初六 | 3 | 1929 | 1938 |
| 七夕节 | 七月初七 | 4 | 1903 | 1939 |
| 中元节 | 七月十五 | 13 | 1894 | 1941 |
| 中秋节 | 八月十五 | 11 | 1896 | 1941 |
| 重阳节 | 九月初九 | 5 | 1893 | 1933 |

① 周星：《关于"时间"的民俗与文化》，《西北民族研究》2005年第2期。

续表

| 节日 | 时间 | 记录次数 | 首次记录年份 | 最后记录年份 |
|---|---|---|---|---|
| 送寒衣 | 十月初一 | 4 | 1903 | 1932 |
| 冬至 | 阳历12月21～23日 | 9 | 1893 | 1940 |
| 腊八 | 腊月初八 | 9 | 1893 | 1941 |
| 送神上天 | 腊月二十三 | 6 | 1893 | 1937 |
| 小除 | 大除前一天 | 3 | 1926 | 1940 |
| 大除 | 元旦前一天 | 3 | 1892 | 1941 |

注:1.此表仅统计中国传统节日和在农历基础上形成的地方性节日,刘大鹏在日记中提过的公历新年、双十节等新节日将在后文作详细分析。

2.此表仅算入在节日当天或前后、明确提到节日名称或相关节俗的记录。由于日记出版经过了编者的删减,该表统计结果只能部分反映刘大鹏的节日记录。以日记手稿为基本材料的《梦醒子》等著作中,就引用了不见于出版本的更多节日内容。



尽管日记不能与生活实践完全等同,但表1仍可以大致反映刘大鹏节日生活的整体面貌。从记录次数看,出现次数最多的分别是元旦(26次)、元宵(25次)、端午(17次)、寒食(15次)和中元(13次),这几个节日的重要性与我们今天的感受也很相近;从节日内容看,刘大鹏所在的太原县年节礼俗本无格外特别之处,一份1925年的社会调查就提到,当地"年节仍依旧习惯……中秋月饼,亲戚互相赠送;端阳凉糕、重阳枣糕,率与四方略同"①。刘大鹏在每个节日都恭谨地依俗行事。他曾在太谷县做了近20年塾师,遇上重要节日无法归家,常在日记里表达未能过节的遗憾。如1896年的中秋,他记道:"今日为中秋佳节,家家户户,率皆陈肴设酒,为之庆贺,而余乃在外教书,远离二亲膝下,不能以菽水称[承]欢,此心所大抱歉者也。"②在母亲去世后的第一个寒衣节,他未能回乡扫墓,也满心自责,在日记中写道:"今日人皆上坟祭烧,俗谓为先人送寒衣,余在馆中,不克诣先墓为我母送冥衣,则哀痛之情,何其有极。"③在家时,每逢寒食、清明、中元这些节日,他都会率儿孙在"家中敬备祭品,恭诣先茔遵礼祭烧以为追源报本之情"④。

① 吴庚鑫:《山西省太原县社会风俗之调查》,吴庚鑫编著:《山西自治行政实察记》,上海教育出版社1925年版,第88页。

② 刘大鹏著,乔志强注:《退想斋日记》,山西人民出版社1990年版,第61页。

③ 刘大鹏著,乔志强注:《退想斋日记》,山西人民出版社1990年版,第130页。

④ 刘大鹏著,乔志强注:《退想斋日记》,山西人民出版社1990年版,第228页。

## （二）家庭生活和人生理想

在公共时间体系之外，刘大鹏日记中还有一类周期性时间点，即个人和家庭的纪念日，包括父母的生日和忌日、自己的生日等。他多次记述给父母庆寿的过程，流露出浓厚的个人情感。父母亡故后，刘大鹏“每逢二亲忌辰，一日不饮酒食肉……以赎前日不孝之罪也”①。将这些言行与前引他在异乡过中秋、寒衣节时的愧疚心情放在一起看，我们很容易感受到这位儒家知识分子对孝道的践行。有学者从刘大鹏的日记中总结出晋中地区“岁时节日风俗中渗透与弥漫着浓重的孝道文化色彩”②，恐怕仍不够准确，从本文的角度来说，应该是刘大鹏个人的节日实践和日记书写注重对孝道的强调。沈艾娣将“孝子”归为刘大鹏五种身份之一，如她所论，“当刘大鹏约束自己践行所学之价值，他首先约束自己奉行孝道。他的孝道不仅建构在所学的经典之上，也建构在强调父母子女间强烈的感情投入这一种对经典的阐释之上”③。他在节日和家庭纪念日中的所行所思鲜明地体现了这一点。

固然，日记作为个人叙事有自我美化的可能，但对习惯每日反躬自省的刘大鹏来说，“日记是他实现自我期许的一种方式”④。“孝子”即便不是他的真实形象，至少也是他的理想追求。对节俗实践的记叙也是如此，《退想斋日记》中不少记录展现了他理想中的节日场景。如回忆幼时的元宵，“回忆余十余龄时，吾乡到处，每当此日，甚觉热闹”⑤；再如在他乡看到的中秋，“父兄子弟率皆称觞玩月，所食者皆佳肴，所饮者皆旨酒，真是升平景象也，吾乡不及矣”⑥；还有在新年时忍不住想起已逝的父母，“灯光火光互相掩映，不啻白昼，家庭气象肃肃雍雍，尚符先父先母在堂之日也”⑦。像所有读书人一

---

① 刘大鹏著，乔志强注：《退想斋日记》，山西人民出版社 1990 年版，第 209 页。

② 安介生：《困顿与坚守——从〈退想斋日记〉看清末民初晋中岁时风俗与节庆文化之变迁》，《中国非物质文化遗产》2007 年第 3 辑。

③ ［英］沈艾娣：《梦醒子：一位华北乡居者的人生》，赵妍杰译，北京大学出版社 2013 年版，第 68 页。

④ ［英］沈艾娣：《梦醒子：一位华北乡居者的人生》，赵妍杰译，北京大学出版社 2013 年版，第 10 页。

⑤ 刘大鹏著，乔志强注：《退想斋日记》，山西人民出版社 1990 年版，第 19 页。

⑥ 刘大鹏著，乔志强注：《退想斋日记》，山西人民出版社 1990 年版，第 62 页。

⑦ 刘大鹏著，乔志强注：《退想斋日记》，山西人民出版社 1990 年版，第 204 页。

样，少年时代的刘大鹏心怀壮志，一心求取功名。但时局的变化让他措手不及，科举的废除更彻底断绝了他的进取之途。随着时间的推移，他越来越少在日记中直接表达自己节日生活的欢乐或满足，他理想的节日场景常在对往昔的追忆或与他乡的对比中得到呈现。

从时间现象学的角度理解，节日作为时间的本性是回忆、当前化和期待的统一。时间的中心不是当下而是未来，中国的节日时间也不是简单的重复，而是“知来藏往地着眼于将来，在人们的主观时间视阈中充满了不断循环与更新的滞留与期待。节日时间的特殊意义恰恰就在于浓缩和凸显了当下就有的滞留与期待”①。刘大鹏的节日回忆事实上也可以理解为一种期待，不仅是在期待理想的节日生活，更是在节日这一天重新确认和想象自己修齐治平的人生理想：世道的太平、生活的富足、个人的功成名就、家庭的挚爱天伦等，而这样的回忆与期待，恰恰是在与现实的无奈对比中凸显出来的。



## 二、年关难过：乱世中的年节感受

新年是中国人时间生活中最重要的节点，对大多数人来说，进入腊月，就进入过年的心理体验和活动状态了：“岁暮之时，千村万井，皆忙迫归结一年之事。”②刘大鹏开始写日记时，他生活的乡村已经是“世势日觉贫穷，人情愈觉浇漓”的凄苦景象。鸦片种植和自然灾害对传统经济造成极大破坏，他感受到的新年“一年不如一年”：往来拜年的人逐渐减少，人人脸上皆多愁少喜③；元宵节“左右邻村并无一家社伙畅快人心”④。耳闻目睹民生的穷苦、年节的冷清，像“宽绰过年之人不过十之一二”，“去岁不如前岁，犹不至如今岁”⑤这样的感慨在刘大鹏的年节记录中反复出现。1902 年元旦，来拜年的好友告诉刘大鹏，上海、北京等地“凡经之处，悉系洋夷侵占，国家亦无可如

① 孙邦金：《中国传统节日文化的时间现象学分析》，《节日研究》第一辑，山东大学出版社 2010 年版，第 64 页。

② 刘大鹏著，乔志强注：《退想斋日记》，山西人民出版社 1990 年版，第 29 页。

③ 参见刘大鹏著，乔志强注：《退想斋日记》，山西人民出版社 1990 年版，第 89 页。

④ 刘大鹏著，乔志强注：《退想斋日记》，山西人民出版社 1990 年版，第 79 页。

⑤ 刘大鹏著，乔志强注：《退想斋日记》，山西人民出版社 1990 年版，第 29、78 页。

何”,因而引起他的愤怒和嗟叹,以至于直呼“我生不辰”,“中国渐成洋世界,能无触目致伤怀”。[①] 时局变化之速,远远超出了这位乡间读书人的认知。

民国以后,随着家庭人口增多、婚丧支出频繁,再加上物价飞涨、祸乱频仍,刘家的财务状况急转直下。刘大鹏许多岁末年关的日记,记录的都是一年收支的盘点、催债与被催债的感受。他的新年常充满了愁困,他又习惯在日记中将现实的愁困转化为对自己的道德谴责:“新年已过,家极贫穷,将有冻馁之虞,此予不德所致,何敢怨天尤人。”[②]他仍自认“清代遗民”,对时局的忧虑、对新政权的不满更让他对一个个新年丧失了期待。在晚年写下的日记里,他悲观的生命意识流露得格外浓烈。1932 年,家中直到腊月二十九仍有人上门催债,无计可施的刘大鹏“惟是仰首呼天,嗟我困苦而已”,忍不住生出“只知世事皆空,万物成幻”的绝望,甚至把民穷财尽视作“民国大不祥之兆”,在新春佳节发出“国未亡而已亡”这样的慨叹。[③]

更艰难的岁月还在后面。1938 年新年是太原沦陷后的第一个新年,一切年俗活动都只能静悄悄地进行。据刘大鹏的记录,元旦这天“因世大乱,莫敢早起,天既送晓,方才陈设祭品于家庭”;正月初七“人皆畏惧,闭门不出”,停止了相互拜年;正月十五“民皆惶恐,均忘庆贺元宵节矣,亦不闻卖元宵之人”。[④] 年节活动虽然受到影响,但人们“过年”的心理感受反而得到强化。动乱年代,有机会活下来都成为一种侥幸,过年则让紧张恐惧的心情得到暂时释放。正如在相互拜年时,“一见面辄欣欣然有喜色曰:大乱以来又度一新年矣”[⑤],其中蕴含着的是自身存活的尊严感、对传统年俗的认同感以及对太平生活深切的渴盼。

1942 年,刘大鹏度过了生命中的最后一个新年。在正月初一的日记里,他像往常一样首先记述了近来时局的变化和自己的看法。他感受到的依然是“家家受困,人人受窘,年关已到,更为紧迫,人民之生活程度危险已到极点,有岌岌乎不可终日之势”[⑥]。元旦这日天象不佳,也让他过年的心情大打

① 刘大鹏著,乔志强注:《退想斋日记》,山西人民出版社 1990 年版,第 105、107 页。
② 刘大鹏著,乔志强注:《退想斋日记》,山西人民出版社 1990 年版,第 403 页。
③ 刘大鹏著,乔志强注:《退想斋日记》,山西人民出版社 1990 年版,第 466、467、468 页。
④ 刘大鹏著,乔志强注:《退想斋日记》,山西人民出版社 1990 年版,第 520、521 页。
⑤ 刘大鹏著,乔志强注:《退想斋日记》,山西人民出版社 1990 年版,第 550 页。
⑥ 刘大鹏著,乔志强注:《退想斋日记》,山西人民出版社 1990 年版,第 577 页。

折扣:“登高瞻望,昏霾惨雾,迷茫宇宙,望不能远。……今为元旦佳节,天象仍昧,安望天下太平哉!?”①他的新年愿望十分简单,即希望神灵保佑,“不至于饥寒而死亡,则为亡国奴之庆幸事也”②。6个月后,他逝世了。

透过刘大鹏的记录,我们能感受到“年”在个体生命长河中的丰富意义。提到节日,我们首先想到总是它狂欢、热闹、振奋的一面,强调它不同于平时生活的断裂感和特殊性。但节日本身嵌于日常生活之流,具体到每个家庭、每个人身上,除了暂时的欢乐,日常的矛盾、困窘甚或愁苦情绪也会在这段时间被放大、被凸显。过了腊八就是年,新年首先意味着辞旧,但像“二十三,糖瓜粘;二十四,扫房子”这样的歌谣实际大大简化了过年的活动和体验。所谓年关难过,讨账与还账构成刘大鹏每个岁末年关的固定活动。从古至今,许多普通家庭也是如此。新年更意味着迎新,是社会历史和个人生命的更新。乱世中的刘大鹏却感慨“一年不如一年”,对世道人心和国家前途充满怀疑,连新年的天象都成为亡国的预兆。个人在不同年龄段对“年”的理解也不同,壮年时春风得意,踌躇满志,新年是难得之快事;中年时壮志难酬,谋生艰难,不由得在岁暮年关之时产生人生如梦的幻灭感;人到暮年竟沦为亡国奴,苟且存活便是新年最大的愿望。“过年”的感受随年龄增长和阅历积累而愈渐丰富,反映的是生命意识的变化以及对社会人生不断更新的理解。

## 三、劫到临头不知觉:刘大鹏眼中的乡村节庆

在体味刘大鹏的年节感受时,不能忽视他的身份:一个传统读书人,毕生以儒家思想作为修身规范和处事准则。他在日记中非常注重对自我的道德约束,努力将自己与身边无知识无文化的一般乡民区别开来。每逢岁时年节,当他正为国事家事忧心不已的时候,许多民众仍沉浸在酬神演剧的热闹氛围中。刘大鹏在日记里经常表达对乡土节俗的批评,归结起来主要有两点:

① 刘大鹏著,乔志强注:《退想斋日记》,山西人民出版社1990年版,第578页。

② 刘大鹏著,乔志强注:《退想斋日记》,山西人民出版社1990年版,第581页。

一是世风日下，人情风俗日益颓坏。清朝末年，刘大鹏就感受到“近来吾乡风气大坏”。随着科举废除，清朝灭亡，刘大鹏信仰的孔孟之道不再流行，新学的推行让他格外不安。“人情之坏，风俗之靡，日甚一日，卒难挽回。”[①]有一年中秋，刘大鹏坐馆弟子在家中请客贺节，却没有邀请他，他在日记里颇为介意地记下这件事。[②] 吕祖诞时，他去晋祠观剧，看到有“女优演唱”，也感慨“俗之大敝，至斯极矣”。[③] 这些行为在他看来都是传统伦理纲常败坏的表现。另外，每逢年节赛会，抬阁演戏的巨大花费也让刘大鹏心痛不已。尤其是物价腾涨、薪桂米珠的年代，乡民仍不以为忧，反而更加铺张。“俭朴之风已渺，奢侈之习益广”，刘大鹏将此视作“世道之大忧”。[④]

二是只求行乐，对时事茫然无知。在刘大鹏眼里，“乡村之人，本无其它知识，亦于时事纷乱，茫茫然莫知其所以”，即使“中国大局危险以极”，他们该过的节日仍旧照过，既不防备兵匪之劫掠，也不关心国家的存亡，“惟乐其所乐而已”。[⑤] 即使到了1942年，太原仍被日寇占据，赤桥村人的新年活动却又热闹起来。“本村好唱秧歌之人不知世局之危险，一味行其所快乐”，“未知己为亡国奴，国为无君之国”[⑥]，乡民的无知和“昏聩”让刘大鹏痛心疾首。

细究刘大鹏对乡民年节活动的看法，首先源自他所奉行的传统风俗观。在儒家观念里，“风俗是世俗人情的反映，它既是社会文化的表征，也是政治教化的重要体现”[⑦]。怀着这样的认识，刘大鹏以匡风正俗为己任。在《退想斋日记》的第一页，“求风俗之敦”就是他自记的人生“十求”之一。政治动荡和经济衰败导致风俗人心的颓坏，对在乡间生活的刘大鹏来说，在婚丧仪礼和年节活动上体现得最为明显。再者，在他的认知里，乡土之“俗”的运行基础根本在“礼”，风俗的实践不能离开“礼”的引导和规范——而像自己这样的乡绅，本该是“礼”在乡间的代言人。当传统儒家伦理被逐渐淡忘，自己在

① 刘大鹏著，乔志强注：《退想斋日记》，山西人民出版社1990年版，第273页。
② 参见刘大鹏著，乔志强注：《退想斋日记》，山西人民出版社1990年版，第145页。
③ 刘大鹏著，乔志强注：《退想斋日记》，山西人民出版社1990年版，第277页。
④ 刘大鹏著，乔志强注：《退想斋日记》，山西人民出版社1990年版，第329页。
⑤ 刘大鹏著，乔志强注：《退想斋日记》，山西人民出版社1990年版，第191、205页。
⑥ 刘大鹏著，乔志强注：《退想斋日记》，山西人民出版社1990年版，第578页。
⑦ 萧放：《“风俗”论考》，陈泳超主编：《中国民间文化的学术史观照》，黑龙江人民出版社2004年版，第150页。

乡村社会的地位和权威大大衰减，刘大鹏对年节风俗的失望是可想而知的。日记里的批评他人，一定程度上是在塑造自我。

另外，对节日的不同感受还来自对时事关心和了解程度的不同。刘大鹏的年节感受一部分来自他的直接见闻，如“财尽民贫”是他晚年日记里反复出现的关键词。像物价腾贵、民生凋敝，或日军入侵等在当地发生的真实事件，会直接影响到刘大鹏及当地人的节日活动；另一部分则是乡村之外的跨地方事件。除了亲友从外地带回最新消息，报纸是刘大鹏获取时事信息的关键渠道。已有学者注意到，“新式报刊的发行，则促进了信息从城市向乡村的传递，便利了国家的全景式呈现，使刘大鹏对民族危机的感受愈来愈及时和真切，进一步激发了他的忧国之心”①。传统节日本就具有时间上的同步性和情感体验上的相似性，“国家的全景式呈现”让刘大鹏对异乡同胞的节日生活产生共情。中秋节到处皆行庆贺，他却能想到“但未知雁门以北遭兵蹂躏，各州县之人民何以度此中秋耶?”②这便是跨地方事件带来的节日心理体验。

以 1933 年正月十八这天为例，刘大鹏在日记里记载了三件事：一是他从报纸获知，日寇已逼近热河，国民党内部却内讧不已，他痛叹“此亦中国大可耻者”；二是来拜年的好友告诉他，世困民穷，“所有商号莫不亏累”，“榆次未开市者至七、八十号之多”，他也感到“洵可畏惧”；还有一事是他自己所见：邻村的新年秧歌已经连演三天，“往观者络绎不绝”。前两件事分别是上文所说的跨地方事件和地方事件，分别影响着刘大鹏的节日感受；有了前二事的对比，在见到第三件事时，刘大鹏怎会有心情参与这样的娱乐。他遗憾地写道：“乡村之民不知时局之危险，不知官吏之贪残，不知日寇之猖獗，亦可悯也。”③

按时间社会学观点，社会时间指的是“以其他社会现象为参照点来表达社会现象的变化或运动”④。节日的时间虽然固定，但不同个体会将它置于

① 李玉：《由桑梓关怀到心忧天下：刘大鹏日记中的晚清城乡信息接收与接受》，《山西大学学报》(哲学社会科学版)2014 年第 1 期。

② 刘大鹏著，乔志强注：《退想斋日记》，山西人民出版社 1990 年版，第 340 页。

③ 刘大鹏著，乔志强注：《退想斋日记》，山西人民出版社 1990 年版，第 471 页。

④ [美]皮蒂里姆·索罗金、[美]罗伯特·默顿：《社会—时间：一种方法论的和功能的分析》，[英]约翰·哈萨德编：《时间社会学》，朱红文、李捷译，北京师范大学出版社 2009 年版，第 44 页。

不同事件的参照中来感受和实践。举例来说,“1932年正月初一”,对乡间百姓而言可能只是平淡无奇的又一个新年,或与个人事件对比,将之记为类似于“儿子结婚后的第二个新年”,但要放在更大事件的参照系里,它也可能是“日寇侵华的第一个新年”。不同事件参照交织在一起,每个人在每个年度的节日感受才独特而丰富。刘大鹏接收的信息之新、之多,为普通乡民所不及,再加上他的忧国济世情怀,在他眼里,乡村年节的到来是在日军入侵之时,是在中国人民极危险的时刻,节日娱乐的同时不能忘记现实的险境;普通乡民对跨地方事件知之甚少,只是将节日放在乡土社会本身的节律中感受:过节,只是因为到了该过节的时候。年节活动仍遵循旧俗,丰俭可以变通,但本身不能不过,除非日寇攻陷本村这样切身的地方性事件发生。节日的社会时间属性让节日体验因人而异,故刘大鹏才会在日记里对乡民节俗有如此评价。



当然,刘大鹏质疑的并不是节日娱乐本身的存在价值和合理性。所谓“乐而忘忧”[①],节日的调节、宣泄、娱乐、祈福功能,也是生长在传统乡村的刘大鹏能真切感受到的。他有时也会在热闹的节日里感慨:“时在纷乱,而能若斯,亦人民之大幸福。”[②]这正是他与同时代新式知识分子的根本不同。

## 四、阳历与钟表:刘大鹏对新时间制度的反应和接受

在刘大鹏的一生中,还有一件大事对他的时间生活和节日体验影响深远,那就是以“阳历”为代表的新时间制度的推行。[③] 对于民国改历运动的背景、过程和效果,左玉河、湛晓白等学者已有深入研究,已有论著利用报刊、日记等现场资料,对当时社会各界的反应作了较为全面的呈现。[④] 只是,具体到个人身上,一个普通人如何适应、接受或反抗新的时间制度?新时间又

① 刘大鹏著,乔志强注:《退想斋日记》,山西人民出版社1990年版,第329页。

② 刘大鹏著,乔志强注:《退想斋日记》,山西人民出版社1990年版,第470页。

③ 和民间惯称一样,刘大鹏在日记里将民国政府推行的公历制度称为阳历,中国传统农历称为阴历。为引用和论述方便,本文按此含义使用这两个词。中国传统农历实际是阴阳合历。

④ 左玉河:《评民初历法上的“二元社会”》,《近代史研究》2002年第3期;左玉河:《从“改正朔”到“废旧历”——阳历及其节日在民国时期的演变》,《民间文化论坛》2005年第2期;湛晓白:《时间的社会文化史——近代中国时间制度与观念变迁研究》,社会科学文献出版社2013年版;等等。

如何具体而微地影响他的计时习惯甚至生活方式?《退想斋日记》为此问题提供了一个很好的案例。

### (一)《退想斋日记》中的阳历节日

1912年,孙中山在南京就任中华民国临时大总统,宣布中华民国改用阳历,以1912年1月1日为民国元年元旦。这一事件标志着一个新历史阶段的开始,也意味着一种新时间制度的推行。对刘大鹏来说,对新历法及其节日接受与否,根本上关乎政治认同的新旧。1913年已是民国二年,但他的日记里仍记为"大清宣统五年"——"以予系大清之人,非民国之人耳"。①《退想斋日记》中第一个有记录的阳历新年是1914年1月1日,"今日为阳历一号,凡有叛逆之心者均于今日庆贺新年"②,而民间仍过传统阴历年。

这种"二元"格局一直在延续,甚至1928年以后民国政府实施废除旧历运动,严厉废止旧历岁时节日,仍改变不了普通百姓的年节传统。每逢阳历新年,官厅学校放假,省城大闹社火,草野却一片寂然,百姓置若罔闻。到了阴历新年,"无论通都大邑,僻壤穷乡,莫不庆贺"③,百般禁止也无法阻挡。在本就对民国抱有敌意的刘大鹏看来,这正是新政权不顺民心的表现。甚至每逢论及这个话题,他总免不了冷嘲热讽一番,说新政府"即此一事已不能禁,何况其它乎","革命党能革一切大命,卒莫能革此小命耳"。④

面对传统的强大惯性,国民政府逐渐放弃了激进的历法改革。在刘大鹏1933年的新年日记里,就出现了"官府未曾勒逼民间庆贺""阳历新年放假三日,及到旧历新年,亦是放假三日"⑤等记录。与此同时,乡村社会也在慢慢适应和接受阳历新年,刘大鹏家中也曾"食扁食以贺阳历之新年"⑥。在阳历与阴历的相互调适中,刘大鹏的节日生活里出现了"一年过两个年"的新格局,尽管他对二者的参与态度和重视程度完全不同。

在推行阳历基础上,民国政府还设立了一些新的政治性节日,《退想斋

---

① 刘大鹏著,乔志强注:《退想斋日记》,山西人民出版社1990年版,第199页。
② 刘大鹏著,乔志强注:《退想斋日记》,山西人民出版社1990年版,第190页。
③ 刘大鹏著,乔志强注:《退想斋日记》,山西人民出版社1990年版,第420页。
④ 刘大鹏著,乔志强注:《退想斋日记》,山西人民出版社1990年版,第404、421页。
⑤ 刘大鹏著,乔志强注:《退想斋日记》,山西人民出版社1990年版,第464、469页。
⑥ 刘大鹏著,乔志强注:《退想斋日记》,山西人民出版社1990年版,第378页。

日记》中也时有提及，如10月10日“双十节”、11月12日“总理诞辰纪念”等。总的来看，从政治立场出发，以清代遗民自居的刘大鹏对阳历节日保持着排斥和不屑。但有学者据此总结“在刘大鹏的日记里，不但找不到半点对民国改历的迎合，也看不出国民政府的改历宣传对他所起的丝毫作用”[①]，恐怕就过于武断了。节日只是时间制度的一个层面，在工作安排、日常计日、信息沟通等方面，新时间制度对个人时间生活的改变是潜移默化的。



### （二）刘大鹏经历的“世界时间”

对于刘大鹏经历的“世界时间”，我们分制度时间和日常使用两个方面来看。所谓制度时间，是指官僚机构或学校、工厂等组织在特定范围内建构起来的时间表和时间规则，通常只会延伸到自己的成员；与之相对的是以日、星期、年等为周期运行、全社会共享的“社会时间”。[②] 但这一区分主要立足于西方现代社会，中国的情况又有所不同。[③] 比如，今天我们习以为常的星期制度，在刘大鹏生活的民国时代，仍只能算一种“制度时间”，在官厅、学校、工厂等少数组织中推行；对以农为生的大部分人口来说，它还是一种相当隔膜的时间形式，多数人依赖的社会时间仍是传统阴历，年节问题上的新旧之争就是明证。

具体到刘大鹏个人，他接受阳历时间最早就是从星期制度开始的。1913年，他开始担任晋祠蒙养小学校教员，几个儿子也分别在学堂教书或上学。当时的教育机构普遍实行“以钟点制、星期制、寒暑假为特征的新时制”[④]。受这样的时间制度支配，刘氏父子养成了新的工作节奏，“惟星期日

① 湛晓白：《时间的社会文化史——近代中国时间制度与观念变迁研究》，社会科学文献出版社2013年版，第62页。

② 参见[美]皮蒂里姆·索罗金、[美]罗伯特·默顿：《社会—时间：一种方法论的和功能的分析》，[英]约翰·哈萨德编：《时间社会学》，朱红文、李捷译，北京师范大学出版社2009年版，第72页。

③ 对传统中国乡村时间分类的探讨，参见王加华：《被结构的时间：农事节律与传统中国乡村民众年度时间生活——以江南地区为中心的研究》，上海古籍出版社2015年版，第115页。

④ 湛晓白：《时间的社会文化史——近代中国时间制度与观念变迁研究》，社会科学文献出版社2013年版，第207页。

乃可言旋”[①]。这是“星期”一词在《退想斋日记》中的首次出现。到20世纪30年代中后期，刘大鹏再次参与进官方主导的时间制度。“保存古物委员会阳历每月一号例会之期”[②]，身为委员的刘大鹏需按时到县政府开会。这一以阳历月为周期的制度性活动在接下来几年的日记中频繁出现，毋庸置疑，刘大鹏会因此习惯新的时间规律。他在1936年某一天的日记里提道：“张学良于上月二十九日叛变之后，于今一星期矣。”[③]可见“星期”已经成为他生活中一种很自然的计时方式。





与此同时，还需提到的是钟表时间的渗入对普通人时间观念的影响。《退想斋日记》前半部分提及具体时间基本采用传统时辰制，如“辰刻去晋祠”“巳刻，适剃头部”[④]。20世纪二三十年代以后，精确的钟表时间开始进入刘大鹏的日常生活。具体表现在：其一是对新式交通工具的体验。1933年的一天，他买汽车票从省城回家，“十二点钟登车启行，其行迅速，一点钟即到晋祠”[⑤]。其二是参与官方活动。如公函通知刘大鹏“十六日上午十一时”到县城参加士绅会议，当天“开会之时已届二、三点钟”。[⑥] 渐渐地，“小时”也成为刘大鹏习以为常的计时单位。[⑦]

如黄金麟所论，阳历、耶稣纪年、钟点时间等“世界时间”的引入，“不但意味一种旧有时间观的退位，同时也意味一种新的、具有现代性色彩的时间意识与身体活动的出现”[⑧]。刘大鹏尽管对新政权及其历法制度抱有敌意，但当他越来越深入地参与新时间制度主导的社会事件时，他的个人时间也逐渐跟上了阳历时间、钟点时间的节奏。当然，多重身份让他同时受到不同时间形式的约束，晚年刘大鹏的时间规则根本上仍是传统的。1938年正月初一，因为买不到历书，他在日记里记道：“不知今日为阳历之何日，只知本

---

① 刘大鹏著，乔志强注：《退想斋日记》，山西人民出版社1990年版，第182页。

② 刘大鹏著，乔志强注：《退想斋日记》，山西人民出版社1990年版，第490页。

③ 刘大鹏著，乔志强注：《退想斋日记》，山西人民出版社1990年版，第501页。

④ 刘大鹏著，乔志强注：《退想斋日记》，山西人民出版社1990年版，第28页。

⑤ 刘大鹏著，乔志强注：《退想斋日记》，山西人民出版社1990年版，第465页。

⑥ 刘大鹏著，乔志强注：《退想斋日记》，山西人民出版社1990年版，第527、528页。

⑦ 参见刘大鹏著，乔志强注：《退想斋日记》，山西人民出版社1990年版，第515页。

⑧ 黄金麟：《历史、身体、国家：近代中国的身体形成（1895～1937）》，新星出版社2006年版，第148页。

月初五日为立春节。”[①]可见无论心理认同还是现实习惯，刘大鹏在日常生活中一直更依赖阴历，他始终坚持用阴历时间写日记也说明了这点。他的个人时间里毕竟已经出现了两种时间框架的“并置”与“涵化”[②]，透过他长达50余年的日记，我们能窥见传统如何在调适中延续、新的异质性文化又如何被接受进而习惯成日常。

## 讨论和总结

参考时间社会学的分类，社会时间可以分为个人和家庭时间、群体互动时间及社会文化时间三类。[③] 上文对刘大鹏节日时间的讨论实际正对应这三种类型。首先是个人和家庭时间。刘大鹏遵循传统礼俗度过每一个节日，也在礼俗的重复记忆和实践中践行对自我的道德期许。节日带给他许多美好回忆，也让他暂时摆脱日常的琐碎无聊，体验和想象一种更理想的生活；但节日时间并不会脱离生活经验本身，刘大鹏的许多节日都在开心与忧心的复杂感受中度过。其次是群体时间。节日本是共同体狂欢与互动的最佳时刻，但在抬阁、社火等集体性节俗活动中，刘大鹏常常是冷静的旁观者甚至批评者。时间的区隔意味着身份的区隔，“努力像儒家士绅一样处世构成他身份认同的重要部分，即便他的教育资格已经不具政治实用性，这种努力依然标志着他的身份”[④]。这一身份带给刘大鹏区别于普通乡民的节日心理体验。最后是社会文化时间。刘大鹏自然地生活在传统阴历之中，但个人的社会活动越来越多地受到新时间制度支配时，他的时间观念和节日生活也在受到影响。总的来说，这三类时间体验涉及个人在不同社会网络中的位置，其根本在于对自我的理解和期待。无论是对礼俗的遵循、对节庆的记录，还是对理想节日生活的想象、对当下风俗人心的批评，抑或对阴历的认同和对阳历的抗拒，都是刘大鹏追求君子人格的行



---

① 刘大鹏著，乔志强注：《退想斋日记》，山西人民出版社1990年版，第520页。

② 周星：《关于“时间”的民俗与文化》，《西北民族研究》2005年第2期。

③ 参见[美]J.大卫·刘易斯、[美]安德鲁·J.韦加特：《社会—时间的结构和意义》，[英]约翰·哈萨德编：《时间社会学》，朱红文、李捷译，北京师范大学出版社2009年版，第67页。

④ [英]沈艾娣：《梦醒子：一位华北乡居者的人生》，赵妍杰译，北京大学出版社2013年版，第4页。

为体现。节日是一段特殊的时间，意味着个人生命的更新、群体互动的紧密，还可能反映出社会文化的嬗替，个体内在的本真体验在此时呈现得尤为突出。

总之，本文以刘大鹏的节日生活为中心，从个人叙事的角度理解日记书写。在惯见的史料价值外，日记作为民俗资料的个人生活史价值和节日研究价值由此凸显，我们进而对节日的生活属性和时间特性也有了更加深刻的认识。就其生活性而言，既往的节日研究惯于描述年节礼俗、仪式信仰等特殊的民俗事象，但节日本身嵌于日常生活之中，不同个体的节日活动和节日感受是丰富多样的。除了迎神赛会的狂欢、家人欢聚的温馨，也有年关难过的窘迫、人生如梦的感慨，尤其是那些“不快乐”的一面，其实恰是对节日价值的强化和丰富。在循环的节日中体验不断更新的感受，生命尊严和人生价值才得以凸显，这些构成节日对个体生活的真实意义。就节日的时间性而言，时间的民俗涉及社会生活的许多领域，节日只是文化时间的一部分，许多用而不觉的时间制度与时间观念影响着对节日的感知，节日的变化或改造又往往是这些制度和观念静水深流的结果。“非常”与日常、节日与平日的依存关系，需要研究者细加留意。

# 韩国端午节食的由来与变迁*

王天泉**



**摘　要**

节令饮食是岁时节日的重要组成部分，其本质上是从人类的日常生活中获得共同体验、强化民族同质性的行为，是塑造和维系民族意识的重要手段。这也是很多节俗仪式虽然消失、节食却能够传承下来的重要内因之一。从韩国端午节的由来、变迁以及端午节食来看，韩国端午节俗受到了中国端午节俗的深刻影响，很多节俗甚至完整地传承和保留着中国古代的端午习俗。韩国端午节食文化在接受和引进外来民俗的同时，也不断作出改造和创新，形成了具有本民族的民俗文化，体现了韩国端午民俗文化有别于中国的同中之异。

**关键词**

端午节食　戌衣口　艾糕　车轮饼　菖蒲酒　角黍

## 绪　论

"节食"，即特定的节令饮食，是岁时节日的重要组成部分。在一个"民以食为天"的文化体系里，节食的地位和意义举足轻重。一个民族共同体的

---

* 本文系北京联合大学北京学研究基地开放课题"传统节日与现代城市生活——北京端午节的民俗图谱表述"（BJXJD-KT2019-YB02）的成果。

** 王天泉，韩国国立济州大学耽罗文化研究院研究员。

所有成员，在同一天的同一个时辰，食用由相同材料、相同方法烹饪的食物，本质上是从人类的日常生活中获得共同体验、强化民族同质性的行为，是塑造和维系民族意识的重要手段。这也是很多节俗仪式虽然消失、节食却能够传承下来的重要内因之一。韩国的端午节即是如此。对绝大多数韩国人而言，今天端午已经被排除在节日范畴之外。但是，以车轮饼或艾糕为代表的端午节食仍然作为民俗饮食得以流传并受到韩国人的喜爱。

在地缘政治的影响下，朝鲜半岛文化长期接受并主动吸收中国文化，在历法上更是全盘接受中国王朝的历法制度。百济自豪于“岁时伏腊同于中国”[①]，而新罗统一半岛之前，就已经“衣冠同于中国”[②]。所以，韩国不仅“衣裳同乎汉制”，而且“正朔本乎夏时”。韩国的传统节俗与中国的日期、名称完全相同，且均采用农历，其原因正在于此。但是同样的节日，不同国家会出现不同的节食。比如中秋节，中国人吃月饼，而韩国则吃松饼(송편)；又如端午节，中国人吃粽子，而韩国人则吃艾糕。即便是来源相同的饮食，例如“馒头”，中、日、韩三国尽管名称一致，却呈现出完全不同的特征：在中国，馒头是面粉制成的没有馅的面制主食；在韩国，它却是饺子、包子等有馅面食的统称；而在日本，它则成了糕点。这首先是地域不同导致的食材和饮食习惯的差异，其次也是文化选择的表现，反映了不同地域、不同民族的饮食习惯和生活风俗。但是变化和差异并不能否认其源头的一致性。如果从历史民俗学的角度来考察，我们会看到其一脉相承的共同之处，也会发现在接受过程中的坚守、变异、改造和独创。以韩国端午节食为例，为什么历史上全面引进了各种端午节俗的韩国却没有吃粽子的习俗呢？韩国端午节食是否像中国的粽子那样存在某种跨地域的代表性节食呢？今天韩国民间还有哪些与端午有关的饮食在流传呢？对这一系列问题进行探索，我们既可以了解韩、中两国民俗文化之间深刻、广泛的联系与影响，也可以进一步发现韩国民俗文化独特的形成和发展轨迹。

遗憾的是，在韩国学界，从节食的角度来考察民俗节庆的相关论文并不

---

① 《旧唐书·东夷传·百济传》记载：“百济国，本亦扶余之别种……凡诸赋税及风土所产，多与高丽同。……岁时伏腊，同于中国。”

② 《三国史记·杂志》记载：“文武王在位四年，又革妇人之服，自此已后，衣冠同于中国。”(金富轼：《三国史记·杂志二·色服》，乙酉文化社，1984年，第175页)

多见，而具体研究某一节食的论文则更为罕见。偶有论及者，或是饮食学者关注某一饮食而与民俗关联甚少，或将其作为节日民俗的一个方面稍微提及，但又语焉不详。不仅韩国，中日民俗学界似乎也缺少将二者相联系，从饮食的角度对节俗加以专题考察的论著。因而，此次中日韩端午节食课题研究显得格外有必要、有意义。

鉴于端午节俗在韩国的式微，仅从目前保留的节食来研究难以完整再现韩国端午节食的全貌。因此，本文主要从历史民俗学的视角，通过对中韩民俗文献的比对，揭示韩国端午节食的由来与变迁；同时，根据20世纪末收集的民俗调查资料对韩国端午节食的整体和地域性特点进行综合性的描述，并尝试对围绕韩国端午节食的几点争议作出解答。

本文的参考资料主要来自韩中两国的岁时文献和调查报告。韩国方面的代表性岁时文献是成书于18世纪末叶的《京都杂志》、19世纪初叶的《洌阳岁时记》、19世纪中叶的《东国岁时记》等私人撰述，以及散见于《三国史记》《三国遗事》《高丽史》和《朝鲜王朝实录》等史料中的记录。同时，参考韩国国立民俗博物馆编写的《韩国岁时风俗资料集成》(目前已刊行5卷)、韩国国立文化财研究所刊行的调查报告《岁时风俗》(总论1卷，地区9卷)、金明子编著的《韩国岁时风俗Ⅰ：1970～80年代调查报告》等内容。由于韩国端午节俗与中国岁时文化之间的紧密联系，包括《荆楚岁时记》《岁时广记》在内的诸多中国岁时文献也是本文的重要参考资料。

## 一、韩国端午节的起源、发展与变迁

与中、日两国不同，今天端午节在韩国本土已经基本消失。对绝大多数韩国人而言，端午仅仅是日历上特别标注的一个农历日期而已，已经丧失了作为节日的纪念意义。根据韩国国立文化财研究所2000年初刊行的调查报告《岁时风俗》(总论1卷，地区9卷)，在韩国(不含朝鲜)，举行端午祭或者将端午视为节日的地区只有74处，仅占整体调查对象471个地区的16%。而20年后的今天，端午已经不再被视为节日，仅江原道的江陵、庆尚北道庆山的慈仁和全罗南道灵光郡的法圣浦等地仍保留端午祭活动。其中，遐迩闻名的就是江陵端午祭。但是端午祭仅仅是端午节庆活动之一种，如果深入了解就会发现,现在的江陵端午祭更像是一个非物质文化的复制品。比如,端午祭的主办者从民间转为官方,变成了政府主导下的文化工程。它的官奴假面舞(傩戏之一种)在日据时代已经失传,今天我们看到的官奴假面舞,实际上是民俗学家根据文献资料整理、复原的。但是,根据金明子《韩国岁时风俗Ⅰ:1970～80年代调查报告》[①]的记录,直到20世纪80年代,端午节至少在韩国大部分农村地区还是较为重要的节日,一般会有吃艾糕、用菖蒲洗头、荡秋千、摔跤等传统节俗活动。那么,韩国的端午节到底是何时出现的呢?这个曾经被列为朝鲜四大民俗节庆的节日又是如何发展变迁,最后在短短的数十年间就倏然消亡的呢?我们在探讨韩国端午节食前有必要对韩国端午节的起源与变迁加以了解。





**(一)韩国端午节的起源**

端午节,韩国称为"단오절",也就是汉字"端午节"的韩语发音。但是,按照韩国固有语的发音,则称为"수리날"。关于"수리날"的含义,说法有三。

第一种说法称为"戍衣日(或车衣日)"。"戍衣"是"수리"的汉字音转。柳得恭《京都杂志》曰:"戍衣者,东语车也。是日作艾糕,象车轮形,食之。故谓之戍衣日。"[②]洪锡谟《东国岁时记》沿用此说:"端午俗名戍衣日,戍衣者,东语车也。"并进一步说明:"艾叶之背白者,曝干碎,作火绒,亦号戍衣草。"[③]按照柳得恭和洪锡谟的说法,戍衣就是车的意思,由于艾糕往往做成车轮的模样,所以端午节也叫"戍衣日"。因此,端午节的艾糕也被称作"车轮饼"。

第二种说法认为"수리날"就是汉字"水濑日"的音转。金迈淳《洌阳岁时记》说:"国人称端午曰水濑日。谓投饭水濑,享屈三闾也",并明确指出这是来自中国的节俗:"地之相去万有余里,世之相后千有余年,谣俗不改,精爽如在,何令人感慕至此也!"[④]

第三种说法见于近代以来韩国民俗学者的论述。任东权《韩国岁时风

---

① [韩]金明子:《韩国岁时风俗Ⅰ:1970～80年代调查资料》,民俗院,2005年。
② 柳得恭:《京都杂志·岁时·端午条》,大洋书籍,1973年,第179页。
③ 洪锡谟:《东国岁时记·五月·端午条》,大洋书籍,1973年,第82页。
④ 金迈淳:《洌阳岁时记·五月·端午条》,大洋书籍,1973年,第132页。

俗研究》列举了关于端午节名称的几个说法，其中之一认为："수리"是韩国古语，有"高、上、神"之意，五月五日有"神灵之日""最高之日"的意思，因而得名。

这几种说法究竟孰说为是，很难确论，但都有一些值得商榷的地方。第一种说法认为端午节吃的艾糕像车轮，古代韩语称车为戌衣，所以得名戌衣日。先有节食，然后才有节日名称，似乎颠倒了因果关系。第二种说法承认端午为外来节日，全盘接受了中国自《荆楚岁时记》以降端午源于纪念屈原的说法，也有韩国学者质疑之。而第三种说法恰恰与第二种对立，欲证明端午节与中国并不相干，而是古已有之；但又缺乏文献资料的佐证，显得底气不足。



那么，古代的朝鲜半岛有无类似于端午的节日呢？考《三国志·乌丸鲜卑东夷传》："〔马韩〕常以五月下种讫，祭鬼神，群聚歌舞，饮酒昼夜无休。"① 也就是说，在五月播种结束后，古代三韩人有祭祀鬼神、祈祷丰收的做法。"端午"一词出现于朝鲜半岛，则首见于《三国遗事》一书。文虎王庶弟车得公在暗访时，告诉武珍州吏安吉："吾名端午也。"因新罗"俗谓端午为车衣"，车得公就把自己的姓氏隐藏到这个谜语里。② 后世把端午节与车或车轮联系到一起，大概均基于此。尽管《三国遗事》这一说法在解释端午节与车相联系的原因方面并不尽如人意，但至少说明新罗时代端午节已经成为朝鲜半岛的节俗之一。同书卷二《驾洛国记》中又有"端午日谒庙之祭"③的记录，那么可以说，在驾洛国时期已经有端午节祭祀祖先的仪式了。这样来看，端午节在朝鲜半岛开始流传的时期似乎更早。

### (二)端午节在韩国的发展

如果说新罗时代是端午节在朝鲜半岛的发端，那么至高丽时代，端午节

① (晋)陈寿:《三国志·魏书·乌丸鲜卑东夷传·马韩条》，中华书局1975年版，第852页。

② "文虎王"应为"文武王"，因避高丽惠宗王武之名讳，故写作"文虎王"。武珍州，新罗时代地名，州治在今韩国全罗南道光州地区。"俗谓端午为车衣"，原文写作"俗为端午为车衣"，"为"字应为"谓"。详见一然:《三国遗事·纪异·文虎王法敏条》，大洋书籍，1973年，第144页。

③ 一然:《三国遗事·纪异·驾洛国记》，大洋书籍，1973年，第213页。

已经发展为重要节日，被列为高丽九大节俗之一[①]，各级官员可以休假一天。端午当天，高丽国王要亲临景灵殿举行奠仪。“景灵殿，正朝、端午、秋夕、重九，亲奠仪。”[②]奠仪主要是祭祀祖先，谓之端午祭。不仅国王，士大夫、庶人等均在端午节祭祀祖先。[③] 这一风俗不仅被《高丽史》列为祭礼加以收录，还为出使高丽的北宋使臣徐兢所亲见。“岁旦、月朔、春秋、重午皆享祖祢，绘其像于府中，率僧徒歌呗，昼夜不绝。”[④]此外，端午期间王宫中流行击毬（打马球）游戏，民间则盛行石战。据《高丽史节要》记载，忠烈王十五年（1289），“端午，王及公主宴于凉楼，观击毬”[⑤]；恭愍十八年（1369），“端午，御帐殿于高罗里，观击毬”[⑥]。而高丽末代禑王似乎更倾心于石战这种民间游戏，禑王六年（1380）、九年（1383）、十年（1384）、十二年（1386）诸条均有这位国王端午观看民间石战的记载。[⑦] 由于这两种游戏的危险性极高，高丽忠穆王和恭愍王时多次颁布禁令，禁止端午节击毬和石战。[⑧] 高危险性也是这两种端午节俗活动后来消亡的主要原因。

朝鲜时代盛行的荡秋千游戏在高丽朝已经出现。“〔高宗〕三年端午，忠献设秋千戏于栢井洞宫，宴文武四品以上三日。”[⑨]高丽著名文人李奎报、李穑等作有《端午间秋千女戏》《秋千》诗，吟咏荡秋千的盛况。值得注意的是，秋千传入中原后成为寒食节的节俗活动，而在朝鲜半岛则改为了端午时的节俗活动。此外，从这一时期的诗文来看，赐扇、赠扇、饮菖蒲酒、挂艾人等习俗在高丽时代已经较为普遍了。众所周知，宋代是中国节俗活动的高峰，节俗名目之多、节俗形式之丰富，冠绝古今。虽然由于契丹、女真和蒙古等北方少数民族政权的存在，高丽朝和宋朝之间的政治、外交来往经常中断，但高丽朝在文化上却坚定不移地学习和引进宋朝的文明成果。所以，高丽



① 据《高丽史·刑法志一·禁刑》，“俗节”包括“元正、上元、寒食、上巳、端午、重九、冬至、八关、秋夕”。参见郑麟趾：《高丽史·刑法志一·禁刑》，奎章阁本。

② 郑麟趾：《高丽史·礼志三·吉礼大祀·景灵殿条》，奎章阁本。

③ 参见郑麟趾：《高丽史·礼志五·吉礼小祀·大夫士庶人祭礼条》，奎章阁本。

④ （宋）徐兢：《宣和奉使高丽图经·祠宇》，商务印书馆1937年版，第57页。

⑤ 金宗瑞等：《高丽史节要·忠烈王十五年五月条》，奎章阁本。

⑥ 金宗瑞等：《高丽史节要·恭愍王十八年五月条》，奎章阁本。

⑦ 参见郑麟趾：《高丽史·禑王列传》相关条，奎章阁本。

⑧ 参见郑麟趾：《高丽史·刑法志二·禁令》，奎章阁本。

⑨ 郑麟趾：《高丽史·崔忠献传》，奎章阁本。

时代的端午节俗广泛吸收了宋代端午节俗的形式和内容,这一点是可以确信无疑的。

至朝鲜时代,端午节俗进一步发展并在民间得到普及。由于两班贵族制度的存在,朝鲜的端午节俗存在上层和民间的双轨特点。以王室和两班贵族为代表的上流社会全盘输入和继承唐宋以来的中国端午节俗,并对民间产生深远的影响。壬辰倭乱和丙子胡乱之后,随着士庶阶层的严格壁垒被打破,没落的两班士族流入民间,而庶民通过军功或捐献跻身两班的情况日益增多,到19世纪,两班户在总人口的比重甚至占了六到七成。这一现象促进了士族社会与庶民社会之间的文化交流与融合,有利于朝鲜民俗文化的形成与统一。总体而言,菖蒲洗头,采制艾叶、益母草等药品,祭祀祖先,盛行秋千、摔跤等民间体育活动,以艾糕等糕团类为主要节令食品等韩民族的共同节俗在朝鲜时代已经定型并普及。有关这方面的内容,第三节将详细论及,在此不赘述。

### (三)端午节的变迁与衰退

日据时代,原本依存于农耕社会的端午节随着韩国社会的近代化过程和城市的发展出现了重大变化。端午节祀、端午茶礼等祭仪活动逐步缩减乃至消失,荡秋千、摔跤、戴菖蒲簪、化端午妆等节俗游戏开始盛行。特别是在汉城(今首尔)这样的大都市里,端午节的职能从传统的祛疫辟邪转变为民间娱乐和体育休闲。

20世纪20年代创刊的《东亚日报》《朝鲜日报》等韩语报纸对汉城端午节的盛况作了大量报道。当时男子多聚集在南山举行摔跤大赛,荡秋千也蔚为盛事,女子以南庙为中心,男子以东庙为中心,观者如云。各种端午运动会也纷纷举办,不仅汉城,各地区的端午体育赛事和节庆活动也纷纷登场。20世纪20年代,端午节作为全民性节庆活动达到了高峰①。但是从20世纪30年代中期开始,日本殖民政策转向,开始加速抹杀朝鲜民族文化,以日本采用的阳历端午取代传统的阴历端午,并指责农忙期

① 안주영:「일제강점기 지역축제로서의 단오의 지속과 변화-서울을 중심으로」, 『동아시아고대학』 제50집, pp. 277-284.

的端午娱乐耽误农时,对传统端午的负面报道逐渐增多。随着太平洋战争的爆发,战时生活条件的拮据和对民众活动的诸多限制最终导致端午节的衰退和中断。

韩国独立之后,作为四大传统节俗之一的端午节重新回到民众生活中。直到20世纪70年代,端午节时韩国主要报纸都有相关报道,从照片上也可以看到市民采购菖蒲、艾糕准备过节的情景①;而广大农村也基本保留了朝鲜王朝时代以降的传统端午节俗。但是,随着70年代以来韩国社会经济的高速商业化和城市化,端午节具有的大众娱乐和休闲功能受到电视传媒、体育运动等现代大众文化的冲击而不断削弱。而在农村,集体节庆色彩鲜明的端午正好处于水稻移秧和除草的农忙期,难有时间组织村落共同体成员参与的节庆活动,加之20世纪70年代以来韩国城市化的急速发展,农村人口特别是青壮年人口大量外流,端午节在农村这一传统传承区域更加难以为继,逐渐丧失了作为节庆的地位。目前,仅有以江陵端午祭为代表的地区性祭仪作为政府主导下的文化遗产保护项目得以传承。除了这些客观因素,端午节在朝鲜半岛衰退的更深层原因还在于朝鲜和韩国都具有异常强烈的民族情结,表现为在政治上清算日本统治,强烈要求日本对侵略历史道歉和赔偿;在文化上则是努力切割与中国的联系,试图证明自己是独立于中国文化之外的自生体系。端午节作为一个典型的舶来节日,显然不能满足韩国学界、政界乃至民间自尊心高涨的民族主义叙事要求,其被边缘化并最终衰退也就非常自然了。

## 二、传承有自的宫廷·贵族端午节食

值得注意的是,韩国在步入现代社会之前,始终是一个有着严格等级制的国家,保持着一个官僚贵族集团——"两班"阶层。这些精通汉文典籍、全面学习中国文化的统治者,对中国的节俗文化也继承得一丝不苟。而在民间,上层统治者引入的文化舶来品则和土俗传统相结合,但又受制于地域、

① 参见韩国国立民俗博物馆编:《韩国岁时风俗资料集成:现代新闻篇》,펼기획出版社 2006 年版,第 429～436 页。

经济和文化背景，逐渐出现种种变化、改造，发展出具有本土特色的节俗文化。所以，考察韩国的民俗文化，必须注意到这种文化的双轨制特点。这一特点同样反映在韩国的端午节俗饮食中。

朝鲜时代，每逢端午，国王都要给大臣赐扇、赐衣、赐药、赐艾虎等。与中国文献中记录的端午节俗相对照就会发现，二者之间有着鲜明的历史传承关系。《岁时广记》引《唐会要》之记载："贞观十八年五月五日，太宗谓长孙无忌、杨师道曰：'五日旧俗，必用服玩相贺。今朕各遗卿飞白扇二枚，庶动清风、增美德，以推旧俗之法。'"①这说明早在唐初已经有赐扇的做法了。到了宋代，赐扇、赐服饰乃至笔墨、药品已经成为定制。又，《岁时广记》引《皇朝岁时杂记》的记载，宋代端午节时，对新晋翰林院的初选者，皇帝有"赐团扇"的制度：对从官以上赐酒、团、粽、画扇；对升朝官（常朝日可以参见皇帝的高级官员，也叫常参官）②以上则赐公服衬衫③……



得到端午赏赐，于臣子而言是无上荣光的，所以这些朝鲜官员留下了大量的谢诗以表达对圣眷方隆的感激之情。端午节时，国王还在大殿上赐宴百官，赴宴官员则要仿宋代之制，做"阁门帖子"诗。通过朝鲜文集里保留的这些端午谢诗、端午帖子诗，我们可以清楚地了解到朝鲜王宫中的端午节俗和节食均与古代中国的节俗相契合，且遵循古礼，传承有自。同时，朝鲜结合自身的地域和文化特点，每有创新和改造。下面就从饮、食、药三个方面各举一例加以考察。

### （一）菖蒲酒：专门酿制还是浸渍饮用

朝鲜文臣的每一篇端午帖子里，几乎都会提到菖蒲酒：

> 蒲泛千年酒，榴开五月花。④
>
> 桃符金榜揭，菖叶绿樽开。⑤

---

① （宋）陈元靓：《岁时广记·端午中·赐帛扇条》，商务印书馆1939年版，第250页。

② 宋初以在京文武官无职事者每日参见皇帝，为常参官。宋神宗元丰年间改革官制后，门下省起居郎以上，中书省起居舍人以上，尚书省侍郎以上，御史台中丞以上官，每日参见皇帝，为常参官。

③ 参见（宋）陈元靓：《岁时广记·端午中·赐公服条》，商务印书馆1939年版，第249页。

④ 吴道一：《大殿端午帖》，《西坡集》卷二，奎章阁藏本。

⑤ 李健命：《大殿端午帖》，《寒圃斋集》卷一，奎章阁藏本。

尧樽绿酒含菖叶，舜殿薰风入柳条。①

细切蒲香浮盏里，轻裁艾虎挂门边。②

可见，端午节的宴会上，菖蒲酒是必不可少的节令饮品。不仅是宫廷宴会上所作的应制诗帖，朝鲜的文人士大夫在日常所作诗文里也多有反映。

蒲叶绿来新酒熟。

菖醁浇坟付小儿。

香蒲泛玉已盈觥。

满斝唯菖酒。

酒用青蒲饮。③



由此可见，饮菖蒲酒不仅是朝鲜时代宫廷端午节俗的重要内容，而且在上流士人阶层已经成为具有普遍性的端午节俗。从朝鲜文人对菖蒲酒的描述来看，“细切、蒲泛、浮盏”等词语说明端午节饮用的菖蒲酒并不是专门酿制而是浸入菖蒲叶做成的渍酒。那么，端午节饮用的菖蒲酒到底是专门酿制的还是以菖蒲叶浸渍饮用的呢？

考宗懔《荆楚岁时记》，五月五日“以菖蒲或缕或屑，以泛酒”④。宋代《岁时杂记》有相同记载：“端五以菖蒲或缕或屑泛酒。又坡词注云：‘近世五月五日，以菖蒲渍酒而饮。’”⑤这里的“或缕或屑”就是将菖蒲叶切成丝或切碎，浸入酒中饮用。东坡以为是近世流行的习俗，其实南北朝时期已经习以为俗了。和专门酿制的菖蒲酒相比，这种饮法更为简捷方便，在酒中添加菖蒲叶还可以起到增香、增色、增味的效果。因此，我们可以断定，所谓饮菖蒲酒本来就是将菖蒲叶切碎浸入酒中。朝鲜的菖蒲酒饮用方式与南朝一脉相承，颇有历史渊源。相反，今天中国某些地区引以为正统的酿制菖蒲酒反而是后起之物。

---

① 李世白：《大殿端午帖（四首）》之一，《雩沙集》卷一，奎章阁藏本。

② 丁寿岗：《端午帖子》其一，《月轩集》卷三，奎章阁藏本。

③ 韩国国立民俗博物馆编：《韩国岁时风俗资料集成：朝鲜前期文集篇·五月端午条》，民俗院，2004年，第406～407页；韩国国立民俗博物馆编：《韩国岁时民俗资料集成：朝鲜后期文集篇·五月端午条》，民俗院，2005年，第338、340、345页。

④ （梁）宗懔撰，宋金龙校注：《荆楚岁时记》，山西人民出版社1987年版，第47页。

⑤ （宋）陈元靓：《岁时广记·端午上·菖华酒条》引，商务印书馆1939年版，第238页。

（二）角黍：从粽子到糕团

我们对韩中的端午节食似乎有一个固化的认识：韩国端午要吃艾糕（或车轮饼），中国的端午则吃粽子，二者全不相干。这似乎进一步证明了韩中端午节名同实异，即“此端午非彼端午”的观点。那么，全面吸收中华文化的朝鲜，在引进并传承了包括兰浴、菖蒲水洗头、插艾蒿、贴艾虎、书符咒、系长命缕、戴菖蒲钗等全套端午节俗时，为何单单把粽子给放过了呢？

今天，在韩国我们虽然看不到吃粽子的习俗，甚至连吃艾糕或者车轮饼的节俗也不那么常见了，但是历史上，至少在朝鲜王宫和两班士大夫家庭的端午节食谱上显然有粽子（又名角黍）这种食品。从朝鲜文人留下的端午诗文中，可以发现大量的相关证据。

角黍谩传南国俗，微凉共被楚王风。①

粉团角黍聊随俗，不要传觞醉管弦。②

梅雨初晴角黍香。③

角黍包金初溢碗，香蒲泛玉已盈觥。④

从这些诗句我们可以看出，无论是朝鲜宫廷还是士大夫门第，端午饮食里显然有角黍，也就是粽子这种舶来食品。其中明确指出这是传自“南国”，即中国江南地区的风俗。这种习俗是随着《荆楚岁时记》等岁时书籍在朝鲜士人中的广泛流传而逐步形成的。从这些诗句所引用的词和典故来看，朝鲜文人对中国端午的节俗和历史十分熟稔，传承得也很完整。比如，“角黍包金”说明当时的粽子在煮制时会加入草灰，而且往往是艾草灰一起煮，这样煮出来的粽子会呈现金黄色。再比如，“粉团”“角黍”曾是唐宋时代端午节的代表食品。《岁时广记》里分别列有“裹黏米”（即包粽子、角黍）、“造白团”“射粉团”等端午饮食，“白团、粉团”就是以黏米粉制成的糕类食品。⑤ 明朝张岱在《夜航船》中甚至认为“角黍”原来指的并不仅仅是粽子，而是由于“唐天宝

① 李敏叙：《大殿端午贴》，《西河集》卷四，奎章阁藏本。
② 金宗直：《端午同府尹看秋千四首》之一，《佔毕斋集》卷二二，1497 年私刻本。
③ 金时习：《端午》，《梅月堂诗集》卷三，奎章阁藏本。
④ 李尚质：《端午》，《家州集》卷三，奎章阁藏本。
⑤ 参见（宋）陈元靓：《岁时广记·端午上》相关条，商务印书馆 1939 年版，第 236、237 页。

中……造粉团角食，以小角弓射之，中者方食，故曰角黍”[①]。如果张岱的说法可以成立的话，那么在唐代，“角黍”未必一定是指以粽叶包裹糯米制成的食物，也可以指称糕类食品。张九龄端午词可为佐证：“水团冰浸砂糖裹，有透明角黍松儿和。”[②]角黍透明显然和我们今天吃的粽子有异，应该是以米粉、面粉或淀粉等做成的糕团类食品。《洌阳岁时记》就记载有流头日的节食“水团”：“水团者作饼，如元日拳模而体差细，切差厚，涂米粉为衣，略烹漉，取入蜜水中，调冰啜之。”[③]此处的水团和张九龄描写的完全一致。今天这种糕类食品在韩国仍然较为普遍，被称为가래떡(汉字写作“长股饼”或“白饼”)，为白色条状，吃时一般蘸蜂蜜。

朝鲜中期的文人兼书法家李安讷有诗曰：“粽艾方言异，钗蒲土俗同。”有韩国学者就认为，朝鲜时代用艾糕代替了粽子，因而在翻译上引诗句时直接把“粽艾”翻译成了艾糕(쑥떡)。我们是否可以这样认为：端午节的节食之一“粉团”，因为符合韩民族喜食黏糕类食品的饮食习惯而作为粽子的替代品，在朝鲜半岛被传承为了端午节食；相反，在端午节的发祥地——中国，由于端午节的民俗叙事被统一化和标准化为屈原与粽子两个基本象征，粉团即糕类则逐步退出了端午节食的序列。韩中端午节食的不同，正是由于节俗发展轨迹的这种差异，而其源头仍然存在某种联系。

### (三)药食同源：醍醐汤和玉枢丹

端午节是一个与健康防疫密切相关的节日，体现在节俗上就是使用大量药草，包括兰浴、菖蒲洗头，插艾蒿，采益母草、艾叶榨汁饮用或者制成药材等。根据各种风俗志的记载，端午节的饮食中其实还应包括药品，这也是中医药食同源思想的体现。比如，宋代端午节时，民间往往制作“术汤”(白术制作的汤药)饮用并馈赠；自唐代以降还有服金丹的做法。朝鲜时代，内医院在端午节时则会制作醍醐汤和玉枢丹这两种节令药品。

据《东国岁时记》记载：“内医院造醍醐汤进供。又制玉枢丹涂金箔以

① (明)张岱：《夜航船·天文部·角黍条》，清钞本。
② (宋)陈元靓：《岁时广记·端午上·造白团条》，商务印书馆1939年版，第237页。
③ 金迈淳：《洌阳岁时记·六月·十五日条》，大洋书籍，1973年，第135页。

进，穿五色丝佩之禳灾。颁赐近侍。”[①]“醍醐汤”这一名称见于元代刊行的《居家必用事类全集》，是一种夏季的清凉饮料，以乌梅、缩砂、白檀木、麝香和蜂蜜做成，有生津止渴的效果[②]，非常类似于今天我们喝的酸梅汤。明代高濂的《遵生八笺》中也收录有“醍醐汤”。根据任东权《韩国岁时风俗研究》的记载，朝鲜时代的醍醐汤以乌梅肉、砂仁、草果、白檀香加入蜂蜜制成。二者无论材料还是制作方法均大同小异，只是以檀香代替了麝香而已。在时值初夏的端午日饮用这种开胃解暑的药饮正应时令，颇为合宜。在今天的韩国庆尚南道河东郡，端午节食中还列有“醍醐汤”一条。这是由于当地作为两班士族的主要居住地，贵族文化传统根基深厚，这种上流阶层的端午节食因而得以流传至今。

“玉枢丹”首见于宋代王璆的《百一选方》，原名“太乙紫金丹”“太乙玉枢丹”，今天一般称为“紫金锭”，言其为“喻良能方，葛丞相传。解一切药毒”[③]。由此可知，这是一款具有消毒、驱疫功效的中药。特别是初夏时节，气温升高，食欲降低，往往诱发肠胃疾病。民国出版的《本草正义》就说：“肠胃之病，如食积气滞、胸脘不舒，服玉枢丹少许，则顷刻即效。”[④]古人认为食积气滞等肠胃病是食物中有蛊毒所致，因此玉枢丹在朝鲜时代又被称为“追毒丹”。玉枢丹引入端午节俗饮食，既是食药同源的中医原理的体现，也符合端午节俗驱疫、祛毒的节俗功能。不仅是端午节，阴历六月的土旺日，朝鲜内医院也要制作玉枢丹进御，并分赐阁臣每人三枚。玉枢丹的用法是，发生霍乱等疫病或肠胃出现暑滞时，切下一块用水化开服用。可见，这是一种夏季常备的急救药品。有趣的是，朝鲜不仅把玉枢丹作为丸药使用，而且作为端午的配饰随身携带。玉枢丹用五色丝线穿系，兼备了长命缕祛恶辟邪的功能，可以视为朝鲜对端午节俗的新发明。

其实，很多朝鲜的文化习俗，初看似乎非常独特，但如果对中国的古代文化多一些了解的话，往往会发现它们渊源有自，颇遵古制。相反，出于历

---

① 洪锡谟：《东国岁时记·五月·端午条》，大洋书籍，1973年，第82页。

② 参见(元)无名氏编，邱庞同注释：《居家必用事类全集(饮食类)》，中国商业出版社1986年版，第11～12页。

③ (宋)王璆辑，刘耀等点校：《是斋百一选方》，上海科学技术出版社2003年版，第311页。

④ 张山雷：《本草正义》，山西科学技术出版社2013年版，第94页。

史的因素,特别是近代以来中国的传统社会和文化受到的冲击太过猛烈,很多节俗发生了巨大的变化,有些甚至面目全非。但是日本殖民统治对韩国社会制度的影响尽管很大,却并未撼动民间文化的根系,因而仍然保留下来许多古朴的传统,让我们得以窥见这些习俗的原貌。“礼失求诸野”,其斯之谓欤?

## 三、丰富多样且地域特色鲜明的民间端午节食

相较于朝鲜宫廷和两班阶层传承有自、具有鲜明汉文化特点的端午节食,朝鲜民间的端午节食更富有民族特色、更为丰富多样且体现出鲜明的地域特点。综合来看,韩国民间的端午节食主要有以下种类。

### (一)戌衣糕(车轮饼)与艾糕

《东国岁时记》曰:“端午俗名戌衣日。戌衣者,东语车也。是日采艾叶烂捣,入粳米粉,发绿色,打而作糕,像车轮形,食之,故谓之戌衣日。卖饼家,以时食卖之。”①《京都杂志》的记录与《东国岁时记》基本相同,但明确指出“是日作艾糕”,并进一步说明:“艾叶……以其作车轮糕,故号‘戌衣翠’。”②据此,戌衣糕就是掺入艾叶上色做成的黏糕,现在韩国一般统称为“艾糕”,是最富有代表性的端午节食。

艾糕作为端午节食见于《岁时广记》引《燕北杂记》:“五月五日午时……渤海厨子进艾糕。”③此即端午节时辽国王宫的渤海厨子做艾糕进献的记录。洪锡谟也认为韩国端午吃艾糕的习俗即来自此:“辽俗五月五日勃海厨子进艾糕,东俗似沿于是。”④

根据韩国无形文化财研究所的调查报告《岁时风俗》的记录,在朝鲜半岛中部和南部162个市、郡⑤的471个调查地区中,将糕类食品作为节日饮

① 洪锡谟:《东国岁时记·五月·端午条》,大洋书籍,1973年,第82页。
② 柳得恭:《京都杂志·岁时·端午条》,大洋书籍,1973年,第179页。
③ (宋)陈元靓:《岁时广记·端午下·讨赛离条》,商务印书馆1939年版,第278页。
④ 洪锡谟:《东国岁时记·五月·端午条》,大洋书籍,1973年,第82页。
⑤ 韩国的行政区划,相当于中国的县或县级市。

食的为165处，每10名韩国人中就有3名以上过端午节时吃糕。而在调查记录中提到的端午节糕类食品中，艾糕的出现频率达到90次以上，占整体出现频率215次的42%，居于压倒性的地位。① 由于戌衣糕往往印上车轮模样的图案，所以汉字写作“车轮饼”。但艾糕是否等同于戌衣糕或者车轮饼，仍值得商榷，对这一问题今后有必要专文进行深入探讨。

（二）其他糕类：糯米糕、玉米糕、松饼等

除了艾糕，作为端午节食的糕类食品还有牛蒡糕（취떡）、茅香糕（삘기떡）、玫瑰花糕（찔레꽃떡）、松饼（송편）、豆面切糕（인절미，类似“驴打滚”）、蒸糕（기지떡）、蒸枣糕（대추증편）、大麦糕（보리떡）、红豆蒸糕（시루떡）等，呈现出鲜明的地域性和多样化特征。综合前述的《岁时风俗》和《韩国岁时风俗》等调查报告，我们将韩国各地端午节食用的主要糕类食物简单整理如下：

表1　　韩国各地区的端午节糕类食品

| 地区（道、市） | 主要糕类食品 | 地区（郡、面、里） | 其他糕类食品 |
|---|---|---|---|
| 首尔 | 艾糕 | 松潘区 | 艾蒿糊糊、南瓜糊、粉蒸艾蒿 |
| 京畿道 | 牛蒡糕、艾糕 | | |
| 江原道 | 艾糕、牛蒡糕 | 原城郡坂富面金岱二里 | 牛蒡糕 |
| 庆尚北道 | 艾糕 | 醴泉郡知保面道庄里 | 蒸饼、松饼 |
| | | 安东松川洞 | 艾糕、蒸枣糕 |
| 庆尚南道 | 艾糕 | | |
| 全罗北道 | 茅香糕 | | |
| 全罗南道 | 玫瑰花糕 | | |
| 济州道 | 大麦糕、红豆蒸糕 | | |
| 忠清北道 | 艾糕、牛蒡糕 | | |

① 김용갑:「단오의 대표음식으로서 쑥떡의 발달 배경과 단오의 성격」,『아세아연구』, Vol. 61, No. 3, 2018, p. 48.

续表

| 地区(道、市) | 主要糕类食品 | 地区(郡、面、里) | 其他糕类食品 |
|---|---|---|---|
| 忠清南道 | 和艾蒿有关的糕类 | 瑞山郡云山面余美里 | 豆面切糕、松饼 |
| 咸镜南道 | | 兴南市西湖镇(音) | 糯米糕、玉米糕、松饼、戌衣糕(蒸糕) |

通过表1可以发现，韩国端午节的节食并没有统一、固定为艾糕或者车轮饼，而是丰富多样的，且很多韩国的节食也有相通和混用的特点。比如，松饼一般认为是秋夕(中秋节)的节食，但在韩国很多地方也有以之为端午节食的。17世纪朝鲜著名文人许筠在《屠门大嚼》里描写当时汉城的时令饮食："春有艾糕、松饼……秋有琼糕、桂花饼……"如此看来，松饼原来乃是春天的节令食品，只是后来才逐渐变迁并固定为秋夕的节食的；同样，艾糕似乎也是春天的时令饮食，但逐步变迁为初夏时节的端午节食。节食的这种变迁，即原本是某一时令饮食，后来变成另一节令饮食的情况是非常普遍的。比如，端午节吃的粽子原本是夏至的节食，腊月初八喝的腊八粥本来是冬至时的节食，等等。所以，我们在理解节日饮食时，应该摆脱这样的思维定式：节食一定是统一和标准化的，似乎原来如此，将来也必如此。节食作为民俗事象的一种，也和民俗事象一样，是处于不断变化与发展的过程中的。

(三)花煎

在薄饼状的糯米糕上面添加鲜花，用油煎制成的食品，韩语叫作"花煎"，是富有韩国特色的传统饮食。根据不同的节令选择不同的花朵制作花煎食用，是韩民族由来已久的风俗。李杜铉在《韩国民俗学概说》中提到，九月九日吃菊花煎，此即在压薄的糯米糕上放上菊花，用油制成的煎饼。[①]此外，春天的金达莱花煎、夏天的玫瑰花煎都是非常普遍的节令食品。

黄海西岸的全罗道地区在端午节有食用花煎的传统。端午时节，全罗道人上山采取野玫瑰或金达莱的花朵，放在煎饼或烙饼上制成花煎。因为当地人相信，端午节时吃了花煎，夏天就不会热得大汗淋漓。通过故事性叙

① 参见李杜铉、张筹根、李光奎：《韩国民俗学概说》，普成文化社，1981年，第131页。

事(Storytelling)被赋予某种象征意味是一切民俗事象的重要特征,节日饮食亦莫能外。韩国端午节食往往被视为具有防止中暑的功效。不仅是端午节食,三伏天食用的补身汤、参鸡汤等也被视为有相同的功效,从而成为具有普遍性的节令饮食。

### (四)艾草蒸粉(쑥버무리)和山牛蒡糊糊(수리취범벅)

在韩国经济实现腾飞的所谓“汉江奇迹”出现之前,韩国百姓的生活是非常拮据的。糕类食品的发达是20世纪70年代中期,韩国通过农业领域的绿色革命实现稻米自给之后才可能实现的事。换句话说,糕类食品作为韩国节日饮食得到普及不过是最近几十年的产物。在此之前,下层民众往往利用有限的食材,通过突出某一节日的象征物来制作节食。

端午节的象征物之一就是艾蒿。无论中国还是韩国、日本,人们都以艾蒿制作药品,插艾叶辟邪,以艾叶制作食品或饮料。所以,韩国百姓就在日常饮食中加入艾蒿,制作出自己的节食——艾草蒸粉(쑥버무리)。20世纪80年代前期实施的民俗调查显示,首尔松坡地区百姓端午节的节食为用山牛蒡或南瓜做的糊糊以及艾草蒸粉。

艾草蒸粉是把采摘的鲜嫩艾蒿叶掺入面粉或米粉蒸制而成的食品。山牛蒡糊糊则是用山牛蒡和面粉蒸制的。艾蒿和山牛蒡都是制作端午节食——车轮饼的主要材料,车轮饼也据此分为艾糕或者戌衣糕(山牛蒡糕)。以面粉和时令植物蒸制食用的做法在中国民间也非常普遍,除了艾蒿,中国北方民间还经常在初夏槐花盛开时摘取花蕾制作槐花蒸粉。这些民间食品都是把时令野菜巧妙地加以炊制,以弥补粮食不足的民间饮食智慧之体现。比较韩中艾草蒸粉的图片,我们即可知道二者实则大同小异。艾草蒸粉这种用来代替艾糕的食物可以说是经济拮据、粮食不足的韩国底层百姓发明的端午节食。

### (五)大麦饭和大麦糕

端午节的原始功能之一就是祭祀鬼神,同时禳灾辟邪。因而,自古以来,端午节的一个重要节俗就是祭祀。所以,朝鲜时代,端午节和寒食一样都要扫墓和祭拜先人——“节届重午，大小民庶无不上冢。”[①]阴历五月初五，正是大麦收获的季节，以刚刚收获的麦子做成麦饭，供奉先人，也有荐新之意，即以时令食品祭祀以示对祖先的诚意。

金寿恒《端阳感怀》诗云“麦饭家家洒古坟”[②]，金镇圭《端午日》诗也有“谁将麦饭荐端阳”[③]句，这些都反映供麦饭、吃麦饭的端午风俗在当时的朝鲜半岛是非常普遍的。尽管现在对于端午节吃麦饭的节俗，很多韩国人也已经淡忘了，但是麦饭仍然是深受韩国百姓喜爱的饭食。作为一种传统食品，有的韩国饭店提供大麦饭作为主食，深受顾客欢迎。比如济州岛的홍가네刀切面馆就提供特别优惠的大麦饭，而且可以免费添加，这成为吸引食客的一大法宝。这种饮食习惯其实与大麦饭曾经作为端午节食的历史颇有联系。近代以来，用来代替大麦饭的端午节食就是大麦糕。以大麦糕为端午节食在全罗道和济州道等地区较为常见。与以稻米为主材料制作的艾糕、牛蒡糕不同，以麦糕为节食反映了端午节在这些地区还具有庆祝麦收的纪念意义。

### （六）桃杏饼（도행병）和樱桃果茶（앵두화채）

初夏时节，也是樱桃、石榴等水果成熟的季节。端午节以时令水果作为祭品供奉神灵或祖先是自古以来的传统，也有荐新之意。朝鲜文人也承继这一传统，在诗文中多有反映：

> 别院红榴已吐花，樱桃初赐相公家。[④]
>
> 每岁朱樱熟，必趁端午辰。[⑤]

时至今日，樱桃在韩国也是价格昂贵的水果，遑论朝鲜时代，更是物以稀为贵，达官贵人之家也得蒙宫中所赐方可尝到。所以，官至承文院都制教的权擘才会把初次品尝樱桃的经历用诗歌予以记录，可见其珍视程度。利用这些时鲜水果制作的饮食也就进入了朝鲜端午的节食菜单。其中，最具代表

---

① 金堉：《端午乞扫坟劄》，《潜谷先生遗稿》卷五，奎章阁藏本。

② 金寿恒：《端阳感怀》，《文谷集》卷三，奎章阁藏本。

③ 金镇圭：《端午日，忆广陵怀川先墓（二首）》之二，《竹泉集》卷三，奎章阁藏本。

④ 崔庆昌：《端午帖子》，《孤竹遗稿》，奎章阁藏本。

⑤ 权擘：《初食樱桃》，《习斋集》卷三，奎章阁藏本。

性的就是“桃杏饼(도행병)”和“樱桃果茶(앵두화채)”。

桃杏饼是把水果汁掺入米粉中蒸制的糕类食品，特别是用初夏时节上市的桃、杏榨汁制作更为普遍，因而得名“桃杏饼”。因为汉语中的饼或者糕，韩语都叫“떡”，所以这里虽然名之为“饼”，其实也是糕类食品。也有以樱桃为原料制作的，且历史更为久远。生活在16、17世纪之交的金涌(1557～1620)有诗曰：“樱饼味浓丹药鼎。”①可见当时已经有用水果制作糕饼，作为端午节食的做法。传统的桃杏饼是在阳光下晒干的，今天则采用了各种烘焙方法制作，但以果汁掺入米面粉的做法则是一致的。

另外一种流传至今利用水果制作的端午节食就是樱桃果茶(앵두화채)。和“醍醐汤”一样，这也是一种夏季的清凉饮品。制作方法家家不同，但总体来说，主要是在五味子浸出液里加入去核的樱桃，掺入蜂蜜调制而成的。

朝鲜时代，无论桃杏饼还是樱桃果茶，应该都只是上流阶层的端午节食，但随着社会的发展，特别是韩国经济的腾飞，樱桃等时鲜水果早已经进入了一般人家的餐桌，这些昔日的珍贵食品也就普及到普罗大众的日常生活中，成为韩国端午代表性的节俗饮食。正所谓：“旧时王谢堂前燕，飞入寻常百姓家。”

## 结　论

本文对韩国的端午节的由来和变迁以及端午节食作了系统性的考察。通过历史文献和当代的民俗调查报告，我们可以清楚地看到，一方面，韩国的端午节显然是一个舶来节日，其节俗受到了中国端午节俗的深刻影响，很多节俗甚至完整地传承和保留着中国古代的端午习俗。特别是在两班士族阶层，端午节俗的形式和内容传承与中国文献资料记载的端午节俗、节食有着高度的一致性，历史渊源深厚。比如，端午节饮用以菖蒲叶切碎浸渍而成的菖蒲酒，服用玉枢丹和醍醐汤，食用粽子或者亦可视为角黍之一种的糕团等。另一方面，韩国百姓的端午节食则表现得丰富多样，且呈现出鲜明的地域特色。比如，不同地区端午节食用的糕团种类并不相同，有的地方用花

① 金涌：《贺端午帖》，《云川先生文集》卷二，奎章阁藏本。

煎、艾草蒸粉来代替糕团等。这既是民间创造力活跃的体现，也是普通百姓受限于经济条件而不得不采取的变通之策。

民俗文化是由“俗民”(folk)群体创造的。俗民是“负载着文化的基本社会层面”，因此不仅包括农民、乡下人，还包括主流社会阶层。俗民是“由基于共同历史背景的一种共同传统及特有的心灵沟通感所联结起来的一个社会群体”，随着现代民族国家的形成，又是存在于“国民”的所有分子中的个人和群体，而非专属于下层社会。①

高丽时代以降，特别是朝鲜时代，韩国社会形成了一个类似于中国门阀士族的两班士族阶层，从而使朝鲜文化呈现出双轨制的特点。但是，上流社会的文化习俗不可能与下层民间社会并行不悖、毫无交集；相反，二者之间往往会产生密切的联系与影响，且这种影响的主要流向往往是自上而下的。随着18世纪以来两班群体的扩充和两班制度的逐步瓦解，这种融合的趋势进一步深化，并最终形成了具有共同特点的韩国民俗文化。尽管上层和民间存在着巨大的差异，菖蒲、艾蒿、糕团(角黍)这些韩中端午节食的基本要素始终贯穿其中，体现了韩中两国在文化上的同源性。

同时，我们还必须认识到韩中民俗文化同源异质的特点。韩国端午节食文化在接受和引进外来民俗的同时，结合自身的气候、地域、经济和文化特点不断作出改造和创新，形成了具有本民族特色的民俗文化。比如玉枢丹和续命缕相结合，作为急救药的同时还被赋予了配饰的功能；在糯米和稻米产量不足(韩国直到20世纪70年代中期才实现稻米的自给)的情况下，以艾糕为代表的糕团类食品代替角黍成为端午节食；民间还利用艾蒿这一端午节的主要物质要素制作艾叶蒸粉、制作节食等，这些都体现了韩国民俗文化区别于中国的同中之异。

东亚文化的同源性，使我们在考察东亚的民俗文化时很自然地会采用比较民俗学的视角和方法。这种比较既是为了找到共同的源流和相似之处，也是为了发现各自的特点和差异。承认同源性和共同点并非要分出谁是正宗、谁是旁支；强调各自的差异也不能否认历史的传承和联系。唯有尊重历史，保持开放的态度，我们才会更客观准确地认识他者，从而更全面深刻地理解自身，传承和发扬具有本民族特色的民俗文化。

---

① 参见乌丙安：《民俗学原理》，长春出版社2014年版，第28～29页。

# 日本的端午节与粽子*

何 彬**



**摘 要**

传统的农耕社会在每年的一定时间点设置“节”，提示气候转变，人的生活、生产行为应随之调节、变化。每个节都有各具特色的节日行为或节日装饰、节日食物。节日食物，指节日当天或者节日期间特意制作的、被民族集团或一个地域的人们赋予某种特殊寓意的食物。节日食物浓缩着一个地区或民族集团对气候、自然环境的认知，是该地区食文化要素的体现。本文聚焦日本社会端午节的食物之一粽子，通过文献综述和事例分析，观察其时代流变，回顾端午食物的粽子的历史由来、类别、名称和地域特征，检验文化传承和吸收外来文化的特性。

**关键词**

节日食物　日本　端午　粽子　祇园祭

## 一、日本社会的端午节

### （一）端午节起源

日文文献普遍记述端午节起源于古代中国。随着中国文化被遣隋使、

* 本文系北京联合大学北京学研究基地开放课题“传统节日与现代城市生活——北京端午节的民俗图谱表述”(BJXJD-KT2019-YB02)的成果。

** 何彬，南京农业大学教授、东京都立大学名誉教授。

遣唐使带回日本,日本宫廷皇族和贵族开始模仿中国宫廷形式过年贺节,之后这些节日行为又逐渐扩展到贵族和一般平民,成为社会普遍庆贺的节日之一。

《广辞苑》词典"端午"条载:"……此日为男儿节,插菖蒲艾蒿、食粽或槲叶糕以驱邪。有男儿的家庭摆设甲胄、武人,院子里张挂鲤鱼旗祈愿其成长和成功。"①《数据大辞源》:"端午原是中国的节日。房檐挂菖蒲,插艾草。吃粽子、槲叶糕驱邪气。"②《日本民俗地图Ⅰ·解说书》:"……中国在这天过端午节,随着唐代文化的流入进入我国。"③《庆贺的食文化》:"端午节习俗乃奈良时代始于宫廷,而后扩展到民间的年节行事。江户时代为最盛。"《日本民俗大辞典》"端午节"条:"五月五日惯例年节之一。……日本古代一直举行源自中国的端午节活动。《续日本记》记载人们在门口插菖蒲、头插身佩菖蒲缦以驱邪气。"④

《食的民俗事典》指出:"与三月三日的上巳日为女孩节相对,五月五日的端午节被当作男孩的节日。"⑤一般解释三月三女儿节习俗传入日本社会后,五月初五端午节便被作为男孩节,是日大人们庆贺并祈愿孩子成长。⑥江户时代(1603～1868)初期,日本政府把当时社会普遍每年都要庆贺的历史上传承下来的五个主要节日(正月初七、三月三、五月端午、七夕、重阳)定为"五节供",端午正式被定为国民庆贺节日,之后持续了200多年。明治维新后,明治政府废农历倡西历,规定于明治六年(1873)实施阳历,传统年节都要移到西历期日,同时废止五节供作为国民正式节日的地位。然而,民俗不是一日形成的,也不随着年代变化或年号更改而一日巨变的。明治和昭和时代的民众,依然延续着几百年庆贺这个不放假的民间节日的惯例,把五月五日作为作端午节和男孩节庆贺。昭和二十三年(1948),日本政府新规定阳历五月五日为国家儿童节,于是这天有了端午节、男孩节、儿童节的三重身份。然而,一般提起这天,人们还是说端午日,很少有人提到儿童节。

① [日]新村出编:《广辞苑》,岩波书店,1963年,第1351页。
② CASIO电子词典"端午"条。
③ 日本文化厅编:《日本民俗地图Ⅰ·解说书》,国土地理协会,1970年,第105页。
④ [日]福田亚细男等编:《日本民俗大辞典》下卷,吉川弘文馆,2000年,第7页。
⑤ [日]野本宽一编:《食的民俗事典》,柊风社,2011年,第459页。
⑥ 参见[日]田中宣一、宫田登:《年中行事事典》,三省堂,2012年,第225页。

各地幼儿园和小学校在这个时节会张挂传统庆贺男孩的鲤鱼旗以示庆祝儿童节，此外没有明显的庆贺全国性儿童节的色彩，也似乎始终未形成相关的儿童节标志和儿童节特定节日食物。

### （二）端午节三要素

节日三要素包括节日装饰、节日行为、节日食品，是民俗文化和民俗观念的载体，是各种节日民俗的可视物体。如果从节日三要素或曰节日观察三角度观察日本社会的端午节，可以发现日本端午节三要素表象。

1. 节日装饰类

门口插菖蒲或艾蒿，有男孩的家庭在院子里张挂鲤鱼旗，屋内摆放武士玩偶像及菖蒲草。鲤鱼旗和菖蒲成为特定节日符号。还有张挂粽子的事例。

2. 节日食品

大城市多见槲叶黏糕，各地还有赤饭、糯米团、粽子等，详见下述。此外，一些地方还有饮菖蒲酒的事例。

3. 节日行为

除了张挂鲤鱼旗、艾蒿和菖蒲之外，亲朋还会去新生男孩家庆祝，有男孩的家庭给亲朋分发粽子或槲叶糕。一般家庭还有加菖蒲草泡澡的习惯，冲绳地区有划龙舟活动等。

### （三）端午的节日食物

本文以端午食品为主要讨论对象，不过多记述节日装饰和节日行为。下面先看一下日本端午节日食物的种类。

《日本民俗地图》10卷本，是一套根据民俗调查数据标示的民俗分布地图集，每一卷由大版面民俗事象分布地图和一册标示数据所出的具体调查村落的文字记录《解说书》合为一册，是日本文化厅主持编制、民俗学者广泛参与的结晶。它于20世纪60年代开始陆续编制出版，制图所依据的基本数据来自以日本民俗学者为主实施的"民俗资料紧急调查"，即日本全国民俗普查式调查的记录。"民俗资料紧急调查"于1962～1964年在文化财保护委员会主持下实施，具体在日本全国行政区域的"都道府县"（共47个）各选定30个调查点展开调查，用3年时间在调查地点就20个调查项目实施同样内容的调查，每一个问项获得1342个数据。[①] 这套民俗地图浓缩表现了20世纪初至60年代日本各地农村、渔民、山乡生活的方方面面。

《日本民俗地图Ⅰ》端午"五月节"民俗分布图，标示了用36种符号代表的36种与端午相关的节日行为、节日装饰和节日食物。无法从密密麻麻的符号中单独读取节日食物，于是检索《日本民俗地图Ⅰ》《解说书》事例，统计出各地端午时节主要有粽子、团子、赤饭、柏饼、笹卷、菱饼六种食物。日语汉字表现的食物不完全等同于中文的含义，简要说明如下：日语汉字的"粽"（粽子），形状和裹包的内容物不同于中国的粽子，这在下一节将详细记述；"团子"（团子）是糯米粉和大米粉做的乒乓球大小的米粉团；"赤饭"（红豆饭）是糯米加红小豆蒸的饭，孩子出生、百天、七五三庆贺以及盖房上梁仪式、庆寿、中小学生入学和毕业、就职等都用赤饭庆贺；"柏饼"（槲叶黏糕）是槲树叶对折后夹一块豆馅黏糕，是东京等大城市端午节常见食品；"笹卷"（竹叶糕）是竹叶包裹糯米或米粉后煮熟的食品，岛根县的竹叶糕是竹叶包米粉做成细长圆锥形，山形县则是竹叶包糯米的三角形竹叶糕；"菱饼"（菱形黏糕）是做成三色重叠的菱形黏糕，在现代日本社会是三月三女儿节专属节日食品，而文献表明20世纪60年代的端午时节人们也会吃菱形黏糕。从民俗地图第一卷的解说书端午节供事例里统计出46个都道府县有端午记述的1311个事例[②]，再从中提取端午各种食物数据。（见表1）

**表1　　日本各地端午节日食物事例一览**

| 都道府县 | 红豆饭 | 粽子 | 槲叶黏糕 | 团子 | 竹叶糕 | 菱形黏糕 | 其他 |
|---|---|---|---|---|---|---|---|
| 北海道 | — | 3 | — | 2 | — | — | — |
| 青森县 | 8 | 7 | — | 1 | — | — | — |
| 岩手县 | 1 | 1 | 1 | 1 | — | — | 3 |
| 宫城县 | 10 | — | — | — | — | — | — |
| 秋田县 | 1 | 5 | 2 | 1 | 1 | — | 3 |
| 山形县 | 4 | 10 | — | 1 | 17 | — | 6 |

① 参见日本文化厅编集：《日本民俗地图Ⅰ·解说书》，国土地理协会，1970年，第2页。

② 参见日本文化厅编集：《日本民俗地图Ⅰ·解说书》，国土地理协会，1970年，第106～152页。

续表

| 都道府县 | 红豆饭 | 粽子 | 槲叶黏糕 | 团子 | 竹叶糕 | 菱形黏糕 | 其他 |
|---|---|---|---|---|---|---|---|
| 福岛县 | 6 | 2 | 12 | — | 2 | 4 | 5 |
| 茨城县 | 4 | — | 16 | — | — | — | 1 |
| 枥木县 | 2 | — | 19 | — | — | — | — |
| 群马县 | 10 | 1 | 4 | — | — | — | 1 |
| 埼玉县 | 7 | 1 | 17 | 2 | — | 1 | |
| 千叶县 | 4 | — | 7 | 2 | — | — | 1 |
| 东京都 | 5 | — | 13 | 3 | — | — | — |
| 神奈川县 | 8 | — | 6 | — | — | — | — |
| 新潟县 | 8 | 14 | — | 15 | 2 | — | 3 |
| 富山县 | — | 1 | — | 2 | — | — | — |
| 石川县 | 2 | 4 | — | 3 | 1 | — | 6 |
| 福井县 | 2 | 7 | 5 | — | 3 | — | 1 |
| 山梨县 | 4 | — | 10 | 2 | — | — | — |
| 长野县 | 9 | 3 | 7 | — | 1 | — | 1 |
| 岐阜县 | 8 | 4 | 1 | 2 | 3 | — | 2 |
| 静冈县 | 4 | 2 | 18 | — | — | — | — |
| 爱知县 | 9 | 8 | 18 | 2 | — | — | 1 |
| 三重县 | 2 | 6 | 1 | 1 | — | — | 1 |
| 滋贺县 | 1 | 2 | — | 4 | — | 1 | — |
| 京都府 | — | 5 | 4 | — | — | — | 1 |
| 大阪府 | 2 | 14 | 6 | 5 | 1 | — | 2 |
| 兵库县 | 4 | 13 | 8 | 6 | 4 | | 4 |
| 奈良县 | 2 | 14 | 3 | 1 | — | — | — |
| 和歌山县 | 4 | 14 | 8 | — | — | — | 1 |
| 鸟取县 | 4 | 6 | — | 1 | 7 | — | 3 |
| 岛根县 | 2 | 4 | 3 | 2 | 10 | — | 6 |
| 冈山县 | 15 | 14 | 15 | 4 | 3 | 1 | 2 |
| 广岛县 | 2 | 18 | 12 | 5 | 1 | — | 1 |
| 山口县 | 1 | 7 | 3 | 6 | 2 | — | 1 |
| 德岛县 | 19 | 11 | 10 | 2 | — | — | — |
| 香川县 | 8 | 8 | 8 | 7 | — | — | — |

续表

| 都道府县 | 红豆饭 | 粽子 | 槲叶黏糕 | 团子 | 竹叶糕 | 菱形黏糕 | 其他 |
|---|---|---|---|---|---|---|---|
| 爱媛县 | 4 | 6 | 3 | 7 | — | — | — |
| 高知县 | 6 | 5 | 3 | — | — | — | 2 |
| 福冈县 | 4 | 13 | 2 | 4 | — | — | — |
| 佐贺县 | 7 | 3 | — | 2 | — | 1 | 2 |
| 长崎县 | 4 | 8 | 1 | 11 | — | — | — |
| 熊本县 | 6 | 9 | 1 | 6 | — | — | — |
| 大分县 | 4 | 17 | 8 | 2 | — | — | 1 |
| 宫崎县 | 2 | 2 | 1 | 13 | — | — | 1 |
| 鹿儿岛县 | 1 | 11 | — | 10 | — | — | 6 |

注:此表为作者自制。

表1中红豆饭、粽子、槲叶黏糕的顺序,是按照在46个行政区域里分布数事例多少排列的。前四列每栏基本都有数字,首先,都道府县的调查地点的节日食物都不是一种,日本没有专属于端午节的某个单一的节日食物。其次,赤饭曾是日本社会的广谱庆贺用的食物,红豆饭那一列46个行政区域中吃红豆饭习俗的有43个,宫城县、茨城县、枥木县和神奈川县栏里有红豆饭而没有粽子事例,又一次表明了红豆饭作为庆贺食物的传统地位。再次,粽子食俗分布有明显的地域性。食粽习俗有数据的行政区域39处、7个空栏,意味着包括东京在内的7个县级行政地区在20世纪60年代没有端午食粽数据,粽子的普及性低于红豆饭。而一览京都、大阪以下,几乎县县都有事例并且两位数的很多,说明日本中部至南部食粽习俗偏多。又次,槲叶黏糕分布在46个行政区里的35处,团子分布34处,遍及日本3/4的地区,虽然略少于粽子,但数据上基本不辨多寡。最后,菱形黏糕是三月三女儿节不可缺的节日食品,20世纪60年代还是部分地区五月端午的节日食品。

21世纪后的日本城市里,端午节日多见的是槲叶黏糕和粽子。取民俗地图的粽子和槲叶糕两项数据列表,尝试把握日本粽子食俗和槲叶糕食俗的分布状况。《日本民俗地图Ⅰ·解说书》中有吃粽子记述283处,吃槲叶糕记述259处。以县为单位的统计数字显示,粽子、槲叶糕食俗二者兼有的地区较多,但是分布不匀。只吃粽子的地区在南端的鹿儿岛县和北端的北海道与青森、新潟、富山、石川几县，只吃槲叶糕的地区是茨城、枥木、千叶和东京、神奈川、山梨等几处。

据笔者的调查，各地被叫作粽子的食物其实并不是同一种：新潟县的粽子是日本有名的扁平三角形的糯米粽子，中部地区则是立体圆锥形的糯米粉粽，以京都的道喜粽最有名。如前所述，粽子不是日本端午节唯一的节日食物。那么，粽子是不是从中国传入的？在日本端午节日食物里处于什么位置？解读端午节食物的文献，究明日本端午的节日食物的历史流变、民俗形成和文化功能，便成为一个待解决的课题。本文首先着眼于日本端午节日食物的“粽”。



## 二、端午节日食物之粽

### （一）粽的名称与功能

据文献记述，“粽”是糯米点心的一种，因古代用茅草叶裹糯米而得名。粽子的日语音标作“timaki”，用汉字“粽”或“茅卷”“角黍”或日语平假名“ちまき”表示。关于粽子起源于中国的记述很多，前面第一节记述的端午起源于中国的文献，也多论述粽子来源于中国的端午节。《庆贺的食文化》作者指出，端午节是“起源于中国，盛行于江户时代的习俗”①。民俗词典明确记述粽子是端午节日食物，“粽：用竹叶等包裹米或米粉后煮熟，五月五日食用的端午节食物。……关东地区五月节多食用槲叶糕乃始于江户时代”②。“粽子称作 timachi，是用大米或米粉用筱竹叶包裹后煮好食用的五月五日专用的节日食物。一般解释为起源于中国纪念屈原的端午节。”③《日本料理由来事典》“粽”条记载：“五月五日食粽、互赠粽子是出自中国纪念楚国屈原的故事。”④《庆贺的食文化》一书还专设“粽”一节，阐述粽子的发音是“timaki”，汉字写作“茅卷”是由于古代用茅草叶卷裹，写作“千卷”源自包粽

① ［日］松下幸子：《庆贺的食文化》，东京美术出版社，1991 年，第 150～152 页。

② ［日］福田亚细男等编：《精选日本民俗词典》，吉川弘文馆，2006 年，第 354 页。

③ ［日］福田亚细男等编：《日本民俗大辞典》下卷，吉川弘文馆，2000 年，第 7 页。

④ ［日］川上行藏、西村元三郎监修：《日本料理由来事典》中册，同朋社，1990 年，第 122～123 页。

子的多层卷裹状态，还写作“角黍”等，但发音都一样。作为有相当权威性的语言大辞典，日本岩波书店出版的《广辞苑》对“粽”作了如下记述：“日语汉字作‘茅包’，因用茅草叶包裹糯米而得名。”①兵库县立大学服部保教授课题组研究指出，大正末期到昭和初期发音为“timaki”的粽子，实际用了 21 种植物叶子包裹。“粽子”以前叫“茅草卷”。② 追溯文献可知，粽子的汉字表述是从中国传入的，与日本各地茅草、竹叶及其他植物叶包裹的食物发音合一，成为端午食物通称。历史上，包粽子使用的叶子各地不同。用不同的植物叶包裹的食物同样称作粽子者有之，包裹成不同形状也称为粽子者亦有之。

用某种植物叶包裹粽子具有相对地区集中性，分布情况是，筱竹叶粽主要在东北地区和日本海沿海地区，苇叶粽、茅草叶粽、菰叶粽在中部九州分布较多，竹壳叶粽存在于九州地区，月桃叶粽子多见于岛屿地区。

一家新闻网“Weathernews”于 2018 年做了一个“端午节粽子问卷调查”，此次调查共收到 6472 份问卷。如果同时调查粽子或槲叶糕，东京一带就有诸多类型；只看粽子的话，日本主要有三种粽子：平面三角粽、立体锥形甜味粽、灰汁卷。平面三角粽又叫“新潟粽”，分布在关东以北地区。立体锥形甜味粽里最有名的是京都的道喜粽，分布在京都以西大片地区，说明东部日本基本是三角粽子。关西以下锥形粽居多；圆柱形的灰汁卷分布地域最窄，现在主要分布在鹿儿岛。为什么要将灰汁卷归入粽子类，后面将详述。

关于粽子与味道，《庆贺的食文化》记述，根据 1813 年八代弘贤所著《风俗问状》可知，当时各地都有做粽子的，一些地区也做槲叶糕。③ 在秋田，粽子是“取宽竹叶折成三角形，内装米粒后煮熟，蘸人豆粉食之”的食物。之外，秋田地区也做筱竹卷。又据《料理物语》(1643)记载的粽子制作方法：“四六分的米粉④加水揉软，用菰叶或筱竹叶裹住水煮”，可知还有不用糯米的粽子或米粉做的粽子。吃法是蒸熟或煮熟后蘸着白糖、少量盐拌的豆粉，这种吃法一直延续至今。《日本民俗大辞典》记载，山形县米泽市和福岛县

① ［日］新村出编：《广辞苑》，岩波书店，1967 年，第 1385 页。

② 参见［日］服部保等：《对包裹柏饼和粽子之植物的植生学研究》，《人与自然（*Humans and Nature*）研究纪要》2007 年第 17 册，第 3 页。

③ 参见［日］松下幸子：《庆贺的食文化》，东京美术出版社，1991 年，第 153 页。

④ 四六分米粉，指糯米、粳米按 4∶6 比例混合的米粉。参见［日］松下幸子：《庆贺的食文化》，东京美术出版社，1991 年，第 155 页。

的南会津郡也是以筱竹叶包的平面三角形粽子“蘸豆面吃”。[①] 粽子本身无味道，是白粽。蘸食，甜味为多，是平面三角粽子的味道特征和食法。

J-town研究所2015～2018年用3年时间做了“你所在地的粽子是什么样的”网络调查，收到问卷1119份。[②] 网络投票数据不能完全等同于民俗调查数据，但在一定条件下，借助大规模问卷数据或网络数据，可以从侧面辅助性地说明问题，这也是现代民俗研究的一个共识。据这份按都道府县居住地投票获得的数据，43.3％回答吃的是甜系点心粽，38.3％回答吃的是三角粽，还有8.8％回答吃的是灰汁卷。这一结果告诉我们当代日本民众在端午时节吃的粽子类型。后文将分节详述这几类粽子，这一节先观察五月五日粽子的文化功能。

日本自然保护协会网站介绍，“粽”的发音是由“茅草”和“包裹”两个词合成的。茅草曾被信仰为神圣的、有咒符功能之物。夏季各地神社有钻茅草圈辟邪仪式，是延续至今的传统信仰体现。用神圣的茅草包裹糯米蒸的食物是供奉给神灵的“供物”，粽子发音由此定型。各地原有多种植物叶子包裹糯米的粽子，现在基本被筱竹叶和柏叶的商品替代了。[③] 对粽子的辟邪驱疫功能，民俗文献多有记载。广岛有“梦粽”民俗：广岛地区的人们把供奉神的粽子挂在房柱上，一边口念“梦粽”；之后，每当做噩梦时，次日清早起来看看梦粽，噩梦就会消失。广岛地区还有供神之后的粽子有避雷功能的传说。爱媛县松山市有一种习俗，即将一对端午粽子在大门口挂一年，早起看一眼，可以解噩梦、不得感冒等。[④] 日本京都祇园祭时有制作粽子以供被称作“疫神”的牛头天王的习俗。吃粽子可免灾辟邪，其原意乃是食用供给神的食物，与神同在，借助神力保护自己。福岛县南会津郡的人们说竹叶有解毒作用，吃粽子后把竹叶挂在门口可以辟邪。在爱知县日间贺岛，人们把五月节时苇叶包的粽子挂在“床间”一年，据说家里的男孩子出门前要望一下再外出，可以避灾厄。奈良县天川村习惯把五月节包的粽子留下一个，挂在屋里一年，认



① ［日］福田亚细男等编：《日本民俗大辞典》下卷，吉川弘文馆，2000年，第7页。

② 网络调查“你所在地的粽子是什么样的?”，详见 https://j-town.net/tokyo/（登录访问于2020年10月）。

③ 参见“日本自然保护协会”网站：www.nacsj.or.jp（登录访问于2020年2月）。

④ 参见［日］服部比吕美：《粽子和柏饼》，［日］关泽真由美编：《日本的食文化》第六卷，吉川弘文馆，2019年，第175页。

为这样毒蛇就不进来，这个粽子叫作“看家粽”。在德岛县祖谷山，传说受恶灵诱惑的孩子被五月节粽子救了命。这些事例说明，日本社会的粽子被民众赋予了辟邪、除厄、保护男孩子等民俗功能。从民俗学角度解释这些张挂粽叶或粽子的民俗行为，与京都祇园祭期间各家各户门口悬挂圆锥形粽子是出于同样的驱邪避疫信仰[①]（辟邪粽放在下面二至四小节具体讨论）。

有研究指出，日本16世纪文献里记载的端午节吃粽子习俗含有驱毒虫的祈愿要素。日本社会的旧历端午时节是毒虫跋扈的梅雨季节，当时人们在房屋里外铺菖蒲、艾蒿，把茅草缠成蛇形粽子的行为具有驱除毒虫的咒力意义。源于中国长江下游地区端午节的节日行为，有驱除蛇、蟾等五毒的内容，在日本社会则转变成吃蛇形粽子以祈祷驱除毒虫。《槲叶糕和粽子》作者记述16世纪京都地区的人们在旧历端午节之后互赠“角黍”，说明粽子或角黍并不仅仅是端午日的食物。[②] 端午节正逢梅雨时节，气候日渐暑热。人们凭借积累的生活经验，认识到在这个季节用植物叶子包裹食物会延缓其腐败进度，于是在端午节之后的一段时间里继续制作、互赠粽子。湿热季节易于发生疫病，粽叶有杀菌功能，客观上保护了人们的健康。暑热时期，用粽叶包裹食品可以延缓其腐败，这是生活里的实用功能，也是形成民俗意识和民俗行为的生活基础。虽然日本端午节的粽子没有与屈原关联，但是被赋予缘于环境和防疫病、求夏季健康的祈愿性民俗寓意，结合日本各地植被生长条件和信仰环境，最终形成了端午节日食物形状不同或味道不同或包裹粽子的植物叶不同但发音都为“timaki”的情形。

### （二）新潟粽

在当代日本，去新潟县出差或旅行，带回的当地礼物多是缠裹成平面三角形的糯米白粽，一般称作“新潟粽”。新潟粽一般蘸甜味的豆面吃。《日本食生活全集·采访·新潟食事卷》记载，在新潟的蒲原地区，端午节要吃粽

① 参见[日]福田亚细男等编：《精选日本民俗词典》，吉川弘文馆，2006年，第354～355页。

② 参见[日]服部比吕美：《粽子和柏饼》，[日]关泽真由美编：《日本的食文化》第六卷，吉川弘文馆，2019年，第175页。

子和槲叶糕:“男孩节日不可或缺的是粽子,粽子要用上好的糯米做。”[1]鱼沼地区三角粽的做法是,将糯米洗后装筱竹叶里折成三角形并捆住,水泡一晚后再煮两小时左右,食用时,剥开后或蘸豆粉或蘸白糖酱油。日本人对糯米、糯米制品怀有神圣感,非节日或重要的祭祀日不食用糯米或糯米捣制的黏糕。从糯米、黏糕的民俗信念角度看,包平面三角形粽要用上好的糯米,这表示新潟的端午粽子是有辟邪、庆贺之意的非日常性食物。



笔者常年观察现代日本社会,总结出其民俗传承的一个突出特点是,传承者和传承方式都发生了明显变化,不是传统的口口相传或上代人手把手地传给下代人,而多是由各种企业传承下来单项的民俗及其相关的食物或物品。生产与某类民俗传说或某个单项民俗行为相连接的食品或物品的企业,将该民俗或民俗传说与本企业的产品关联,以传统文化推动商品生产和消费。如生产新年的正月盒菜各类成品的厂家,都会在自家网站上极力宣讲新年传统餐桌上不可或缺的年菜及其含有的各种传统吉庆寓意、制作程序。生产女儿节、男孩节人偶的厂家,积极讲述家里摆放传统人偶的重要意义,如能保护孩子健康顺利成长等。制作粽子的厂家也是如此。新潟县以及周边地区端午吃三角粽已成固定的端午节日食俗,新潟县点心店铺的网站在介绍本公司、本店铺的产品时,多数会提到三角形粽子最早来自中国为纪念屈原而向水中投粽的习俗,讲述用特定植物叶子、材料捆包的粽子可以辟邪;接下来说明,在端午时节吃本公司制作的三角粽子也有驱邪作用。此外,在没有真空包装、冷冻保存等手段的年代,把大米包裹起来煮熟的粽子,既便于外出携带食用,又可以延长保存时间。于是在端午之外的时间段,人们包制、食用三角粽也在情理之中。新潟地区的三角粽既是端午节日食物,也是生活食物,今日的新潟三角粽已经成为闻名日本的当地特色商品,作为该地区特产,是一年到头都可以买到的商品。在经营手段多样化的现代,真空包装 5 个或 10 个附加豆粉装成一袋的新潟三角粽,可以网购。新潟三角粽作为地区代表性食物畅销之后,它在端午时期食用会有辟邪功能的传说,大部分不再与实物挂钩,作为端午食物的色彩也有淡薄趋向。

---

① [日]本间伸夫等编:《采访·新潟食事卷》,《日本食生活全集》第 15 卷,农山渔村文化协会,1985 年,第 36 页。

（三）道喜粽

道喜粽是用植物叶把葛粉缠裹成细长立体圆锥形的食物，一般5个或10个扎成一束。京都食用粽最有代表性的是道喜粽，它因最初包制这个形状的粽子送进皇宫的人的名字而得名。传说1512年获得黏糕经营认可、在京都以饼屋创业的女婿信佛后得名“道喜”，他制作的葛粉点心每天都会进贡皇宫，延续下来后就是至今被称作“道喜粽”的和式点心。《妇人画报》记述“京都之夏的风物诗，食用粽和装饰粽”①，食用粽即是指道喜粽。《日本料理由来事典》记载：“道喜粽又叫葛粽，是茅草叶裹葛粉蒸熟的京都有名的生果子，粽子的一种。”②道喜粽既是京都有名的和果子，也是京都一带端午节的节日食物。

道喜粽第一特征是不使用糯米；第二是形状特殊，用筱竹叶缠成细长的圆锥形，五根为一束。其他食物很少见到这个形状。按味道一般分为两种：葛粉拌砂糖做的半透明的水仙粽和掺入红豆的羊羹粽。2019年、2020年，道喜粽的售价是一束3900日元，约合人民币260元。由于生果子不能长期保存，做好后两天之内要吃掉，所以远程来京都的人不能带回去吃，也没有网购邮送业务，只能当地人消费或去当地赏味。因道喜其人而著名的和果子店铺——川端道喜店位于京都市左京区，要购买道喜粽必须去店里，一定要事先电话预约后去购买。5月，道喜粽是人们买来自己吃、送亲朋的京都高级端午节礼物，需求量大，因此要提前一个月预约。

同样做成立体圆锥形的粽子，也存在于京都府山城地区。与道喜粽不同的是，它包裹的不是葛粉，而是加糖的米粉揉成的黏糕。端午时，自家包好后送给左邻右舍。类似的甜味圆锥形粽子也存在于京都周边地区。这也许是关西地区人们回答粽子属于甜味点心的最大因素。

（四）祇园辟邪粽

上一节解说了“京都之夏的风物诗，食用粽和装饰粽”所指的京都食用

① 《妇人画报》网站：fujingaho.jp（登录访问于2020年1月）。

② ［日］川上行藏、西村元三郎监修：《日本料理由来事典》上册，同朋社，1990年，第377页。

粽，这节探讨装饰粽。装饰粽是指京都一带挂在家门口的粽子，这种装饰粽不是自家制作的也不是食用粽，而是与京都历史悠久的著名的祇园祭密切相关的辟邪粽。

祇园祭被称为日本三大祭典之一，现在每年7月在京都举行的由伴随器乐的十几台“山鉾”花车构成的盛大展示和出巡活动，吸引着国内外几十万人前往观看。八坂神社网站介绍，豪华壮观的祇园祭是旧名祇园社、今日八坂神社的驱瘟疫祭神的祭典，历史上在每年旧历六月举行，明治政府废止阴历后调整到阳历7月，历时一个月。

传说，贞观年间（859～877），京都及各地瘟疫流行，屡祭不止。祇园社奉敕令举办祇园御灵会典仪，迎接祇园神，祭祀并奉上神辇，祈祷消去灾厄、瘟疫。而后，八坂神社主持的祇园御灵会一直是安抚怨灵、祈祷消灾除疫的典仪，八坂神社的神祇一直被视为消灾除难的强悍之神而得到信奉。而后，祈祷消灾除厄、平定瘟疫的祇园御灵会的规模逐步扩大，并添加了娱神的表演项目、华丽的“山鉾”花车装饰等，祭祀仪式日渐繁盛，“山鉾”花车巡游成为今日一般人也能欢快观赏的、集信仰仪式和表演娱乐于一体的、年年都举办的、延续一个月的豪华祭典。祇园祭由于祭典观念和行为的传承，一系列活动体现并保存了日本传统文化的诸多要素，被推举为日本文化代表性典仪活动。1979年2月被评为国家级重要民俗文化财，2009年10月列入联合国教科文组织人类非物质文化遗产代表作名录。祇园祭因此成为观光之外的历史、文化、艺术、民俗等多学科关注的研究对象。本文关注的是历史上“山鉾”花车巡游时抛给周边信众观客们的辟邪粽、祇园粽。

每年祇园祭期间，观光的人们观赏花车活动时，京都一带的居民会静悄悄地出入八坂神社或各个花车的管理会所，带去前一年使用过的挂粽，排队购买新的祇园粽，挂在自家门口，以求一年平安无灾。这种辟邪驱疫的粽子是不可食用的粽子。祇园祭辟邪粽最重要的特点是不裹糯米，不能食用。它用筱竹叶裹包茅草，捆成道喜粽那样的细长圆锥形状，5个一束，表面贴有显示各个“山鉾”花车保存会特征的纸符。

历史上的辟邪粽由各个花车组织制作，然后抛撒给沿途的信众；现在则是各个“山鉾”保护会的会馆在祇园祭之前、之后3天出售。除去免除瘟疫之灾的效能之外，每辆花车的名称由来各有历史传说，辟邪粽兼有的功能并不完全相同，如避雷、防火、长寿、结良缘、安产、开运、避偷盗难、财运、学问、保佑孩童等。人们根据每年需求的不同，去中意的会所购买具有不同功能的辟邪粽。

前面讲过，使用茅草包裹成粽形状，是出于人们相信茅草具有灵气、辟邪除秽、免瘟疫的功能。京都人相信茅草有灵力与苏民将来的传说有关。传说，苏民将来是两兄弟神里的哥哥。富豪弟弟粗暴对待化身来访的神，而贫穷的哥哥善待了神，于是神让苏民将来一家人把茅草缠在腰间躲过了瘟疫。而后，人们相信缠裹或张挂茅草可以保护自己和家人，避开瘟疫，或者选择写着“苏民将来子孙”字符的辟邪粽，将其高挂在门额上方，祈愿自己一家人也像苏民将来一家人一样受到神的保护，躲过瘟疫。八坂神社网站记载，苏民将来和蔼接待之后授意他用茅草保护家人的神祇，乃是本神社供奉的主神。人们相信该神社发布的写有“苏民将来子孙”的护符和贴着同样护符的辟邪粽具有神祇授意的保护家人平安避开瘟疫的功能。八坂神社内有一所“疫神社”，每年7月31日即祇园祭的最后一天要在这里举行“疫神社夏越祭”。以茅草捆扎成大的圆圈，人们钻过它，就可以平安度过闷热暑湿、易于发生瘟病的夏天。据说，八坂神社还给当天的参加者分发“茅圈护符（苏民将来子孙也）”护符。

日本其他地方的神社也可以见到钻茅草圈祈求除瘟疫的活动。有学者指出，京都人家在门口悬挂祇园祭粽子的事例是粽子咒术功能的象征。[①] 笔者以为，根据八坂神社讲述的苏民将来与茅草的传说、遍布各地的同类苏民将来与茅草的传说，以及祇园祭最后一天在神社举办的钻茅草圈求辟邪的活动来看，首先，茅草乃为灵草的民间信仰是这种挂辟邪粽行为的观念基础和民俗行为的形成依据。茅草为灵草，用筱竹叶包裹，才有“茅草（ti）＋包裹（maki）”构成的粽子读音“timaki”。辟邪的茅草用筱竹叶捆裹成细长的圆锥形状，也许是受当地著名的道喜粽的影响。

### （五）灰汁卷

J-town研究所做的“你所在地的粽子是什么样的”网络问卷结果显示，

① 参见［日］服部比吕美：《粽子和柏饼》，［日］关泽真由美编：《日本的食文化》第六卷，吉川弘文馆，2019年，第175页。

8.8%的人的回答竟是吃灰汁卷，显然将其归为粽子类，也将其作为自己所在地区的端午食物回答的。关于灰汁卷的民俗记载，在日本并不多见。从民俗和民俗食物角度看，它并不是广泛传承的端午节日食物。既然一些人把它看作端午的粽子类，这里也稍作探究。

文献记述，鹿儿岛县有一种将糯米裹起来煮熟吃的食物。端午时节，把糯米用木灰汁泡过后用竹皮裹成圆柱状，再用草木灰汁或煮或蒸之后剥开切段，蘸黑糖或豆面吃，这种食物叫作“灰汁卷”，是5月5日当天吃的食品。前面提到过，民俗继承人和民俗传承渠道在今日社会已经发生变化，企业成为传承者的事例很多见，灰汁卷似乎也如此。制作、销售灰汁卷的鹿儿岛南九州市的梅木屋网页宣传的自己公司的主打商品是灰汁卷。网页介绍，灰汁卷是鹿儿岛地方特色产品。首先，讲述灰汁卷的起源，即奈良时代从中国传到日本的粽子在鹿儿岛与来自中国的孟宗竹结合，在当地产生了用孟宗竹叶包裹的、泡过灰汁（草木灰的水）后煮熟的圆柱形食物。当地传说，出征打仗的士兵带上便利可口的灰汁卷军粮，吃饱再上阵，士气大涨。于是，具有历史传说色彩的灰汁卷，成为鹿儿岛当地特色食物之一。历史上，兵士们吃了之后士气十足的传说，在当地延伸成期盼男孩子健康茁壮成长的愿望，于是来自中国后来变为当地特产食物的灰汁卷，成为当地男孩节的节日食物。梅木屋网页详细介绍了灰汁卷的原材料、制作过程，以及网上购买灰汁卷的流程。用现代工艺真空包装的灰汁卷产品，可以常温长期保存，因此通过网络一年到头都可以购买。

柳田国男监修的《综合日本民俗语汇》里记述，熊本县球磨郡有一种食品叫“qimaki”（注：发音与“粽”同音），是用筱竹皮包裹的糯米卷，煮熟后切成段吃。[①] 名称不同，也没有写明煮粽子的是不是草木灰，但是竹皮、糯米以及形状、吃法与灰汁卷很相近。

现在，真空包装的灰汁卷可以网购，也可以通过网络了解灰汁卷的历史、文化意义，甚至制作加工程序。据我课题组的调查，在中国一些地区，用灰汁煮粽子早已有之，今日仍然持续着。传入鹿儿岛的灰汁煮粽习俗与中

① 参见日本民俗学研究所编，柳田国男监修：《综合日本民俗语汇》第一卷，平凡社，1970年，第17页。

国尚存的灰汁煮粽的对比研究，也是一个有趣的课题。

J-town研究所的网络调查虽然说明了日本民众食用的粽子类型，但没有明确粽子的味道。本文记述的新潟三角粽和圆锥形的道喜粽，以及本节的灰汁卷，基本都是甜味的，不作为主食。因此，可以理解为日本的粽子基本都分在和果子一类即点心类，没有包裹肉、蛋黄等的酱油味粽、咸味粽、蛋黄粽，也不把粽子作为主食。这是日本粽子与中国粽子的不同，也是今日日本粽子的又一特点。

2019年、2020年的端午节前后，我和参与课题组的博士生一起做了个关于中国端午节俗的网络问卷，感谢热心的参与者仔细回答并配图。收获的资料开阔了眼界，打破了南甜北咸、立体三角形粽子的模式概念，具体的问卷拟另撰文分析。看到鹿儿岛的灰汁卷，想到朋友告诉我，她的家乡贵州端午时吃锥形粽，过年时吃马脚杆粽①，感觉那马脚杆粽的外形跟这个灰汁卷十分相似。根据数据可知，其他省市地区也存在类似的长方形或圆柱形的粽子，希望不久能整理、消化这些数据，有机会、有条件也分头考察一下。

## 结　语

现代日本社会的粽子，主要有以新潟粽为代表的平面三角形粽子、以道喜粽为代表的细长圆锥形粽子、极具地方色彩的灰汁卷，还有不能食用的祇园辟邪粽等几类。食用粽类基本都归于甜味点心类，不作为主食，没有类似中国现在的加肉、蛋黄或豆沙、玉米、红豆、小枣等夹心内容。

通过文献了解到，在日本社会，“粽”(timaki)是一个涵盖面很广的用植物叶包裹食物类的称呼。杀菌防腐功能、便于携带的特性，使人们在端午之外的生活场景里也能看到粽子。粽子除了端午节日食物的身份之外，还被各地赋予广义祝贺食物的含义。因此，除有男孩出生的家庭给亲朋分送粽子的习俗之外，农忙期后走亲串友也赠送粽子。粽子与民俗信仰的关联以及中国粽子与日本粽子的近似之处，槲叶与粽子、与槲叶糕的关联，都需要作进一步的探求。在国内端午调查时，我们得到了用槲叶包粽的事例和图

① 承贵州籍好友曾湖烈老师教示，在此表示感谢。

像。据丁女士讲，山东青岛的胶南市（现在合并为西海岸新区），多用比手掌还大的叶子包粽子。当地虽然叫其“粽叶”，看形状应该是槲树叶。过去人们直接去山上采摘，现在市场有人摘了大叶子出售，山上只剩小片叶子。将数片叶子重叠后包糯米，捆成三角立体粽或小圆柱形。山东槲叶粽与日本槲叶黏糕的关联，灰汁粽与中国圆柱形粽、马脚秆粽的关联，又是一个值得观察探究的主题，权且记述在此，留待日后探究。

源于中国的端午食物的粽子，作为节日食物进入宫廷，后又逐渐扩展到平民社会。由于粽子是用植物叶包裹的端午节食物，还有辟邪传说，于是多数本地植物叶包的食物也被称作“粽子”，用汉字或同样读音的假名表现。京都祇园祭的辟邪粽，是以灵草信仰、包裹粽子的植物叶有辟邪功能信仰为基础，中国端午粽子文化的影响要素和张挂符帖辟邪民俗要素、苏民将来传说相叠加的结果。外来文化和在地信仰诸种因素的结合，产生出一个不是节日食物、不是端午期间专属物的辟邪专用“粽子”。



日本社会围绕端午（有些是季节性的，非限定端午当天）的食物，很多虽然也叫作“粽子”，但用来包裹的竹叶、树叶、草叶有不同，除筱竹叶之外，还茅草叶、苇叶、菰叶、槲叶等。日本社会的粽子，是对植物叶包裹米类、谷物蒸煮后的食物的一个涵盖性称呼。古代日本社会广泛存在用各种当地生长的植物叶子包裹后蒸煮烤食的食物，名称各异，“**植物名称＋‘包裹’动词**”构成的名称较多见。部分地区的粽子，之前的名称发音与“粽”相同（如前面的“**茅草＋卷**”的发音事例），后来便用汉字的“粽”来表现。在这里，“粽子”是一个植物叶包裹糯米或米粉蒸煮的食物类的涵盖性称呼，用这样的概念看待日本粽子不同的使用材料，以及制作、食用时期不同的繁杂的粽子现象，疑问自可释然。

日本社会把传统的端午节要素融入现代食品，企业在继承的前提下怎样把端午食品“城市化”“商品化”“现代化”的倾向也值得重新关注，亦是今后传统民俗尤其是传统食文化适应城市化、现代化发展应关注的问题。限于篇幅，留待其他机会再述。

# 节日观察

# 乡村振兴背景下“二月二”龙神信仰何去何从？

## ——以山西代县阳明堡镇九龙村为例*

马知遥　刘垚瑶**



**摘　要**

“二月二”这一传统节日，在我国各地具有丰富的节日文化表现形式，具体体现在南北方地域的差异和各民族不同的节日文化展现层面。在我国北方，这一天以祭祀龙神为主要表现形式，山西代县阳明堡镇九龙村的“二月二”传统节俗文化，已经较好地融入了村民的日常生活，“引钱龙”作为这一天的主要活动贯穿始终，以寄托村民对来年的美好期寄。节庆仪式对维护村落人际关系、树立积极的生活观、带动乡村振兴发展具有重要价值。在社会现代化发展的浪潮中，借助传统节日活动平台打造乡村品牌，借助媒体和学术平台发声，发展文化产业从而吸引更多的青年人加入乡村建设的队伍，显得尤为重要。

**关键词**

乡村振兴　二月二　龙神信仰　山西代县　乡村旅游

* 本文系国家社科基金重大委托项目子课题“天津皇会”（YXZ2016017）、天津市研究生科研创新项目“乡村振兴与传统工艺类非遗保护和发展研究”（2019YJSB160）的阶段性成果，并获天津市研究生科研创新项目资助。

** 马知遥，天津大学国际教育学院教授、建筑文化遗产传承信息技术文旅部重点实验室博士生导师；刘垚瑶，天津大学建筑学院博士研究生。

随着各地乡村大跨步发展，以及大量年轻人与城市文化接轨，乡村中的传统民间信仰和节俗活动面临着简约化或停滞消亡的境地。我们可以看到，部分申请为非物质文化遗产项目的节俗活动，因为可以获得国家和地方政府的支持而得以延续和传承，但更多的是那些尚未被众人周知却又在当地延续多年的传统节俗活动正面临着消亡。如何在这些节日文化尚未完全消失之前更好地保留和记录这一传统？如何维系村落间和村民间因节俗活动而带来的情感交流与积极生活观的教化？如何将这些节日活动与当地乡村旅游相结合，从而发展成地方品牌？如何借助媒体和学者的力量带动乡村节俗文化旅游的发展？带着这些疑问，笔者通过对我国多地"二月二"节俗仪式的整理，发现了九龙村这一节俗活动及龙神信仰文化的独特性，并对当地"二月二"节俗仪式进行了详细调查。看似传统的民间龙神信仰，却在无形中刺激着乡村的发展。





## 一、"二月二"节俗研究现状

在中国知网查到，与"二月二"相关的文献共有105篇，张勃、黄浩、吕红艳、吉成名等对"二月二"的节日源起与流变进行了宏观性论述。其中，张勃认为，"二月二"节俗活动具有明显的地域性特征，因而节俗活动的意义需要放在特定的空间中去理解①；黄浩从个体记忆与集体记忆的角度探讨了传统节日文化记忆的保护，并对目前处于濒危状况的地区提出了相应的保护策略②；吕红艳对我国南北方"二月二"不同的节日习俗进行了比较，认为"二月二"这一节日最早形成于我国北方，北方以祭龙、崇龙为主，以祈求来年风调雨顺，南方以祭祀土地神为主，祈求五谷丰登③；吉成名依据《中国地方志民俗资料汇编（1989～1995）》一书对"二月二"节俗的特点、内容及禁忌进行了整理，并提及大部分少数民族以及新疆、西藏、青海、海南没有这一节日习

① 参见张勃：《先有"二月二"，后有"龙抬头"——"二月二"的起源、流变及其文化意义》，《民间文化论坛》2012年第5期。

② 参见黄浩：《"二月二"传统节日研究》，中南民族大学2010年硕士学位论文。

③ 参见吕红艳：《南方北方"二月二"习俗比较分析》，《边疆经济与文化》2006年第4期。

俗[1]，但从现有研究可以发现，少数民族以及青海等地已有相关习俗的记录。此外，戚晓萍、汤顺霞、张新、李玉英、冯敏等均对各自调研地区的“二月二”节俗仪式内容进行了详细的考察。

谈及“二月二”，龙神信仰是多位专家学者关注的话题，张春、隆滟、刘其印、王雪峰等都对“二月二”的龙神信仰进行了相关论述。龙被视为雨神、水神、农业神、求子神等，且被视作汉族的图腾。其中，王雪峰从龙的形态角度以及东北地区习俗进行分析，甚至猜想龙是母神的象征，被称为地母神。[2]但究其本质，其均承载着人们对风调雨顺、庄稼丰收、家人平安等相同的寄托。这一天以“龙”为主题的祭祀形式多样，“汲水引龙”这一民俗活动形式如今并不多见。刘其印在自己的文章中提到河北赤城县和山西大同保留了相关习俗，“水”在这里象征着钱财，也表达着人们对龙的崇敬。[3]“汲水引钱龙”这一节俗仪式在山西代县九龙村得到了很好的保留。如今，以“二月二”龙神信仰为传统节日主题的节俗活动并不多见，在很多年轻一辈的记忆中已成为碎片化的留存。张春在其文中提出要让“传统节日在现实生活中继续发挥作用，而不是成为一纸文字遗产”[4]。目前在文献中可查，河北范庄龙牌会是省级非物质文化遗产项目，内蒙古包头市固阳县车辅渠村的“二月二”九曲黄河灯会入选区级非物质文化遗产项目，这些“二月二”的节俗活动在申报为非物质文化遗产名录后获得了相应的重视，也增加了乡村旅游的客流量，从而振兴乡村，提升文化自觉意识，加强民族文化凝聚力。然而，仍有很多地方的“二月二”节俗尚未列入“非遗”名录，或者出现了传承主体的缺失，并受到城市化进程的挤压。当地乡村如何发展旅游，如何基于当地民间信仰振兴发展，是笔者进一步探讨的话题。

关于当下“二月二”的节俗活动，笔者以中国知网文献为主要来源，按照华北、华东、中南、东北、西南、西北六大地理区域进行了归类划分整理，由于现有文献资料所属地域的限制，因而无法详尽各区域所有省份及其下各级

---

① 参见吉成名：《龙抬头节研究》，《民俗研究》1998 年第 4 期。

② 参见王雪峰：《生的盛宴——二月二东北节俗文化心理探源兼论龙的实质》，《吉林师范大学学报》（人文社会科学版）2006 年第 2 期。

③ 刘其印：《龙崇拜的活化石——范庄二月二“龙牌会”论纲》，《民俗研究》1997 年第 1 期。

④ 张春：《“非遗”保护视野下关于传统节日的生存问题——以山东省的“二月二”为例》，《非物质文化遗产研究集刊》2009 年第 2 辑。

区划单位的所有节俗活动，但总体也可直观看出这一节俗在不同地理区划中的体现，以及龙神信仰主要集中的区域。此外，由于少数民族节日的特殊性，笔者对少数民族的节日活动单独作了归纳。

华北地区以北京、天津、河北及山西为代表。高碑店村地处北京市郊，当地“二月二”节日特色主要有“二月二”龙抬头文化节、开笔礼、花会走街、品尝全龙宴、迎接嫁出去的闺女回家等。① 河北邢台留寨村有打扇鼓、扭秧歌②；河北赵县范庄的“二月二”龙牌会供奉龙牌爷③；河北冀州有“二月二”用黄米面煎“灯灯儿”的习俗④；河北赤城县保留了汲水引龙习俗⑤。在天津，“二月二”吃煎焖子，即油煎淀粉块，煎焖子象征着龙鳞，有“吃了龙鳞饼，全年不受冻”的说法；旧俗用灰末、黄土或谷糠从家里撒到河边再撒回来，此谓“引钱龙”。⑥ 在山西榆次，“二月二”吃剔尖名为挑龙蛋，做狼形面馍架火烤，寓意全家平安，不被野狼伤害⑦；旧时，太原县城有舞龙、祭龙、放焰火等活动，还有人用纸扎和泥巴做成春牛的模样，名为打春，祈求龙王降雨、庄稼丰收⑧；晋源老城有赶庙会的活动，人们在这一天有拜文昌君的习俗⑨；在晋西南的长旺村和匼河村有裸背背冰的习俗，此与太平军攻蒲津渡背冰灭火的典故有关⑩；山西代县和大同均保留了汲水引龙习俗⑪。



---

① 参见李彩萍：《北京高碑店“二月二龙抬头”文化节与社区传统文化的传承》，《文化学刊》2018年第7期。

② 参见冯帆：《邢台社火音乐研究》，山西师范大学2017年硕士学位论文。

③ 参见冯敏：《范庄二月二“龙牌会”考察记事》，《民俗研究》1996年第4期；刘其印：《龙崇拜的活化石——范庄二月二“龙牌会”论纲》，《民俗研究》1997年第1期；刘泳斯：《河北赵县范庄二月二龙牌盛会的当代变迁》，《东方论坛》2018年第1期。

④ 参见龙文鹏：《二月二煎“灯灯儿”》，《衡水日报》2011年7月20日。

⑤ 参见刘其印：《龙崇拜的活化石——范庄二月二“龙牌会”论纲》，《民俗研究》1997年第1期。

⑥ 参见《二月二“龙抬头”：祈求幸福安康吉祥》，“天津非遗中心”微信公众号，2020年2月24日，https://mp.weixin.qq.com/s/rdWkwjtj6-0TLuPlXJ6X5w。

⑦ 参见《榆次习俗——龙头节》，“故园音画”微信公众号，2020年2月23日，https://mp.weixin.qq.com/s/tmwyGbdeuw7sbjTK73xahw。

⑧ 参见《二月二“龙抬头”与“鞭打春牛”》，“微晋源”微信公众号，2020年2月23日，https://mp.weixin.qq.com/s/UW6wyazxDablz7STmsEYBQ。

⑨ 参见《晋源庙会系列·二月二龙抬头》，“文旅晋源”微信公众号，2020年2月21日，https://mp.weixin.qq.com/s/rPl_dhBNknky20ZCmi2t4w。

⑩ 参见《从“背冰亮膘”的脑洞到民俗创新的理念》，“聆星河”微信公众号，2020年2月25日，https://mp.weixin.qq.com/s/NW6Y_V8z37_Y1nrNqib33w。

⑪ 参见刘其印：《龙崇拜的活化石——范庄二月二“龙牌会”论纲》，《民俗研究》1997年第1期；张勃：《先有“二月二”，后有“龙抬头”——二月二的起源、流变及其文化意义》，《民间文化论坛》2012年第5期。

华东地区以山东、浙江、福建等地为典型。山东郓城临朐这天要在房子周围撒草木灰，意为“引龙填仓”；此外，多数地方还有吃煎饼、做煎糕、炒蝎豆、击打房梁以熏虫和驱赶老鼠的习俗[①]；山东滨州火把李村有“二月二”拴娃娃的习俗，泥娃娃是当地村民的吉祥物，当地甚至还修建了娃娃庙，人们带泥娃娃回家，祈求来年平安吉祥[②]。浙江宁溪人会在家中建“空虚庭”，人们借此走访亲戚，观赏灯会[③]；浙江温州一带有“二月二”吃芥菜饭的习俗[④]。福建省宁德市霍童镇当日会纪念先祖隋代谏议大夫黄鞠公，并伴有纸扎、铁技、线狮等灯会活动。[⑤]

中南及西南地区，以广西及贵州等地的习俗最为丰富。“二月二”这天，广西桂东地区贺州要供奉土地神，去文武庙祭祀文武二帝，以及举办隆重的迎神赛会，特色饮食有糍粑、黄田双扣肉、白切鸡等[⑥]；南宁位子渌村这天会举办大型的师公戏仪式[⑦]。贵州台江反排村有“二月二”祭桥习俗，有求子一说；家中的凳子、水井、大树等也成为祭祀的对象。[⑧]

在东北及西北地区，“二月二”节俗的代表性省份(自治区)有吉林、内蒙古、陕西、甘肃、青海等地。吉林有炒糖豆、敲房梁和用草木灰引龙围仓的习俗；人们吃猪头肉，以求心灵手巧；这天出生的孩子要起个带“龙”字的名字；忌用针线；等等。[⑨] 内蒙古包头市固阳县车铺渠村有灯游会转九曲仪式；此外，人们会踢鼓子秧歌，以及祭祀主管水、风、火的“三官爷爷”。[⑩] 在甘肃东

---

① 参见张春：《“非遗”保护视野下关于传统节日的生存问题——以山东省的“二月二”为例》，《非物质文化遗产研究集刊》2009 年第 2 辑。

② 参见张新：《二月二，拴娃娃》，《走向世界》1997 年第 1 期。

③ 参见陈静、卢翎平：《试论民俗文化的旅游开发与市场运作——以浙江省台州市黄岩区“宁溪二月二灯会”为例》，《非物质文化遗产研究集刊》2013 年第 6 辑。

④ 参见李玉英、林艳、胡丽珍：《二月二吃芥菜饭》，《温州人》2010 年第 5 期。

⑤ 参见谢新丽、吕群超：《基于旅游节庆开发的传统民俗文化传承研究——以宁德市霍童镇“二月二”灯会为例》，《衡水学院学报》2014 年第 4 期。

⑥ 参见吕红艳：《桂东客家“二月二”节》，《广西地方志》2008 年第 1 期。

⑦ 参见林敏霞：《榕树下的祈福——南宁位子渌村“二月二土地诞”考察》，徐杰舜、许宪隆主编：《人类学与乡土中国：人类学高级论坛 2005 卷》，黑龙江人民出版社 2006 年版，第 684 页。

⑧ 参见曾祥慧：《二月二祭桥》，《原生态民族文化学刊》2016 年第 8 期。

⑨ 参见阿颖：《二月二炒糖豆》，《内蒙古林业》2014 年第 3 期；刘文波：《二月二，龙抬头》，《人大建设》2014 年第 3 期；吉国秀、詹娜、李阳：《东北地区“二月二”节日传承、记忆碎片化与主体缺失》，《文化学刊》2009 年第 2 期。

⑩ 参见陈元元：《车铺渠二月二灯游会“踢鼓子秧歌”田野调查报告》，《内蒙古艺术》2017 年第 1 期；贾莉莎：《“转九曲”仪式研究》，中央美术学院 2016 年硕士学位论文。

部以及苦水等地区，嫁出去的女儿要回娘家闹社火，当地除了祭祀龙神外，还一并祭祀土地神、山神、城隍、风火、马祖、牛王、花果诸神①；在甘肃省岷县秦许乡包家族村，“二月二”这天是分巡圣母白马娘娘的庙会，会期有演唱秦腔和吃黄梨的习俗，在这一天也会摊煎饼。② 陕西有在屋旁撒草木灰驱虫的习俗；陕西榆林一带做枣馍分给家里人吃，图平安吉祥。③ 在青海，“二月二”会吃大豆，大豆象征着侵害庄稼的虫子，民间流传“二月二，咬虫儿”的俗语。④

在少数民族分布较广的地区，“二月二”节日习俗地域民族特色较为突出。广西宁明纳里村是壮族聚居地，当地有“二月二”抢花炮的习俗⑤；每年“二月二”也是一些壮族聚居地的花王节，这一天村寨的女性要聚集在一起，杀鸡敬花王，祈求得子或者孩子健康；在广西东兰等地，这一天是当地壮族人民的孩儿节⑥。在闽东，“二月二”是当地畲族的会亲节，远在外地的畲民会回到祖地相聚，举办公祭、庙会、歌会等，祭拜土地神以及地方神“魏公侯”等，特色饮食有豆腐干、米酒、糍粑等。⑦ 在广东省连山壮族瑶族自治县，“二月二”节又被称为“独食节”，是家人团聚的日子，禁忌有外人到来，传统习俗有祭拜土地神、吃糍粑、吃豆腐酿等。⑧ 在云南省曲靖市罗平县，布依族青年会相聚瀑马歌场举行大型歌会，男女青年也会在这一天唱歌表白。⑨ 在辽宁东部的满族聚居区，当地满族人有立灯笼杆、吃猪头肉、用苫房草串龙尾、用草木灰领龙、烙饼、剪龙头等习俗。⑩ 在青海省海东市互助土族自治县，土族



---

① 参见汤顺霞：《苦水“二月二龙抬头”社火的文化内涵与社日关系初探》，《湖北第二师范学院学报》2009 年第 10 期；隆滟：《周人“祈农”民俗传统的延续与演绎——陇东“二月二龙抬头”节俗的农业文化内涵管窥》，《古今农业》2012 年第 1 期。

② 参见戚晓萍：《甘肃省岷县秦许乡包家族村二月会调查报告》，《节日研究》2010 年第 1 期。

③ 访谈人：刘垚瑶；访谈对象：胡宝成，陕西榆林面塑技艺传承人；访谈时间：2019 年 8 月 3 日；访谈地点：天津大学校内。

④ 参见王祥奎：《记忆年味——二月二咬虫儿》，《青海党的生活》2019 年第 2 期。

⑤ 参见王成科、韦光辉：《中越边境村镇节庆体育文化评述——以宁明纳利村二月二花炮节为例》，《当代体育科技》2013 年第 3 期。

⑥ 参见缪汶江：《金平壮族民源民俗民风(中)》，《红河日报》2014 年 4 月 12 日。

⑦ 参见赖艳华：《闽东畲族二月二会亲节由来及节俗文化探析》，《宁德师专学报》(哲学社会科学版)2011 年第 3 期。

⑧ 参见林安宁：《连山壮族二月二节日的调查及解析》，《遵义师范学院学报》2011 年第 4 期。

⑨ 参见颜德芳：《布依族“二月二”歌会》，《民族音乐》2008 年第 1 期。

⑩ 参见詹娜：《仪式、记忆与知识传承——辽东满族“二月二”节俗调查》，《满族研究》2009 年第 3 期。

人有“二月二”攀登龙王山的习俗。[1] 在贵州东南部一带，“二月二”是苗族的敬桥节，这一天有敬桥接龙的习俗。[2]

在以上研究中，笔者对地域型较强的论文进行了归类，中国各地区“二月二”的节日习俗既存在共性以及南北方差异，也有地区和民族的独特性。在共性方面，多数地区有祭祀神或者龙抬头的说法，这一天要理发、吃猪头肉、嫁出去的女儿要回娘家团聚、举办花会或灯会，以及禁用针线。且不论民族的独特性，在节日信仰方面，北方多祭祀龙神，南方多祭祀土地神。较为独特的有祭祀白马娘娘、文武二帝、谏议大夫黄鞠公以及魏公侯等，多与当地传说或历史人物相关。节日饮食也与地方特产相关，如山东的煎饼、广西的糍粑、浙江的芥菜等。

与笔者此次山西代县九龙村的“二月二”田野调研较为相关的是“引钱龙”仪式，与这一仪式类似的节俗在山东、山西、河北和吉林等地区的文献中多有提及。这些地方有“引钱龙”和“领钱龙”两种不同的叫法，但含义相近或相似，都蕴含着人们希望来年财源滚滚、风调雨顺、粮食作物有个好收成。但与山西代县引钱龙仪式不同的是，山东和吉林多是用草木灰画圈或者画成龙的形状，意为“引龙填仓”。在山西代县，“二月二”和填仓节的节日仪式并没有混合在同一天进行。填仓节有大填仓和小填仓之分，小填仓在正月二十，大填仓在正月二十五。填仓节这一天，要打扫家中的院子，然后用柴灰在地上边走边撒，画出一个形似铜钱的图案，这一过程被称为“打窖”；接着在这个圈中放置一些粮食作物，小填仓的时候一般放麦子，大填仓的时候放高粱或者玉米等谷物；这些谷物用砖头压住，旁边还要画一些簸箕、梯子等晒粮的农具，以祭祀“天仓星”，祈求来年粮食大丰收。农历二月初二才有“引钱龙”的仪式，仪式过程和填仓节是分开的，且“引钱龙”的仪式与水相关，不涉及草木灰或者柴灰。

① 参见贺生胜：《二月二登龙王山》，《中国土族》2018 年第 2 期。

② 参见王萍丽：《黔东南苗族二月初二敬桥节》，《黑龙江民族丛刊》1999 年第 4 期。

## 二、山西代县阳明堡镇九龙村“二月二”仪式

### （一）引钱龙进家

2019年农历二月初二（2019年3月8日），笔者及调研团队一行人天还没亮时便驱车前往大山深处。当地向导告诉笔者，引钱龙的仪式一般在6点30分开始，一定要赶在天亮之前到达。到达九龙村口，便看到了村口小巷挤满了人。村民会聚在阳明堡镇九龙村村委会门口，准备一起出发，前往九龙山上的山泉源头处。担水者多为村中的男性，最大的近80岁，最小的20岁左右。以前有“男引女不引”的说法，如今也能看到很多女性村民加入。有的人家，男性都在外地打工，只能女性来充当这个角色。笔者发现，几乎每人都肩担两个空桶，桶里大多放着待会儿要上山放的鞭炮和要烧的纸、纸元宝等。最有特色的便是大大小小的桶上都会挂一枚铜钱，或者在桶中放几枚硬币。有村民认为这样可以引出潜伏在水井或者山泉水中的“钱龙”，而后跟着这枚铜钱到担水者家中；也有村民认为打到的山泉水象征着满满的钱财。

阳明堡镇西庄村有一户人家的院落富丽堂皇，如今虽然经过时间的洗礼，略显破败，但精致而高大的石雕门、布局宽敞的院落，仍诉说着这户人家往昔的富有。相传，这户人家之前并不富裕，但是从不缺席每年二月二“引钱龙”的活动，全家人都非常积极热情地参与其中，直到有一年他们一大早挑回去的水都变成了金子，于是，他们用这些钱建了这所大院。本村以及周边村子的村民知道后，认为是钱龙显灵，对参加二月二“引钱龙”的活动便更加积极了。渐渐地，“二月二”成了如同春节一般重要的节日，几乎所有村民以及远在外地的村民都赶回来参加。如今，各家各户对于有井水和泉水的地方都虔诚待之。①

崎岖的山间小路从村口一直绵延至山顶，全程大概需要20分钟。山路

① 访谈人：刘垚瑶；访谈对象：李培根；访谈时间：2019年3月8日；访谈地点：山西代县阳明堡镇九龙村。

上布满了石子，并不平坦，甚至很多路口仅容一人侧身通过。村民对此早已轻车熟路，不一会儿的工夫，前行的村民便已早早到达山顶，引钱龙的队伍宛如一条活龙在山间攀升。

龙王是村民心中主管雨和水的神。山顶不远处可以看到一座名叫九龙观的道观，据说几经衰败，后由村民刘福堂筹资复建。道观的九龙殿内供奉着一个大型的九龙根雕，人称“九龙先祖”或“九龙水神”。相传，九龙观内曾有一座玉皇殿，后被毁，只留一座残碑和半尊水母像。九龙观地处大山深处，三山环绕，北倚白人岩净土祖庭，南望五台山，雁门关峙于东，娄烦寺佑于西，香火鼎盛，会在“二月二”这天开门迎客。九龙观不远处有一座草亭，其内有九龙水神的神位，亭后便是涓涓流淌的九龙泉水。

到了山顶的村民没有急着去打水，而是放下水桶，先在山头燃放鞭炮，然后去神位处烧黄表纸，祭拜水神，磕头或鞠躬行拜礼后，才拿起桶去草亭后打水。不一会儿，村民便相继担着水下山了。下山路上，笔者碰到很多独自拿着一个大塑料桶去山上打水的老人或妇女，因为担不动太重的水桶，而选择了更加轻便的方式。笔者跟随一位叫王玉敖（男，77 岁）的村民来到其家中，老人的妻子已经在家里的财神爷神位前摆好了水果、糕点以及红枣等供品，神位旁还放了一盆清水煮鸡蛋、花馍等。在“二月二”这天吃鸡蛋有“咬金”“咬银”的说法，即白色的蛋清代表银子，黄色的蛋黄代表金子。也有村民讲究，将摆了一个正月的用白面、红枣做成的花馍从家里的供桌上搬下来，这一过程叫作“搬金山”，然后放在大锅里加热后全家人一起吃。吃枣山的过程亦被称为“咬金”“咬银”，有“咬金咬银，一辈子不穷”的说法。

老人进屋后，将刚打到的水倒进里屋的盛水缸内，然后将挂在桶上的铜钱取下，放在神位前早已摆好的“钱窖”中，即大约用 30 枚铜钱摆成外圆内方的一个大铜钱的形状，再将从桶上解下的铜钱放在方形钱窖口的中央，随后在神像前点燃三炷香，行三个鞠躬拜礼后插入香炉，接着跪地磕头，燃烧黄表纸，祈求来年风调雨顺、财源广进、庄稼丰收。黄表纸燃尽后，老人又磕了三个响头，起身作揖，整个过程十分虔诚。

### （二）“装扮”钱龙

随着朝阳的升起，各家各户几乎都将“钱龙”引进了家中，随后便开始

"装扮"钱龙。当地村民说,装扮钱龙主要有四步,即剃龙头,安龙眼,披龙皮,理龙须。

剃龙头。在九龙村,各家的男子几乎都要赶在这一天理发,而且很多老人喜欢直接剃个光头。在二月二这天理发,被村里人称为"剃龙头",认为这一天理发可以使人神志清醒、耳聪目明,一年都能交到好运。

安龙眼。这里的龙眼不是指我们常见的水果,而是指吃饺子。村民在引钱龙归来后,便开始紧张地做起了早饭。早饭主要是饺子、煎饼和面条,一家人团坐在一起。吃饺子的过程就被称作"安龙眼"。

披龙皮,即吃煎饼。煎饼用豆面、荞面以及高粱面等混合而成。将出锅后的煎饼放在菜板上,加入事先拌好的炝过胡麻油的豆芽、胡萝卜丝、粉条、青菜丝、土豆丝等,再将摊开的煎饼一卷即可食用。村民们认为,吃过煎饼就等于给龙披了新皮。

理龙须,即吃面条。擀面条的过程,就像是给龙整理胡须。吃一碗面条,再加入豆腐干、豆芽、青菜等调味菜,早饭的所有食材便在吃过一碗龙须面后用完了,也结束了"装扮"钱龙的过程。

(三)公共祭祀

早饭过后,九龙村的公共祭祀活动便拉开了序幕。这次二月二祭祀也是一年当中全村人参加的最后一次大型公共祭祀活动。这一活动象征着一年的结束和下一年的开始,活动过后,村里很多的年轻人便要外出务工。以前的公共祭祀,是村民在九龙观前打一番社鼓;后来村民觉得不尽兴,便自发组织起了高跷、跑旱船、舞龙、唱民歌等表演活动,自娱自乐。

清晨,村里的活动室内,村民在紧张地上彩化妆,更换表演服装。刚刚还在挑水的村民,不一会儿便上妆变成了另外一个角色,可以男扮女装,也可以女扮男装,甚至扮演孩童。当笔者问及哪个人扮演什么角色有没有讲究时,村民说这都非常随性,只要今年这个角色他(她)扮得好,表演得好,明年就还找他(她)来。在所有参加表演的村民中,年纪最大的是73岁的魏全敖老人,年纪最小的是一位叫魏海青的12岁女孩,他们一同表演拉旱船的节目。参加表演的村民以女性居多,因为家中男性多在正月初五过后就相继外出打工了。踩高跷是个力气活,需要长期的训练,但笔者在调研中发现,很多年轻的女孩只学了两个多小时就能站着行走了。她们说，从小就看着家里人在练，跟着学到了很多。

表演在九龙观旁的一块空地上进行。上午9点30分左右，演出尚未开始，前来观看表演的村民已经在空地旁围了大半。经问询，还有很多邻村的村民前来观看表演，甚至有人赶了10公里的山路过来，足见这一节俗的吸引力。作为活动预热，村民自发唱起了民间小调。小调没有固定的曲目和名字，唱的都是村里家长里短的故事，或者村里这一年有趣的人和事，人们将其编成曲子，用方言唱出来。一旁伴奏的村民也是待会儿演出伴奏的器乐班子，是村民自发组织的。伴奏乐器主要有二胡、梆子、大镲、小鼓、大鼓、笛子、快板等。

10点整，公共祭祀活动表演正式开始，装扮整齐的高跷队伍在场地中央绕着大圈，向围观村民打招呼，表演着属于各自角色的动作。人们装扮的角色十分多样，且不属于同一个历史时期，多杂糅了当地村民喜闻乐见、口耳相传的人物。涉及九龙村由来的历史人物有北魏皇帝拓跋嗣、北魏杜皇后、雁门太守梁越、白人岩慧远大师等，也有道教人物如太上老君等，还有当地有名的杨家将，以及此次祭祀的九龙先祖，村民喜爱的孙悟空、猪八戒、还珠格格等角色，甚至有人们日常生活中熟悉的媒婆、放牛娃、账房先生等。高跷表演后紧跟着的是旱船、推车以及舞龙表演。

场地表演结束后，九龙观的祭祀仪式正式开始。祭祀仪式由观内的道长和道士主持，开篇是一场约20分钟的器乐表演，演奏者不全是代县村民，还有外地来的村民，演奏乐器有琵琶、二胡、法鼓、音磬、摇铃以及电子琴等。演奏结束后，道长在观内举办法事，进而所有的村民跟随道长再次上山，来到九龙泉边举行祭祀典礼，随后将泉水迎回观内。直到中午12点12分，整个祭祀仪式才算真正结束。

## 三、节庆仪式与乡村振兴建设

### （一）九龙村龙神信仰与民众生活

民间信仰源自地方，且具有广泛的影响力，渗透于村民生活的方方面面。费孝通先生曾言:“我们对鬼神也很实际,供奉他们为的是风调雨顺,为的是免灾消祸,我们的祭祀有点像请客、疏通、贿赂,我们的祈祷是许愿、哀乞。”①“在文化人类学的视野下,我们就会发现民间信仰是对人类现实社会的一种象征性的表述,它不仅是一种民俗现象,而且是民间生活的隐喻。”②按照美国人类学家罗伯特·芮德菲尔德“大传统”与“小传统”的观念,民间信仰便属于“小传统”这一范畴,阳明堡镇九龙村二月二“引钱龙”这一民俗活动,便是对民间信仰的一次深刻诠释。从九龙村的公共祭祀活动可以看出,村民扮演的角色十分多样,既有地方的历史人物,又有道教人物,还有表明村子名字由来的九龙先祖,这些几乎都代表着人们对新一年风调雨顺、庄稼丰收、财源滚滚等的美好寄托。在前文记录的整个祭祀仪式过程中,九龙观道士的仪式活动属于最后一个环节,而在这一过程中,道士的宗教信仰与村民的信仰并不完全一致,又很自然地融合在一起。在这所有的神灵中,二月二“引钱龙”最重要的神灵便是龙神。舞龙在仪式活动中共出现两次:一次是在公共祭祀的广场上进行表演,第二次是跟随九龙观道长上山取水,这一场景亦表达了舞龙祈雨的信仰。

当地村民普遍认为,龙神主管当地的雨和水,也是雨神和水神的象征。九龙村位于山西省忻州市代县阳明堡镇,龙神信仰的源起与其地理因素息息相关。山西地处黄土高原地带,晋北地区属温带半干旱气候区,素有“十年九旱”之说,黄土的保水性较差,致使水土流失严重。代县,位于山西省东北部,属忻州市,古时又被称作“代州”“雁门郡”,是雁门关脚下的一座历史文化名城和军事重镇。雁门关因其独特的地理位置,有“三边冲要无双地,九塞尊崇第一关”之称,是军事要地。相传,雁门关的山脉十分高大狭窄,只有大雁才能飞过,故名。阳明堡镇北部与雁门关相邻,在雁门关的军事体系中占有重要的位置,用于集中兵员、储备粮草,且是当地货物运输和商业贸易的交通要道。阳明堡是入关南下的第二道防线,因而被称为“雁门关下第

① 费孝通:《美国与美国人》,三联书店1985年版,第110页。

② 李建宗:《文化人类学视野下的甘肃陇中汉族民间信仰》,《青海民族学院学报》2009年第3期。

一堡”，是军事备战的前沿。[1]“全县年降水量变化在397～770毫米之间。阳明堡最少，为397.2毫米”[2]，年降雨量分布不均，主要在7～9月。地理因素方面，阳明堡镇干旱少雨的现状，激发了村民对雨水的诉求；其特殊的军事位置，决定其需要长期屯兵，因而对当地的粮食物资产生极大需求，干旱少粮的现状使村民对龙神的信仰越发强烈。

此外，便是民间传说带来的影响。据当地人介绍，相传阳明堡镇在春秋时期遭遇过一场旱灾，百姓难以果腹。羊舌叔向押解一批犯人路过此地，见全村人都在祈雨，便下令让所有犯人代为求雨，并承诺要是天降雨水，便释放他们。也许人们的诚心感动了上天，第二日便下起了倾盆大雨，但是羊舌叔向却因私放犯人而被判死刑。当地老百姓为了纪念他，便把当时的“羊头城”改称“羊名堡”，后又更名为“阳明堡”。雨神崇拜信仰由此可见。关于九龙村的由来，第一种说法是，村中有九座山脉，从高处看像九条盘旋的龙，故名；第二种说法与高跷表演涉及的历史人物有关。相传，419年，北魏皇帝拓跋嗣和雁门太守梁越及大队官员行至九龙村山岗时，在此歇脚。忽然，从白人岩寺处飘来几朵白云，飘到了拓跋嗣等人的头顶，随即变成了八条吞云吐雾的龙。司天监大声喊道：礼敬八龙大仪开始，顿时皇帝抻衣整扣，准备施行大礼。雁门太守梁越立即起身拖住司天监，大声喊道：礼敬九龙礼仪开始，带头跪在拓跋嗣面前。众臣和随从方才省过神，跪在拓跋嗣面前大喊“万岁”。梁越讲毕，拓跋嗣马上命令在此地派10位礼祭官员常住，年年在此举行全郡大祭。这10位礼祭官员就是九龙村的先祖，现在做庙会的日子就是九龙显现的那一天。[3]

关于九龙村和九龙先祖的来历，村中流传的版本多样。由二月二的祭祀活动足见九龙村人对“龙”的敬畏之情，以及对来年风调雨顺、生活幸福的美好期待。



---

① 参见胡川晋：《晋北阳明堡古镇及其建筑空间形态分析》，太原理工大学2009年硕士学位论文。

② 代县地方志编纂委员会编：《代县志·气候·气候资源》，书目文献出版社1988年版，第65页。

③ 笔者根据村委会提供资料整理。

### (二)节庆仪式对振兴乡村建设的作用与意义

关于“二月二”的节俗活动,不论是南北方不同的省市还是各个少数民族地区,均具备特有的民俗文化特征,不仅体现在不同的节日文化仪式上,而且同一地域内尽管节日仪式大致相同,但人们对其背后的文化内涵却有着不同的解释。有的与村落的由来相关,有的与当地的历史人物相关,又或者与信仰、当地的神话传说故事相关。看似传统的民间信仰,却在无形中刺激着乡村的发展,具有一定的教化和引领作用。

1.维护村落间的人际关系

“协调一定范围内、一定文化区域内的人们之间的各种社会关系,维持和平衡一定范围内人们的生活、生产、社会等等方面的秩序,这是民俗最重要和最根本的功能。”①一个村落的节日文化活动恰恰是维护村落人际关系极好的纽带,人们通过节日仪式中户与户的交流、村与村的联络,增进了彼此之间的情感,拉近了村民个体以及村与村之间的关系,更利于彼此间协同发展。在山西代县“二月二”的节日仪式过程中,经调查问询,笔者发现,村中远在外地工作或者求学的村民,会在节日这一天赶回自己的家乡,与家人一起欢度节日。在信息科技逐渐发展的今天,一条微信、一段语音便捷了村民和远方家人之间的联系。但在九龙村的高跷队伍中,笔者看到很多年轻人赶在节日前回到家中,帮助父母准备节日所需供品,并在很短的时间内与周边邻里一起排练节目,二月二过后又奔赴工作岗位或者回到学校继续课业。民间信仰促进了家庭成员之间和村民间的往来。在代县“二月二”的节俗活动中,参加节日仪式的村民并不全是来自本村,也有很多村民来自邻村或者更远的村落。他们为了完成这一表演,才相聚在此排练,甚至某一节目是两个村共同主办的,由两村村民共同参加。在观看节目的村民中,很多是听说当日九龙村有活动后,一大早赶了10公里的山路过来的,足见民间信仰在当代的价值。诚如张祝平所言:“民间信仰在村落社区整合、村落生活导控、村落情感认同诸方面发挥作用,是理解普通百姓道德情感和生活样态的

① 王晓丽:《从文化人类学的角度讨论民俗》,《中国社会科学院研究生院学报》2005年第4期。

一种途径，可以成为村落共同体内聚的重要力量。”①

2. 树立积极的生活观

无论是在城市还是在乡村，尽管很多年轻群体认为“二月二”这样的传统节日已经失去了传统的仪式感，甚至把这一天当作普通的一天来度过，但节日赋予每个人内心对美好生活的追求、对家庭平安幸福的渴望始终没有消失。在乡村，“二月二”节日舞台可以是村民一年劳动成果的展示，也可以是平日辛劳工作后娱乐身心的寄托，甚至是一种放松自我的途径，对每个人树立积极向上的生活观有极大的促进作用。“当民间信仰活动将人们聚集起来的时候，人们的内心获得了认同感和归属感，虽然不能为人们提供实质性的帮助，但人们内心的迷茫、孤独和无助在慢慢消解以后，自然而然地增加了生活上的动力和信心。”②



3. 丰富节日文化，带动乡村振兴

民间信仰是乡村传统文化的灵魂，是文化记忆的载体，通过庆典仪式、文化语言和身体文字予以传承传播。③ 九龙村“二月二”的节俗仪式正是将这一民间信仰放大而呈现在村民的生活中，进而唤醒脑海中的文化记忆，并通过不同的仪式过程进行传播。从上山挑水引钱龙，到各类饮食以及丰富的公共祭祀内容，地方节日活动的宣传、民间信仰的文化的传播，必将给村落带来新的发展。

传统印证着过去，记忆连接着当下，并影响着未来。《乡村振兴战略规划(2018～2022年)》第九章第三节指出：“尊重原住居民生活形态和传统习惯，加快改善村庄基础设施和公共环境，合理利用村庄特色资源，发展乡村旅游和特色产业，形成特色资源保护与村庄发展的良性互促机制。”④发展乡村旅游是将乡村丰富的节日文化和乡村传统对外传播并带动经济发展的有效途径。“旅游节庆传承……借助产业化运作模式，实现民俗文化传承的目

---

① 张祝平：《论乡村振兴中的民间信仰文化自觉——中国菇民区核心地带村落40年变迁考察》，《学术界》2019年第1期。

② 张芳山：《民间信仰与农村稳定——基于赣州市寻乌县H村调研》，《宗教学研究》2017年第4期。

③ 参见高长江：《民间信仰：文化记忆的基石》，《世界宗教研究》2017年第4期。

④ 《乡村振兴战略规划(2018～2022年)》，人民网，2018年9月26日，http://politics.people.com.cn/n1/2018/0926/c1001-30315263-2.html。

的……扩大了民俗文化的影响力……通过产业模式的介入，旅游业发展带来的收益为民俗文化传承人提供了收入来源，从而提高其传承民俗文化的积极性。”[①]此外，专家学者以及媒体的介入，可以有效促进活动的深入与可持续发展，使村民认识到这一节俗活动的优势，从而增强文化保护的自觉性。

节庆旅游不仅可以形成特色品牌，而且能促进当地经济发展，增加服务业岗位，有效扶贫。在“二月二”特色品牌发展方面，甘肃和东北地区具有借鉴价值。“甘肃地区的二月二节期间，当地人手工制作的绣着龙头的丝绸外褂，得到了游客的热烈哄买；东北地区的人们将二月二节期间专门食用的食物‘猪头肉’加工成拥有注册商标的食品。这些都是市场化在起作用。”[②]山西代县二月二同样可以借鉴甘肃、东北地区的做法。在九龙村引钱龙仪式的调研中，笔者发现，村民打的九龙泉的山泉水已经成了九龙观中销售的产品，到观中祭拜的村民大都会购买一桶泉水回家。但这还只是在小范围内销售，如果将其作为九龙村的特色品牌，也未尝不可。此外，人们引钱龙时所带的铜钱也可以仿制成纪念品，出售给游客。

在目前的调研中，笔者发现，村中的农家乐较少。在节日饮食方面，周边村户可以打造农家乐，在家中吸引游客品尝或一同制作煎饼、面条、饺子等节日特色饮食。这样既能提高村民参与活动的积极性，又能扶贫，带动村民就业。地方旅游部门还可以有效利用互联网的优势，发展特色品牌和农产品的线上销售。“二月二”的节日仪式活动也可以通过网络直播的形式呈现，让节日文化活动和特色品牌在互联网上得到有效的宣传，网上营业和宣传的工作同样可以吸引村中的年轻人加入并不断创新。此外，专家学者有关节俗文化的研究论文、交流论坛，以及媒体新闻记者对当地节俗活动的及时报道，是村落节日文化“走出去”的有利窗口，促使节俗活动实现可持续发展[③]，还可以有效地促进当地村民对本村节日文化的认识和了解，从而清楚

① 谢新丽、吕群超：《基于旅游节庆开发的传统民俗文化传承研究——以宁德市霍童镇“二月二”灯会为例》，《衡水学院学报》2014年第4期。

② 黄浩：《“二月二”传统节日研究》，中南民族大学2010年硕士学位论文。

③ 参见李彩萍：《北京高碑店“二月二龙抬头”文化节与社区传统文化的传承》，《文化学刊》2018年第7期。

地发现自身的资源优势，增强对自身文化的自豪感。村民是保护和传承的重要力量，若他们能从根本上认识到本村节日文化的独特价值，自觉自愿地加入节俗文化保护行列，而不是单纯地停留在“表演给游客看”的层面，将更有助于节俗文化的传承与保护。

## 结　语

在全面复兴传统文化的今天，“二月二”等传统节俗的传承与发展具有重要的意义。山西代县阳明堡镇九龙村的二月二“引钱龙”仪式及其相关的习俗，体现了非物质文化遗产的多样性和地方性特色，对深入理解和认识当地的风俗文化具有积极意义。当地政府和相关民间组织对这一传统习俗的保护，对传承地方节庆文化具有一定的借鉴作用，同时应将地方传统节日作为发展乡村旅游的重要内容，从而带动乡村振兴发展和新农村建设。此外，村民对这一节俗自发的继承与推动，应当成为乡村传统节日文化保护的常态，让非物质文化遗产走进大众并成为日常，与村民的生活需要紧密相关，这样才能永葆传统节日的生命活力，回到保护的初心。

节日赋予村落生机和活力，习俗造就了多样的村落文化。乡村凝结着每个人根祖的情怀。让科技的发展和城市化进程的加快不再成为乡村发展的阻碍，而成为乡村特色品牌发展的助推器，让更多的年轻人愿意留在乡村、传播家乡的文化，让传统节俗得到更好的保护和传承，促进区域经济发展，推动文化和旅游融合创新发展。

# 节庆仪式与民族文化展演的现代转向

## ——基于贵州畲族“四月八”的考察

王星虎*

**摘　要**

“四月八”节日是农业社会集体记忆的遗留，庄重的仪式活动从原初的禳灾祈福、欢庆丰收，发展为民众集会的竞技娱乐与文化展演。节日的民间文娱活动，无形中促进了民族文化和社会经济的繁荣发展，增强了民族情感的凝聚力，促进了各民族文化的交流。节日的组织形式从民众自发逐渐转变为民族协会与官方的参与，市场化与规范化的文化展演使得节日原生形态面临保护与传承的两难。本真性文化应在现代和传统之间寻求活态保护的开放与包容，如此才能使节日承载民族文化的功能得到增强，永葆活力。

**关键词**

“四月八”　文化展演　现代转向　活态传承

节日作为人类非物质文化遗产的重要内容，在当下民族文化复兴的语境下，对其的保护和传承日益受到人们的关注。每个民族和地区都有各自的节日特色，它们承载着传统文化的思想内涵与民族精神，是传承和弘扬民族优秀传统文化的活态载体，对于民族文化的勃兴有着不可替代的意义。生活在黔、湘、桂等地的苗、布依、侗、瑶、壮、彝、土家、仫佬、畲等少数民族，

* 王星虎，黔南民族师范学院文学与传媒学院教授。

都在农历四月八过节，世代沿袭，形成了他们隆重的传统节日。其中，分布在贵州省的畲族，自称“阿孟”“嘎孟”，为古时“九黎”集团部落一支；进入贵州西部和中部，与濮人生活，融入夜郎族群，后世称“东谢蛮”；后渐往黔东、黔南方向迁移，分布在黔南布依族苗族自治州和黔东南苗族侗族自治州地区，元代以来呼之“东苗”“东家”，1996年被认定为畲族，现聚居在贵州省麻江县、凯里市、都匀市、福泉市，约5万人。因其人口较少，学者鲜有关注。在民族节日文化上，它与苗族、布依族、仫佬族、瑶族呈现出大杂居、小聚居的分布状态，其节日表现形式与相邻民族既有相似的民俗事象，又呈现出独特的民族文化内涵。在多元文化的现代语境碰撞中，它呈现的文化转向、节日内涵的变异、面临的文化遗产保护与传承等问题，是当下民族节日文化研究的共性，值得深入探究。



## 一、交互式的多元性祭祀源起

节日的源起是追溯文化最初来由的发生意义，然而年代久远，人们对节日现实意义的关怀远远大于它原初的含义。民间文化的变异性与集体性，使得它的口头解释呈现出多种随意性。在漫长的文化传承过程中，各民族节日数量会有波动，并与周边文化渗透和交融。在族群内部，民众对节日有着不同的理解，口头传说会不断衍生出一些新的现代诉求。畲族东家人节日众多，按农历分，有正月“坐花园”即“等郎相会”、跳月节等活动；二月二“幼儿节”，进行撞名、立指路碑、架桥等民间活动；三月三“采茶节”，老人出门为小辈采茶治病，“四月八”敬牛王、米王或药王；六月六封（分）节祭土地神，给“神山”分龙，祈求风调雨顺；六月二十四上花坡过“情人节”，“进花园”，对歌谈情；七月十三过“月半”，举行“点天灯”“耍香瓜”“插香露水”“放七姑娘”等神娱活动；七月二十九过“吃新节”，摘少量稻谷、打豆腐煮南瓜，杀鸡置酒庆祝丰收在望；八月十五“中秋节”祭祖，即“鼓藏节”，东家语叫“哈逊”，现几乎绝迹；旧时人们十月还过“仫佬年”，相当于春节；冬月“打保寨”，即扫寨，逐邪清灾，把“火灾鬼”赶到寨外；腊月二十七打糍粑，村村寨寨粑槽声此起彼伏。在众多节日中，要数“四月八”最为隆重。关于畲族东家人“四月八日”的起源，传说不一，具有代表性的有四种。

其一，祭祀“牛王”和“米王”。畲族东家人古时以农历四月初八为岁首，《麻江县志》载东家人“四月八，染食花米饭，祭祀祖先”①。隆昌东家人聚居区传说这一天是“牛王”和“米王”的生日，为一年春耕之始，要举族庆贺，祈愿“牛王”和“米王”禳灾降福，希望来年丰收。同时，祭祀祖先，感恩祖宗福泽，祈求庇佑。节日前一天晚上，把昔日收集的植物染料泡水，苦李皮汁兑水浸泡糯米染成红色，枫叶捣汁加工浸染成黑色，黄饭花蒸煮汁水染成黄色，紫蓝草搓汁染成紫色等；次日早起将染成五颜六色的糯米淘洗，放在木甑中蒸熟，做成花米饭，出锅先祭牛王，并拿少许去圈中喂牛；午后各宗族聚集到祖先坟前供上花米饭，宰杀猪牛进行祭祀。现在，郊外祭祖的意义逐渐淡化，大多数变为家祭。





其二，纪念“药王”脱难的日子。都匀瓮桃一带畲族东家人传说“四月八”源于纪念古时一位“药王”。他悉知百草，能治百病，专门为普通百姓看病，对有钱有势的富人和官僚则回避轻慢，因此得罪权贵，遭受污蔑，被抓进大牢。百姓闻讯，纷纷前去牢房探望，送饭给他吃，但每次都被看守的官兵和牢霸抢去吃了。为了不让“药王”受折磨，百姓上山采摘枫香树叶，把白色的糯米染成黑色，用杨梅皮染成紫色，如此制成乌黑颜色，蒸熟后送到牢房里给“药王”吃。贪婪的看守看到这些乌黑的糯米饭，感到肮脏恶心，生怕有毒，于是送到牢里。“药王”识得这些是上好的食物，靠此才度过灾难。《（民国）都匀县志稿》载：“东苗……以夏历四月八日为岁首（原注：是日食花米饭，枫叶染黑，苦李皮染红，杨梅皮染黄，野苏染紫，先供祖先）。”②由于年代久远，虽然老百姓不知道“药王”叫什么名字，但有关他的故事代代流传，他也演变成民族尊敬的英雄祖先。现在东家人每年“四月八”都要染“花米饭”怀念“药王”，纪念祖先。

其三，纪念义军英雄遇难的日子。麻江县长江村一带传说，大约在明朝时期，朝廷在畲族东家人聚居区广置卫所、设屯堡，占据了大量的良田沃土。他们依仗权势，鱼肉百姓，侵犯了土司和当地东家人的共同利益，随后爆发了农民起义。义军首领高大英勇，尤其是他有一对魔力般的双刀，刀所指向

① 麻江县地方志编纂委员会编：《麻江县志》，贵州人民出版社1992年版，第207页。

② 窦全曾修，陈矩纂：《（民国）都匀县志稿·风俗》，民国十四年（1925）铅印本。

之处，官军尚未靠近，脖子就齐刷刷地被斩断了。官军闻风丧胆，不甘失败，派一名女子装扮成逃荒人潜入村寨。义军首领的妻子恰巧收养了这位“可怜”姑娘，并与之结拜为姐妹。女子千方百计地诱骗义军首领的妻子，说如果将双刀蒸煮，刀会更锋利。其妻不知是计，遂置刀于甑中蒸煮，此举让双刀失去了灵气。随后朝廷发动进攻，战斗中，义军首领最终失败被俘，当天就要被砍头示众。这一天正是农历四月初八，十里八乡的东家人闻讯，不顾官军守卫，纷纷拿糯米饭前来祭奠英雄。当时大家怕煮的白糯米饭被官军抢去，英雄吃不到，特意用杨梅皮汁、枫香树叶汁把糯米饭染成紫黑色，希望官军看后觉得糯米饭很脏，弃之不食，这样英雄才能吃上。[①] 此后每年农历四月初八，人们自觉聚集，染花米饭以祭奠民族英雄，代代沿袭。当年百姓提竹篮装花米饭经过的山谷、英雄就义场坝和村庄，留下了如今的“提篮冲”“红场坝”“杀垮”（杀寡）等地名。

其四，祭祀祖先。传说三国时，隆昌这一带被称为“瓮榜朗”，东家话为“蓝水塘”。塘水蓝幽幽的，水牛、鸭子都喜欢到这里戏水。随诸葛亮南征到“瓮榜朗”的王家三兄弟和一个名叫杨公的猎户，在此生息繁衍，在荒山上开垦梯田，种植稻谷，为荒蛮之地增添了人气。后来，族群日众，王老大和杨公留了下来，安居乐业，形成庞大的聚居村寨。后代子孙为了纪念祖先开荒发家的功绩，将农历四月初八作为祭祀日。在节日期间，全族人除了到祖坟边举行隆重的祭礼外，还要全部上山“闹春”，人们斗牛、跳笙、唱情歌，老人上山狩猎，妇女则携孩子游坡，热闹非常，因此又被称为“爬坡节”。[②]

与畲族东家人相邻而居的苗族、布依族也有类似的起源传说。苗族的“四月八”影响较大。传说，苗族古时居住在“格罗格桑”（今贵阳市区），有一名叫“古波养六”的首领，无法忍受异族的残酷侵略，组织各寨头人喝鸡血，盟誓抗敌，并约定在四月初八这一天发动起义。后来，起义军势如破竹，一直打到了川、滇一带。不幸的是，次年四月八日，古波养六战死在贵阳市的喷水池附近。黔中的苗族人民为了纪念这位民族英雄，每年四月八这一天，

① 参见吴琪拉达、赵华甫：《走进阿孟东家人》，中国文联出版社2012年版，第71页。

② 参见贵州省文化厅群文处等编：《贵州少数民族节日大观》，贵州民族出版社1991年版，第353页。

都会举行隆重的纪念活动。清代乾嘉苗民起义后，统治者禁止苗族人民举行这一活动，致使这个节日失去了它传统的意义。[①] 相对较远的湖南一带的苗族，则把“四月八”称为“姑娘节”，又叫“黑饭节”“跳花跳月节”。随着现代文化的变异，他们的这一节日偏重农事与歌舞。[②] 与畲族东家人相邻的仫佬族也把“四月八”这一天称为“牛王节”，并认为这一天是牛诞生的日子，要煮花米饭喂牛，以鸡、鱼、肉“三牲”和黄花、南粉、木耳“三斋”敬祀“牛王菩萨”，穿古装，表演传统的“牛舞”，唱《敬牛歌》和《放牛歌》等。[③] 畲族东家人旧时过仫佬年，或许“四月八”敬牛王的习俗受到了仫佬族的影响。同在周边的布依族、侗族、壮族也过“四月八”，但称之为“牛王节”“牛魂节”或“脱轭节”。当日让牛休息，为它沐浴洗身，用甜酒和五色糯米饭喂食，敲鼓唱敬牛歌，以示慰劳奖赏；有地方还举行斗牛比赛，胜者封为“牛王”，主家大摆宴席，宾主唱《牛王歌》。[④] 值得一提的是，畲族东家人与布依族共同生活在一个区域内，都有敬牛爱牛的民族心理。布依族把“四月八”称作“牛王节”，“十分器重牛，甚至把牛神化，称为‘牛王’。农历四月初八，相传是牛的生日。这一天，让牛休息，不准骂牛，要用粑粑拌糖、盐喂牛，以慰耕牛终年劳累之辛苦”[⑤]。远在福建、浙江一带的畲族山哈人也把“四月八”称为“牛歇节”和“歌王节”，并设坛祭祀，敬献乌米饭，举行歌会，酬谢耕牛，忌鞭打牛，以免惊走牛魂。[⑥] 广东、福建等客家人的“四月八”，要敬请“玉封公王”“郎君舍人”，传说是为纪念东晋名臣谢安，举行盛大的庙会，成为各姓团结的象征。[⑦] 这些文化遗留是否对迁徙到贵州的“东谢蛮”产生过影响，还需进一步考证。

由此可见，“四月八”并非哪一个民族的专利，不管是敬“牛王”“米王”，还是纪念英雄、药王，都与稻作生产生活相关。农民依赖牛耕，生产生活中

---

① 参见贵州省文化厅群文处等编：《贵州少数民族节日大观》，贵州民族出版社 1991 年版，第 86 页。

② 参见陈沛照：《从民间仪式到文化展演——湘西“苗族四月八”的人类学解读》，《广西民族大学学报》(哲学社会科学版)2018 年第 2 期。

③ 参见罗世庆主编：《贵州仫佬族》，贵州民族出版社 1997 年版，第 81～82 页。

④ 参见贵州省文化厅群文处等编：《贵州少数民族节日大观》，贵州民族出版社 1991 年版，第 179～180 页。

⑤ 韦启光：《布依族文化研究》，贵州人民出版社 1999 年版，第 116 页。

⑥ 参见谢树渊、廖诗雄、雷小芳：《山哈文化薪火代代传——福鼎畲族文化保护与传承侧记》，《闽东日报》2018 年 9 月 11 日。

⑦ 参见戴敏：《又到“四月八”永定陈东狂欢时》，《海峡都市报》2014 年 5 月 8 日。

对牛的珍视逐渐转化为敬重，进而将其神圣化。在进行农事活动时，各民族自然举行各种祭祀仪式，并以隆重的节日来纪念，由此形成相似的习俗。因此，从人类最初的发展史推断，“四月八”应源于稻作的祭祀。原始先民在学会了水稻种植之后，受干旱洪涝的影响，只能祈求于天地。在天地神灵的原始观念中，人们把农作物生长的好坏寄托给神灵，下种之前要敬谷神，耕地前要有活路头祭祀，植物成长中要以人的性事间接影响其扬花，收获后要进行隆重的欢庆。丰收后，人们自然要感恩，感谢祖先的护佑、耕牛的相助、英雄的护卫。这些直接成为他们感恩的对象，历史层层累积，越是到近代，谷神的影子越远，对耕牛、人事与英雄的感恩越近，更直接地影响着人们对节日纪念的意义阐释；而谷子、米饭的原初祭祀意义，以祭物、食物的方式，在现实仪式中逐渐隐退，掺杂在各种节日的起源传说中。这种节日内涵的意义变化，是民族自觉选择与认同的结果，反映出各民族文化的互相渗透与影响以及人们诠释民俗事象的多元性。



## 二、活动场域及文化展演

民间节日是一种自发性的民族集会，长期以来形成了较为固定的时间和地点，一到节令，人们便不约而同地从四面八方涌到一处，按他们制定的规则、认同的组织形式，有秩序地开展节日活动，进行各类比赛项目和文艺娱乐，把民族文化活动一年又一年地传承下来。

### （一）场地的选择：从信仰到娱乐

贵州畲族东家人居住在高山河谷地带，多为一姓一寨，河边平坝水田种水稻，山腰斜坡和平坝常作为民族各项节日聚会的地点，称为“跳月堂”或“跳月坪”。跳月是古时老人祭祖聚集庆贺的一种纪念娱乐方式，族人祭祖后跳舞唱歌，如今许多畲族东家人聚居区还有此类文化遗址。“四月八”节日最初始于光头寨祖坟一带祭祀，方便祭祖后族人的玩乐，或在地势宽广，或在大树掩映处、溪流潭水边。东苗于“春月以木刻马为神，召集男女祭以牛酒，曰‘木马鬼’。老者坐饮马傍，未婚男女俱盛饰衣服，吹笙唱歌，旋马跳舞，类皆淫佚之词，谓之‘跳月’”①。男子吹笙，女子携手随笙韵踩步，男女步调合拍，彩服招展，婆娑起舞。这是旧时对东家人“四月八”最为生动的节日描绘，“木马鬼”的最初神圣意义已遗失，独有“跳月”之风，或存一二。

“四月八”节日场地的选择具有现实的纪念意义，上述起义军首领失败被杀的地方，因当时官兵不许人们靠近，畲族东家人只好提着花米饭聚集在虫蚁坡(麻江县杏山镇与下司镇交界处，时为东家养鹅土司辖地)祭奠英雄。当年东家人聚会的山冲，如今还保留着“提篮冲”的地名。至民国初年，虫蚁坡闹匪患，东家人才把会场移到瓮榜朗(今隆昌)，形成初期的民族集会。此地树荫草密，适宜对歌、斗雀。随着篮球、电玩、餐饮等现代活动因素的兴起，瓮榜朗离乡镇中心较远，小赛会场间的衔接不连贯，群众玩乐不便，于是就移到了隆昌村街上，集中形成各种小会场。新建了村委会院坝作为跳舞会场和篮球赛场，背后山路边餐饮林立，山腰平凹处还开辟有专门的斗牛场，旁边小坡顶有凉亭供山歌比赛，林荫处可进行斗鸟和棋牌比赛。

节日场地是最初的坟茔祭祀场所，方便祭祀祖宗，近距离地感受祖先的灵魂嘱咐，并在临近村寨的跳月坪上举行娱神娱人的民族文化活动。后来由于战争，附加英雄的纪念含义，移会场至深谷林荫处。民国后期匪患严重，为了民众安全而转至村寨附近，特别是交通方便的乡镇街上。当下各种新兴饮食、水果与电玩等介入节日的市场，使得远离尘嚣的民族文化活动不得不与世俗经济联姻，节日文化场域的庄严性逐渐呈现出市场的世俗性倾向，原有的民族文化指涉变得模糊，甚至隐遁。或许节日的初衷就存在着祭祀与娱乐的两重性，世代并行不悖，只不过现代教育启蒙与市场观念导向之下，远古的神性渐远，世俗的诉求更占上风而已。

### (二)组织方式：从个别村民自发组织到全民族代表参与

“四月八”是畲族东家人重大的民族节日，远盛于其他节日。东道主是聚集区村寨群众自组织，由德高望重的寨老牵头，各寨热心公益事业的中青年参与，选出各寨负责人，自然形成民间节日“筹备组委会”。组委会对本年

① (明)沈庠修，(明)赵瓒等纂：《弘治贵州图经新志·龙里卫军民指挥使司·风俗》，《中国地方志集成·贵州府县志辑》(1)，巴蜀书社2016年版，第119页。

资金收取额度预算、活动项目类型、小分会场点、奖励方式与标准等问题进行讨论，选出各项事务的负责人、小分会场主持、协调管理者与治安维护队。最后，组委会拟出节日活动方案，达成一致意见，再到村寨家家户户进行宣传动员。这些宣传工作不借助现代纸质广告、喇叭、电话等工具，老百姓大多也不识字，组织者和参与者都是在约定俗成的传统中进行，靠的是族人间自然情感、对节日的期望和热爱以及对组织者长期的信任与能力的肯定。动员妥善之后，组委会集资组选定3个财务管理人，即财务监督员、出纳、会计，他们到附近各村寨传达本次节日资金预支情况，收取节日经费。一般村民都会积极配合，没有丝毫犹豫，再穷的人家也会想办法凑合。小分会场组织的好坏关系到每项活动的成败，附近各村寨中青年人几乎全部出动，积极自愿参与各小会场的协调、管理和维护工作，一旦分工给自己，都会认真负责。小分会场分工极细，程序合理。如斗牛场，设有主持人、报到组、维护队和解说员。主持人负责协调组织；报到组对各地参赛的牛进行编号分组；维护队在斗牛时会用钩绳套牛，分开穷追不舍的牛，对随意进入危险区的群众进行劝阻；解说员则与主持人、报到组积极配合，要求对斗牛较有经验，反应灵活，能说会道，幽默风趣，随时播报比赛规则，对每次参赛双方进行介绍及做下一轮准备工作，对赛场情况即兴点评、通报结果等。

近年来，由于奖金额度渐高，政府基于民族村寨和旅游发展考虑，拿出部分活动资金，参与到节日活动中来。但实际的赛事活动仍由百姓按传统习惯组织，并聘请有名望的寨老做顾问，每次节日的组织工作都做得十分细致。节日期间，各村各寨几乎倾巢出动，纷纷赶来参加节日。随着畲族东家人内部成立了民族文化发展研究会、文艺演艺团和斗牛军团等民间组织，并得到官方、民族精英与民间团体的多重认可，他们在原先的村寨组织者中选出协会成员，代之以全民族村寨代表的参与，协会、社团部分资金扶助的方式，使节日从几个村寨的村民自发管理到整个民族的民间协会协助管理。当下节日的参与及投入，让节日活动组织发生了巨大转变；人力财力大大增加，使得节日活动能举办更加宏大的民族文化赛事与展演，组织形式更加规范，各类活动愈加丰富多彩。

### (三)项目变化:从单一赛事到大型民族文化展演

现代的“四月八”节日主要开展斗牛、赛马、斗鸡、斗鸟、赛跑、登山、山歌、舞蹈、篮球、拔河等比赛项目,1978年左右还进行过抱腰(摔跤)、扭扁担、打格螺(打陀螺)、划刀把、扳手劲、背沙包、打毽、打抛(打棉球)、打秏子棒、编竹器以及12岁以下孩子们拣石子比赛等体育娱乐活动。随着时代的演进,有的节目根据参与人数的多少、热情关注度的高低而有所增减。有的外来比赛和表演项目,新鲜而兴盛一时。如腰鼓比赛,1999年流行于各畲族东家人村寨,并形成庞大的腰鼓队,会场也专门组织了腰鼓比赛,但可能不是本民族文化因素,无法融入自己文化而难以获得长久的生命力。

旧时东家人“四月八”并不喜斗牛,近年受周边民族的影响,斗牛反而成了最受欢迎的比赛活动。各村男女老少喜欢异常,围观人数最多。斗牛场四周只留个山口,三面均是人山人海,呼声此起彼伏,人人热血沸腾。斗牛冠军奖金最高可达10多万元,一些斗牛者还专门从云南等地花重金购买良种斗牛,每日精心喂养,只要各地有盛会,必定前去参加。从历史上看,斗牛不是东家人最初的比赛活动,东家人敬牛爱牛,觉得斗牛很残忍,更热衷的是赛马。近年来交通愈加方便,喂养马的人家减少,赛马渐受冷落,目前只有麻江县宣威岩莺村的东家人在春节时还组织赛马。而隆昌一带群众受到周边民族的影响,转变为斗牛,内部还成立了“东家斗牛军团”。斗牛一般分为三等,小、中、大号三类,用石灰标在牛一侧,另一侧写上牛主村寨,无形中,一人的牛变为一乡一村的荣誉。场内有10多名维持斗牛比赛的志愿者,用钩棒、绳索准备。赛场上,两牛如仇人相见,万分眼红,远远便狂奔至赛场中,用头角猛力相撞,扭转在一处,如在规定时间内双方分不出胜负,或胜方穷追不舍而几陷对方于死地时,志愿者便听从主持人安排,勇敢冲上前,用钩棒和绳索拉开两牛。有些人被斗红了眼的牛撬伤撞倒,但仍兴致勃勃。靠近河坝的地方,斗牛场相当灵活,男女老少挤在河两岸,看牛在河中溅起长长的水花、在沙地泥田里翻滚撞打的精彩场面。若一方败走,观众如蜂群般逐看,被人或牛踩踏事件颇为常见。民众认为自愿观看,一般不追究组织方及牛主的责任。

另一个热闹的会场是唱山歌。由于唱的大多数山歌属于情歌,在家里田园不便哼唱，而在山间河谷，集会时便即兴对唱，随时应变，以歌恋爱，以歌传情。旧时以青年为主，现在的年轻人一方面因恋爱方式渐由歌唱演变为多种形式，另一方面受流行歌曲冲击，普遍不学唱山歌了。目前主要对象是中老年人，他们回味逝去的岁月与恋情："青松林来绿松林，松林上空起了云。妹是云中花一朵，不知好花归哪人。一林竹子选一根，一条江水选一人。不选人才不选美，单选实心合意人。""郎住湾来妹住冲，要想相逢路不通。郎变岩鹰妹变鹞，绕山绕水来相逢。"在这里，不管是哪个村寨，哪个亲戚与辈分，对歌的其他身份已不再重要，他们敞开胸怀，把平日的烦闷和苦水通过情歌释放出来。

此外，斗鸟比赛也不甘示弱。养画眉和喜鹊者大多数是男性中老年人，有农民、退休干部等，甚至外地回乡的农民工冒着被拘留罚款的风险，从浙江、广东等地带回画眉。画眉对这些人来说好比身家性命，就算抬一挑重担摔倒，身体受伤，也要把鸟笼高高举起。他们每天精心喂养，放置洗澡盆，防猫鼠，经常走乡串寨地斗练，发现有"高手"，不惜口舌和重金交换购买。一般以斗画眉为主，冠军可获奖金上万元不等，且还有人以高价购买冠军画眉。

近年来，在民族文化复兴的语境影响下，麻江县畲族阿孟演艺团、黔东南州畲族发展研究会，以及政府的大力扶持，使得节日单纯的竞技比赛与纯娱乐的歌舞有了更大的展演空间。比如，粑槽舞的大型舞阵，《开路经》古老仪式演出，东家歌的东家语与汉语多种演唱，婚俗表演，歌舞、武术评比的规范化，生活秀的展演，民族文化的大游行，都是以前几个村寨难以策划和组织的大型文化展演。此外，还改变了节目项目的主次，对篮球等现代体育聚焦减少，目光从千篇一律的广场舞转向浓厚的民族舞。各民族会场中常见的斗牛比赛，其观众也逐渐分化出部分观看其他民族文化表演。当然，民族文化展演传承与创新的持续热情与造血功能，还需要本民族的文化组织者、表演者和观众等多方合力，才能保持后期的良性发展。

## 三、节日意义的多重功能转化

"四月八"，正如它复杂的起源，已衍生出不同的节日功能，会随着时代的变化而产生新的阐释。它不是一天的纪念意义浓缩，而是持续不断的活动与仪式同构，节日的多元化功能意义使得它既世俗又神圣，严肃静穆中充满自由欢快的情调。

### (一)神圣图腾崇拜与农耕文化感恩意识的转变



畲族东家人传说“四月八”这一天是牛王下凡的日子，也称“牛王的生日”。这天要为牛放假，有的人家要喊牛魂。这天一大早，老人们按规矩，起来时就叮嘱孩子：今天是牛的生日，需清早拉牛出去吃露水草，煮苞谷和米糠喂牛，割鲜嫩的芭茅草喂牛，不要用脏话骂牛，也不要用棍棒打牛，更不要用石头砸牛。因为牛是一家的家当，是保家的牛，一旦喂不好致其死亡，家里没了牛犁地，来年就没有好收成，全家人就得饿肚子。这种民间教育和叙述逻辑，是畲族东家人农耕文化重要组成部分，是老人教育后代爱牛、护牛、养好牛的传统活动见证。

这种节日仪式叙事还存留在神话史诗中。畲族东家人史诗《开路经》和民间故事叙述开天辟地时，始祖英雄“包恰耶恰”眼看人间种出的粮食不够吃，常闹饥荒，就派牛下凡来告诉人类，要节约，每天只能吃一餐饭。牛下到人间后，把“一天只能吃一餐饭”这话说成“一天吃三餐”了，反而造成粮食不够吃了。“包恰耶恰”很生气，就叫牛下凡到人间来替人拉犁，扩大种植面积，解决了人类一天吃三餐的问题。农历四月八这天，正好是牛下凡的日子。牛的力气大，下凡后又肯使力，替人们拉犁扩种了许多土地，这才解决了闹饥荒的问题。为此，人们感激牛的帮忙，把它下到人间来的农历四月八当成它的生日来纪念。

“四月八”这一天，为什么还要喊牛魂呢？据说，这些人家喂养的牛常生病，不长膘，就以为是牛的魂魄不附体了，要把牛魂喊回来，这样牛才能长得好，才有力气拉犁耕地。因此，农历四月八这一天，这些要喊牛魂的人家，早早准备一只鸡或一只鸭，买一两斤猪肉，请来祭司扫圈，此即“喊牛魂”。其大意是：“牛魂快回来，牛魂快回来，牛魂回家来。太阳落山了，你该回来了，年头年尾转了，你该回家了。……牛魂回家来，粮食来喂你，糯谷来喂你，盐巴来喂你，圈神来护你，家神来护你，最嫩的芭茅草喂给你，最香甜的谷草甩给你。……快快回来啊，回到你的屋，回到你睡的地方，长得多壮实，耕作有力气，帮人出大力，一日三餐定实现。”[①]用东家话念毕，持三片芭茅草，沿着圈内的墙根做扫除的动作，烧上香烛、纸钱，杀了鸡、鸭，把它们的血点在圈门的关板上，说牛魂回来了，一切大吉大利了。

民间敬牛爱牛，源于耕牛是农业社会重要的生产工具，从牛的选择、喂养、训练，农民费尽了心血。自古以来，国家都有专门的法律严禁宰杀耕牛，地方有专门的兽医为牛治病。西南民族在重大战争和灾难时需要聚集，举行“牯藏节”，宰杀专门喂养的祭牛，但对一般耕牛敬爱非常。牛在稻作民族中还有图腾的精神意义，三苗部落的祖先就以牛为图腾。相传，蚩尤就是牛首人身的半人半神形象，如今苗族的头饰银角还呈牛角的样式。对牛的崇拜从最初纯朴的直接敬重情感，升华到神性的图腾，又在民间的日常生活中回归原初的农业意义。随着打工潮兴起、机械化耕种日益普及、斜坡狭地弃荒，耕牛数量减少，民间喂牛敬牛的习俗逐渐蜕变，而喂养斗牛、欣赏斗牛比赛则成了民间的一项娱乐活动。



### （二）祭祖仪式嬗变中的民族情感认同

如果说，敬祭耕年是民族生存的生活仪式，那么祭祖则是最为直接的感恩行为。人们通过祭祖增强族人的凝聚力，增进族间情感。畲族东家人重家谱，对自己的祖先非常崇敬。他们认为，后代子孙的一切都是靠祖先的荫庇才得来的。过去，东家人不仅在农历八月十五专门举办“祭祖节”，而且每当秋收后的农历十月或冬月的十二至十五日，都要按照十三年一大祭、三年左右一中祭、一年一小祭的规制，举行规模不等的祭祖活动。甚至在狩猎活动中，获得猎物后，也要先祭拜祖先。《（乾隆）贵州通志》载：“〔东苗〕春猎于山，获禽，亦必以祭。”[②]即使现在，遇婚丧嫁娶或节庆礼仪，东家人也要祭拜自己的祖先。不同的是，过去的祭祖多为家族集体活动，而现在的祭祖多为各家单独进行。

在畲族东家人的观念中，祖先没有具体的形象，祖先的灵魂憩息在牛皮

---

① 吴琪拉达、赵华甫：《走进阿孟东家人》，中国文联出版社2012年版，第69页。

② （清）鄂尔泰修：《（乾隆）贵州通志·苗蛮》，乾隆六年（1741）刻，嘉庆修补本。

鼓内，“不设祠堂，只用祖鼓来供奉祖宗”①，故祭祖仪式往往表现为祭鼓仪式。一般每个家族或房族都有一面祖鼓，鼓用桐木或樟木凿空，两端鞔以黄牛皮，加钉制成，鼓内安放祖先的灵位。祖鼓存放于专门的鼓藏房，或堂屋神龛左上方的鼓洞内，或悬挂于中梁，两侧以芦笙、牛角和牛头骨等为伴。因祖鼓需要供奉和祭祀，故有祖鼓的家族或房族都要专门置二至三亩祭祖田，由族人代耕，收入用来祭祖。祖鼓一般传给幺房，个别家族也可以在大祭时用占卜的方式确定。获得祖鼓保存权的房族，需负责下一届的祭祖活动。

祭祖的祭品，因规模不同而有差异。一年一次的小祭称为“平祭”，祭品只需猪头一个、鸡一只。道师吹芦笙，念祭词，摆一桌饭菜在地上，7 人围坐。道师再次吹芦笙，念祭词、卜卦，请祖先领受，众人相陪。其间，全用阿孟东家语，禁用汉语。三年左右一次的中祭，形式上与小祭相同，但祭品必须是一头大肥猪。十三年一次的大祭，祭品为水牯牛、黄牯牛各一头，猪两头。因开支浩大，祭祖田收入不足的部分，便由本族支系内各家捐集。整个祭祀活动，由总师傅、送祖人、芦笙、送鼓击鼓人等负责，家族男女老少参与，前后持续三四天。祭祖的同时，也举行“跳月”活动，这一活动与民族同源的僅家“哈戎节”相似，有待研究。

过去隆重的祭祀活动因财力、物力等被淘汰，而“四月八”的节日却把这些举族的大祭祀变为支族的小祭祀，进而延伸到各个家庭的祖先供奉纪念中。祖先崇拜在民族日常生活中，靠着小节日而受到时常展现。稻米这些农作物使人们在没有牲禽作祭品的年岁仍得以维持。畲族东家人祭祖田的耕种，则遗留着民族共有的祭祀特权与精神皈依。这种神圣的祭祀活动，由族中有德才者掌管。房族制定严格的活动组织，其组织形式与纪念意义，在各支族合成大族时，便赋予“四月八”祭祀活动的后代组织者以特权。这些后代繁衍在某一个地方，成为村寨，他们所居地便成了节日的聚会文化场域，而组织的族际权力则隐藏于民间组织的活动议程中。组织者与民众长期默契，形成责任与义务，共同维持着节日的现实功能，把民族的情感与凝聚力牢固地弥散在节日的活动中。

---

① 贵州省文化厅群文处等编：《贵州少数民族节日大观》，贵州民族出版社 1991 年版，第 360 页。

### （三）民族节目展演中的民族文化交流

畲族东家人居住的山寨，解放前鲜有学校，老百姓大多数不识字，在人际交往中，不能用汉语言文字抒发自己的感情，因而山歌、情歌成了他们生活中不可缺少的交流工具。“四月八”节日集会，靠歌声交流、了解对方情况，表达爱慕之情。远近100多里的各族青年都来参加，用各自的音调向对方互敬情歌。

节日中，人们用歌声来传达感情，兄弟姐妹、朋友亲戚间的想念，均在歌声中得以表达，淳厚久远的情感靠酒和歌维系着。民族的生活内容，凡所见、所闻、所感、所兴、所叹等，都可编成歌来唱。凡畲族东家人的歌手，大都能唱几百甚至上千首歌。歌手们即兴创作，随机应变，有问必答，且要文采优美，讲究歌词的准确性和艺术性，讲究歌声的动听感人。

过去因为周围民族都来唱歌，仅靠东家歌难以与周围民族进行交流，客家歌便成了东家地区流行的歌曲种类，而原生形态的东家腔调，除了一些婚俗还残留着少许，大多数已经失传。随着非物质文化遗产保护的开展，东家歌又找到了重现的舞台，节日唱东家歌也成了民族文化审美认同的一种方式。山歌在节日里，是回忆往事的美好传达，甚至是情感弥补、重新恋爱的一种变异呈现。在现实中，面对艰苦而枯燥的生活，节日给予了他们丰富的想象空间，对唱便完成了一次精神和情感的盛宴。

近年来，民众在节日期间还进行各种民族表演，如跳月、粑槽舞、婚俗展演、东家拳表演，等等。这些民族原生形态的节目，激发了民族服饰、民间舞蹈、武术与东家歌的复兴与创造，增加了节日的民族文化气氛，吸引了更多的外国朋友和民族学者。

除了以歌传情、以舞娱心之外，节日期间还会举办一些具有民族特色的项目，如摔跤、登山、扭扁担、划刀把、打棉球、抵杠等，几乎每个村寨都会组织队伍来参加。这样的文娱体育赛事，既锻炼了身体，又培养了勇敢、机智和维护集体荣誉等品德。

贵州畲族东家人在文化上与苗族、瑶族有相似性，与黄平、凯里一带的僅家同源，受周围仡佬族、仫佬族和布依族的文化影响较大，是一个刀耕火种的民族。他们喜养牛、马、狗、鸡等畜禽，在民族节日聚会中举行斗牛、赛马、斗狗、斗鸡等活动。尤其是畲族东家人非常崇拜谷物，从四月开始，人们种地栽秧，不准再打米粑，直到八月十五谷物成熟了，才第一次打糍粑。在"四月八"这天，家家户户都要给糯米染上七色花衣，做成五色花米饭，给五谷穿上花衣服，让五谷给群众带来一个好收成。通过盛会，儿童玩乐，年轻人谈恋爱，老年人交流生产经验。节日期间，不光聚居区的畲族东家人，生活在附近的苗族、仫佬族、布依族、绕家、僅家等民族同胞、亲戚都来参加。他们不光对歌，还用客家话（汉语方言）交流生产经验，表达情感。苗岭舟溪、大中、凯里一带原是木佬（今写作"仫佬"）大本营，当地苗族长诗《曼朵多》唱道："我公来到地方，木佬在坪棕，石磨刀也在，他们力量小气，他们各自己害怕，跑到地方都力，我们做活路不好，方去找他们问，七十换个仔，来教我们做工（活路），木佬做忌猎，木佬叹纷纷（指落水的曼罗花姑娘），木佬来给哭棒，哭几声哀痛，僅兜做生忌狗，僅兜悲叹纷纷，僅兜来给哭，哭几声哀痛（房架，留下名声古迹）。"[①]足见节日的聚会，各民族在此相逢一笑泯恩仇，对一个民族内部和多民族间的生产发展，各民族交流情感、团结互助，有着相当重要的促进意义。

（四）民族经济语境下的节庆变异

一个民族和地区的节日是否盛大，取决于参与地区范围的大小和人数的多少。到畲族聚居区隆昌"四月八"节日，来自四面八方的各族人都来看会，参加各种比赛项目。麻江各乡镇，凯里、炉山、雷山、黄平、台江、丹寨、福泉、都匀、独山、龙里、贵定、惠水、瓮安、贵阳等县市的人不远千里，兴致勃勃地来"看会"。尤其是以前交通极为不便的情况下，人们步行于山林小路，各种七彩民族服装点缀在青山绿水间，身上的银饰、马铃声、乐器吹奏声，响彻平日寂静的山谷，成为节日路上一道道亮丽的风景线。

附近村寨住满了来自各地的亲戚，在以前，大多数是在交通和交通工具不发达的地方。他们有相隔几代的亲戚，有亲戚顺带的朋友，亲戚带一般亲戚。总之，远路赶来的人都不想次日再来回一次，主人家更是视来自己家住宿的人数来衡量自家的人脉和热情度，自豪、热情地招待每一位客人，在房

① 罗世庆主编：《贵州仫佬族》，贵州民族出版社 1997 年版，第 49 页。

子、院坝摆上七八张吃饭的桌子,晚上大家聚在起一聊天摆白,休息时用稻草打地铺。

隆昌街上各家小旅馆、饭店挤满了人,各分会场摆满了各种摊子,红、蓝、绿、黄各种雨篷,星星点点,小吃类、游玩类等应有尽有,狗肉摊摆成一条长龙,各种民族服饰和玩具琳琅满目,吆喝声、欢呼声此起彼伏,人潮涌动,拥挤不堪。公路上车马长龙,绵延几里路,车喇叭声不断。斗牛、对歌等小分会场的几座山岗,人山人海,10 里外的地方都能听到歌乐声和欢呼声。聚会完毕,由掉到地上的甘蔗皮、葵花壳可见前来看会的人数之多。



"四月八"节日近年来从民众自主操办转变为民间协会和官方协办。据统计,2010 年麻江畲族东家人"四月八"节日集会,共接待周边县市游客 3.5 万人次,实现旅游综合收入 63.5 万元,到 2019 年参加的游客和群众超过 10 万人次,综合收入比以前翻了几番。① 节日带来的经济收益,无形中使物资得到了交流,刺激了经济发展。举办活动的村寨,其名声也得到了远播,畲族东家人的这一传统节日也得到了传承和弘扬。

"四月八"民族节日从最初庄重性的仪式,逐渐转变为民间文化的展演,增添了许多竞技与歌舞娱乐方式;又由人民群众的自发组织,不断融入民族协会和官方协办的"正规化"路径,一方面使节日的盛况不断延续,另一方面促进了民族文化的发展与社会经济繁荣。在多元文化发展的今天,民族节日如何找到自身传承与发展的生存策略,还需要民族自身的"习惯法"保护、国家层面"申遗"的重视,形成一个原生态民族文化保护区。② 同时,应注意适当的干预,保持其活态的自在状态,让节日"活"在自然的民族语言化语境中,力保节日的"本真性",这才是非物质文化遗产保护与传承的持续活力。

## 结　语

"四月八"是苗、布依、壮、侗、仫佬、畲等南方民族的共同节日,其起源虽各不相同,但都指向农业生产、祭祀祖先、纪念英雄、敬祭谷物与耕牛等特定

① 参见姚宁:《10 万群众欢度"四月八"畲族文化节》,《黔东南日报》2019 年 5 月 20 日。

② 参见颜勇、雷秀武:《贵州民族文化传统节日综论》,《贵州民族研究》2007 年第 6 期。

的意义。节日中自发的组织行为、特殊的管理方式、比赛项目之多、参加人数之众，是其他节日活动少有的。畬族东家人粑槽舞、传统武术和各种民族体育项目，彰显出东家人强悍、坚韧的民族性格。通过节日，他们保持着特有的民族血性和不畏强暴的斗争精神。

市场经济的发展，民族团体、协会与官方的参与组织，使现代民族节日呈现出多样化的组织和管理方式，项目由单一性的竞技比赛逐渐转变为民族文化的多方位展演，传统的岁时祭祀节日成为一个民族大型的文化盛宴。这种文化的繁荣是相反相成的，在这特殊的日子里，日常生活才会注入新的活力，各种民族文化才能摆脱自由、发散的游离状态，获得集中的演练与展示的机会，并进一步交流、磨合、完善。节日以开放包容的姿态，吸引了附近县市的汉族、苗族、布依族、仫佬族、瑶族、僅家等前来聚会。他们以歌传情，以武会友，以舞娱乐，增强了民族内部的认同感和凝聚力，增进了各民族的情感交流、相互理解、团结友爱，促进了区域族群的经济和文化繁荣。同时，节日的现代转化也给自身带来了原生形态意义的消解，祭祀与岁时的传统原意逐渐隐退。民族文化展演如何在传统与现代中保持民族的本真性，用开放包容的心态直面各种现代性语境的冲击，以活态的方式保护与创造自身文化，完成传承与创新的时代使命，是当下民族节日共同面临的问题。

# 维系和建构认同的机制：过渡礼仪视域下的傣族“换寨心”仪式

岩温宰香*



**摘 要**

运用过渡礼仪的理论和模式对西双版纳傣族村落的换寨心仪式进行深入分析，不仅呈现了“民俗”之“俗”作为过渡主体的仪式进程，对过渡礼仪模式作出了发展性运用，而且进一步讨论了换寨心仪式的社会功能，论证了民间信仰仪式在维系乡村文化建构及促进村落社会认同等方面的重要作用。

**关键词**

过渡礼仪　象征秩序　社会功能　认同　傣族换寨心仪式

## 一、方法的提出：过渡礼仪研究的新路径

“过渡礼仪”(rites de passage)是针对带有转变性质的仪式进行研究的概念及范式，最初由法国民俗学家阿诺尔德·范热内普(Arnold Van Gennep)在《过渡礼仪》(*Les Rites De Passage*)一书中提出。他认为，无论是个体在一生中还是群体在生存发展中，在空间、时间以及社会地位上都时时经历着从一种状态到另一种状态的过渡，特别是在两个精神世界或者平凡世界与神圣(宗教)世界之间的过渡。“边缘”(marge)一词是范热内普在书

* 岩温宰香，北京师范大学中国社会管理研究院/社会学院民俗学专业博士研究生。

中着重强调的一个概念，他用之强调一种游离于前、后两个世界之间的空白的心理状态，人们心理上的这种“游离”即是“阈限”(transition)。[①] 这种动态的文化分析理论成为人类学仪式研究的经典范式，在多个领域和学科应用，引起学界广泛关注，一些概念也得到后来学者的补充和修正。比如，著名英国文化人类学家维克多·威特·特纳(Victor Witter Turner)在其三个阶段分类的基础之上，对其中具有模糊性质的“阈限”阶段进行了详细的研究论述，提出了仪式的“结构—阈限—交融—新结构”的新概念。[②] 张举文在《重认过渡礼仪模式中的“边缘礼仪”》一文中，从经典概念的来源角度纠正了中国民俗学领域对于范热内普“阈限”概念的误解，认为由于转译的问题，在由法文到中文的表述中，丢失了“阈限”中的“边缘”含义。他还从边缘过渡的时间性、空间性、个体性与群体性、社会性、心理因素和文化因素等五个方面对范热内普的过渡概念加以总结，指出过渡礼仪概念在中国民俗文化研究领域的可应用性。[③] 高丙中从民俗学基本范畴和社会人类学的视角发展了仪式研究的理论，提出了民俗学之“民”的概念经历了“民间”“人民”“公民”之后，现在应该落实到“人”。[④] 他还提出了“有序通过”的概念，认为在不同质的人类文化空间中，人类为实现社会的有序发展而设置了种种规范，而全部的社会制度和文化理想都在解决人类在社会中的一个基本运动，即有序的“通过”。[⑤] 以上，学界从不同的理论视角对过渡礼仪进行了充分论证与阐释。大量研究表明，过渡礼仪模式被广泛运用于冠婚丧祭的仪式分析中。但学者们对过渡礼仪“谁”之“过渡”的主体性问题却鲜有讨论，往往只强调作为为“民俗”之“民”的个体或群体在时间、空间、社会身份、地位等方面的过渡与转换，尤其较多地集中在成人礼的仪式分析上。比如，美国人类学家玛格丽特·米德(Margaret Mead)的《萨摩亚人的成年：为西方文明所作的

① 参见[法]阿诺德·范热内普《过渡礼仪》，张举文译，商务印书馆2010年版，第134～135页。

② 参见[英]维克多·特纳：《仪式过程：结构与反结构》，黄剑波、柳博赟译，中国人民大学出版社2006年版。

③ 参见张举文：《重认过渡礼仪模式中的“边缘礼仪”》，《民间文化论坛》2006年3期。

④ 参见高丙中：《民间、人民、公民：民俗学与现代中国的关键范畴》，《民俗研究》2015年第2期。

⑤ 高丙中：《有序通过》，“经典概念的当代阐释——过渡礼仪的理论与经验研究”会议论文，北京大学2015年12月，未刊稿。

原始人类的青年心理研究》[①]和英国人类学家奥德丽·伊萨贝尔·理查兹(Audrey Isabel Richards)的《祈颂姑:赞比亚本巴女孩的一次成人仪式》[②]等。此外,在詹姆斯·G. 弗雷泽(James George Franzer)的代表作《金枝》里,过渡仪式还被认为是一种用来实现"人—王—神"空间体系的维稳手段。[③] 前人关于过渡礼仪的研究给笔者带来了很大的启发。但值得留意的是,除了以"民"为主体之外,各类仪式中的"俗"是否也会经历类似于人的过渡阶段?在对傣族村落社会"换寨心仪式"进行深入调研的基础之上,笔者认为,被人格化了的"俗"在某些仪式中也要经历"过渡"的阶段。对此,本文将从民俗学、人类学和社会学等相关学科视角出发作进一步阐发和论述。



傣家人认为我们生活的世界充满神力,更强大的力量一直在支配着自然进程。泛灵性是傣族原生信仰体系的显著特征。他们认为每一种生物都有自己的生命,每一个生命都有自己的灵魂,万物都是有灵性的。人们不仅把兽类人格化,还把物类人格化。比如,傣家人把村寨看成和人一样,是一个有灵魂、有生命的实体,同样要吃饭,要吃肉,会喝酒,因此需要全寨人"供养"(祭祀)它。[④] 因此,设寨头、立寨心、定寨尾,成为傣族村寨的三个节点。这三个节点决定村寨的空间,控制村寨的走势。寨尾在寨头相对的位置,有一道寨门通往寨外,寨门外有一片坟山,这道寨门有通往黑暗的寓意。凡出殡,必经寨尾,不得过寨头,因为寨头象征光明。寨头、寨心、寨尾构成了一条线性的控制傣族村寨空间序列和空间组织的依据,三者贯穿整个傣族村寨。[⑤] 可见,"村寨"不仅指客观世界里的村落实体存在,而且指超自然存在的拥有"心脏"的村寨。

---

① [美]玛格丽特·米德:《萨摩亚人的成年:为西方文明所作的原始人类的青年心理研究》,周晓红、李姚军译,浙江人民出版社 1988 年版。

② [英]奥德丽·理查兹:《祈颂姑:赞比亚本巴女孩的一次成人仪式》,张举文译,商务印书馆 2017 年版。

③ 参见王小雨:《〈金枝〉中的过渡礼仪与国王形象探析》,《辽东学院学报》(社会科学版)2020 年第 3 期。

④ 参见何少林:《中国少数民族文化大辞典·傣族卷(上)》,云南民族出版社 2014 年版,第 342 页。

⑤ 参见何庆华:《傣族祭寨神仪式空间的排他性》,《思想战线》2019 年第 4 期。

不仅作为小行政单位的“曼”ᦢᦱᧃ[ba：n$^{33}$]①有“心”，作为大一级行政单位的“勐”ᦙᦹᧂ[maəŋ$^{51}$]、“景”(ᦵᦋᧂ[tsaeŋ$^{51}$]②等也有自己的“心”。正如詹姆斯·G.弗雷泽在《金枝》里列举的大量有关神的死亡与复活的神话，人们认为通过巫术仪式可以补充神衰退的力量，甚至使他死而复生。③ 同样地，傣家人也要按期(一般一年一祭)为这些“心”举行相关的祭祀活动，促使村落保持恒久的生命力。有的地方还定期(坝老傣村三年一换)举行隆重的“换心”仪式，让整个村寨(勐或景)的心再度复活。作为仪式的重要主体，这种被拟人化了的“俗”在仪式的整个进程中也要经历“过渡”礼仪的三个重要阶段，从而与人形成了一个相互联系的“过渡”进程系列。人格化的寨心何以会产生“阈限”？它在仪式中如何与人发生关系？它又是如何与村落整体相互型构从而一起实现“过渡”的？换寨心仪式与村落社会内部运行机制到底有怎样的关联？以上是本文所要探讨的问题。



## 二、田野个案点概况

本文的田野调查点为云南省西双版纳傣族自治州勐海县勐满镇城子村村委会坝老傣村民小组。坝老傣村属半山区，距城子村村委会2公里，距离勐满镇6公里。面积2.65平方公里，海拔1046米，属于典型的亚热带季风气候，年平均气温19℃，年降水量1150毫米。全村有52户245人，其中傣族、布朗族和其他民族(拉祜族、哈尼族、汉族等)人口之比为7∶2∶1。村寨信奉原始宗教、南传佛教，在多种信仰文化的交融与变迁过程中，其信仰还深受儒家文化等方面的影响，在现代性语境下呈现出一幅五彩缤纷的多重信仰文化图景。

张举文在《重认过渡礼仪模式中的“边缘礼仪”》一文中指出，虽然中国民俗学自20世纪80年代就引入了过渡礼仪思想，但在此后的20多年里，有

① 曼：傣语音译，意为地方[place]，是比“勐”小一级的行政村落。

② “勐”“景”，傣语音译，意为地方“place”，多指平坝地区。曾是云南省西双版纳傣族地区的一级行政区划单位。现仍存在于地名中。如：勐海县、勐满镇等。

③ 参见[英]J.G.弗雷泽：《金枝》(上)，汪培基、徐育新、张泽石译，商务印书馆2016年版，第432～472页。

关民俗活动中的礼仪行为的研究，或是没有提及过渡礼仪模式，或是在介绍、应用有关过渡礼仪模式时将其视为中国传统的“人生礼仪”。很多研究者只注重过渡礼仪本身的仪式分析，没有将此概念延伸至社会发展过程中的中心——边缘、个群——群体、主流社会——少数族群的对立性，以及跨文化群体过程中的被边缘化等问题。[①] 坝老傣村地处中缅边境，区位关系特殊，周边民族交错杂居，是一个傣族、布朗族、拉祜族、哈尼族等几种民族文化相互交接融合的特殊地域，且涉及跨境民族的族群认同、身份认同、国家认同以及原始民间信仰等独具地域特色的多种复杂成分。由于民族同源、文化同根，跨境的傣泐[②]族群之间交往密切，因而坝老傣村是考察边缘、少数族群以及跨文化群体的典型村落之一，对于重认过渡礼仪模式中的“边缘礼仪”有重要的作用和深远的现实意义。



2017 年 12 月 31 日，是坝老傣村换寨心的日子。不过，由于仪式具有很强的私密性，许多民间信仰仪式一般是不允许外人观看或参与的，换寨心仪式同样如此。笔者作为本寨村民，有幸亲历了寻找寨心树和换寨心的仪式全程。以下，笔者将通过换寨心仪式的全程记录，不仅探讨关于过渡礼仪的理论，而且将进一步探讨仪式的社会功能、文化内涵及传承动力。

## 三、过渡、象征及其秩序：“换寨心”的仪式过程

特纳认为，“象征符号是仪式中保留着仪式行为独特属性的最小单元，也是仪式语境中的独特结构的基本单元，是人们处理社会现实和自然现实的方式”[③]，而且“每一类仪式在时间上是模式化的一个进程，它的单位是象征物品和象征性行为的连续事项”[④]。以下，本文将在过渡礼仪模式的理论

① 参见张举文：《重认过渡礼仪模式中的“边缘礼仪”》，《民间文化论坛》2006 年第 3 期。

② 我国傣族将近 120 万人口，其中有 30 多万人聚居在西双版纳，他们自称“傣泐”，国际上称之为“泰泐”(Tai-Lue)或者“泐人”(Lue)。他们使用的老傣文，傣语称“Do-Tham”，也称为“兰纳文”。除了我国西双版纳之外，国外的“泰泐”主要分布在老挝北部、泰国北部和中部，越南西北部亦有少量人口。其中，居住在泰国北部的“傣泐”“傣阮”和“傣痕”一起，被称为“兰纳泰”。

③ [英]维克多·特纳：《象征之林：恩登布人仪式散论》，赵玉燕、欧阳敏、徐洪峰译，商务印书馆 2006 年版，第 19 页。

④ [英]维克多·特纳：《象征之林：恩登布人仪式散论》，赵玉燕、欧阳敏、徐洪峰译，商务印书馆 2006 年版，第 44 页。

视角下，通过换寨心仪式所体现的人、“鬼”①、“神”②之间的交流互动与象征关系对仪式所蕴含的文化心理、实践逻辑以及所建构的民俗作出阐释。

### （一）核心符号和随机符号：作为历史记忆和民俗认同的寨心信仰

从民俗学的角度分析，寨心信仰作为一种民俗文化现象，主要包括其存在的历史形态和活态传承机制两部分。关于寨心的由来，最早见傣族的创世神话史诗《巴塔麻嘎捧尚罗》（ပဋ္ဌမကပ္ပဖုမ္မသၢင္ေလာကၡ[pa$^{55}$ tha$^{55}$ ma$^{33}$ kap$^{55}$ phum$^{51}$ saaŋ$^{13}$ lok$^{51}$]）中的“人类大兴旺篇”：古代傣族祖先的首领帕雅桑木底（ဘးယၢသမ္မုတိး[phaa$^{51}$ jaa：$^{51}$ sama$^{55}$ tai$^{55}$]）教会人们建造房屋、耕种庄稼、饲养家畜、制作器物等生活技能，并制定了婚姻、祭祀、分田地、划寨界等相关的社会制度，奠定了傣族先民基本的社会形态，由此开启了神话传说中的“人王帕雅桑木底时代”。史诗中还写到，在建寨之前，帕雅桑木底先领着族人把红石头栽在寨子中央，周围插上十根木柱，立为“寨心”，作为人类的“定心柱”。③ 之后，寨心存在的历史形态随着历史的演变有所变迁，有以“石头”“木桩”“水泥柱”“塔楼”等为“心”的几种形态。不同村落所呈现的关于寨心信仰器物的不同形态体现了其作为信仰的生命力和作为一种符号（象征）的有效性。张举文在探讨传统传承机制和民俗认同问题时提出了“核心符号”和“随机符号”的概念，认为核心符号对传统的传承极其重要，因为它们体现的是生命力，是该文化的核心信仰与价值观体系。随机符号对于维持一种

---

① 在傣家人的观念里，鬼是一个总的分类，细分的话有好的鬼、坏的鬼、高级鬼、边缘鬼等。寿终正寝的人死后是常鬼，意外死亡的一般是厉鬼、恶鬼，甚至活着的人有时候也会变成恶鬼。比如，新中国成立之前，在傣族村寨盛行的有关“琵琶鬼”的故事、传说等。从其成因要素来看，它在某种程度上也反映了傣族的文化分类。

② 对中国民间信仰研究有深刻影响的美国人类学家戴维（David Jordan K）和武雅士（Arthur Wolf）曾提出神、鬼、祖先三极互动的模式。他们认为，所谓的神、鬼与祖先是因人而异的，即“神”是死后有益于社会或有益于他人的人，“鬼”是死了以后无人祭祀（别人家死去的人是鬼）的人，“祖先”是后人对自己去世先辈们的尊称。他们认为神、鬼、祖先都是一种超自然的存在，但至于是“神”是“鬼”还是“祖先”，取决于跟自己的一种关系。傣家人认为世间万物跟人一样，都有灵魂。天有天神，地有地神，山有山神，水有水神，树有树神，寨有寨神，竜林有竜神，石有石神，谷有谷神；同样地，逝去的先人也会变为神灵保佑自己，给自己带来福愿。但不同于戴维和武雅士“鬼”是死了以后无人祭祀（别人家死去的人是鬼）的人的观点，在傣家人的观念里，鬼是一个总的分类，具体见本页注释①的解释。

③ 参见西双版纳州民族事务委员会编：《巴塔麻嘎捧尚罗（傣族创世史诗）》，岩温扁译，云南人民出版社1989版，第360～427页；祜巴勐：《论傣族诗歌》，岩温扁译，中国民间文学出版社1981年版，第109页。

临时性身份认同的实践来说是有效和有益的，它的有效性源于社会条件的变化。① 从民族文化生成与发展的视角来看，傣族在漫长的历史长河里，历经了无数个朝代更替和时代变迁，其寨心信仰文化符号可能与创世神话《巴塔麻嘎捧尚罗》“人王帕雅桑木底时代”篇章中所描述的有差别，但寨心信仰作为傣家人共同的历史记忆和民俗认同的核心符号从未改变过。直到现在，每个傣族村寨还延续着寨心信仰。虽然关于寨心的一些随机符号可能发生了变化，比如由于地域不同，有的地区用水泥柱和石头替代了“木柱”和“红心石”（居住在坝区的傣族普遍这样），有的地区用当地的其他树木作为神圣的“木柱”，但其核心符号则亘古未变，即傣族村寨历来流传着“寨心不烂，寨子不散”的说法。这是作为文化核心符号的族内历史记忆和民俗认同的体现。



### （二）组织联动中的秩序：行政力量、民间权威与村民

坝老傣村虽然只是一个很小的村落，但自有其稳定的组织传统和权力②结构。村落社会权力结构大致可以分为行政力量和民间权威两种。其中，构成民间权威体系的人群包括“召曼”（[illegible][tsaau$^{33}$ paa：n$^{33}$]）、“召满”（[illegible][tsaau$^{33}$ maɔt$^{33}$]）、“布占”（[illegible][paui$^{35}$ tsa$^{55}$]）、“细梢”（[illegible][sai：$^{35}$ saau$^{55}$]）、“渡彼”（[illegible][tau$^{51}$ pai：$^{33}$]）。从构成民间权威的村落社会组织中可以看出，南传佛教的传入对傣族村落社会的信仰习俗和地方治理格局产生了深远影响。作为一种以地缘性为基础的基层组织，民间权威的

① 参见张举文：《传统传承中的有效性与生命力》，《温州大学学报》（社会科学版）2009 年第 5 期；张举文：《文化自愈机制及其中国实践》，《北京师范大学学报》（社会科学版）2018 年第 4 期。

② 这里的“权力”（power）一词是一个中性的概念。正如杜赞奇在《文化、权力与国家：1900～1942 年的华北农村》一书中所使用的，这个来源于米歇尔・福柯《法纪与惩罚》《性史》等论著的概念是多元且不经常或者必须是压迫性的，还具有创造性和启发性。它是指个人、群体和组织通过各种手段使他人服从的能力，是各种无形的社会关系的合成，难以明确分割。权力的各种因素（亦可称为关系）存在于宗教、政治、经济、宗族甚至亲朋等社会生活的各个领域、关系之中。它们共同组成了坝老傣村“权力的文化网络”（culture nexus of power）。这一文化网络包括不断相互交错影响作用的等级组织（hierarchical organization）和非正式相互关联网（networks of informal relation）。“文化网络”中的“文化”一词是指扎根于这些组织中、为组织成员所认同的象征和规范（symbol and norms）。这些规范包括宗教信仰、内心爱憎、亲亲仇仇等，由文化网络中的制度与网络交织维系在一起。这些组织攀援依附于各种象征价值（symbols value），从而赋予文化网络以一定的权威，使它能够成为地方社会中领导权具有合法性的表现场所。这一权力的文化网络，正是民间权威的“权威存在和施展的基础”。参见［美］杜赞奇：《文化、权力与国家：1900～1942 年的华北农村》，王福明译，江苏人民出版社 2003 年版，第 4～5 页。

机制主要源于对南传佛教和本土原始信仰"俗""信"融合共生的文化理念的落实与实践，是南传佛教文化和本土信仰在不同阶层上下流动的机制之一。二者在互嵌互构的过程中建构出一套与身体相关的仪式象征系统，这个仪式与象征系统明确地将不同身份主体的尊卑长幼、道德等级秩序区分开来，从而强化了差序有别的传统价值观念。比如，体现在日常生活和仪式实践中的不同身份主体在聚食、跪拜秩序、立坐方位等方面的差异。

召曼、召满、渡彼和布占是各类民间信仰或宗教信仰仪式的核心人物，但分属不同的信仰体系。其中，召曼、召满是本土原始信仰体系的代表，渡彼是南传佛教体系的代表，而布占是连接南传佛教和原始信仰的媒介。他们的神圣性，即卡里斯玛(Charisma)的来源以及具体的职责如下：召曼是寨子里的神职人员，相当于长老和灵媒，是傣族原始信仰体系中世袭的寨心代言人。坝老傣村的召曼今年60岁，作为村寨共同体的核心，召曼不仅能跟神灵沟通对话，而且是村民跟神灵实现互惠关系的核心。召曼主要负责换寨心等寨子各类民间信仰仪式和日常人生礼仪等仪式的举行。按照韦伯对权威三类属的划分，召曼属于典型的传统型权威。召满跟召曼同属一种权威类型，但召曼主要负责村落内部仪式事务，而召满主要负责村落外部仪式事务，比如，负责村落森林管辖范围内的所有仪式事务，包括在森林中举行的各种献祭仪式等。作为南传佛教的权威代表，渡彼平时主持各种仪式的诵经坛都要高于众人、布占，甚至高于传统型权威的召曼。在南传佛教信仰区域内，人们可以根据僧人的称谓来判断其在僧团中的地位，这就是僧阶制度各个级别的称谓，它代表着僧人在僧团中已经达到的修行程度和社会认可度。僧阶是按年龄、戒腊、学行来划分的，只是一种荣誉，并不是一种特权。僧人的年龄、戒腊和学行达到一定程度后，就可以由信众提出来，举行升座仪式，逐级晋升到上一个僧阶。一般说来，做了大佛爷之后，他不仅是寺庙[①]里德高望重、学识渊博的人，而且是整个村寨中地位最高的人。即使到本村

① 寺庙在当地也叫"缅寺"，其选址一般要高于所有的村落建筑。寺庙大殿里供奉着南传佛教至高无上的"帕召"(佛祖释迦牟尼)佛像，殿外供奉着本土信仰的其他神灵龛位。作为傣族民众信仰的公共空间，寺庙也是民众平日里祭拜本土信仰各诸神以及祭祀祖先亡灵的神圣空间。这体现了南传佛教和本土信仰的融合共生。在傣家人的传统观念里，一个村寨只有同时有寨心和寺庙才能被视为完整的村寨。可见，寨心和寺庙是建寨的奠基和先决条件，是村落社会得以延续的公共空间和必要条件。

寨以外的其他地方，也是深受人们尊敬的。中国南传佛教主要分为润派、多列派、摆庄派、左抵派4个派别。① 在西双版纳傣族地区，主要是润派佛教。其僧阶从低到高大体可分为以下几种："帕"（ᨽᩡ[phaa51]）、"渡"（ᨴᩩ[tau51]）、"帕萨迪"（ᨽᩡᩈᨴᩦᩡ[phaa51 sa55 tai51]）、"帕萨弥"（ᨽᩡᩈᨾᩦᩡ[phaa51 sa55 mai51]）、"帕祜巴"（ᨽᩡᨡᩕᩪᨷᩣ[phaa51 xau:51 baa:55]）、"帕松列"（ᨽᩡᩈᩫ᩠ᨾᨴᩮ᩠ᨲ[phaa51 sauam55 daet55]）、"帕召祜"（ᨽᩡᨧᩮᩢᩣᨡᩕᩪ[phaa51 tsaau33 xau:51]）、"帕松列阿嘎牟尼"（ᨽᩡᩈᩫ᩠ᨾᨴᩮ᩠ᨲᩋᨣ᩠ᨣᨾᩉᩣᨵᩦ[phaa51 sauam55 daet55 a:55 aka:51 maɔ:51 dai:51]）②。其中，渡彼是当地民众对处于第二级僧阶的僧侣的本土叫法。坝老傣村的渡彼今年34岁，是从勐遮镇一个叫曼令村的布朗族村寨邀请来本寨寺庙任固定住持的，精通布朗族和傣族多种民间仪轨。在换寨心仪式中，他主要负责洁净仪式和吟诵经文，这些都是仪式中最为神圣的时刻，这表明了渡彼所代表的南传佛教信仰体系在民众信仰生活中的至高无上的等级秩序。布占，西双版纳傣语也叫"波占"（ᨷᩮᩬᩢᨶᨧᩣ᩠ᨶ[paɔn51 tsa55]），是傣族村寨里的神职人员，一般由受过具足戒的出家僧人还俗后通过村民信众推选胜任，精通经书，熟悉各种仪轨，主要的工作职责是协助渡彼做好宗教仪式或引导村民举行日常礼仪，是协调宗教与世俗事务的重要媒介。细梢专门负责寺庙管理以及祭祀活动中的联络工作，相当于寺庙的四位护法。

行政力量由村两委构成，包括村长、会计、妇女主任、村民代表。他们主要负责组织和协调各类活动，管理村落日常行政事务。在举行换寨心仪式的前几天，召曼要提前联络村长、渡彼、布占等相关人员一起开会，商议祭祀活动中的具体事项，比如：查看吉日、吉时，什么时候开始祭祀，什么时候念驱"鬼"经，什么时候送"鬼"，什么时候念祈福经等；然后，村长对祭祀活动中的人员进行安排，包括人员的数量、调配、任务等，以保障整个仪式顺利圆满；一切安排妥当后，村长在广播里通知全体村民准备好相应的祭祀用品，在祭祀安排的时间段把祭祀用品送到规定的位置。

节日观察

---

① 参见郑筱筠：《帕松列和帕祜巴升座的重大意义——兼论中国南传佛教僧阶制度》，《中国宗教》2016年第3期。

② 后三个僧阶实际上可以对等，因为他们都是僧王级别的。但值得留意的是，由于"召片领"制度的瓦解，"帕召祜"僧阶现已不复存在。以上内容及文中有关僧阶的划分由笔者根据渡彼坎章所提供的信息整理而成。

(三)阈限前礼

范热内普对过渡礼仪从空间和心理两个层次作了分析,将空间上的过渡描述为“分隔礼仪、边缘礼仪和聚合礼仪”。与此过程相对,人们的心理也将经历从分隔到聚合的过程,他将其描述为“阈限前礼、阈限礼与阈限后礼”。其中,分隔礼仪与阈限期前礼仪相对,指的是与先前世界分隔开的礼仪;边缘礼仪与阈限中礼相对,是游离于前、后两个世界之间的过渡阶段的礼仪;聚合礼仪与阈限后礼仪相对,指融入新的世界的礼仪。[①] 以下,文章将在过渡礼仪模式的视域下,完整呈现“民俗”之“俗”作为过渡主体的过渡模式与仪式进程。

1. 分隔礼仪:“达寮”划定的边界

第一天 9 点[②],村长安排的人员来到仪式地点,听候调配。村长作一些相应的交代和说明注意事项后,开始安排任务。接受任务的大多是寨里的男性村民。任务包括:5～10 名年轻人把守寨门;10 人跟布占去制作祭祀工具;10 人守候祭祀场地,确保整个祭祀过程顺利进行;2 人准备抬送“送‘鬼’”的祭品;女人和老人准备仪式的各种祭品;其余的男人跟着召曼上山寻找寨心树。

任务安排妥当后,村民们各自行动、各司其职,谁都不敢懈怠。被安排看守寨门的几个人砍来竹子并将其破成篾片,编织成两个直径约 80 厘米的六边形篾板,当地人称之为“达寮”(ᨲᩣᩃ᩠ᨿᩅ[taa:$^{55}$laeu$^{55}$])。“达寮”是村寨举行各类仪式必不可少的神圣器物,主要功用是将其放在村寨前后的两寨门前,相当于神圣不可侵犯的警醒标志,也意在将“鬼”魅等不祥之物拒于寨门外,并且告诫外来人员,本寨正在进行献祭活动,禁止带生肉、绿叶类等食物进入寨子。外寨人如果想进入或途经本寨,要自觉缴纳 5～10 元不等的祭品份例,以示对该村所进行的仪式的敬贺。长久以来,各民族间都相互遵守禁忌,体现了地域、族际和村落间的民俗认同。

① 参见[法]阿诺德·范热内普:《过渡礼仪》,张举文译,商务印书馆 2010 年版,第 107～120 页。
② 本文采用 24 小时制记录时间。

2. 神树崇拜的象征性叙事

9点30分，负责寻找寨心树和寨门树的队伍在召曼的带领下敲锣鸣鼓出发。世界上大多数民族都有信仰树木、植物、花草的传统习俗，且在各民族风俗习惯的历史传承中占有十分重要的地位。① 关于中国古代的“神树”或“神树崇拜”，经常被提及或记载的有“扶木”“建木”“若木”和“不死树”等。这些被“崇拜”的树木有一个共性，即它们只是一种神异或神圣的树木，要么可以载日，要么可以通天，要么具有神奇的功能。其自身并没有通灵，没有被拟人化，而是工具性的存在物，只是一种神奇的、非凡的工具罢了。② 然而，与“扶木”“建木”“若木”“不死树”等不同，坝老傣村村民选择的神木，不仅具有神异性或神圣性，而且是被拟人化了的，在特定的文化语境里有其自身独特的象征。召曼告诉村民：“麦帕弓”（ᦺᦙᦘᦱᧅᦂᦴᧄ[maai$^{11}$ phaak$^{55}$ kaum$^{35}$]），因傣语“弓姆”（ᦂᦴᧄ[kaum$^{35}$]）与“公姆”（ᦂᦴᧄ[kaum$^{33}$]）是谐音，有“护佑全家、全寨人”平安顺遂之意，所以也被尊奉为守护村寨的寨心树。村民们把它种在寨心柱旁，象征着它将守护寨心，保佑整个村寨兴旺发达、幸福安康。其他用来制作寨心的树同样被拟人化了，比如“迈国竜”（ᦺᦙᦂᦸᦟᦸᧂ[maai$^{11}$ kaɔ:$^{35}$ laoŋ$^{55}$]）、“迈郭万”（ᦺᦙᦂᦸᦞᦱᧃ[maai$^{11}$ kaɔ:$^{35}$ vaa:n$^{55}$]）“麦丹养”（ᦺᦙᦎᦱᧄᦍᦱᧃ[maai$^{1}$ taam$^{35}$ jaa:n$^{51}$]）、“麦货轰”（ᦺᦙᦷᦖᦠᦴᧄ[maai$^{11}$ ho:$^{55}$ huam$^{33}$]）、“麦嘛俺（ᦺᦙᦙᦱᧅᦀᧃ[maai$^{11}$ maa:k$^{55}$ an$^{33}$]）。这几种类型的树都因其具有“坚硬”“牢固”“不易腐烂”等神异性而被选为寨心树，象征着坚硬的“心”、牢固的“内核”、充足的“动力”，等等。③ 此外，在寻找寨心树的时候，村民们会留意用来制作寨门的树。按照“勐”8个门、“曼”4个门的传统，坝老傣村在每次换寨心的仪式上需要同时更换代表4道寨门的树桩，每道门需要一对“迈国竜”，总共需要8根寨门柱。这8根寨门柱要在寻找和制作寨心树的过程中一起准备好。

“由于女性生理等方面的原因，原始宗教观念中常常将妇女与不洁、污

---

① 参见[英]J. G. 弗雷泽：《金枝》（上），汪培基、徐育新、张泽石译，商务印书馆2016年版，第185～197页。

② 参见王瑞雄、李飞：《基于共时研究的树木崇拜类型探析》，《北京林业大学学报》（社会科学版）2019年第2期。

③ 访谈对象：坝老傣村召曼，男性，60岁。访谈人：岩温宰香；翻译人：岩温宰香；访谈时间：2017年12月31日；访谈地点：勐海县勐满镇坝老傣村换寨心的仪式现场。

秽以至吉凶等联系起来，凡重要和圣洁性质的活动往往都将女性排斥在外，重要的和圣洁性的物体不许女人触摸。"①所以，按照传统规约，寻找寨心树的仪式只限男性，象征着不洁的女性是不能参与的。制作寨心的树必须满足粗壮、坚硬、纹理直、无疤痕、耐水湿、不易被蚁虫蛀蚀、芳香无臭味等苛刻条件，因而非常不容易寻到。

寻找寨心树是一段艰难曲折的历程，需要攀爬陡峭的山坡，穿越茂密的雨林，跨过深邃的沟壑，清除荆棘藤蔓。有时，还会遇上瓢泼大雨。经过约两个小时的跋涉，召曼在一片长满娑罗树的密林里找到了适合用作寨心的"迈国竜"。他用芭蕉叶折成一个锥形的"西雷"(ᦉᦱᦠᦴᧂ[saa55 daoi55])②，之后把"西雷"板扎在一根小棍子上，插在主心树旁，从包里拿出大米、谷子装进锥形祭篮，点燃一对蜜蜡香插在祭篮里，倒两杯苞谷酒放在主心树前。祭坛布置好后，召曼口念祈福词，为"主心"树举行了一个简易的祭拜仪式："至高无上的寨心树，请你保佑你的寨子人畜平安，风调雨顺，牛马成群，鸡鸭满圈，庄家茂盛，谷子满仓……"③10 多分钟后，仪式结束，召曼亲自将寨心树砍倒。之后，他敲响铜锣，不仅是庆祝自己找到了主寨心树，还是告诉寻找另外 4 种辅心树和寨门树的队伍，可以砍倒他们各自寻到的树种了。所有制作寨心、寨门的树被砍倒、汇集到一起后，寨子里手艺最好的村民会负责把它们削制成型。按照传统的样式，要选取每棵树中间一段最好的木料，去掉树皮，用砍刀削制成高约 2.5 米、顶端为宝塔形状的柱子。需要注意的是，只能用砍刀削制，不能用其他工具。据召曼介绍，因为刀、枪、箭不仅是成熟男子坚强、勇敢的象征和标志，还是衡量其善恶美丑的一把尺。刀、枪、箭虽然可以护身，但也会伤害其他生物，具体要看你如何按照傣家人传统的道德标

① 刘军：《肌肤上的文化符号》，民族出版社 2007 年版，第 210 页。

② 用鲜绿芭蕉叶折成的用于祭祀天地神灵的神龛。关于此器物，有的学者通过田野调研认为：因其形状与基诺族妇女的三尖帽相仿，所以其来源与基诺族有关，这是人们对历史上嫁与召片领为王后的基诺女扫基的追念。(参见朱德普：《古代西双版纳傣族统治集团对山区少数民族的统治策略》，《云南社会科学》1991 年第 3 期)但傣族民间却根据生活经验而认为这是傣族文化记忆和历史记忆的体现，因为以前人们的生活比较困难，缺乏盛放东西的器具，人们在生产生活实践中会根据地理环境而选择用树叶或芭蕉叶作为盛放东西的器具。所以"西雷"作为盛放东西的器物的象征就经常出现在各类仪式中。有些傣族的民间精英也认为这是各路神灵(比如"帝娃拉")的神殿。

③ 访谈对象：坝老傣村召曼，男性，60 岁；访谈人：岩温宰香；翻译人：岩温宰香；访谈时间：2017 年 12 月 31 日；访谈地点：勐海县勐满镇坝老傣村换寨心的仪式现场。

准去使用它们。

14 时 30 分，5 根寨心柱和 8 根寨门柱制作完，村民们敲响铜锣，护送这些神圣的木柱回到村寨。用山泉水清洗后，按先"主心柱"后"辅心柱"、最后"寨门柱"的神圣序列，分别摆放在寨心祭祀场地。另一拨人在渡彼的指导下，将旧寨心柱拔出，准备在某一特殊的时刻将新的寨心柱竖立起来。



**（四）阈限礼**

1. 去污：召曼和布占组织的驱瘟祛疫仪式

15 时 30 分，召曼带领一队村民去收回象征 4 道"旧寨门"的木柱和刻有祈祷平安吉祥的巴利语经文的"真"（ᨧᩮ᩠ᨶ[tsɯn⁵¹]）①。此时，作为仪式主体的寨心在"心理上"进入了阈限礼阶段，处在"边缘"的空间，需要守卫祭祀场地的村民严格把守，禁止猪、鸡、狗、猫等动物从新制作的寨心柱和寨门柱上面跨过，否则它们会失去灵性。晚上还需要多位渡彼同时念诵吉祥的经文对其加持，以增强这些木柱的灵力，强化它们作为一寨之"心"的"驱动力"，让其免受"鬼"魅的侵害。同时，"布占"还要进行相应的驱瘟祛疫仪式。

16 时，负责驱瘟祛疫的村民由布占和召曼带领着，砍来野芭蕉秆和竹子等材料，用它们制作盛放祭品的"嘎咚哟"（ᨠᩣ᩠ᨯᩮᩢᩣᨦᨿᩬᩢᨠ[kaa⁵⁵ tauaŋ⁵¹ jaok³³]）和"黑西双"（ᨣᩯ᩠ᨦᩈᩣ᩠ᨿᩈᩬᨦ[xaəŋ⁵¹ saip⁵⁵ saɔŋ⁵⁵]）②。黄泥用来捏制猪、鸡、鸭、狗、牛、大象等动物；木头、竹子用来削制弓、箭、刀、枪等武器，并配上用碎碗、土块等制成的象征金银细软、锅碗瓢盆等吃穿用度的生活用品。以上各类祭品一共要制作 13 套，分别送给 13 个不同种类的"鬼"。召曼告诉村民："大象是送给'鬼'的坐骑，其余动物象征着村民圈养的此刻用来送给'鬼'的家禽、家畜；弓、箭、刀、枪则是驱'鬼'的武器。"③"黑西双"是 9 个边长约 50 厘米、深约 20 厘米、分三排相互连接在一起的方格，而"嘎咚哟"是尺寸相同但单独分离的 4 个方盒。9 格"黑西双"加上 4 格"嘎咚哟"正好 13 格，每一格方盒

① 一种用 6～8 厘米的正方形铅牌制成的神器器物，被埋于寨心和寨门柱下，有阻止"鬼"魅入侵、隔离不洁净之功用。

② "嘎咚哟"和"黑西双"两者都是用芭蕉秆、芭蕉叶和竹子等编制成的盛放祭品的容器物。

③ 访谈对象：坝老傣村召曼，男性，60 岁；访谈人：岩温宰香；翻译人：岩温宰香；访谈时间：2017 年 12 月 31 日；访谈地点：勐海县勐满镇坝老傣村换寨心的仪式现场。

内要分别装进一套上述不同类别的祭品，并分别插上一支蜜蜡香。蜜蜡香上按“鬼”的种类分别系上白、红、蓝、黑等13种不同颜色的线，象征着送给13种不同类型的“鬼”。此外，每个盒子里还要放一枚象征着酒杯的空鸡蛋壳，最中间一格“黑西双”还要放一个泥制的大“鬼”塑像，象征“鬼”王。村民们认为那是辈分最大的“鬼”，只要把这只“鬼”驱走了，其余的“鬼”也都跟着走了。自寨心进入阈限期后，各家的女主人都会在规定的时间段，陆陆续续将献给“鬼”的祭祀品送到寨心祭祀场地。有些家庭也会带孩子一起来，并教导孩子把头发、酸笋、辣椒、火炭、盐巴以及一些零钱等祭品分装在“黑西双”和“嘎咚哟”里，让孩子从小就习得仪式相关的知识。

在这一系列祭祀过程中，10位守护祭祀场所的村民始终坚守在祭祀场地。当所有祭品收集、摆放齐全后，召曼和布占在特定的时辰①里带领全寨人举行驱瘟祛疫仪式。布占把一个装满清水的铁钵放在祭品前面，默念驱“鬼”经文，点燃两根蜜蜡香，燃烧一些“宋贝”(ᩈᩫ᩠ᨾᨻᩱ[sauam³³ paɔi³⁵])②(光叶金合欢)，把灰末放入水里。待驱瘟祛疫仪式结束后，布占会用“广地”(ᨠᩣ᩠ᨦᨴᩱ[kaɔn⁵¹ tai：⁵¹])(蔓荆)蘸水，轻洒在每一个仪式参加者的头上和身上，以达到祛疫、洁净、祈求平安吉祥的功效。之后，布占分别点燃13个格子里的蜜蜡香，在蛋壳里斟满酒，念诵驱“鬼”经文后将酒洒在祭品里，把蛋壳捏碎。驱“鬼”经文要念13遍，大概意思是：“啊，各种不同种类的‘鬼’、各种大‘鬼’小‘鬼’、各种不干不净的瘟神疫‘鬼’，我们把最好吃的东西、最美味的酒都送给你们了，酒杯也送给你们了，赶紧走吧，赶紧从我们的村寨里离开，从我们的猪圈、牛圈离开，从我们的鸡窝、鸭窝离开，从我们的火塘、堂屋离开，不要再来了侵扰我们了……”③驱“鬼”经文念诵完后，召曼将收集在一起的头发放在一个火盆里，再装进糠皮和一种当地特有的象腿蕉秆皮(干燥的)，用火把它们焚烧掉，这一系列的仪式行为目的也是驱赶“鬼”怪。世界各地的民俗材料显示，“‘头发’通常被赋予高度的象征意味，用于指代繁殖

---

① 一般是在太阳要落山的时候，这时白昼将尽，黑夜将至，各种“鬼”魅也开始出来活动觅食了。

② 宋贝树，光叶金合欢，别名酸格，形如豆角。傣族人民认为它是最有威力的一种树，其果实开光后能驱魔除妖。

③ 访谈对象：坝老傣村布占，男性，40岁；访谈人：岩温宰香；翻译人：岩温宰香；访谈时间：2017年12月31日；访谈地点：勐海县勐满镇坝老傣村换寨心仪式现场。

力、灵魂、个人力量等等抽象性事物”[1]。但在以坝老傣村为个案的傣族文化里，村民们却认为，梳理头发时掉落的发丝有一种驱赶“鬼”怪的灵力。因为烧头发时发出的气味很臭，这种特殊的臭味能熏“鬼”、驱“鬼”；零乱的头发还象征着千丝万缕的线，能把“鬼”缠住，进而把它们通通驱逐出去。同时，糠皮、头发等烧过的烟也会散发一股浓浓的黑臭味，这也是“鬼”最害怕的，同样有熏“鬼”、驱“鬼”的功用。象腿蕉秆则是当地一种比较特殊的芭蕉品种，它的种子不会繁殖，每年只会从根部发出一个枝芽。村民们把这种芭蕉叫作“独芭蕉”，认为燃烧这种芭蕉秆后，各种“鬼”的数量就不会再增多了。

2. 洁净：渡彼和布占组织的诵经文仪式

驱“鬼”经文念诵完毕后，布占用扫把将祭祀地点清扫干净，边扫边大声念诵咒语：“各种瘟疫、疾病，各种‘鬼’怪魑魅，各种霉运厄运，统统扫除出去喽。”在场的村民们也齐声跟着附和：“统统扫出去喽。”[2]然后，两个男青年抬着所有的祭品按逆时针方向绕寨心走三圈，再把它们送到西边[3]的寨门外面。朝着两位年轻人抬送祭品的方向，所有人都重重地唾了一口唾沫，象征着对不洁净的唾弃。一路上，抬祭品的人不能回头看，也不能更换肩膀，否则就不吉利，一直要送到寨门外。一些村民会等在路边，待驱“鬼”的祭品经过，就燃放一些炮仗驱赶“鬼”怪（在猎枪还未被国家收缴前，村民们用放铜炮枪的形式来驱赶“鬼”怪），并朝着祭品重重地唾上一口。将祭品送到西边的寨门外后，抬祭品的年轻人最后点燃一挂炮仗，快步离开。以上整个驱瘟祛疫仪式，既有美食诱惑“鬼”魅远离，又有布占驱“鬼”的经文咒术、鞭炮、唾沫等的驱赶，通过软硬兼施、多管齐下的方法才能达到祛除不洁净的目的。

待两位年轻人回来后，布占就用“广地”蘸取圣水，轻洒在每个人身上以达到洁净的功用。接下来，渡彼为众人举行诵经文仪式。布占用白线将寨心和渡彼的莲花座连接起来，其目的也是出于对正处在阈限期内的寨心的保护，避免其受其他恶势力或不洁净之物的干扰和破坏。之后，渡彼就面对着寨心为



① 安琪：《傣族泼水节的神话与仪式研究》，《广西民族研究》2012 年第 4 期。

② 访谈对象：坝老傣村布占，男性，40 岁；访谈人：岩温宰香；翻译人：岩温宰香；访谈时间：2017 年 12 月 31 日；访谈地点：勐海县勐满镇坝老傣村换寨心仪式现场。

③ 在坝老傣人的意识中，东方表示到来，西方表示离开，所以，送旧岁仪式要在西方举行，而迎新年仪式要在东方举行。这样的方位规定，体现了人们对于神圣空间和世俗空间的想象。

全体村民念诵祈福经文。村民们跪坐在下面，虔诚地聆听渡彼念诵吉祥的经文。祈福经文念诵完毕后，布占再次用"广地"蘸取圣水，轻轻洒在每一个仪式参加者的头上和身上，再次为人们祛除不洁净，保佑他们吉祥、平安。

3. 激发行动，传承美德："赕"的仪式对民俗认同的维系

19 时，村民们在仪式场地上用竹子搭建起简易的窝棚，并盖上塑料布、树枝，垫上竹席，为守护寨心的人们建好了临时居所。守护寨心的人除了预先派遣的人员外，还有从其他村寨邀请过来的 4 位渡彼以及村两委、召曼、布占等成员。整晚，渡彼轮流念诵吉祥的经文及其他祈祷经文。特纳在《仪式过程：结构与反结构》一书中提出处于仪式"阈限"阶段的人和人之间因为经历相同的通过仪式，处于平等、反结构的状态。① 在聆听渡彼念诵经文时，听众也处于这种平等的、反结构的状态，介于神圣和世俗之间。在渡彼们整晚的经文吟诵声中，村民们跟着寨心一起经历了洁净的仪式。寨心、村民由不洁净到洁净，整个村寨也随着驱瘟祛疫仪式从不洁净到洁净，这是寨心、寨门、家畜、人乃至整个村落作为共同体要一起经历的阈限期。一旦过了这个阈限期，渡彼吟唱的洁净经文结束，回归日常生活，又要重新遵循日常的村落社会规则，从而具有相应的等级秩序。经历阈限阶段之后，新的"结构"通过"交融"而产生，全新的村寨"品格"和"面貌"得以象征性确立，村寨内所有的生物经过仪式之后都能重新获得寨心和家神的认可。

在守护寨心的过程中，各家各户的女人们陆陆续续从家里带着烤肉、粑



① 参见[美]维克多·特纳：《仪式过程：结构与反结构》，黄剑波等译，中国人民大学出版社 2006 年版，第 96～124 页。

粑、粽子、烤鱼、米饭、苞谷酒等美味的食品，恭恭敬敬地“赕”（ᦑᦱᧃ[taa：n$^{51}$]）①给渡彼和守护寨心的人们享用。来到仪式场地后，她们双手合十，将食物恭敬地献上，以表达对守护寨心人的感谢和慰问。有些家庭会带着小孩或直接让自己的小孩来“赕”食品，既从小培养孩子的善心、爱心，也让这种神圣的仪式能代代相承。

4. 神圣的时间和空间：寨心作为主体的过渡礼仪

第二天凌晨3点是安装新寨心柱的“神圣时间”②。当地的一句口头传统表明了人们对这一“神圣时间”的追忆与想象：“霉浩笼，端归冷姆，麻毛换，改毛康。”③（[illegible][maəi$^{55}$ xaa：u$^{55}$ lauaŋ$^{51}$ taɔŋ$^{55}$ kaoi$^{33}$ laəm$^{33}$ maa：$^{55}$ baau$^{35}$ haɔŋ$^{11}$ kaai$^{55}$ baau$^{35}$ xaan$^{55}$]）整句话翻译过来就是：“白的霜露降，芭蕉叶湿滑；狗酣眠，鸡未鸣。”根据口头传统所描述的景象推算，这神圣的一刻相当于古时候丑时和寅时的正交接时。米尔恰·伊利亚德（Mircea Eliade）在《神圣与世俗》一书中指出，时间在宗教徒看来并非均质、绵延不断的，在历史的长河中，存在着神圣时间的间隔，“从其本质上看，在某种程度上而言，神圣的时间是可逆的。确切地说，它是一种被显现出的原初神话时间。每一个宗教节日和宗教仪式都表示着对一个发生在神话中的过去、发生在‘世界的开端’的神圣事件的再次现实化。对节日的宗教性参与意味着从日常的时间序列中逆出，意味着重新回归由宗教节日



① 该词源于佛教巴利语Dana。在一般的汉语词典里，往往只把“ᦑᦱᧃ”简单地译为“布施”，未能顾及其在南传佛教语境下丰富的内涵及其在傣族本土文化语境中的实际意义。在南传佛教语境里，“赕”是成佛之路（菩萨道）必修的巴拉密（福德资粮）之一。而在西双版纳本土语境里，“赕”既有布施、施舍、供养之意，也包括对逝者亡灵的一种献供。简单而言，就是信众们把自己平时的劳动果实奉献给佛，把财物捐献给佛门的行为。傣家人认为做“赕”有如下好处：死后升天；使子孙后代长得漂亮，生活幸福；父母死后有吃有穿；可以治病；多做赕，受人尊敬，生活富裕；等等。不做赕会有下述灾难：发生战争，互相残杀；发生灾荒，饿死人；父母分离；男女老幼患病；寨子里充满“鬼”魂。自南传佛教传入西双版纳一带，经过长期的地方化，“赕”的仪式吸纳了大量本土固有的原始宗教、民风民俗，一部分大型赕佛活动还转化成重要的节日庆典（比如泼水节、浴佛节等），衍生出多元的宗教信仰和社会功能，包括对佛祖、僧侣的供养，对祖先、亡灵、“鬼”神的祭祀，对佛寺及各种公共场所的财务布施等，内容十分广泛。“赕”具有协作与整合、互助与分享、节日与聚会、艺术展演与传承等多重社会功能。赕佛活动的社会化使这种个体性、区域性的佛教活动影响力不断放大扩张，由个体行为转化为村寨行为、由村寨行为升格为区域行为，成为联系傣族信众、连接傣族社会的重要纽带。参见田玉玲：《供奉与表达——傣族南传佛教艺术与“赕”的关系解析》，云南大学2010年博士学位论文。

② [罗马尼亚]伊利亚德：《神圣与世俗》，王建光译，华夏出版社2002年版，第32～35页。

③ 访谈对象：坝老傣村召曼，男性，60岁；访谈人：岩温宰香；翻译人：岩温宰香；访谈时间：2018年1月1日凌晨2点，访谈地点：勐海县勐满镇坝老傣村换寨心仪式现场。

本身所再现实化的神圣时间之中”①。伊利亚德的“宗教”概念是广义的，包括人为宗教与原始宗教信仰，融合傣族本土信仰和南传佛教信仰的换寨心仪式当然也包含在内。换寨心仪式在某种程度上也可以视为一个村寨的节日，全寨人共同参与其中，辞旧迎新，迎来整个村寨崭新的时刻。在特殊的时刻完成“换心”的仪式，既是对祖先神帕雅桑木底的追忆，也是人们希望以此回归神圣的原初神话时间的美好愿望。因为神话里的时间奠定了世界和人类社会最初的秩序，将混乱混沌的状态转化为有条不紊的秩序。从某种程度上来讲，神话的时间具有神圣性，意味着永恒。人们想象着回到祖先神创造美好生活和井然秩序的这一伟大时刻，渴求获得这种永恒。召曼告诉村民：“寨子里以前换寨心的时候还要邀请章哈（ᨧᩣ᩠ᨦᨡᩣ᩠ᨷ[tsaa:$ŋ^{33}$ $xaap^{55}$]）②来演唱关于帕雅桑木底先王的神话呢。帕雅桑木底是我们傣族最早的祖先神，他不仅带领人们立了寨心，还造了人类历史上第一幢竹楼。因为帕雅桑木底我们才有住的地方，我们才从居无定所的‘盘坝’（ᨹᩣ᩠ᨶᨸ᩵ᩣ[phaa:$n^{51}$ paa:$^{35}$]）（野人）变为文明人。所以我们傣族上新房和祭祀寨心仪式都要歌唱他，缅怀他的恩德，以获得他的护佑。”③

从召曼的讲述里，我们可以看出，换寨心仪式不仅是为了给村寨重新换上一个新的“心脏”，而且是为了纪念让傣族人民过上美好生活的帕雅桑木底先王，更是为了求得这位具有强大力量的神灵的庇护，凸显了祭祀先王、缅怀先祖、追忆起源时刻的仪式功能。

4 位渡彼根据等级秩序，先由辈分和等级最高的渡彼安装主心柱，其余的再分别把 4 根辅心柱装进挖好的洞里。之后，村民往洞里填泥土，把寨心柱固定；渡彼把露在外面的高约 1.5 米的顶端部分用白布包裹起来，缠上象征

---

① 参见[罗马尼亚]伊利亚德：《神圣与世俗》，王建光译，华夏出版社 2002 年版，第 32～33 页。

② 西双版纳傣语，也称“那婉”（ᨶᩣ᩠ᨿᩅᩬ᩠ᨶ[naa:$^{51}$ $vaɔn^{51}$]），直译为“会唱歌的人”，即传统歌唱家、曲艺家。掌握大量民间的歌谣、神话传说等地方性知识，在上新房、祭寨心、婚礼等仪式上经常被邀请去演唱传统的章哈调。“章哈”是傣族传统文化的主要传承群体之一。

③ 访谈对象：坝老傣村召曼，男性，60 岁；访谈人：岩温宰香；翻译人：岩温宰香；访谈时间：2018 年 1 月 1 日凌晨两点，访谈地点：勐海县勐满镇坝老傣村换寨心仪式现场。

吉祥如意的白线及"达寮哈绣"(ᦎᦱᦶᦟᧁᦃᦱᦶᦃᧁ[taa:$^{33}$ laeu$^{55}$ xaa$^{51}$ xaeu$^{55}$])①;召曼和召满分别把象征"生活甜美""节节高"的两根甘蔗苗和芭蕉苗拴在寨心柱顶端;村长和会计则带领其他男性村民用竹篾在寨心场地的四周围建起一道护栏。

从寨心柱被立起来的那一刻,村寨便完成了重要的"心脏"代际更替仪式。就像一位初生的孩子一样,在历经了之前一系列分隔礼仪后,寨心以新的驱动力和生命力重回属于整体村落社会的地域,人们要通过让其"进餐饮食"的方式来庆祝与其重新聚合。各家各户纷纷向其敬献新蒸的米饭、成熟的芭蕉和各种美食。至此,寨心完成了身份的转换。新的身份最终得以确认,从而获得了新的地位和归宿。此后,人们每隔一年要进行一次献祭活动,每隔三年在同样的时间、同样的地点要举行同样的"换心"仪式。这些仪式不断强化了不同于日常生活的那些神圣的时间和空间。可见,在传统村落中,时空观念并不完全是一个科学的概念,更多地强调一个被区域性的时间和空间经验建构的形式。人的主观经验对时空观念的认知与参与,使之显现出鲜明的人文特性。



### (五)阈限后礼

#### 1.神力圈:神圣世界与世俗世界的边界

第二天9点,村民们抬着新寨门柱,由辈分最高的渡彼手持"环岛秀儿"(ᦃᦸᧃᦎᦱᧁ ᦉᦲᧁᦌᦻ[xaɔn$^{11}$ taau$^{11}$ saiu$^{35}$ tsai:$^{51}$])②在前面引路,并用"环岛秀儿"指地,围绕村寨象征性地画一个圈。渡彼告诉村民:"这个圈是神力圈的象征,神力圈内是人住的,神力圈外是各种'鬼'魅的世界。阴阳两界,互不侵犯。"③在渡彼看来,绕寨仪式可以阻隔生者和死者、阴界和阳界,可见这是人们强烈边界意识的体现,是村落社会时空认知、环境感知的外化表征。这个

① "达寮哈绣"是一种用青茅草搓成的草绳,作为驱邪避"鬼"、祛灾降幅的信用物被广泛运用于当地各种仪式和岁时节庆上,比如撵"鬼"仪式、祭寨心、寨神、勐神仪式和关门节、开门节等重要的岁时节庆。参见何少林:《中国少数民族文化大辞典·傣族卷》(上),云南民族出版社2014年版,第345页。

② 渡彼做各类仪式常用的一种有灵力的法器。

③ 访谈对象:坝老傣村渡彼,男性,34岁;访谈人:岩温宰香;翻译人:岩温宰香;访谈时间:2018年1月1日;访谈地点:勐海县勐满镇坝老傣村绕寨仪式现场。

仪式不仅有空间净化的作用，而且能给人们带来心灵上的慰藉，也是人们社会关系、文化逻辑的行动表达。人们通过这种特殊的叙事形式记忆、想象自己的故土家园，以达成身份上的归属与认同，并以此建构社会群体内部的团结协作和集体认同，活态地传承着一个族群关于家园的空间想象。

前进队伍一路敲锣打鼓，热闹非凡。途经东、南、西、北四道寨门时，召曼负责把“真”埋进安装寨门的土里，再重新装上新的寨门柱和拴上“达寮哈绣”。之后，渡彼要为新的寨门举行滴水①仪式。渡彼说：“人的世界有寨门，‘鬼’的世界也有‘寨门’，人的寨门和‘鬼’的寨门之间还有一个过渡的中间地带呢，那个中间地带就是我们每年辞旧岁的地方。那个地方为什么要位于日落的方向(西边)呢？因为去了不回的人(指逝去的人)是去往日落的方向。”②寨门用实物标定界线，并在确定此物时伴以相应的献祭礼仪，“当地界碑或边界标志通过仪式被某一特定群体在特定地域确立后，该群体便拥有了此地域，以致当一陌生人踏上这片地域时就等于犯下渎圣罪，尤如一俗人进入神圣之树林或殿堂等”③。可见寨门方位的规定，体现了人们对于神圣空间和世俗空间的想象，是村寨确立自己土地山林权的一种神圣性叙事。

2.聚合礼仪：多元共治的基层社会治理格局的秩序建构

新寨门安装完毕后，要在渡彼的主持下举行“岁载搭”(ᩈᩧ᩠ᨷᨩᩣᨲᩣ[saɯp$^{35}$tsaa:$^{51}$taa:$^{55}$])仪式。傣家人认为，每个人的生命历程里都有一种能左右个人命脉的超自然存在，傣语称之为“载搭”(ᨩᩣᨲᩣ[tsaa:$^{51}$taa:$^{55}$])。在傣家人的观念里，“载搭”硬，则命刚；“载搭”弱，则命柔。除此之外，人的身体里还依附着另外一个超自然存在，即“魂”，傣族称之为“欢”(ᨡ᩠ᩅᩢᨶ[xwaən$^{55}$])。“欢”与身体的紧密结合，是身体守序的基本保证，一旦魂离开人体，就会造成身体的失序，整个人就会陷入疾病的危机。“欢”是个体生命存在的基础，而“载搭”是命运昌盛的保障。从某种意义而言，“欢”和“载搭”就像一对孪生兄弟，都具有操纵和控制个体生命的力量，直接影响着一个人

① “滴水”是南传佛教的一种经常性仪式。仪式的目的和意义是：僧人为信众念《滴水祝福回向经》，不仅可以给死去的先祖、亲人滴水祝福，让他们能够生在善道以及消除业障，而且滴水者还能在现世积累功德福报。

② 访谈对象：坝老傣村渡彼，男性，34岁；访谈人：岩温宰香；翻译人：岩温宰香；访谈时间：2018年1月1日；访谈地点：勐海县勐满镇坝老傣村绕寨仪式现场。

③ [法]阿诺德·范热内普：《过渡礼仪》，张举文译，商务印书馆2010年版，第13～14页。

生命体的存在以及生命历程的延续，也是确保个体生命有序运作的基本保障，所以要在适合的时间里举行“岁”（ᩈᩨ᩠ᨷ[sauɯp[35]]）（延续、扶持、匡正）的仪式。“岁载搭”连起来翻译就是，利用仪式把一个人的魂招回来，扶持其命脉，匡正其命定，让其生命历程始终处于昂然勃发的态势。“岁载搭”仪式体现了傣家人独特的生命观与灵魂观。

代表民间权威的召曼、召满以及代表行政力量的村长、会计4个人，要分别坐在4个用山竹搭制成的类似小房子的装置里，这种装置傣语叫“苏姆载搭”（ᩈᩩ᩠ᨾᨧᩣ᩠ᨲᩣ[sauam[35] tsaa:[51] taa:[55]]）①。4个“苏姆载搭”分别代表米、谷子、水和铁，表示整个村寨吃穿用度全部具备。这个仪式象征着新的寨心能给村民们带来幸福美好的新生活，也象征着村民们将在村长、会计、召曼和召满的带领下共同维护好村落社会的秩序。4个代表不同权力的主体在渡彼的主持下共同参与了“岁载搭”的仪式，这个仪式环节体现了多元共治的基层社会治理格局秩序的建构。“岁载搭”仪式结束后，布占带领村民将祭祀地点收拾干净，召曼将村民们送来祭祀寨心的白米、谷子“苏玛”（ᩈᩩ᩠ᨾᩣ[sau[55] maa:[51]]）②给渡彼，作为对渡彼的谢礼，渡彼则以念诵经文的方式回礼。从苏玛仪式中“白米”“谷子”等礼物流动的仪式环节里，我们可以看出南传佛教在多元共治的基层社会治理格局秩序中占有重要的地位。至此，换寨心的仪式进程全部结束。

## 四、维系和建构认同的机制：“换寨心”仪式的功能分析

坝老傣村的换寨心仪式，通过周期性地把村民聚在一起，不仅激发了人们对村落认同和归属的情感，而且在仪式中加深了村民对村落文化的印象，让他们在集体中感受到共同的信仰力量。这主要体现为以下几方面的特征和功能。

① 由四根山竹组成，分别放进一些象征吉祥的物品，上端用白线捆扎起来，分东南西北四个方向搭建成一个塔形小屋，象征一个保护人的空间。

② “苏玛”是一种定期或不定期的仪式化访问活动。在傣族日常生活语境里，“苏玛”既是动词也是名词，集“忏悔、道歉、抱歉、对不起、感恩、祝福和供养”等意思为一体，是傣族纲常伦理中最常见的一种。

### （一）协调各方力量，加强村落治理：换寨心仪式对社会关系的整合

傣族是一个深受南传佛教影响的民族。在南传佛教传入之前，傣族已有自己的各种原始宗教信仰，自南传佛教传入以后，出现了南传佛教和原始宗教文化相互交融的共生文化。寨心信仰是促成南传佛教、原始信仰和国家文化相互交融的内生动力。召曼作为寨心代言人，是整个换寨心仪式的灵魂人物，肩负起了整个活动的监管工作，以保证整个仪式顺利完成；布占负责祭祀物品的制作和念诵驱“鬼”经，并协助渡彼和召曼完成其他仪轨；渡彼负责念诵各种祈福经文和洁净仪式；村长负责全寨人员的调配、任务的安排等工作。从参与换寨心仪式的圣俗权力运作中可以看出，民间权威和行政力量各司其职，始终参与仪式，负责整个仪式的管理、监督和引领，以保证祭祀活动严格按照预先安排的进程执行，并保证祭祀活动安全、顺利完成，有力地维持了整个仪式的严谨性、庄严性、连续性和完整性。可见，换寨心仪式在维系传统习俗、协调组织、整合社会关系等方面起到了至关重要的作用。

### （二）激发行动，传承美德：换寨心仪式对民俗认同的维系

寨心不仅是乡村景观的焦点和醒目标志，而且是村民“心理生活空间”的中心。寨心的结点作用，不仅表现在地域上，而且表现在“心理场”上。“‘文化心理场’是一个借助于物理学中的‘场’来描述文化结构、发展方式和作用的概念，其内容包括静态和动态、外显和内隐相结合的各种人文景观、宗教信仰、民风民俗、音乐歌舞、服饰建筑等，它们构成了一个促使身处其中的社会成员思维方式和价值意识趋同的心理场，发挥着影响人之身心发展的重要教育作用。因而可以说，它是一种重要的、活的教育形式。”①在日常生活里，村民们遇到结婚、盖房、出远门等大事，都要通过召曼去“波”（ᦗᦲᦵᦡᧆ

① 田夏彪：《文化认同与传统“文化心理场”关系——以大理白族为个案》，《民族高等教育研究》2016年第5期。

[baɔk35])①寨心，以求得寨心的保佑。“寨心立，寨子存，寨心倒，寨子亡”，是每一个傣家人根深蒂固的意识。自从“立寨心”的那一刻起，村落就有了内在的原始生命张力。作为傣族原始信仰的核心符号，寨心信仰符合傣家人的核心价值观。而有核心价值观的东西都是具有生命力的，比如仪式中“赕”的精神理念，无形之中不仅激发了人们的传承动力，而且让寨心信仰得到了有效的延续和传承。源源不断地“赕”的队伍，从老年到幼孩，善念得以表达，善根得以传承，这是“赕”文化的精髓，对于民俗认同、文化观念培育和族群身份认同建构等具有重大意义。让年轻一代对传统文化怀有敬畏之心，是一个由“人至神”和由“神至人”的社会互构过程。每一次换寨心仪式的进行，就是一次对自己民族文化、历史记忆的认同和实践的过程。



### (三)增强族群认同，巩固集体记忆：换寨心仪式对传统的建构

换寨心仪式通过在特定的文化生态空间中举行相应的仪式，将村民们变成互有联系的社会成员，使之形成象征意义上的共同体。按照爱弥尔·涂尔干(Émile Durkheim)的说法：“仪式首先是社会群体定期重新巩固自身的手段。”②定期举行仪式，可以巩固族群内部的集体认同感，强化集体记忆。莫里斯·哈布瓦赫(Maurice Halbwachs)认为：“从时间和空间上看，每个群体都在分化，然后团结得更为紧密。在这些群体中，有一定数量的原初集体记忆在不断发展。在一段时间里，这些集体记忆维持着只对群体有意义的事件的回忆，但是，它们对群体成员的兴趣越大，其自身的数量就越少。在大城市里很容易陷入遗忘，而一个村子里的居民却在不断地相互观察，他们的群体记忆忠实地记录了每一个能被觉察到的行为举止，因为这些行为举止会反作用于这个小社会，并推动它的改变。在这样的环境里，每个个体都共同思考和回忆。”③傣家人的生活，从摘野果、狩猎的原始丛林生活到刀耕

---

① 虔诚地祈求、祷告、请示神灵的护佑。在遇到出远门求学、工作或举办冠婚丧祭等人生礼俗前，傣家人一般都要“波”家神或寨神，以求得神灵的护佑。“波”的时候要带着米、烟酒、茶和蜜蜡香等礼物，双手合十，低头垂目，之后再向神灵们发出虔诚地祈求、祷告和请示。

② [法]爱弥尔·涂尔干：《宗教生活的基本形式》，渠东、汲喆译，上海人民出版社1999年版，第507页。

③ [德]阿斯特莉特·埃尔：《文化记忆理论读本》，余传玲等译，北京大学出版社2012年版，第86页。

火种的农耕生活，再一步步走到今天幸福安康的美好生活，虽然历经时代发展和社会变迁，被划分为不同的部族，分布在不同的地域，但寨心信仰这个民间俗信却在每一个傣族寨子中得以保存和延续。这说明，从古至今，寨心信仰已经成为傣族共同的亘古不变的文化核心符号。从建村立寨的那一刻起，寨心就被赋予了一种神圣的生命力，这种生命力是永恒的。类似于人类“心脏”的寨心，旧了可以更换新的，一代又一代，它的生命永远勃发，它永远年轻，它的驱动力永不枯竭，村落也因它而充满活力。



平日里，寨子里如果人畜平安、风调雨顺、和睦相处、尊老爱幼、家庭和美，会被认为是村寨根基稳固、寨心“心脏”动力十足、寨心护佑的结果；相反，如果哪家遇到天灾人祸，他们会认为自己的言行有悖于传统道德规范，所以一定会通过召曼去给寨心做祈祷，祈求寨心原谅自己。此外，每一年必须举行一次小的祭祀寨心仪式，每三年必须举行一次大的更换寨心仪式。这些仪式，都是为了让寨心更加充满活力，让寨心的驱动力更加强劲。村民们认为，随着时光的推移，寨心的生命力将会越来越强大，寨子也将会子孙延绵、人丁兴旺。可见，寨心是村落生命得以延续的永恒驱动力。更为重要的是，这种驱动力不是简单的重复，而是呈螺旋式上扬的态势，是对美好生活的希冀，是一种能串联过去、现在、未来生活的永恒动力。这种信仰无疑成为本地傣族社区成员社会化过程中的风向标、定位器。在寨心的“教化”和“护佑”之下，传统的傣族家庭中很少出现夫妻感情不和、家庭暴力等问题。传统的傣族家庭被誉为最和睦的家庭，他们上孝敬父母，下疼爱子女，老有所养，幼有所乐，这种和谐的民风主要仰赖于时常举行的寨心祭祀。

## 结　语

以上，围绕以坝老傣村为个案的传统傣族村落换寨心的仪式全程，我们探讨了过渡礼仪理论中关于过渡主体的问题，不仅呈现了民俗之“俗”作为过渡主体的过渡进程，拓展了过渡礼仪和“阈限”概念的内涵和外延，还进一步深入探讨了傣族民众如何在日常生活中进行时空认知、集体认同和历史记忆的建构，直观、立体、形象地呈现了傣家人在漫长的历史时期内所共享的文化核心符号，并梳理出有共享意义的逻辑图式。作为村落重要的文化记忆和独特的文化模式，寨心信仰是傣族本位文化的主体，是一个有着内在一致民族精神的族群共同的历史文化遗产。

当下，村落社会的新时代文明实践与乡村社会的有效治理是现代化国家建设的重要议题，如何基于扎实的田野个案对此进行深入探讨是我们需要关注的。因此，我们应该怀着民俗学的温情对此进行研究，并以科学的态度建立理解民间俗信的角度，为社会主义精神文明所用。

# “立春”节俗传承现状调查报告
## ——基于网络问卷的调查与分析*

王生晨**

**摘　要**

立春是二十四节气之首，也是我国重要的传统节日之一。基于立春现状的网络问卷调查与分析，我们发现，立春在全国各地的确有过比较广泛的认知度与影响力，并伴有一系列丰富多彩的习俗活动。近现代以来，尤其是20世纪80年代以后，随着我国整体社会经济与文化的变迁，立春出现了日益式微的态势并逐渐从民众社会生活中被“排除”出去。与此同时，以非物质文化遗产保护为代表的传统文化振兴运动，又为节俗保护与当代传承提供了契机。

**关键词**

立春　现状　式微　问卷调查

“立春”是二十四节气之首，也是我国重要的传统节日之一。在某种意义上，以“立春”为代表的二十四节气是中国古代劳动人民对天文、气象、农事进行观察、探索和总结的结晶，本质上是农耕文明的产物，适应的是农耕时代的经济发展与整体社会状况。20世纪80年代以后，随着工业化、信息

---

* 本文系国家社科基金特别委托项目子项目“中国节日志·立春”(JRZ2018002)的阶段性成果。

** 王生晨，山东大学儒学高等研究院博士研究生。

化等进程的迅速推进，我国的经济、社会与文化都发生了翻天覆地的变化。在此背景下，立春习俗受到了巨大影响与冲击。据简涛在20世纪90年代的调查，立春习俗活动已呈现出非常严重的衰落之势，整体来看已很难被称为一个传统节日。① 从20世纪90年代至今，工业化、信息化带来的社会变化对传统节日的冲击进一步加大，一系列传统节日普遍面临着保护传承的“时代危机”，甚至有学者发出了“保卫春节”的呼吁。② 与此同时，随着非物质文化遗产保护工作向纵深持续推进，学界越来越认识到包括传统节日在内的中华优秀传统文化对于国家建设以及经济社会发展的重要性。③ 此外，作为一种技术路线，问卷调查曾在有关民俗活动的观察与分析中有所运用。例如，2008年山东省民意调查中心组织的“调研山东”项目中，山东大学张士闪教授就组织团队对潍坊市地方民俗的公众认知进行了问卷调查，并运用社会学统计方法得出了深具洞察力的研究报告。相较而言，集中于某一单项节俗的问卷调查还很少见，针对当代“立春”节俗传承状况的专题调查更是亟待补充。④ 在上述基础上，本次调查聚焦以下几个问题：立春习俗的传承现状如何？民众对立春又有哪些方面的认知呢？针对这些问题，我们采用线上问卷的形式，对我国当下立春习俗作了相关摸底与调查。本文即是以此次调查问卷数据为基本依据与来源，对当下立春习俗的传承状况展开的总结与分析。



## 一、问卷设计与问题反馈的整体景观

2019～2020年立春期间，为更好地了解当下民众对立春的认知与传承状况，我们通过“问卷网”设计了立春习俗调查提纲，然后通过微信朋友圈等形式将问卷作了广泛传布。问卷的主要内容如下：

---

① 参见简涛：《略论迎春礼俗的起源》，《民俗研究》1995年第4期。

② 参见《“保卫春节”成中国社会共识 中国人正回归传统》，中国经济网，2007年2月11日，http://www.ce.cn/culture/news/200702/11/t20070211_10391371.shtml；高有鹏：《保卫春节宣言》，《新语文学习》(高中版)2009年第1期。

③ 参见朱振华：《以民众为本位：当代节日志的价值旨归与实践追求》，《民俗研究》2018年第1期。

④ 参见张士闪：《潍坊市地方民俗公众认知调查研究报告》，张晓主编：《调研山东2008》，青岛出版社2009年版，第59～71页。

1.您所在的具体地方为(请至少填写到县区一级名称,如济南市历城区)?

2.您的年龄?

3.对于立春,当地还有哪些称呼?

4.您所在的地方今天是否仍然有相关立春习俗活动?例如:

(1)仪式的(比如鞭春牛、祭春神、撒豆等)

(2)饮食的(比如吃春卷、春饼等)

(3)服饰的(比如缝春鸡、戴春鸡等)

(4)语言的(比如立春的故事、谚语等)

(5)娱乐的(如演剧、说书等)

(6)图像艺术的(如春牛图)

5.若当地今天已不存在立春习俗,以前是否存在过?消失了大约多长时间了?

6.关于鞭春牛等仪式活动,一直存在还是近些年复兴的?在什么地方举行?

7.春卷、春饼等食物是自己制作还是购买?谁制作?从哪里购买?

8.春鸡等佩戴饰品,是自己制作还是购买?谁制作?或从哪里购买?

9.立春故事、谚语,请举几个例子(若故事,只说题目或主题即可)?

10.演剧、说书等娱乐活动,是地方自己组织还是请专业班社演出?

11.关于春牛图的问题:

(1)当地是否有春牛图?

(2)若今天没有,以前是否有过?

(3)春牛图的来源(购买还是别人送)?

12.立春之日有何禁忌(比如立春之时不能在床上躺着等)?

经过集中调查,收回调查问卷共计778份,其中2019年520份,2020年258份;有效问卷763份,无效问卷15份。受访人所涉区域为除青海、西藏与港澳台外的所有省级行政区域,基本代表了全国范围内的情况。各省具体比例分别为:山东24%,河北10%,湖北5%,江苏5%,山西4%,安徽3%,四川3%,浙江3%,北京3%,河南3%,其他36%。从中可以发现,各省受访者的分布比例并不相同,其中以华北与华东地区为主,尤其是山东、河北两省占了1/3。造成这一状况的原因，很大程度上可能是该问卷通过微信朋友圈功能，以山东地区的学者群体为核心向外播布的，而山东及其周边省份恰是问卷制作与发放人的“微信朋友”分布最为集中的区域。固然如此，受访人的分布区域仍能说明一定的问题。比较典型的现象是西藏、青海、新疆等边疆民族地区问卷反馈情况极少，与学界对立春主要流行在汉民族地区的基本判断十分吻合（问卷编号84）。同时，线下针对这些地区民俗学者与在读研究生的联系与访谈也印证了这一点。①

受访者的年龄分布比例大体如下：20岁及以下占1%，21～30岁占55%，31～40岁占21%，41～50岁占11%，51～60岁占9%，60岁以上占3%。很大程度上受线上问卷形式的影响，受访者以20～60岁的人为主，占比为96%，其中20～50岁的中青年群体又占绝对多数，占比为87%，故可以说此次调查比较“真切”地反映了当下人们对立春习俗的认知。具体来说，不同年龄层次对立春的认知差异并不明显。将55岁以上与二三十岁受访人作一个对比，可以发现并没有明显差异。事实上，查看问卷答案的整理结果就可以发现，“无”“没有”“不知道”“不清楚”“不了解”等字眼，是对相关问题的最主要回答。明确说当地还存在立春习俗的问卷只有12份，只占有效问卷总数的1.6%，这真实地反映出当下人们对立春节令的认知状况，说明立春已逐渐从人们的生活中被“排除”出去，进一步印证了简涛在20世纪90年代的调查。当然，这并不是说立春习俗活动已完全从人们生活中消失了。一方面，存在地域差异，少数受访人仍明确表示当地仍有立春习俗存在，如在鲁西南的临沂、枣庄以及江苏沛县、安徽阜南等地，仍有立春给小孩缝春鸡、戴春鸡的习俗。另一方面，相关立春习俗虽然已消失，但仍存在于在人们的口头语言中。如一位济南章丘区受访者（问卷编号57）就回答说：“口头话语中立春的影响还在，但已经没有具体的仪式活动了。”

① 在为《中国节日志·立春》项目找寻相关田野调查点时，项目主持人王加华教授曾访谈了多位青海、新疆、西藏等地的民俗学者、民俗学在读硕博士研究生，受访者普遍认为，立春习俗在当地土著居民之中没有相关传承的历史传统。相比之下，内蒙古、东北等传统以游牧、游猎为主的地区，可能受近代以后“走西口”“闯关东”等人口流动与迁徙的影响，立春习俗被传播到这些地区。如一位来自内蒙古赤峰市的受访者（问卷编号100）就特别提到了阿鲁科尔沁旗半农半牧区一项与立春相关的习俗活动：“阿旗那边的半农半牧地区，很久以前有一个习俗：秋天收割的时候，留下几棵带根带穗的玉米秸，得有十二个以上的叶子。小年的时候，取出来一根，叶子下面塞黄豆，12粒，立着点着火，看看黄豆的情况，就知道哪个月份好。立春的时候，再烧一棵，这回叶子下面放五谷杂粮，什么豆子、花生、葵花籽等等，点着以后再看看，就知道今年种什么庄稼好了。”这是一种典型的农业占卜习俗。

立春曾是我国历史上一个非常重要的传统节日。虽然民国以后，由于政府不再大力提倡，迎春、鞭春等仪式活动呈日渐衰落之势，但相关饮食、佩饰等习俗活动在一些地区仍较为盛行。今天，立春饮食等相关习俗活动亦逐渐从人们生活中被排除出去，那这大体是什么时间段发生的事儿呢？从问卷回答来看，绝大多数地方立春“消失”的时间，从120年到五六十年不等。如山西省太原市万柏林区的一位受访者说（问卷编号19）：“从我爸这一代开始，他就没什么印象了。我爸今年50多了。我姥姥她们那一辈有，我姥姥80出头。”“30年前也是这样，没什么区别”（河北望都，问卷编号135）；“过去有，20世纪80年代末开始逐步消失”（江苏沛县，问卷编号257）；“在本人的调查访谈中，一位71岁的男性老年人表示，他记得小的时候有过打春牛的经历，但大概在集体经济之后就没有过了……现在，这位被受访者将‘甩鞭子’作为自己的日常锻炼活动。这一活动形式与打春牛有相似之处，但早已没有了仪式活动的影子”（山东青州，问卷编号259）。虽然每位受访者受个人经历、记忆力等因素的影响，对立春存续状况的认知可能完全是“个体性”的，但还是能大体反映出立春存在的基本情形。至于立春习俗为什么会消失，多位受访人都提到了其与农业生产的关系问题。“问过家里的老人，说因为都不是务农的，所以都不怎么在意立春”（广西梧州长洲区，问卷编号204）；“消失了30多年了吧，应该是以前有地务农的时候比较讲节气”（河北石家庄桥西区，问卷编号263）。也有受访人提到，立春习俗之所以消失，是因为“年轻人参与得太少”（河北黄骅，问卷编号225）。

## 二、生活传承、社会转型与节俗变迁

受时代发展等多种因素的影响，今天立春习俗日渐式微与没落，甚至在有些地方已从民众生活之中完全消失，立春问卷中占绝大多数的“无”“没有”等回答就是最好的证明。与此同时，问卷也呈现出多方面的立春习俗活动，有些是基于当下的描述，有些可能只是“记忆”中的立春习俗活动，但都反映出今天人们对于立春这一传统节令的认知状况。下面，我们即对问卷调查中涉及的相关立春习俗活动略作整理，以对立春节令的当下现状作整体描述与呈现。

### (一)立春的名称

据调查问卷,对于立春,各地最为普遍的称呼是“打春”,绝大部分地方都用这一称呼。除此之外,还有“立春”“开春”“交春”“咬春”“六九头”(“春打六九头”)、“货食早”“接春”“立春底”“食年例”(做年例)、“躲春”“早春”“初春”“迎春”等名称。(见表1)



**表1　　立春的称呼及相应地区**

| 称呼 | 地区 |
| --- | --- |
| 立春 | 山东省济南市历城区与历下区、淄博市,<br>吉林省沈阳市苏家屯区、浙江省衢州市柯城区 |
| 开春 | 山东省沂水县、青岛市市北区、邹城市、<br>济南市莱芜区、河北省张家口市 |
| 交春 | 湖南省东安县、四川省南充市 |
| 咬春 | 山西省太原市万柏林区、<br>辽宁省大连市甘井子区、河南省汝南县等 |
| 六九头(春打六九头) | 山西省平定县、河北省黄骅市 |
| 货食早　立春底① | 云南省元江县 |
| 接春 | 福建省三明市宁化县 |
| 食年例(做年例) | 广东省茂名市 |
| 躲春 | 河北省内丘县 |
| 早春 | 安徽省合肥市庐阳区 |
| 初春 | 山东省昌乐县 |
| 迎春　打春 | 安徽省六安市裕安区 |
| 打春季 | 山东省莘县 |
| 春节 | 青岛市市北区 |
| 除夕 | 广西壮族自治区武宣县 |

### (二)立春仪式活动

作为我国古代重要的节日,立春具有丰富的仪式活动,其中影响最广的

① 货食:名词,云南元江方言,通常指食品、菜肴等可食之物;早:哈尼语,动词,“吃”的意思;底:哈尼语,“打”的意思。

即是以官方为主的“鞭春牛”等迎春之礼。辛亥革命以后，包括“鞭春牛”等在内的立春官方礼俗“骤然消失”①，以至于今天很多人已不知道立春“鞭春牛”这一仪式活动。这在网络问卷中即有明显反映，绝大多数人未提及“鞭春牛”活动。提及存在“鞭春牛”仪式活动的，又可大体分为如下几种情况：一是曾经存在，但今天已无此项仪式活动，如山东聊城东昌府区、河北张家口桥东区、安徽濉溪、江西吉安吉州区、山西忻州等地。“赛春牛的仪式已经没有了，机耕代替了牛耕，连养牛的人家都没有了”（云南镇雄，问卷编号517），“农村空心，田地荒芜，耕牛都没有了，鞭春牛也就消失了”（湖南永州，问卷编号8）。二是近些年恢复的仪式活动，如山西长治、河北张家口、江西吉安吉州区，重庆石柱县也有一些类似活动被用于商业表演。三是“一直存在”，如甘肃兰州、广西来宾、山东阳谷、安徽庐阳、山西五台。但仔细分析就可发现，受访人所谓的“一直存在”，很可能是对过去来说的，所谓“一直存在，土地承包后消失”（山东滕州，问卷编号437）。

除“鞭春牛”外，从问卷来看，全国各地曾经存在丰富的仪式活动。具体来看，这些活动可大体分为如下一些类型。

迎春祈福与驱邪避病。迎春、接春是立春重要习俗活动之一，在各地有广泛分布与存在。如在安徽安庆、福建三明等地，立春当天，早起开门并燃放鞭炮，谓之“接春”。另外，安徽宿松、河北邢台隆尧、江苏靖江、湖南临武等地，也有于立春这天放鞭炮的传统习俗。在山西长治潞州区，立春这天有“接气”的习俗，烧香并供奉萝卜等祭品。在湖南耒阳，立春这天要沐浴更衣，然后用红纸写上“迎春接福”并准备三色祭果，去家族祠堂祭拜，兼具迎春接福与祭祀祖先的双重属性。与通过某种仪式活动直接祈福相比，举行相关活动以驱邪避病则是一种“反向”的求吉活动。如山西广灵县立春这天举行的“送穷土”“游百病”仪式活动；再如山东济南、河北张家口、内蒙古通辽等地的“撒豆”习俗，本质上也是一种立春之际的驱邪避病习俗。因“豆”“痘”同音，人们认为撒豆就是“撒痘”，可以为孩子消除水痘，从而保护孩子

① 简涛：《立春风俗考》，上海文艺出版社1998年版，第1页。对此，一位来自江苏沛县的受访者亦说：“鞭春牛是政府行为，民国时还有，新中国成立后不存，也未再复兴。”（问卷编号257）

健康。这一习俗，曾广泛存在于我国东北、西北、华北等大豆产地。①

敬神祭祖。比如祭春神。据问卷可知，北京顺义、山东聊城、广西来宾、河北衡水、河南洛阳、湖北襄阳、云南镇雄、浙江衢州等地，在1966年之前都存在祭祀春神的仪式活动。尤其是浙江衢州柯城区九华乡妙源村，作为二十四节气申报联合国教科文组织人类非物质文化遗产代表作名录的重要支撑社区，从2004年开始，恢复了每年立春于梧桐祖殿举行“立春祭”仪式活动，祭祀春神句芒，迎春纳福并祈求风调雨顺、五谷丰登。② 除春神外，山西广灵有迎财神习俗，山东沂水、河南商丘等地有立春送火神或灶神习俗，福建泉州有祭天公习俗，广东梅州也有相应的祭神习俗。北京东城、山东沂水与青岛，以前则有于立春日赶庙会的习俗。广东广州、江苏靖江、山东聊城、广西钦州等地，则有于立春之日请祖先或祭祖的习俗。

春耕与农事占验。一年之计在于春，立春作为春天的开始，在传统农耕时代总是受到格外的重视，会举行各种备耕等农业仪式活动。鞭春牛，按其原初意义，本质上也是一种备耕仪式，即提醒耕牛，春天来了，该准备下地春耕了。浙江德清、广西浦北、云南元江等地，有于立春时种菜、种南瓜的习俗。四川南充、江苏靖江则有立春日拿锄头到房屋周围动动土、松松土的传统，寓意春耕的开始。此外，人们还会于这天占验庄稼的丰歉。在河北邢台，人们会在砖头下边压种子，此谓之“打春”，以预卜哪种庄稼会获得丰收；在内蒙古阿鲁科尔沁旗，人们会在立春时烧几根玉米秸，烧的时候下面放豆子、花生、葵花籽等种子，以占验今年种哪种庄稼好。

### （三）立春饮食

相较于其他立春习俗，立春饮食是今天保持相对较好的习俗。就调查问卷来看，立春饮食以春饼和春卷最为常见，尤其是春卷，在全国广泛分布，只是在具体食用方式上因地域不同而稍有差异。如河南省卫辉市、河北省泊头市、山东省青岛市崂山区吃炸春卷，河北省邯郸市丛台区用春饼卷菠菜炒鸡蛋、猪头肉和炒合菜等。另外，今天这一习俗在各地多已式微，只存在

① 参见简涛：《立春风俗考》，上海文艺出版社1998年版，第142页。

② 参见余仁洪、汪筱联编著：《九华立春祭》，浙江摄影出版社2015年版。

于部分地区、部分家庭。如在山西临猗，“习俗还有，但不是家家都吃春卷或春饼，只在部分家庭存在”（问卷编号 432）。有些地方虽然人们仍然会吃春卷等食物，但或者“可能成为一个个人或家庭的饮食偏好，与节俗的关系不明显了”（山西沁水，问卷编号 414），已“不注重在立春吃了”（上海普陀，问卷编号 13），也就是说已经变成了一种日常饮食。除春卷、春饼外，另外两种相对比较普遍的食物是萝卜与饺子。其中萝卜一般选择青皮水萝卜，或辣萝卜、心里美萝卜等，吃萝卜被称为“咬春”“啃春”或“咬青”。相比之下，内蒙古通辽科尔沁区“啃春”吃的则是苹果。饺子，作为我国尤其是北方地区最具代表性的食物之一，很多地方有逢节或遇喜事即吃饺子的习俗。立春作为重要的传统节日之一，自然亦有吃饺子的可能性。只是受饺子分布地域等因素的影响，这一习俗主要流行于北方地区。这在问卷中即有明显显示，回答吃饺子的除江苏靖江（饺子与汤圆），全部位于北方地区。



除以上四种食物外，各地立春还有多种多样的饮食习俗，其影响虽不普遍，却充分反映出我国立春饮食习俗的多样性与丰富度。如山东沂水的丰糕、年糕、蒸干饭，临沂市河东区、沂水县的炒豆子，山东冠县的炸酥肉、莱西的炸货、平度的糕与大饽饽，湖北宜都的鱼糕，广东梅州的粿、广州的生菜、鸡、鱼、豆腐，河南商丘的春卷加鱼和鸡，河北衡水的南瓜饺子、倭瓜（当地称“北瓜”），福建宁化的松丸、松蛋[①]与南平市建阳区的蒸糕，山西广灵的碗菜、炸果子，广西壮族自治区武宣县、来宾市兴宾区的粽子和米饼，梧州市万秀区的糖角、糖莲藕，融安县的田螺，钦州市钦南区的芝麻饼和粽子，四川省成都市锦江区的春芽炒蛋，安徽省芜湖市的老鸡汤下面、五香蛋，临泉县的馒头，合肥市庐阳区的春酒，六安市金寨县的南瓜，阜阳市经济开发区的八宝饭，河南汝州的果子，云南曲靖的椿树芽、镇雄县的青菜，江西省吉安市吉州区的糍粑，浙江湖州的汤圆等。有些地方还有比较特殊的立春饮食习俗，如山西省文水县有立春不吃饭的习俗；辽宁省大连市沙河口区虽未有特定的节日饮食，但强调立春要吃团圆饭。

至于立春节日饮食的来源，就问卷来看，目前自己做和购买的情况同时

---

① 松蛋，用芹菜、豆腐、马蹄（荸荠）、瘦肉、鲜香菇、冬笋等剁成末，加地瓜粉，揉成乒乓球大小的小球，高汤煮食，寓意一年轻轻松松、心情舒畅。

存在，但整体来看，购买越来越成为今天各种立春食品的主要来源。相比较而言，春饼多是自己制作，而购买春卷的情况相对较多，购买的地点多是商店、超市或集市。具体到一个家庭来说，每年的情况可能会有变化，有的年份自己做，有的年份会从市场上购买；有时制作与购买相结合，比如一位受访者说："菜是自己制作，卷的饼是买的。"（山东蓬莱，问卷编号 504）若是自己做，制作人一般都是家中的女性长辈或家庭主妇，如姥姥、奶奶、妈妈等。



**（四）立春服饰**

"立春服饰"具有丰富的习俗与内涵，既指古代官方迎春礼仪严格的服饰样式与要求，亦指民间立春之时人们所带的春花、春鸡等各种佩饰以及房屋中的相关饰物，还包括为牛马等佩戴的各种饰物。[①] 从调查问卷来看，各地确实存在着丰富多彩的立春服饰习俗。其中比较普遍的一项为缝春鸡、戴春鸡习俗，原料通常为制作衣服或棉被后剩余的布料。如在山东曲阜，用红、绿两种颜色的布缝一对春鸡给 3 岁以下儿童戴。一般是缝在儿童帽子前上方，如果是虎头帽则在帽顶上，鸡头朝前。鸡嘴下缀五色线缨子，缨子与鸡嘴单线串黄豆粒相连接，儿童几岁（虚岁）即串几颗黄豆，如春前生即串两个，示儿童已两岁。立春后第三天的早晨，就拿下豆粒让鸡吃掉。这一习俗在山东南部（尤其是鲁西南）、河南东部、河北南部、江苏与安徽北部以及内蒙古、湖北等地均有分布，但整体来看以北方地区（秦岭一淮河一线以北）为主。

缝春鸡、戴春鸡外，其他立春服饰习俗还有在儿童衣服上系红布条，如在山西临猗，立春这天会在儿童棉衣扣子上系一个长三四寸、宽约一指的红布条；在河北任县，不仅衣服上系红布条，门上也会系。给小孩子戴红葫芦，就是用红布剪成葫芦样式缝在小孩子衣服肩膀或后背处，河北保定、任丘等地均有此一习俗。在湖北襄阳则穿红衣服，在云南镇雄乃为孩子缝春褂，山东沂水、广西来宾、河北卢龙、安徽芜湖、四川德昌、江西吉安、辽宁凌源等地则有立春穿新衣服的习俗，浙江衢州柯城区立春日会戴绿树枝编的头套，山东青岛崂山区则有立春缝荷包的习俗。在河北任丘，在窗户上贴窗花，特别

---

① 参见简涛：《立春风俗考》，上海文艺出版社 1998 年版，第 188～199 页。

是用纸剪的红葫芦;河北安新,贴红纸的"春"字;山东淄博淄川区,过去立春时各家各户要用毛笔蘸红墨水于家中的羊栏、猪圈、门、墙等处写"立春"或"今日立春"的字样。给动物戴佩饰,如河北东光,会把牛角涂红,或在牛角上拴红布条;河北黄骅,给鸡点红点。整体来看,红色是立春服饰的主色调。

春鸡、葫芦等立春佩饰,以前多由家中的女性长辈制作,通常为小孩子的奶奶、姥姥或母亲等,也有从庙会、集市、走街串巷的小贩等处购买的。但近些年来,购买越来越成为最主要的来源方式。"(以前)奶奶或妈妈手工缝制,现在从小商贩处买得比较多,小商贩大多是中老年妇女"(山东枣庄台儿庄,问卷编号 35);"这两年是在街上买的。一位 60 多岁的妇女在街上卖,5 块钱一对。有些村不戴春鸡,但是因为看到有人卖,也会给小孩买"(山东临沂河东区,问卷编号 3)。



### (五)立春谚语与故事

在与立春相关的所有习俗中,语言习俗是目前传播范围最广、影响力最大、保存也较为完整的习俗形式。虽然很多立春的仪式、饮食等习俗已在人们的生活中消失,但有关立春的语言表达仍普遍存在着,比如"春打六九头""一年之计在于春"等,现在几乎仍是家喻户晓的存在。对问卷调查所搜集到的谚语等进行整理,可发现关于立春的口头传统大约有如下一些方面的内容。

一是强调立春的重要地位。立春为二十四节气中的第一个节气,在以农为本的传统社会中具有非常重要的地位。这在民间俗语中即有明确体现,比如河南叶县的"立春是一年之始"、山东莱州的"立春大如年"以及全国各地普遍皆知的"一年之计在于春"。正因为立春节日非常重要,山西太原等地才在立春当天一定要说吉祥话。事实上,立春在中国人的年度时间生活中确实具有非常重要的地位。如我们所熟知的生肖纪年,民间传统上就有以立春为起始日的说法[①]；还有我们经常所说的“年”与“岁”，在古代通常以正月初一到下一个正月初一为一年，以立春到下一个立春为一岁。

二是与农业生产相关的内容，比如备耕、劝耕类。立春象征着冬天的结束、春天的来临，意味着新的农事活动周期的开始。与迎春、说春、鞭春牛的习俗相似，与农业生产相关的备耕、催耕类谚语意在提醒广大民众准备新一年的耕种事宜，如山东临沂、湖北房县谚语“立春一年端，种地早盘算”、江苏阜宁谚语“打了春，脱脚奔”、北京顺义谚语“春打六九头，春耕一犁土”。还有预测农业收成与丰歉的。在科技不发达的古代社会，人们主要依靠经验来认识自然，指导生产实践，比如利用立春日的天气和立春的时刻预测天气、气温和农业收成。山东诸城“春打六九头，吃穿都不愁。春打五九尾，小鬼伸了腿”，河南卫辉的“春打六九头，农民不用愁”，江苏阜宁“春打五九尾，叫花子跑破腿。春打六九头，种田赚头牛”，表明了立春时间对农业收成的影响。安徽凤台“立春天气晴，百物好收成”，云南镇雄“春日阳光，五谷上仓”，表明了立春日天气状况对农业收成的影响，人们俗信立春越早，来年农业收成就越好。山东莒南、临沂兰山区“春要早打，秋要晚立”的说法，指出了节气早晚与农业生产的关系问题。河南郸城“打春一百，拿镰割麦”的农谚，表明了节气对农业生产的时间节律指导作用。

三是气温气象类。立春之后，全国大多数区域气温开始升高，冰雪消融，万物苏醒，但此时天气还不稳定，经常出现乍暖还寒的现象，很多立春谚语表达了与此相关的内容。如湖北谷城的“立春一日，水暖三分”，山东青岛崂山区“打了春的雪，狗也断(追)不上”，吉林吉林市龙潭区“打春阳气转，雨水沿河边”等，指出了立春后的气温与气象变化。而山东阳谷“春打六九头，春冷四十五”、安徽亳州“打春不返春，还要冷三分”、内蒙古赤峰市松山区与河北沧州“打春别欢喜，还有四十天冷天气”等农谚，则反映了民众对立春后气温依然偏低的理性认识。此外，人们还用打春的时辰及当日天气预测未

---

① 对于生肖纪年究竟以立春还是正月初一为起始日，一直有争议。对此，2017 年 5 月 12 日，中华人民共和国国家质量监督检验检疫总局与中国国家标准化管理委员会联合发布的《农历的编算和颁行》(2017 年 9 月 1 日正式实施)作了明确规定。其中“干支纪年法”规定：“干支纪年的循环参考时间：对应于北京时间公历 1984 年 2 月 2 日 0 时起到 1985 年 2 月 19 日 24 时截止的农历年为甲子年。”“生肖纪年法”规定：“生肖纪年的循环参考时间：对应于 6.1.1 中干支纪年循环参考时间的农历年为鼠年。”也就是说，如今国家已明确规定以正月初一为生肖纪年之始。

来的天气与冷暖状况。如在山东曲阜，人们认为中午前后打春预示春暖，夜间打春预示春冷；安徽含山的民众认为，如果立春当天下雨，就会有倒春寒。

此外，各地还流传有诸多与立春相关的故事与传说等。如在山东平邑，相传立春之日，从活鸡身上拔一根毛，放在通气的粗竹筒里，立在田中，到立春的时刻，地气就会把鸡毛吹出来。山东青岛与菏泽、河北张家口、湖北谷城等地，还分别流传有相关的故事，如咬春的故事、萝卜解救村民瘟疫的故事、打春牛的故事、立春的故事等。受调查问卷篇幅所限，并没有具体的文本呈现与讲述。



### （六）立春娱乐活动

娱乐性是节日所固有的元素之一，立春自然亦不例外。从网络问卷来看，各地有着丰富多彩的立春娱乐与社会交往活动，其中最常见的是庙会与文艺演出，主要包括赶庙会、逛灯会、说书、唱大戏、杂耍、舞狮等。具体如：广西来宾、安徽合肥庐阳区等地的立春庙会，往往会有说书、杂耍与唱大戏等娱乐活动；河南汝州的祭神赛会与赛秋千，山东济南与平邑、云南镇雄、河北衡水与张家口等地的说书活动，山东聊城、广东梅州、河北怀来、内蒙古赤峰、浙江衢州、湖北谷城等地的酬春神演戏与演剧活动，山西临县的扭秧歌，内蒙古通辽的二人转，广东茂名的舞狮，北京东城区的相声，江苏阜宁的唱牛歌，陕西宝鸡的唱戏与打鼓，安徽芜湖的立春龙灯、马灯，河南开封鼓楼区的观灯习俗，河北沧县的跳秧歌，湖北襄阳的上山习俗，山东滕州的买花习俗，山东乳山的赶大集传统，四川德阳的踏青习俗，广东茂名的游神、游灯、打醮、舞狮、请客、聚会习俗，广西钦州的采茶活动，安徽蒙城与临泉的放风筝习俗等。

立春娱乐活动，在演出形式上，有戏曲、秧歌、杂技和自发性的街头表演等；组织形式上，有上级文化部门组织或村落自己组织，也有大家共同出钱邀请专业团队演出的，或由村民自己表演等。整体来看，随着社会的飞速发展、立春节俗的日益式微以及农村空心化现象的日益严重，立春娱乐活动呈极度衰微之势，很多地方已不再有相应的娱乐活动了。正如安徽池州贵池区一位受访人所说的那样："这几年农村没有人，也就没有了。"（问卷编号 145）

### (七)立春图像艺术

与立春相关的图像艺术,以春牛图最为普遍与常见。就调查问卷来看,春牛图曾在各地广泛存在。如广西藤县的春牛图,是一张玫红色的纸,大约A3尺寸,内容与农耕活动有关。不过,受时代变换等因素的影响,如今耕牛图在各地已很少存在了。以前,各家耕牛图有多种来源途径,比如购买、自制、请人画或由别人送等。在贵州安顺,过去在立春之时,专门有人带着耕牛图送到各家各户。每到一农户家,主家要唱四季歌,然后接过春牛图贴在门上,并向赠送春牛图的人回赠糯米粑粑。这种耕牛图,与老皇历上的图差不多。主家根据当年耕牛图所绘图像,就能知道今年庄稼是否好种,与此同时还会念地母经。

春牛图外,其他有关立春的图像艺术习俗还有山东青岛的福字、对联、年画,聊城的春耕图,平度的灶君年画,四川省德阳市旌阳区的绵竹年画,成都市锦江区的春联,广东省广州市的福字,北京市东城区的剪纸、吹糖人、糖葫芦、压糖画,河北灵寿的剪纸,安新的迎春葫芦,任丘的窗花等。

### (八)立春禁忌与信仰

禁忌,就是被禁止或忌讳的言语与行为等,是通过某种“强制性”观念与行为,避免某些不利的事情,其实质是一种反向的求吉心理与行为。立春,作为岁首,亦具有多方面的禁忌与观念行为。基于相关网络问卷调查与分析,立春禁忌与信仰主要体现在如下几个方面。

躲春,就是特定的人在立春的时刻①不能相见或去别的人家暂时躲一躲等。单就问卷调查来看,这似乎是一项主要流传于北方地区(如山东、河北、山西等)的立春禁忌习俗,但各地的表现与形式有所不同。一是属相相克的不能见面。如在山东临沂兰山区,孩子属相和母亲相克就要躲春;在河北内丘,一家人中凡是属相相克者即不能见面,要躲出去,或去邻居家,或去其他地方。二是出嫁的闺女不能在立春当天回娘家。山西临汾与长治、山东莱

① 二十四节气本质上都是一个时间点。比如2021年立春的具体时间为2月3日22点58分39秒。

西与曲阜、安徽濉溪等地，都有此一禁忌习俗。民间俗信，出嫁的女儿若在娘家打春，娘家就会绝后，俗称“打断根”。在山东曲阜，即使准备出嫁的姑娘这天也不能在娘家待着，而要到婆家去躲春。另外，人们一般也不会在这天走亲戚。其他形式的躲春，如在河北石家庄桥西区，家中只有孙女没有孙子的，立春当天孙女要去别的地方躲着；在河北内丘，家中男丁不旺的，可抱小男孩到男丁兴旺人家的屋檐下躲春。不同地方甚至会出现完全相反的情形。如在河北内丘，打春的时刻禁忌在露天的地方，要躲到屋内，而河北隆尧则是立春时要出屋门，一般不停留在室内。一些地方，如河南卫辉、四川泸县，有立春忌讳出门的说法，可能也是躲春的一种表现。

立春的时刻不能躺在床上。就问卷调查来看，这主要是一个流行于北方地区尤其是河北一带的立春禁忌习俗。民间俗信，打春的时刻若躺在床上，不吉利，对身体有害，会让人变懒惰、身体疲倦没精神，进而影响农业的收成。“不能在床上(炕上)躺着或者坐着，会打在床上(炕上)，一年会懒惰，影响农业收成”(河北深州，问卷编号 107)；“打春的那一时刻不能在床上躺着，否则这一年身体会疲倦，没精神”(河北宁晋，问卷编号 332)。与此禁忌习俗紧密相关，湖南永州、山东聊城与平邑、山西太原、甘肃皋兰、安徽合肥等地，强调立春这天要早起，在太阳初升之前即起床，不能赖床睡懒觉，浙江德清则强调要早起到户外去。

立春与婚姻禁忌。我国传统阴阳合历以月亮运行周期纪月，平常年份一年 12 个月，全年 353～355 天(闰年加一个月，383～385 天)。二十四节气时间以地球绕太阳运行周期而确定，故二十四节气在阴历月份中的时间并不固定，某些年份更是会出现无立春节气的情形，民间俗称为“无春年”或“两头无春”，俗信对婚姻不利(故又有“寡妇年”之说)，因而有无春年不办婚礼的习俗。有无春年，与之相对应，又有一年两头春的情形。在河北灵寿，人们俗信没有立春和有两个立春的年份都不宜结婚。虽然今天立春习俗活动在很多地方已不再盛行或消失不见，但这一禁忌行为仍受到关注。如在山东平邑，“现在的立春习俗已经不是很明显了，但是与立春有关的禁忌却是存在且非常受人重视的。如果一个农历(年)全年没有立春，就叫作无春年，人们一般不会选择在无春年结婚，认为在无春年结婚不利于家庭，有寡妇年之说。但是民间也有关于无春年结婚的破解之法，那就是在这个农历年的上一个立春之日，将未婚妻接到男方家度过，那么来年便婚配无碍”（问卷编号205）。

其他立春禁忌。如立春不剪发，俗信剪头发死舅舅（山东临沂兰山），山东沂南、蒙阴等地讲究立春前必须理发一次，不然就是“旧头”，带着“旧头”过年意味着“舅头”，对舅舅不利，会折寿。广西来宾与梧州等地，则强调立春不洗头。忌丧葬，如在山东曲阜，忌讳立春前一两天老人去世，因为当地老人发丧通常要三天以上，忌讳发两年的丧，因此出现这种情况一般选择当天下葬。立春不上坟，湖北谷城、安徽霍山等地，均有此一禁忌习俗。不能说不吉利的话，不能说污言秽语，不能吵架，要和睦，多说吉利话。不碰刀剪，不扫地（山东青岛市北区、陕西宝鸡陈仓区）；不能用针与洗衣服（山西广灵、山东即墨、江苏宝应）；不能杀生（贵州安顺）。在甘肃皋兰、内蒙古宁城、山西曲沃等地，立春前一天、后一天被称为“绝日”，百事不宜，不出不入、不动土、不贴春联等。[①]



## 结　语

以上，我们以网络调查问卷为基本资料来源，对立春的节日现状等问题作了基本描述与介绍。虽然作为一种资料获取手段与研究方法，网络问卷本身存在经验描述和动态发展难以有效兼容的问题，比如脱离具体社会语境，不够鲜活生动，“个体化”认知和表述明显等，但还是能够给我们提供诸多值得分析考察的信息。从中我们可以发现，作为二十四节气之首与重要的传统节日，立春在全国各地具有广泛的认知度与影响力，并伴随有一系列丰富多彩的习俗活动。这些活动涉及仪式、饮食、服饰、语言、娱乐、艺术、信仰与禁忌等方方面面，充分体现出立春与传统中国民众生活的深入、密切关系。

立春本质上是农耕文明的产物，适应的是农耕时代的社会节奏与生活实践。近代以来，尤其是20世纪80年代以后，随着我国生产生活方式的整体变迁，立春节俗出现了日渐式微的态势，并有从民众生活中被“排除”出去

① 2020年立春刚好为大年除夕。由于立春前一天被称为绝日，诸事不宜，故“腊月二十九不贴春联，二十八贴春联”（内蒙古宁城，问卷编号322）。

的趋势。可以说，今天的立春主要是作为一个“节气”而非“节日”被广大民众认知的。与此同时，包括立春在内的二十四节气在整体式微的同时，近些年来风起云涌的非物质文化遗产保护等传统文化保护运动，似乎又为立春等节日的保护提供了某些契机。尤其是 2016 年“二十四节气”被列入联合国教科文组织人类非物质文化遗产代表作名录后，一些“传统”的立春仪式活动，尤其是鞭春牛仪式活动在各地被“复兴”，具体如浙江衢州柯城区九华立春祭、河南内乡县衙鞭春牛、贵州石阡说春、江西婺源篁岭村鞭春牛、江苏周庄鞭春牛等。这些仪式活动，在一定程度上增进了人们对立春节日的认知，但仅靠这些仪式活动又是明显不够的，因立春本有着更为丰富的内涵，本有着更为广阔的流布区域，本是与民众生活紧密相关的。在今天传统日渐式微与传统文化保护运动风起云涌的社会大背景下，如何更好地保护与传承包括立春在内的诸多传统节日，成为摆在我们面前的一个时代课题。

# 田野报告

# 离乡之艺：村落语境中乡民艺术表演的组织流变

## ——鲁中地区“周村芯子”的田野考察

张　春*



**摘　要**

在山东省淄博市周村区，芯子是每年元宵节“扮玩”活动中的标志性艺术表演形式。自明清以来，周村芯子在从神圣走向世俗的过程中被民众不断调适，逐渐建构自身与传统的关系，历经了三个各具特色的发展阶段：基于“接驾”仪式的原发性语境，芯子起源叙事成为民众对地方历史与神圣秩序的默化知识与集体记忆；在国家政治与经济外力的渗透下，村落模拟官办年节“扮玩”的单位组织模式，将社区内部认同的自治传统与现代节日空间的艺术实践混合；伴随着城市化、市场化与“非遗”话语的多重介入，芯子不可避免地成为地方共享的公共文化资源，其实践与传承主体由村落共同体单一建构向市场关系背景下的多元化趋势发展。

**关键词**

村落语境　乡民艺术　组织流变　周村芯子

乡民艺术是生长于乡土的艺术活动，“初而与乡土活动（节令、祭祀等）

* 张春，山东大学儒学高等研究院博士研究生。

有关、终而凝结为较稳定的乡土传统”[①]。乡民艺术与乡土社会可以视为同一地域文化的文本与语境的关系。乡民艺术离不开乡土社会生活环境和整体性文化模式的培育与浸润，也是“容纳有丰富历史信息、具有神圣秩序意义和情感交流价值的象征性文化载体”[②]。耿波认为，在“民族—国家”与“经济—国家”两大强势话语的外力下，中国乡民艺术发展经历了一个“本源性存在境遇”[③]被剥夺的“去语境化”过程。确实，今日之乡土社会处在巨变之中，乡民艺术生长与发展的原生语境受到现代化、城镇化、市场化等外力渗透，乡民艺术与其所代表的传统生活方式与文化形态均受到显著影响。与此同时，“去语境化”的历史进程激发了乡土艺术在传承与发展中不断调整、磋商并衍生出新的主体建构方式。正是基于这一认识，民俗学以村落语境作为整体深描的学术理路，为乡民艺术研究提供了一种探求艺术在特定语境中动态形成的过程及在生活实践中的实际运用规律。



作为村落公共生活领域的重要内容，集体性乡民艺术表演呈现了乡民如何建构地方社会秩序与组织社区生活的动态图景，以及区别于日常生活又与之密切相关的非常态交流情境。一方面，集体性乡民艺术的象征性表演，往往借助宗教信仰营造的神圣场域，表达建构世俗价值的自我诉求，完成社会资本的再生产，这个过程中形成的“我们感”的集体认同，体现了中国乡土社会“公共性”表达机制的特点。[④] 另一方面，集体性乡民艺术与传统节庆活动伴生的规律性展演，传递了民众通过身体实践的情感宣泄表征出的狂欢精神，这种表面上打破日常世俗规范的“扮”，内化了血缘、地缘、业缘关系缔结的社群组织结构和功能意义。王杰文基于伞头秧歌的研究指出，围绕节庆活动进行反复展演的艺术表演自组织一开始便存在实际上的层级化的权力体系，所以公共化的狂欢背后建构的是“乡土社会现实秩序的一种象

① 张士闪：《乡民艺术民族志书写中主体意识的现代转变》，《思想战线》2011年第2期。

② 刘铁梁：《村落生活与文化体系中的乡民艺术》，《艺术探索》2006年第1期。

③ 耿波：《从现代性到后现代：中国乡民艺术的“去语境化”》，《齐鲁艺苑》2006年第4期。

④ 近年来，关于乡民艺术与乡土社会公共性问题的研究成果颇多，如李海云《信仰与艺术：村落仪式中的公共性诉求及其实现——鲁中东永安村“烧大牛”活动考察》（《思想战线》2014年第5期）、朱振华《村落语境中的艺术表演与自治机制——以鲁中地区三德范村春节“扮玩”为例》（《民俗研究》2017年第2期）等。

征性展演”[①]。张士闪在西小章村的观察发现，村落中的少数权威通过竹马的象征运用，“以强化内部文化认同的方式达到村落权力的再分配”[②]，并通过程式化的表演在国家治理框架之内谋求与周边社会的互动关系。正如杜赞奇在对华北村落的研究中指出，文化网络是“地方社会中获取权威和其他利益的源泉”[③]，乡土社会多元的组织关联与权威建构影响了乡村公共生活的开展。就此而言，考察集体性乡民艺术表演的组织模式和权威建构过程，有助于理解社会变迁中的艺术表演在社区内部生生不息地存续与发展的动力所在。

本文关注的“芯子”，是鲁中地区民众对抬阁表演的俗称，于每年元宵节期间举行。周村芯子是典型的多人抬的大芯子，所需演员较多，通常由周村区多个村落社区分别参与表演，活动组织和传承谱系主要依赖社区内部完成。笔者进行田野调查的前进社区与周村传统芯子的起源密切相关。这个由5000多人组成的“村改居”社区，凭着几代老艺人的记忆，始终坚守着16人抬4米高的大芯子表演传统，并且是全区唯一持续性表演“撅芯子”的社区。历经波澜起伏的近现代社会变迁，社区内在的组织方式不断调适自身适应变局，传承关于芯子的家族叙事、扎制技艺以及表演文本。本文主要通过深入的田野调查与相关文献分析，探析周村芯子组织方式的历史演变及民众的多元调适机制，以期对乡民艺术研究有所推进。

## 一、从付家庄到前进社区：村落语境的变迁

前进社区（原付家庄[④]）位于山东省淄博市周村区西郊城边，辖区面积约1.56平方公里。清代以来，其因据守周村镇西外围，是周村与临县邹平进行

① 王杰文：《仪式、歌舞与文化展演——陕北·晋西的“伞头秧歌”研究》，中国传媒大学出版社2006年版，第251页。

② 张士闪：《村落语境中的艺术表演与文化认同——以小章竹马活动为例》，《民族艺术》2006年第3期。

③ ［美］杜赞奇：《文化、权力与国家——1900～1942年的华北农村》，王福明译，江苏人民出版社2003年版，第1页。

④ 付家庄的名字最早出现在清嘉庆六年（1801）《长山县志》，年长的村民习惯称“老付家庄”。民国时期付家庄曾改为永安镇，1949年后又恢复为村。访谈人：张春；访谈对象：蔡兆吉等；访谈时间：2019年10月2日；访谈地点：淄博市周村区前进社区。

经济、文化与社会交往的重要门户。在“村改居”之前，前进村有 1319 户，4219 人，现已接近 1500 户，5000 余人。村内姓氏多而杂，老村民常说的坐地户有“李、刁、王、蔡”四大家。之所以被村民称为坐地户、大家族，是因为这四大家曾掌握着村里多数的土地，经营着几代传承的家族生意，尤其是明清时期长山县名绅李化熙家族与周村大集、芯子的兴盛关系密切。周村频繁的集市贸易和大量手工作坊为外来户提供了较多的生存选择，吸引了大量从事工商业的外地人迁入。1949 年以前，付家庄内曾有较多章丘、淄川等外地人租赁房舍开机坊，雇用劳动力进行丝织业生产。在周村浓郁的商贸氛围中，半工半农、亦商亦农的劳作模式使得付家庄的村民在生计上对土地的依赖性减弱；村民与外界的交流与接触异常频繁，村庄与村庄之间的边界并不明显。



20 世纪 50 年代初期，付家庄被编入前进大队，隶属周村公社。1978 年后，前进大队改名为前进村。按照全区集中供应、统筹资源的要求，前进大队将集体土地划片分配给 14 个生产小队进行蔬菜种植，区域内也有少量耕地可种植玉米和小麦两季粮食作物，被称为周村区的“菜篮子”。在合作社初期没分队之前，村里便对种植业之外的草编、酿酒、餐饮、运输等农副业创收跃跃欲试，这些尝试也为工业化的村集体经济提供了快速发展的良好基础。村里先后建设了国营、集体两种不同类型的现代工厂。20 世纪 60 年代以来，前进村先后创办了 23 家村办企业，产权属于前进村集体所有，职工主要来自村民及其亲属。村办企业的发展带来的村落振兴，使得前进村成了名副其实的经济强村，也悄然影响了村内芯子表演机制与组织方式。

2003 年，为响应国家城乡一体化号召，周村区对辖区内的多处城中村及城边村进行“村改居”调整，前进村即位列其中，正式更名为前进社区。从身份上来讲，“村改居”之后，社区居民由农业户口转为城镇居民户口，意味着村民身份完全过渡为市民身份。前进社区早在“村改居”之前就存在村市民交叉居住的状况，社区内居住区域分为老付家庄、一村、二村和前进生活区四部分。村民口中的“老付家庄”是指老村，由两街一巷七胡同组成；有两条东西走向的主干道，即付前街和付后街，老旧的平房院落包围着这两条街道分列南北。大伙巷北片的一村与西外环路西南侧的二村于 20 世纪 80 年代以后修建，为平房独院的传统北方村居式样，而前进生活区为 90 年代建的楼房小区。在城市建设不断加快的节奏下，社区的流动性越来越大。一方面，社区内新建了3处商品房住宅，这意味着归社区管理的居民中有很多外来人员，但这些居民不是前进村籍，尽管在社区内居住却鲜少参与社区公共生活；而本社区居民外迁购买商品住宅的情况越来越多，将旧房出租给就读于社区内一所市级重点高中的学生或外来做生意、打工的租户。社区内老龄化严重，年轻人多以考学就业或就近打工营生，因此，像元宵节“玩芯子”、唱戏等有着悠久历史的社区公共活动主要由中老年社区居民参与。

不难发现，从村庄到社区的身份变化，以及从村民委员会（以下简称村委会）到居民委员会（以下简称居委会）的治理方式转变，使得前进社区处在一个传统秩序向现代组织更迭过渡的行政身份之内。村民对于付家庄时期大家族的谈论与外来户互帮互助扎根落户的记忆，以及反复强调集体时代落幕后村落依靠非农业致富的团结精神，都在强化社区共同体的归属感与身份认同。城市化的冲击，使得村落传统社会秩序面临解构与重建的挑战，而能够串联村落历史和集体记忆的村落传统，在缓解内部人际关系与强化集体意识上则更具有效力。芯子表演的传统之于前进社区正是如此。



## 二、周村芯子的起源叙事与神社记忆

在传统乡土社会，“乡民们在农闲时节进行的最重要的精神活动有两种，信仰的和艺术的”①。周村芯子始于乡土信仰活动，在当地民众精神生活中扮演着重要角色。明末清初以来，济南至青岛的东西大道南移，改道途经周村，带动了当地经济发展；清初官至刑部尚书的李化熙辞官返乡后，在周村镇倡设义集，至清中叶发展为鲁中地区的商业重镇。尤其是在1904年，胶济铁路通车，周村作为沿线重要中转站与济南、潍县同时自开商埠，成为齐鲁廊道上重要的土特产与洋货集散中转的中心市场。由于交通区位变更出现较早的商业化，大量外地商人落户周村，各地商帮聚集于此，知名商号也随之发展起来。早期商业化、工业化与近代化，使得周村的社会风气颇具江

① 张士闪：《当代乡村社会中民间信仰活动的艺术化趋势——以山东潍坊地区青州市井塘村为个案》，《民间文化论坛》2005年第2期。

南市镇之奢靡，民间信仰活动十分兴盛。周村镇的街市上聚集了天后宫、关帝庙、猴子庙、千佛阁、文昌阁、魁星阁、三星庙等大小庙宇30多处，庙会活动应接不暇。其中，泰山奶奶(碧霞元君)信仰影响颇大，当地素有泰山奶奶的娘家在长山县的叙事文本。

每逢农历三月十五日泰山奶奶生日，作为"娘家人"的周村人会派代表去泰安，请老奶奶回娘家住两天，这称为"接驾"。"接驾"兴起的时间，有两种说法：一说在明末清初时期，一说在清康熙初年。通常，村落或庙宇会选出两个本社区代表去"接驾"，他们必须是上有老下有小、品行优良、威望较高的全福之人。临行之前，这两位负责"接驾"的男性要斋戒、沐浴、更衣，背着泰山奶奶的画像"轴子"亲赴泰安迎神；而周村的"娘家人"从农历三月初三筹备组织舞龙灯、划旱船、踩高跷、跑竹马的"扮玩"队伍。"接驾"时，人们从圩子墙南门口开始，在各个街口安放供桌，并焚香迎拜。

"接驾"的重头戏是周村芯子。根据当地传说，芯子的发明与倡导"今日无税"的士绅李化熙生母有关。李化熙是明清两朝的官员，在明末升任三边总督，清初官至刑部尚书，辞官后积极参与周村地方社会发展；而他的生母一品太夫人宋氏年过百龄，是李氏家族另一位德高望重的祖先。相传，李母十分信奉泰山奶奶，每年"接驾"时会出资让家中的佃户、长短工"扮玩"。据村民说："她孙子看高跷好玩，管家命人用供桌抬他，为了安全用铁件穿透桌子绑住孩子，并给孩子化上高跷一样的扮相。管家李七看到屋内燃烧的烛芯子随风摆动深受启发，叫它'芯子'。"①其他村落有脸面的家族纷纷效仿李家的做法，芯子表演逐渐成为一种艺术传统而兴盛起来。李化熙及其直系后代定居付家庄，因此付家庄的芯子便被视作正宗源头，付家庄人"好扮芯子"也被看作该社区的文化传统。

芯子的组织表演具体由神社组织——泰山社负责。周村有多个泰山社，比如三星庙、付家庄。20世纪30年代，付家庄的潘士恩、尹世香等人在村里组织泰山社，玩芯子和高跷。但是付家庄的泰山社并不是去泰山请老奶奶，而是到邹平西山一带的泰山行宫迎神。芯子阵容庞大，并非年年有，

① 访谈人：张春；访谈对象：刘金玉；访谈时间：2018年7月25日；访谈地点：前进社区。

当地还有“丰年大玩，歉年不玩”[①]的说法。在泰山社负责出人、出力组织的同时，周村的行业商会组织会以派发任务的形式，协调街市上茶社、布号、票号、绸号、旗号、橡胶铺子等商号出钱资助泰山社“扮芯子”。这种商号资助宗教节庆活动的现象与江南市镇的情况十分相似。江南市镇奢侈炫富式的迎神赛会经费“主要来源于镇上工商界的资助”[②]，其根本动机在于直接的经济逐利及从行业影响力的连锁效应中获益。这种“以政府为主导，以行业为主体，以民间资本运作为主”[③]的商业化运作方式一定程度上催化了节庆活动功能的多元化嬗变。



可以说，基于信仰活动的原生语境，芯子表演是周村本地乡民、村落、家族、神社、庙宇、市场以及商号以“酬神”的名义通联的媒介，建构起象征着国家“正祀”的泰山碧霞元君信仰与代表地方社会的士绅和村社组织的历史记忆，体现了国家正统与地方社会之间的对接糅合。这一艺术形式立足于村落表演语境所体现的乡民主体在现实生活中追求井然有序与精神完满的公共诉求，具有稳定乡土社会秩序与强化地域文化认同的社会功能。

## 三、芯子表演的现代组织模式

自20世纪50年代周村区建置确立以来，元宵节“扮玩”活动中能够看到显性的行政层级组织标签。尤其在20世纪八九十年代，作为鲁中轻工业重镇的周村区，传统“扮玩”迎来了高度组织化的“单位式”官办节日，包括芯子在内的“扮玩”表演队伍都是由区级文化部门牵头，分派到国营、集体以及乡镇等单位组织。已经步入工业化的前进村在复兴芯子表演的过程中，将官方的组织方式转化为本社区内部芯子表演的组织模式：村委会牵头，村办企业出钱承办，村民以企业职工身份义务参加。1997年之前，前进村便形成了5家经济效益最好的大厂每年各出一台芯子的表演规模。可见，城市单位组

① “1937年以后，日本人占领周村镇，时有战乱暴动以及抢夺发生，没有人顾得上玩芯子，所谓灾荒不玩；大概在1950年，人民群众为了庆祝解放战争胜利，各村泰山社共出动了72台芯子接驾，可谓大庆丰年。”访谈人：张春；访谈对象：李忠俊；访谈时间：2018年10月27日；访谈地点：和平社区。

② 樊树志：《江南市镇的民间信仰与奢侈风尚》，《复旦学报》（社会科学版）2004年第5期。

③ 魏文静：《近代江南迎神赛会的商业化运作探究》，《社会科学辑刊》2015年第5期。

织模式深深影响了村落语境下周村芯子表演的组织方式。村落在官办节日中呈现的双重单位组织的属性，既延续了社区内部认同的自治传统，又重构了节日空间的艺术实践，完成了乡民艺术的乡土性与现代性的混合。

### （一）芯子表演的组成

前进村传统芯子的表演队伍包括开道小锣鼓（俗成“小开锣”）、名旗（也作“招子”）、旋络（或称“花幡”）和芯子四部分。参与人员具体分为指挥、抬芯子的、护芯子的、杂务以及演员。芯子的表演深受京剧戏文影响，而前进村素有唱京剧的传统，村里流传着一句歇后语“付家庄瞎胡闹，三天两头华容道”。20 世纪 80 年代，村里在原有京剧艺术团基础上还增加了五音戏队、管弦乐队、舞蹈队等不同类型的业余文艺团队，由区文化馆的老师专门指导。芯子表演队伍中有一定专业性要求的演员多来自这些业余爱好者结成的文艺小队。比如，开道小锣鼓是村里平均年龄 60 岁左右的老年人，他们能在京剧表演中演奏乐器，并有排演大型京剧剧目的经验。此外，芯子表演的小演员是从村里在读的孩子中挑选的，读三年级并且身高在 1.3 米～1.4 米的女孩与男孩，胆大、活泼、脸面不能太小适合上妆的孩子更适合上芯子。

### （二）芯子的表演文本

根据笔者调查，自 1984 年复兴以来至今，周村芯子表演的文本主要以京剧、《聊斋志异》及地方戏曲等为创作蓝本。前进村的传统抬芯子基本来源于京剧选段和聊斋故事。芯子选戏本需要在春节前敲定，流程包括：老艺人选剧目，确定出场人物角色；而后根据角色与剧情，购置能够呈现剧情人物关系以及身份的道具。前进村公认的经典芯子是据京剧《白蛇传》编排的三人芯子。这台芯子是村里保留历史最久、每年元宵节必演的剧目。京剧《白蛇传》全剧有 16 场，前进村选的是第一场《游湖》。根据剧情，角色为青蛇（芯上）、白蛇和许仙（芯下）三人，油纸伞是芯子的连接道具。尽管是静态呈现，但观众通过人物扮相和油纸伞可以感受到芯子所传达的剧情。此外，《黄英》《霓虹关》《天河配》也是前进村早期出过的芯子文本。从 1985 年开始，前进村还先后推出《七品芝麻官》《反腐倡廉》《济公传》《八仙过海》《三打白骨精》五出撅芯子文本。

### (三)“试芯子”与“送芯子”

芯子正式表演是在正月十四、十五与十六三天。按照传统，在正式表演之前，正月十三要“试芯子”。一是为正月十五元宵节“扮玩”活动做准备，将封存一年的行头和道具重新修正试行，是正式表演前必不可少的一环；二是在村落社区内部游行，向村民、村企业“送芯子”拜年贺岁。村里的一些老人还能清晰地描述原来村内游行的情况，“正月十三那天，所有演员都要化好妆、穿好戏服，与正式演出一样。正儿八经地抬出去，从付前街(今育才路)转到付后街(今新建西路)”①。在每年正月十三之前，村委会给这些工厂发一份请柬告知“送芯子”的事情，工厂便会在芯子表演队到达时燃放鞭炮以示欢迎，让职工们一同观赏，并适当地回馈表演队红包或物品。其实，在村落社区内，“送芯子”的巡游正是民间信仰仪式的遗存，体现了社区内部公共性的一种互惠式礼仪表达。



### (四)芯子表演情境与形式

芯子的正式表演在村落外的城市公共空间，主要的表演方式是队伍游行，在行进中表演的人员分三部分：开道锣鼓，以声音营造表演的喧闹情境；抬芯子的16人在指挥的哨声下有节奏地抬颤芯子，使芯子上下晃动，呈现出“飘颤”的视觉效果；芯子上部的小演员随着一抬一颤的节奏摆动右手手臂，下部的演员则静态展示。在抬芯子的基础上利用杠杆原理进行机械化改造的“撅芯子”②是前进村独有的芯子类型。一般由两台“车芯底”组成一个戏本，每个芯子上坐一位成年演员。与抬芯子在行进中表演不同，撅芯子表演时需要在空旷的场地停下来，由10人推动车底，3人压动杠杆让演员上下浮动，两台芯子上的演员随车子旋转移动，形成模拟“交流”的表演情境。

---

① 芯子从这两条路穿行，代表了围绕村子一圈。付后街在修建新建路时，更名为新建西路，成为区里的东西主干道，前进村也继续向西扩建至西外环。访谈人：张春；访谈对象：刘金玉；访谈时间：2018年10月28日；访谈地点：前进社区居委会。

② 据村中老人讲，撅芯子在以前就有，样子类似手推车，20世纪80年代初期前进村的村办企业利用锻压技术重新改良了芯子的式样。此后村办企业归个人私营，但这套芯底子却保留在锻压厂，由前进社区居民郑元水负责。

乡村社会关系推崇的准则是“一种类似以‘互惠’为基础的礼品交换关系”①。芯子再度振兴后，乡民通过芯子表演向神明祈祷的物质及社会效力弱化，转而表现为一种人与人之间或者说社会团体之间的非市场性的礼物交换。对前进社区而言，正月十三日“试芯子”而产生的社区内“送芯子”的预演，是村落内部强化凝聚力与文化认同的仪式性活动，也是村落与外部社会组织进行社会资本再生产的重要形式。村委会借由“送芯子”向落户村集体土地的企事业单位拜年，企业回赠礼品。这种“礼物”之间的流动，放大了村落社区内部日常交流实践的礼俗伦理，将乡村人际关系的通则安置在不同社会组织之间的关系处理中。村委会与村办企业共同参与芯子表演，再向社区外部展示村落精神风貌，将村落共同体对芯子表演的内价值弥散到经济“夸耀型”②的正式演出中，也会强化村民作为艺术实践者的主体感。

## 四、芯子表演实践主体的多元建构

进入21世纪之后，经济全球化、乡村生活都市化、文化消费化以及媒体传播的高度发达，构成了超越以往任何时期的复杂的“层叠性语境”③。2003年，周村区推进“村改居”城乡一体化后，前进社区进入城市社区管理模式，村民市民化与村落社区化使得传统社区自组织体系功能性解体，乡民主体对社区的依附性减弱。“村改居”的全面推行，成为2004年“政府引导，群众参与”，以“元宵节民俗展演”重新恢复“扮玩”活动的组织准备，由现代城市化的社区组织替代单位组织实现文化资本的再生产。2008年，周村芯子入选第二批国家级非物质文化遗产名录，从自由发展的社区文化资本进入国家政治与地方治理“有意识的创造”④的民俗过程之中。

---

① 赵旭东：《权力与公正——乡土社会的纠纷解决与权威多元》，天津古籍出版社2003年版，第13页。

② 在元宵节“扮玩”的正式表演中，所有演出单位在娱乐表演基础上，还要宣传企业或者村镇形象，隐含着夸富功能。一般认为，哪个村出芯子越多，越能展示出该村近年来经济实力。这些需要巨大的人力和财力支撑，也在一定程度上反映了该村在全区各个村庄中经济发展较为突出。

③ 廖明君、张士闪：《艺术民俗学研究：将乡民艺术“还鱼于水”——张士闪教授访谈录》，《民族艺术》2006年第4期。

④ 麻国庆：《全球化：文化的生产与文化认同——族群、地方社会与跨国文化圈》，《北京大学学报》(哲学社会科学版)2000年第4期。

阵容庞大的抬阁表演具有较强的社区整合功能，“最能代表迎神赛社这种全民性狂欢活动的参与意识与群体理念”①。2004 年，“村企分家”后的社区化村落失去村办企业的财力支撑，社区成为具体的承办者，艺术实践主体由自发组织转为非义务参与，并在“非遗”语境中呈现出超越社区边界的多元主体建构特点，象征性雇佣关系与类市场性雇佣关系应运而生。

所谓“象征性雇佣关系”，主要针对的是社区内部成员参加芯子表演的村民个体，居委会要为其参与支付劳务费，这种雇佣关系不受任何法律约束，是社区对个体参与公共生活给予的一种具有象征性的劳务补贴，如前进社区按照每人每天 100 元暂行。根据芯子表演分工不同，参与其中的社区成员可以分为技艺型与服务型两个群体。技艺型群体主要是指扎芯子、打锣鼓、化装、扎旋络的艺人，是芯子传承与实践的核心主体。集体性项目在传承人认定上以“具有组织推动力量的关键人物”②为指导，这意味着，被官方认可的传承人大多处于文化传统实践的核心地位。目前官方认定的代表性传承人刘金玉也出自这一群体，因曾任前进村主抓妇女、计生、文化宣传工作的村两委委员，而获得了芯子组织与表演全过程的内部知识体系。可以说，她获得该身份的直接原因是村落政治精英对文化资本再生产的行政支配权逐渐转向村落民俗精英，且这种政治精英转向民俗精英的方式仍在持续。因为这些在社区政治、经济领域中已经失势的老年传承人虽然拥有芯子表演的知识权威，但已经丧失了文化传统组织与领导方面的支配权力，所能支配的往往是通过血缘、人情交往所累积的社会关系。笔者在前进社区的调查中发现，从芯子表演的前期筹备至表演结束后的收尾工作，传承人刘金玉带领 4 个人承担芯子表演所需的各项杂务，其中两人是她的哥哥与女儿，另外两人是一直跟随她参与芯子组织工作的妇女；涉及财务、人力组织，最终由社区两委的行政力量来完成。

值得注意的是，象征性雇佣关系中还存在社区内部成员人情关系再生产的非社区成员“内化”认同。以 2019 年前进社区芯子技艺性领域传承人为例（见表 1），我们可以发现，在社区成员为实践主体的前提下，出现了外聘人

① 车文明：《台阁：一种古老而广泛的广场表演艺术》，《文化遗产》2008 年第 2 期。
② 萧放：《关于非物质文化遗产传承人的认定与保护方式的思考》，《文化遗产》2008 年第 1 期。

员的内部认同。笔者了解到，前进社区负责给芯子演员化妆的于女士并不是社区居民，因爱好京剧，经常与前进业余京剧团的艺人们一起演出，与芯子传承人交往密切。近年来，前进社区出芯子，她都会被邀请来协助化妆。她虽非本社区成员，但是长期参与芯子表演的关键领域，所以获得了一定的社区内部认同。



**表1　　2019年前进社区芯子技艺性领域传承人情况**

| 技艺性领域 | 目前负责人 | 年龄(岁) | 负责的工作 | 备注 |
|---|---|---|---|---|
| 扎芯子 | 赵宗亮 | 63 | | |
| | 常兆勇 | 65 | | |
| | 杨长海 | 50多 | | |
| 打家伙 | 蔡慧学 | 60 | 司鼓兼队长 | |
| | 房兴贵 | 71 | 小钗 | |
| | 殷汝迅 | 70 | 手锣 | 外聘 |
| | 李志贵 | 63 | 钹钗 | |
| | 陈功祥 | 63 | 锣 | |
| | 曲庆文 | 60 | 堂鼓 | |
| | 王延庆 | 66 | 手锣 | |
| | 姜富顺 | 66 | 手锣 | 当时未参加表演 |
| 化妆 | 姜冰玉 | 66 | | |
| | 于亚莉 | 62 | | 外聘 |
| 扎旋络 | 刘金玉 | 74 | | |
| | 赵爱卿 | 60 | | |
| | 吴秀华 | 60 | | |
| | 朱红霞 | 55 | | |
| | 刘金水 | 89 | | |

芯子服务型的演员并不需要特殊的表演技能，泛指社区的任何成员，主要负责芯子表演中的推车、打旗、护叉以及其他维修安装工作。部分村文艺宣传队的骨干、村民小组组长、先进党员、热心村民因长期参与，与之也建立了比较稳定的传承关系，以时间充裕且无工作负担的中老年女性居多。从前进社区的芯子表演现状来看，乡民艺术实践主体呈现出老龄化趋势。

以上两种类型的艺术实践主体仍然是本社区成员，但人数最多的抬芯子演员则全部雇用社区外部成员，这一关系可以称为“类市场性雇佣关系”。这种雇佣关系不签订法律合同，依靠口头约定协议价格、表演时间与表演任务，实践主体可以是非固定的任意人。前进社区抬芯子的演员主要是西邻邹平市好生镇一带的村民。元宵节正式表演，前进社区居委会负责“扮玩”的工作人员提前与“领头的”[①]协商好价格，对方负责找合适的男性劳力。一般而言，双方依据当年劳务市场一天短工的价格调整浮动，但随着人工成本上涨，社区负责人表示这部分费用实际上“年年在涨”。以2019年元宵节为例，前进社区出了两部抬芯子，一共需要64人抬，外加一顿工作午餐，每人每天115元。如果加上社区内部参与成员以及5个上芯子儿童的演出费，一台芯子的花销在4万～5万元。周村区元宵节“扮玩”的所有表演中，仅入选国家级非物质文化遗产名录的芯子享有政府补贴的1万元/台，相比之下，这部分补贴对社区来说无疑是杯水车薪。因此，与前进社区同样有芯子表演传统的社区，默认选择抬芯子或芯子主体表演外包的劳务雇佣形式；没有表演能力但经济充裕的社区，常采用整体外包的方式，由邹平市长山镇甘埠村的芯子表演队伍来扮演周村芯子。

作为民俗文化的芯子所具有的“内价值”[②]应是被局内的民众认可并在他们的节庆与信仰生活中发生实际使用的价值。而“非遗”对乡民艺术的介入，在一定程度上剥离了芯子内生的村落生活语境，造成其内价值的折损。附加于芯子之中的民间信仰已经消失，芯子日益成为一种偏重于向学者、媒体以及不同类型的社会组织构成的“局外人”展示的、元宵节社火“遗留物”的文化象征，其意义不在于向神明祈求也不在于村落内部的互惠，而是在乡村社会“个体化”进程中，让民众重温村落历史厚重感以及村落社区集体生活的文化归属感，避免个体因“去传统化”而出现公共道德与公共精神的真空。与此同时，从官方到民间对“非遗”话语机制的传播，使得部分乡民艺术实践主体在节日表演的市场关系中趋向多元化，来自社区外部的多元艺术

① 抬芯子的演员有一位领头的，相当于中间人，他也担任芯子表演时的抬芯子队伍指挥。因为每次表演都提前联系，所以前进社区与这些人也都建立了长期的主顾关系。笔者在访谈中发现，这些临时来的乡民多是平素好热闹的，在元宵节期间有的人还会参加本村或者其他地方的“扮玩”活动，平均年龄大概在50岁。

② 刘铁梁：《民俗文化的内价值与外价值》，《民俗研究》2011年第4期。

实践主体共同更新了“局内人”对芯子的认知，建构出一个超越社区边界的新的艺术实践共同体。

## 结 语

明清以来，周村芯子繁盛于工商业贸易的市镇及其周边，是民众通过信仰仪式与节日狂欢表达自我认知的公共话语形式，并以此作为与外部世界交流地方知识体系的公共平台。在民间信仰支撑的原发性语境下，乡民艺术呈现出一定的自发性、自治性以及自律性。参与芯子表演的核心力量是村落社区中的地方士绅主导下的乡民主体。地方士绅作为乡土中国的传统权威，形成对村落组织的礼仪导向以及文化权威。从芯子起源的叙事中甚至可以发现其神圣性背后隐含的精英叙事的“国家化”过程，呈现出仪式过程中地方精英、商民、信众等不同主体的磋商。20 世纪 80 年代以后，随着国家参与乡土社会运行的权力下放，村委会在芯子组织和表演上的权威性越来越强。在官办节日的表演语境中，村委会（行政组织）模拟现代意识的单位组织，建立了村办企业（经济组织）与双重身份的村民个体的艺术实践关系，并将芯子作为社区文化资本以“送”的礼节在村落内部与外部进行社会关系再生产。由于“村改居”政策，村落共同体的行政属性发生改变，集体向城市居民社区过渡。村民与社区经济依附关系逐渐松绑，艺术传统与社区内部的互动亦有所弱化。“非遗”的区域性命名促使芯子成为一种向“他者”展演的文化政治资源。然而，社区内部传承动力不足表现出的主体性缺位，重构了当下芯子表演的有偿性参与关系，使得芯子的艺术实践主体超越了传统的社区边界，并可能朝向地方节日空间实践主体继续发展。

# 集镇社会的地域等级观与节日交流实践

## ——以甘肃武威土门镇“闹社火”为例

王生林*



**摘　要**

社火是广泛分布在我国西北农村地区的一项集体性民俗活动。集镇作为区域社会中的物资集散地，也是举行社火表演的公共文化空间。走出村落、齐聚集镇的社火表演活动蕴含着集镇中心村落、外围村落，以及边缘村落之间的地域等级，呈现出节日社火和日常经济交流的同构关系。在“闹社火”和“看社火”的过程中，个体、家庭、村落之间的对话与交流得以实现，群体的历史认同和村落的文化个性得以充分表达，集镇社会秩序借此得以巩固和更新。在实践民俗学视角下，社火的本质就是表达国家与地域社会等级关系认同的一种全民集会式的节日交流实践。

**关键词**

地域等级　“闹社火”　实践民俗学　生活叙事

社火，又称“社伙”“射虎”“社户”“故事”“秧歌”“扮玩”等，是一种广泛存在于中国民间社会的综合性艺术表演形式。春节期间“闹社火”，是一项北方地区民众喜闻乐见的乡民艺术活动，尤其以西北农村地区农历正月十五元宵节为盛。具体到社火表演的发生场域：家庭构成村落，多个人口密集的

* 王生林，山东大学儒学高等研究院民俗学研究所2017级硕士研究生。

大村孕育了集物资、文化交流于一体的集镇。而在乡土社会，集镇被认为是高于村落组织的一种地域层级。从研究单元比较，以往关于社火的研究基本是以村落为单位，即使在少数联村社火案例的研究中，也鲜有学者重视“集镇中心村落”与“集镇边缘村落”之间的横向等级差别。① 实际上，并不是村村都有集市，更不是村村都闹社火。集镇作为物资交易中心，在其辐射到的一定区域内，以社火为代表的文化活动对于集镇社会的建构功能，与市场所承担的日常贸易功能往往具有异质同构的现象。本文所指的集镇社火研究，即强调将社火这一民俗活动放入集镇这一人文地理空间中加以考察。



值得注意的是，还有学者指出，政治意义上的行政区划和经济意义上的市场空间都不能当作区域社会研究的合理范围，只有仪式空间才是唯一稳定和属于本土的空间概念。② 社火表演具有相对稳定的精神内涵和形式，以及时间、场地等客观要素，呈现出社会人类学“仪式”概念的基本特征。因此，从“集镇”这一特定空间角度对社火“仪式”展开研究，具有很大的学理性意义。同时，近年受日常生活理论及实践理论影响的“实践民俗学”得到了越来越多的讨论。相关研究进一步指出，民众的交流实践才是文化最根本的存在方式，把日常生活实践作为我们关注的对象，才能凸显民众在历史创造中的主体地位，从而更好地把握民俗文化的意涵和功用。③ 就社火而言，一年一度的筹备、组织、表演，是一个充满了运作与协商的交流实践过程，村落中既有的人际关系与文化网络也借此得以形塑与更新。因此，我们对于社火的研究还要超越仪式层面，将其放入节日交流实践的动态语境中，理解民众如何通过社火的组织及其表演在个体、村落以及超村落等不同层次的交流中表达身份认同、村落认同、地方认同，如何参与乡土社会建构。这既

---

① 相关研究如刘铁梁：《村落集体仪式性文艺表演活动与村民的社会组织观念》，《北京师范大学学报》（社会科学版）1995 年第 6 期；张蔚：《闹节：山东三大秧歌的仪式性与反仪式性》，中国传媒大学出版社 2009 年版；刘统霞：《被表述的民俗艺术——对商河鼓子秧歌的历史人类学考察》，知识产权出版社 2011 年版；朱振华：《扮玩：鲁中三德范村的年节生活》，齐鲁书社 2019 年版；等等。

② 参见梁永佳：《地域的等级——一个大理村镇的仪式与文化》，社会科学文献出版社 2005 年版，第 2～7 页。

③ 关于西方民俗学实践研究传统的梳理和中国民俗学实践研究转向的讨论可参阅尹虎彬：《从“科学的民俗研究”到“实践的民俗学”》，《中央民族大学学报》（哲学社会科学版）2017 年第 3 期；王杰文：《“实践民俗学”的“实践论”批评》，《民俗研究》2018 年第 3 期；萧放：《实践民俗学：从理论到乡村研究》，《民俗研究》2019 年第 1 期；李向振：《重回叙事传统：当代民俗研究的生活实践转向》，《民俗研究》2019 年第 1 期；等等。

是当前社火研究亟待补充、拓展的方向，也是民俗学的“实践转向”在乡土社会研究中的应有之义。

## 一、集镇的变迁：社火表演的历史语境

土门镇，现属于甘肃省武威市古浪县，地处乌鞘岭北麓、腾格里沙漠南缘，是河西走廊东端的门户。《汉书·地理志》载：“武威郡，故匈奴休屠王地，武帝太初四年开，户万七千五百八十一，口七万六千四百一十九，县十：姑臧、张掖、武威、休屠、揟次、鸾鸟、朴环、媪围、苍松、宣威。”[①]汉王朝夺取河西地后，设立四郡，并将其作为打击匈奴的战略要地，广建塞障亭隧，大举移民屯田之策，极大地提高了当地的军事、经济实力。河西局势的稳固，为后来丝绸之路的开通创造了必要的条件。据地方志的记述，“古浪县在商周时为西羌地，秦为小月氏国地，汉初为匈奴休屠王属地。武帝开边，置苍松、揟次、朴环三县，地属武威郡”[②]。历史地理学者考证，汉代所置的苍松、揟次、朴环三县属地分别为今天的古浪镇、土门镇和大靖镇及其周边一带，皆为今古浪县所辖。[③] 也就是说，今天的土门一带，有确切记载的历史可追溯至汉代的揟次县。

自汉以降，伴随着朝代的兴替，河西地区战乱频发，揟次地区长期遭受多方政权割据，其建置亦是几经废立，变动频繁。历经东晋、前凉、后凉、后魏、周、隋、唐、吐蕃、元等政权的统治，至明初，始有“土门”一名。“元末兵乱，居人逃散，和戎境虚。明洪武五年，平定，复属凉州，于扒沙、哨马等处且屯且耕，以拓土地。十年，江亨因旧水名改为古浪，筑城于今治。十二年，属庄浪卫，为屯守之所。正统三年，巡抚督御史罗亨信设古浪守御千户所，改哨马营为土门。”[④]因为地处边关，所以土门之地的命运多与历代的军事边防政策息息相关。屯兵、卫所制度以及移民实边政策，均对当地的人口构成产生过直接影响。和平年代的土门则为商道所经之地，商贾辐辏也有力带动

① 《汉书·地理志一下》，清乾隆武英殿刻本。

② 《古浪县志·地理志·沿革》，民国二十八年(1939)铅印本。

③ 参见李并成：《河西走廊历史地理》第一卷，甘肃人民出版社1995年版，第42～51页。

④ 《古浪县志·地理志·沿革》，民国二十八年(1939)铅印本。

了频繁复杂的人口交流。此外，祁连山区的藏、蒙等少数民族和遍布西北的回民在不同历史时期与当地百姓的交流也从未间断。凡此种种，促成了土门人口构成的多元性，也造就了当地文化的开放性与包容性。

作为西陲地区的保障，除了修筑长城抵御外敌，修筑堡寨、驻兵屯守亦是边塞军事中的常见举措，土门亦不例外。加上地处通商要道，土门在明清时期逐渐发展成为人烟稠密、商务繁盛之地，这在方志资料中同样有明确的记载。“土门堡，在县东北六十里，土沃民庶，商务盛于县城。明万历二十七年修筑里城，高三丈六尺，厚二丈，周围计二百二十丈，开东南门各一，上起钟楼一，角楼四。外堡高二丈五尺，厚一丈二尺，周围计二百六十五丈，开东西门各一，上起门楼二，角楼三。池深一丈二尺，阔一丈四尺，四面共三百九十四丈。清同治六年，在南精建月楼一。”①比较而言，土门堡的规模在同时期修建的众多堡子中当属较大者。

土门镇处在走廊东端，是连通武威与白银，以及宁夏中卫的重要枢纽，同时紧邻古浪峡这一兰州通往武威的咽喉之地，交通位置之重要性自不待言。天然的地理优势使得土门成为商贾往来的必经之地，加上本身地处山前洪积扇平原，耕地面积广阔，因此便有了民国县志中“土沃民庶，商务盛于县城”的记载。从农业发展的自然条件观察，土门境内地势平坦，除少量浅山旱滩地外，大部分为平川河水灌溉区，土质肥沃，沟渠纵横交错、遍布田间，宜于发展种植业。20 世纪 50 年代以前，境内有漪泉河、旱石河、马石河、西石河等多条地表河作为百姓饮用水和农田灌溉水源的保障，尤以发源于土门堡城南八里处泉脑的漪泉河水量最为充沛。

伴随着自然环境的恶化，至今这些河流均已干涸，仅剩裸露的河床。村民日常用水及农业灌溉完全依靠机井和古浪县十八里堡水库的集中灌溉。因为耕地面积相对广阔，土门镇仍然是全县粮食的主要产区。进入 21 世纪，当地农民除了种植小麦、啤酒大麦、玉米、洋芋、豆类等粮食作物以外，兼种葵花、甜菜等经济作物。在地方政府部门的引导下，土门临街的几个村率先发展日光温室。目前，蔬菜种植已经成为当地农民增收致富的支柱型产业。2004 年，撤乡并镇，原胡家边乡整体并入土门镇。现今，土门镇辖土门、漪

① 《古浪县志·地理志·沿革》，民国二十八年（1939）铅印本。

泉、台子、和乐、新胜、教场、青萍、大湾、三关、宝塔寺、王府营、胡家边、西滩、永丰堡东、永丰堡西、新丰16个行政村和众兴社区，有村民8000余户，44000人，总耕地面积约7400公顷。

土门集镇，作为全镇最主要的贸易空间，村民们习惯称其为“土门街”。主街道呈东西走向，长约1.3公里，各类商铺共计300余家，同时是镇政府等基层行政单位的驻地所在，古浪二中（全日制高中）位于街道东端。紧靠街道北侧的是漪泉村，下辖9个村民小组；南侧为土门村，下辖17个村民小组；东端为台子村，下辖9个村民小组；街道东端与通往胡家边村的287乡道相接。历史上的土门堡旧址，正位于土门村城里组。由于商铺名目众多，物资种类齐全，且集中分布着各类行政、医疗、教育单位和金融机构网点，土门街不仅是全镇16个村的政治、经济、文化中心，其影响力还辐射至周围定宁、泗水、黄花滩、永丰滩诸村镇。



深厚的历史传统、特殊的地理因素以及经济社会的相对发展，往往是乡民艺术发生的必要条件。土门镇数量众多的寺庙、戏台，以及相关的庙会活动、民间传说，更是彰显当地深厚文化底蕴的重要载体。在土门集镇所承担的各类公共文化功能中，每年正月十五元宵节的社火表演，无疑是全镇百姓参与度最高、影响力最大的一项重要民俗活动。

## 二、土门社火表演的组织机制

一般说来，土门镇及周边地区的社火表演基本以村落为单元进行组织。社火的组织与表演是一个充满运作与协商的过程，乡土社会中的村落权威在其中发挥着重要作用，村落中既有的人际关系与文化网络借此得以形塑与更新，集体的地域认同观念也得到了有效加强。具体说来，各村的社火筹备至少要经过以下七道流程。

### （一）成立元宵会

进入腊月，已是农闲时节，外地务工人员也陆续返乡，新年社火的筹备工作悄然开始。各村的社火都是由“元宵会”牵头组织的。元宵会一般由会长1人、副会长3～5人、出纳1人、保管2人组成。20世纪80年代以前，各村都有独立的元宵会。元宵会的成员由民间推举产生，必须是在村中有名望、信誉好的乡民。尤其是会长，不仅要在全村有好口碑，而且要有组织众人的能力和干事的魄力。20世纪末，伴随着国家统一治理政策日渐深入基层，村两委班子在村民日常事务管理中扮演着越来越重要的角色。各村元宵会里村两委成员都会占据相当的比重，且统筹社火活动全局的元宵会会长一般是村支书或村主任等人员。当然，这并不意味着元宵会的职权完全被村委会垄断。



尽管村委会成员在特定情况下具有一定的号召力，但是，社火不同于灌溉、社保等基层日常行政事务。当地的俗话说："大队里的人有权，但他们不一定懂社火上的事。"因此，在元宵会里，村领导和乡村精英往往是两个相互协作又相互制约的群体。此外，在不出意外的情况下，每年元宵会的成员基本上相对固定，代谢更新十分缓慢。

（二）上会钱

闹社火不仅需要足够的人力，更要耗费巨大的财力。服装、乐器、化妆、车辆等各项开销均来自以众筹方式筹来的会钱，其中包括上年结余的和当年筹集的。上年结余一般只占极少的一部分，因为每年都会竭力组织最隆重的社火，为村里长脸，所谓"耗财买脸"，剩不下多少钱。会钱的多寡直接决定了社火水平的高低。因此，有村民开玩笑说："现在闹的都是'钱社火'么。哪个队有钱，哪个队的社火就好。"从根本上来讲，能否顺利筹集到足够数额的会钱，关键还是看村民经济水平的高低。元宵会成立后最关键的一项任务就是"收会钱"。

一般情况下，会钱主要来自村里各家各户。热心社火的村民往往会自觉将会钱交至会计处，更多的情况则是元宵会成员登门收取。各家上会钱的金额完全看户主意愿，没有明确的规定，村民称之为"随心""顺心"。但是，"某家上了多少会钱"的消息会在社火表演之前很快成为村民重要的舆论话题。等到正月十六，社火表演全部结束，元宵会成员会进行决算，并张贴告示详细公布当年会钱的收支明细，会钱收取情况会精确到户。

### (三)商定社火、购置服装

会钱收毕，元宵会成员则要根据会钱金额、演员人数等实际情况商议过年到底该装什么社火。像土门村、漪泉村、台子村、教场村、新胜村等实力雄厚的大村，都会根据传统小说或戏曲剧目装完整的社火，比如《黄河阵》《刘皇爷招亲》《出五关》《回荆州》《灭方腊》等。土门、漪泉、台子等村在正月十三到正月十六上街表演期间会变换剧目、妆容。在西北地区的很多地方，社火中的角色叫“身子”。剧目中的角色多，相应地，社火身子也要多，耗费的服装道具成本就会变大。一些经济实力薄弱的自然村则会随便装几个身子组成社火，也叫“乱劈柴”。商定了社火剧目，则要着手购置服装、乐器以及各类道具等。

服装道具的准备确实是一项繁杂、费力、耗时的工作。在筹备期间，村里那些真正“好”社火的人通常会发挥重要作用。他们爱社火，也懂社火，公益精神成为热心服务的精神基础，因此热心社火的筹备工作且不遗余力、不计回报。

### (四)出身子

伴随着准备工作的不断推进，年关将至。大年三十和正月初一是家户团圆的重要日子，从正月初二开始人们便开始走亲访友，等到正月初八左右，许多人家重要的亲戚已经拜访完毕，有的村就开始闹社火了。“出身子”是社火中的第一个环节。“出身子”的地点，一般就在保管社火服装的人家的院子里，也有的在村委会的院子里。

开始闹社火的当天凌晨，演员们就要提前开始化妆，俗称“打脸子”。以前，各村都有会唱戏的人，甚至不乏一些当地小有名气的戏角儿，他们完全可以胜任给社火身子“打脸子”的工作。但是，随着近年来戏曲在农村的凋敝，会唱戏的老人越来越少，现在基本是请县城或武威市的专业师傅到村里画脸。

在土门一带，传统社火队伍的构成大同小异。一般包括以下几个部分：

1.彩旗，数量不定，包括写有“某某村元宵会”字样的条幅，现在多以彩车开道。

2. 锣鼓队，一般包括执黑伞“唱家”1 人、大钹 1 人、中钹 2 人、腰鼓 4 人。

3. 社火身子，种类、数量不定，一般由高跷、蜡花、东洋车子等部分构成。也有个别村装扮各具特色的芯子、彩车、旱船、狮子、龙、生肖造型等。

另外，据当地老人讲，20 世纪 80 年代，还有“闹春官”的习俗。春官戴着髯口，手拿芭蕉扇，头戴大礼帽，身穿长袍，是整个社火队伍中的“最高领导”，具有保佑来年风调雨顺、五谷丰登的职能，一般由村中德高望重的老人扮演。进入 21 世纪，“春官”角色渐渐从土门的社火中消失了。等到所有社火身子装扮完毕，则要进行最关键的一个环节——“请庄王爷”。

> 传说庄王爷是观音菩萨的爹爹，其实就是保佑一方平安、五谷丰登的。出身子以前，挑好日子、好时间，供奉庄王爷的牌位，敬酒、献盘、磕头、上香。打家伙、唱秧歌，让庄王爷保佑社火队平安，不出意外。以前，庄王爷一般供奉在户族大些的人家的院子里。①

通过村民的描述大概可知，其实庄王爷扮演的就是一个地方保护神的角色。特别之处在于，他没有固定的神祇，只在闹社火这一活动中发挥重要作用。闹社火之前祭拜庄王爷，表达的是人们对新的一年平安、健康的祈求，也寄托了对当年社火表演能够平安顺利的期望。另外，值得注意的是，在土门一带，请庄王爷这一象征性的仪式也在一定程度上表明了社火和本地区其他庙会中的迎神赛会活动在本质上的不同。以村落为单位组织的社火并没有一个明确的信仰内核，各村社火队祭拜各自供奉的庄王爷，这是对特定区域内身份认同的一种表达，即“我们村闹社火保佑的是我们村的人”。

### （五）串院子

出完身子以后，社火队便开始串院子了。“串院子”即社火队伍按照固定的路线到村中各家各户的院子里游演。同样的活动，在陕北地区叫“沿门子”。人口多的村子一般从正月初八就开始出身子、串院子，人口少的村则从正月初十开始。

锣鼓一声响，顿时打破了村庄的寂静，新年的热闹氛围洋溢在村庄的大

---

① 访谈对象：马嘉庆；访谈人：王生林；访谈时间：2019 年 6 月 23 日；访谈地点：土门镇漪泉村。为了保护访谈对象的隐私，本文中所有涉及访谈对象姓名的地方均使用了化名，请勿按图索骥。

小巷道。社火队每到一家门口，都会有鞭炮迎接。院子里则支起茶桌，摆上烟酒糕点、水果花糖等年货，用来招待社火队成员。伴着锣鼓声，社火身子在院落里绕一圈，唱家则会根据主家不同的情况唱一小段吉祥话，送上祝福，也叫“唱秧歌”。因为无论唱家还是主家，大伙儿共处在一个熟人社会里，所以有时候唱家也会即兴唱一些打趣甚至污秽的段子，引得大家发笑。以下是一些具体的秧歌唱词：

郑家人丁很聪明，儿孙都把大学进，学好本领为国家，光宗耀祖显门庭。

康家的院子好风水，男女老少不生病，勤劳致富年年顺，金银财宝滚进门。

马家的轿车跑古浪，运载客人生意忙，行驶安全收入好，欢度春节信心高。

唱完秧歌，社火队伍则会转去下一家。有些村是在串院子的过程中上会钱的。

（六）上街

到了正月初十左右，各村社火基本上都串完院子了，一般在正月十一、十二两天稍作休整，同时为正月十三至正月十五上街表演做一些准备工作。土门、漪泉、台子三村一般从正月十三就开始上街表演，并且每天出的身子都不一样。比如，土门村一般会在正月十三装《出五关》，正月十四装《灭方腊》，正月十五装《黄河阵》。其余集镇周边的教场、青萍、和乐、新胜等村基本集中在正月十五这天上街表演。正月十五元宵节，集镇上不仅有社火，还有各类庙会，以及繁忙的商贸活动，年节气氛达到高潮。

我们知道的最热闹的时候是改革开放以后，家家参与闹社火，最多的时候街上有18支社火队伍，包括大社火、小社火。台子、土门、漪泉、上河湾、教场、青石湾子、安家庄子、新胜两跑子、和乐、台子七队。各庄都有社火，后来是各生产队都有，高峰期达到30跑。①

正月十五这一天，各村都会以最饱满的热情，打造出代表全村的社火队

---

① 访谈对象：马嘉庆；访谈人：王生林；访谈时间：2019年6月23日；访谈地点：土门镇漪泉村。

伍上街表演。附近十里八村的父老乡亲也会到镇上赶集、走亲戚、看社火。1000多米的土门街锣鼓喧天、人山人海,仿佛是一场集中在市镇上的狂欢节。热烈的社火表演往往会持续到元宵节晚上10点左右。

### (七)卸身子

上街表演结束,意味着当年的社火也就闹罢了。所有参与闹社火的人都要集合到出身子的地方完成最后一个环节——“卸身子”,也叫“卸庄王爷”。届时,元宵会的人会把闹社火期间一直供奉的庄王爷的纸牌位焚化,然后集体叩拜、放鞭炮,唱家唱些风调雨顺、国泰民安的歌调,宣告社火结束。

在古浪,提起过年闹社火的话题,几乎绕不开土门镇。“正月十五,全县就数土门子最红火”,“土门的社火顶好看”……历史上重要的交通地理位置造就了土门镇繁荣的商贸经济和丰厚的文化积淀。相较于西北地区的普通村镇,明清以来的土门一直是人烟稠密之地,并且始终与外界保持着顺畅的沟通与联系,这使得当地的民风民俗具备了显著的地域特征。社火作为西北地区较为常见的民俗事象,在不同的区域社会中呈现出不同的形式和文化内涵。土门的社火因其历史传统和鲜明的地域特色而在区域社会内外产生了深刻影响。

久远的堡寨历史和繁荣的商贸经济为世代居住在土门的百姓留下了深刻的文化记忆,也造就了土门人好红火的粗犷性格,这在热闹的社火活动中体现得淋漓尽致。应和着时间的节奏,闹社火成了一年一度元宵节期间全镇人民的文化集会。富有地域特色的社火表演勾连着所有男女老少的家族记忆和社会记忆,地域认同感借此得到充分加强。更为重要的是,土门社火作为鲜活的民俗也服务于人们当下的生活。从上会钱到商定社火,从串院子到上街表演,家庭、村落以及超村落之间的对话和交流在整个闹社火的过程得以实现,进而重新建构了集镇社会的生活秩序。

## 三、社火中的地域等级:从村落到集镇

社火是以村社为单位组织的集体性民俗活动,除了营造热闹欢腾的节

日娱乐氛围，更有增强村落共同体观念的功能和意义。在人口密集、经济繁荣的集镇社会，节日期间闹社火则是牵涉诸多村落的重要文化活动。走出村落、走向集镇的社火表演蕴含着集镇中心村落、外围村落，以及边缘村落之间的地域等级。节日集会的背后是位于不同地域等级的村落之间的对话与交流，集镇社会秩序借此得以巩固和更新。

集镇社会中存在地域等级的前提是村落之间的边界。贺雪峰在其关于中国乡土社会的研究中认为，“村庄共同体由三种边界构成：一是自然边界，二是社会边界，三是文化边界”①。李培林认为，“一个完整的村落共同体，其实具有五种可识别的边界：社会边界、文化边界、行政边界、自然边界和经济边界”②。明确的空间范围以及基于地缘、血缘关系而形成的身份认同是集镇社会地域等级形成的重要因素，以村落为单位组织的民俗活动则对既有的等级观念具有一定的巩固和加强作用。在河西走廊地区，人们习惯上把居住在山区的百姓称作“山里人”，把居住在平原地带的百姓称作“坝里人”。古浪县境内地势整体呈南高北低，以位于古浪峡口的县城为分界点，往南的十八里堡、黄羊川、黑松驿、干城、横梁等皆为山区乡镇，往北的泗水、定宁、土门、大靖、黄花滩、海子滩等皆为平原乡镇。平原乡镇基本坐落在山前洪积扇上，耕地面积远较山区乡镇广阔。山区交通不便，且少有大块的耕地，常年靠天吃饭，整体经济水平低下；而平原地区则是地广粮多，交通便利，“山里人”也就成了“吃不饱肚子”“没见过世面”等的代名词，时常受到“坝里人”的鄙夷。

在广阔的平原地区，同样有着明显的地域等级。武威一带平原村落的分布情况和关中、华北地区十分相像——少则十几户，多则几十户或上百户聚居形成一个村庄，周围则是该村的耕地。处在重要交通地理位置上的大型村落则会演变成集镇，并将其在商贸、文化等方面的影响力辐射至四周的普通村落。如此一来，紧依集镇的村子相对于边缘村落，具有明显的区位优势。

① 贺雪峰：《新乡土中国：转型期乡土社会调查笔记》，广西师范大学出版社2003年版，第30页。

② 李培林：《村落的终结——羊城村的故事》，商务印书馆2003年版，第39页。

土门镇作为古浪县的人口大镇，行政、事业单位比较集中。土门、漪泉、台子三大村簇拥而成的土门街作为全镇的中心地带，则是政府、公安、工商等基层单位的集中驻地。在“三村环一街”的集镇格局之中，土门、漪泉、台子三村的人被形象地称作“街里人”。就农业来讲，人口密度高，集镇村落的人均耕地相对较少。集镇街上经营商铺的店主八成以上是当地居民，也就是说，人均耕地少的实际情况刺激了当地商业的繁荣。此外，沿街村落率先发展起了蔬菜大棚种植，相比小麦、大麦、玉米等传统农作物，蔬菜种植业的利润显然更加丰厚。这一系列地理、经济因素的融合，共同决定了“街里人”在农村地区享有较高的经济和社会地位。



与此同时，各村的区位优势和经济实力也会在社会表演中得到一种基于乡土社会评价机制的比较。就古浪县全境而言，土门社火的知名度自不待言。但是聚焦于土门镇境内，各村社火表演的综合水平又会分出新的等级。土门、漪泉、台子三村的社火表演被公认为土门诸村社火中的出彩者，即所谓“街里人的社火闹得好”。其实，从当地流传甚广的一句顺口溜——“城里头的社火台子上的钹，夹道里的叮叮子赛过锣，教场的张公背老婆”——当中也能看出土门各村社火的鲜明特色。“城里头”即今天的土门村，因为现今土门村的地界就是从建于明代的堡子逐渐扩展而来的，“夹道”即漪泉村。准确地讲，这句顺口溜描述的时代是改革开放初期。在村民的记忆中，当时的土门街上社火闹得最为隆重，几乎是家家参与闹社火，各庄都有社火队。今天，在土门镇提起闹社火，“以街上的三个大队为主”仍然会得到当地百姓的高度认可。

### （一）坚守传统的土门村

土门村位于土门街南侧，下辖17个村民小组，共有4200多人，是全镇最大的行政村。村中柴、甘、赵、张、陈、胡等10多个姓氏杂居。建于明代的土门堡旧址正位于今天的土门农贸市场内，保存至今的罗汉楼即当年堡城东门的门楼。

“城里头”即当年土门堡的里城所在的区域，也是今天土门村最核心的区域。“城里头的社火”其实说的就是土门村的社火身子装得好。正月十三装《出五关》，正月十四装《灭方腊》，正月十五装《黄河阵》，土门村基本已经形成了如此传统，多年未变。旧时，每天的社火由40～50个身子组成，阵容十分庞大。土门村人口众多，会钱充裕，戏曲土壤丰厚，诸多优势促成了高水平的社火扮演。2019年土门村上街表演的社火阵容(角色)如下：

1.彩车一辆，车前挂横幅“土门村元宵会向全镇人民拜年”，车上插彩旗8面。

2.锣鼓队，包括执黑伞“唱家”1人、大钹2人、中钹4人、腰鼓4人。

3.高跷15人，正月十四扮《出五关》，正月十五扮《黄河阵》。

4.蜡花队，车载中鼓1人，小钹1人，后跟蜡花32人，八行四列，执扇舞绸。

5.东洋车子，包括拉车的大肚子麻婆、车内新媳妇一人、丫鬟、两位公子和推车老汉。



### (二)与时俱进的漪泉村

漪泉村位于土门街北侧，下辖9个村民小组，共有2600多人。村中高、石、俞、方、马等10多个姓氏杂居。“夹道”是村中一条弯曲、狭长的巷道，大致呈南北走向，南端通往土门街。漪泉村60%的人口聚居在夹道两侧，巷内还有上夹道与下夹道之分。在土门，人们更习惯用“夹道”代称漪泉村。顺口溜中“夹道里的叮叮子赛过锣”，也被说为“夹道里的叮叮子响得了不得”，讲的便是旧时漪泉村社火的一大特色——叮叮子。叮叮子，即小锣，直径约15厘米，演奏者左手悬空提锣，右手执槌敲击，发出“叮叮”的声响，故被称为“叮叮子”，在社火锣鼓中起稳定节奏的作用。漪泉社火里的叮叮子，声音响亮并且传播距离远，人们往往还没看见社火身子便能听到叮叮子的响声，这就极大地提高了该村社火的辨识度。当然，现在各村社火中基本已经见不到叮叮子了。

除了叮叮子，提起漪泉的社火，在当地中老年人的记忆中，印象最为深刻的当属20世纪80年代以前的迎宫社火。当时，正月初九的迎宫社火是漪泉村独一份的，由村中高、石、俞三大姓联合筹办。社火身子扮的是《七仙女》，要从夹道出发，沿着土门街到玉祖台庆贺玉皇诞。届时还会唱《八仙庆寿》《万仙朝玉皇》等会戏。进入21世纪，漪泉元宵会和村委会逐渐一体化，同时在人力、物力等因素的影响下，漪泉村不再组织正月初九的迎宫社火。但是，《七仙女》作为漪泉社火的拿手戏是每年正月十五必要上街的。2018 年、2019 年，连续两年，漪泉村正月十四都装了《黄河阵》，正月十五都装了《七仙女》。换句话说，正月十五装《七仙女》已然成为漪泉村的社火传统，以此作为标签与别村在街上竞演。同样傍着土门街，商户众多，漪泉村的经济实力也相当雄厚。2018 年、2019 年，漪泉社火除了锣鼓、高跷、蜡花以外，还雇了四五辆车，出了“车社火”，阵容十分庞大。车社火其实就是把打扮好的演员载在车上，演员基本为站立态，供人观看。一般情况下，一辆车就是一个故事，比如《出五关》《杨家将》等。用车辆代替踩跷，极大地降低了表演的危险系数。街上的很多商户还在车挂上了广告、标语，借此宣传一把，当然这是以上过会钱为前提的。除此以外，村委会还会要求在社火车辆上悬挂一些关于党和国家大政方针、地方先进事迹的标语和宣传画，比如“保护文化遗产，传承民族文化”“移风易俗树新风”“学习六老汉，沙漠变绿洲”等。



2019 年，漪泉村社火队伍的末尾还新增了由本村妇女组成的广场舞队。一辆三轮摩托车载着一个移动音响，30 位妇女着装统一，舞姿轻盈，紧随车社火之后，边走边舞，引来了很多村民尤其是妇女的围观。就这样，前边是喧天的锣鼓，后边是动感的音乐，浓妆艳抹、踩着高跷的七仙女和穿着时新舞服的广场舞大妈同时出现在漪泉村的社火队伍中，毫无违和感。

### （三）样式繁多的台子村

台子村位于土门街东端，因地势明显高于四周而得名。全村辖 9 个村民小组，其中距离土门街最近的是四组。全村 500 余户，约 2300 人，有王、张、祁、袁、李、崔等 10 余个姓氏杂居。顺口溜中“台子上的钹”说的是旧社会台子村有位家境殷实的袁姓地主，从西藏置办来了一对 40 斤重的大钹，响声十分浑厚。如遇社火迎头，这对钹奏出的声响能够完全盖过对方的锣鼓家伙，尽显自家威风。时隔多年，大钹早已不是台子村社火的招牌，芯子、高台等许多新花样给人们带来了全新的视觉体验。

2000 年前后，台子村的社火艺人从武威市借鉴了芯子社火，一时间成了土门街上众多社火队伍中的佼佼者。装芯子社火最关键的步骤是焊制铁芯。台子村曾有 10 多家铁匠，几乎包揽了镇子上的农具、炊具锻造生意，村里自然具备焊制铁芯的技术和材料。装芯子社火，要先根据故事中的人物数量和所要表现的情节焊制特定造型的骨架，然后让4～8岁的儿童站在架子的特定位置处，并用布带将其腰部同铁架缠绑牢靠，最后给孩子穿上故事人物的表演服装。装饰完毕后，铁芯完全被遮掩了起来，小演员的腰部以上可以自由活动。人物多的芯子可以高达七八米，看起来十分惊险。

2013年，台子村的社火受邀前往古浪县委、县政府表演，《白蛇传》《保皇嫂》《八仙过海》等造型惊险的芯子在县城居民当中引起了热烈的反响。之后，出于安全考虑，高跷、芯子等社火再未进城，只在土门当地表演，很多县城的居民到元宵节甚至会专程前往土门看芯子社火。2018年、2019年，台子村的芯子社火都装了《七仙女》和《李彦贵卖水》，其中《七仙女》是转芯子。

除了芯子，台子村还创新推出高台社火。其装扮方法是在卡车车皮里用软钢筋搭起数对支架，然后在上面铺一层结实的木板，数名表演者立于木板之上，所有人的双脚均匀发力，节奏一致，制造出规律的晃动，饶有趣味。最常见的高台社火是“抬轿子”。即便是传统的高跷社火，台子村也擅长变花样。不同于土门村和漪泉村每年高跷必装《黄河阵》和《七仙女》，台子村还装过《西游记》《金光阵》等。另外，台子村的秧歌队也是花样迭出，比如2018年的秧歌队员一手执伞，一手舞绸，具有几分陕北特色。2019年，20多名位秧歌队员穿上了清一色的灯笼裤，每人背上插着一个大扇面，上面分别写着“富强、民主、文明、和谐、自由、平等、公正、法治、爱国、敬业、诚信、友善”“绿水青山就是金山银山”“撸起袖子加油干”等具有时代气息和进取精神的口号。

### （四）集镇的外围村落

土门、漪泉和台子三村在地理位置上处于紧依土门街的集镇核心地带，也是集镇社火表演的“主角”。相比之下，位于集镇外围的教场、青萍、和乐、新胜等村的社火在上街表演的过程中处于类似“配角”的地位。除此以外，元宵节到镇上看社火的人群中有相当一部分来自距离集镇较远的三关、宝塔寺、王府营等村。

曾与土门、漪泉、台子一同被编进顺口溜的教场村位于土门村南3公里处。行政意义上的教场村由教场、河湾、解放庄、安家磨、韦家台等6个自然村组成，划分为10个村民小组，实际上每年闹社火的只有中心村——教场。

不同于土门、漪泉等集镇村落，教场村作为普通的平原农业村，整体经济水平偏低，更重要的是自然村之间的地缘关系相对疏远，直接导致了在社火这类集体民俗活动中村落凝聚力的薄弱，具体表现为人员难以集中、收会钱困难重重等。进入21世纪以后，农村劳动力外流、村落空心化等现象日益严重，这也愈发增加了组织村落社火的难度。从2010年开始，教场的高跷社火难以为继，只能闹蜡花、东洋车子之类的小社火，但仍然坚持正月十五社火上街的传统。



2018年农历正月十五，教场村组织了由锣鼓、蜡花和东洋车子构成的社火队伍前往土门街表演。相比于街上声势浩大的高跷、芯子社火、车社火，教场的社火显然十分逊色。2019年，教场社火未上街表演。与教场村情况类似的还有萍、和乐和新胜等集镇外围村落。

> 早几年新胜的社火也上街，他们好装个《刘皇爷招亲》，有点和街上①“对亲家”的意思么。②

和街里人“对亲家”这一说法，十分形象地说明了集镇周边村落组织社火上街表演的心理动机。精心装扮的社火和充满热情的表演，实际上是集镇中心村落和周边村落之间的一次深层次交流。教场、青萍、和乐、新胜等村上街闹社火更多的是出于对“大家都是土门的人”这一集镇地域认同的表达。一年一度元宵节，社火不仅是一种集体欢腾的文娱活动，更是一座文化沟通的桥梁，巩固或更新了集镇诸村落之间旧有的等级体系和村际关系，对区域社会秩序产生了深刻的影响。相比教场、青萍、和乐、新胜等村，三关、宝塔寺、王府营、胡家边等村与土门街之间的距离更远，属于土门镇的边缘村落。这些村子的共同特征是人口数量少，同姓聚居，村落劳作模式单一——农耕兼外出务工。关于边缘村落的社火传统及其与集镇之间的联系，本文重点以王府营村为例进行说明。

王府营村，下辖贾庄、西庄、王庄、西城、吴车院、东庄和新东7个自然村。在土门村西5公里处，村北有287乡道直通土门街。关于王府营村村名的由来，民间传说历史上有位王爷的府邸在此，又因后来有打仗的军队在此地扎

---

① 即以土门、漪泉村村民为主体的街里人。

② 访谈对象：郑廷玉；访谈人：王生林；访谈时间：2018年2月26日；访谈地点：土门镇土门村。

过营盘，故名“王府营”。王府营村原本也有一座堡子，建造年代与筑于明代的土门堡大抵相同，主要功能也是满足边关屯垦之需要。20 世纪 60 年代以后，城墙被陆续拆毁，今天人口相对密集的西城和吴车院即位于堡子旧址之上。西城和吴车院是整个王府营村历史最久远的两个中心村，村民的祖先大多是当年住在“城里”的老姓，至今村中仍有李、吴、陈、米、刘、王等多个姓氏杂居。形成年代较为晚近的新东(村)就是吴、陈两姓迁居城东而来的。其余贾庄、西庄、王庄和东庄都是单姓自然村，基本呈宗族聚居的形态。

相比于多姓氏杂居的中心村，单姓宗族村落人口构成简单，血缘关系强有力地维护着村落共同体，家户之间的合作交流更为密切。年节祭祖、日常劳作与红白喜事等活动已然将地域认同感渗透进了村民日常生活的各个角落，以村社为单位组织社火活动就显得不是十分必要了。因此，跟教场村的情况类似，在王府营村，只有西城和吴车院闹社火。当然，这也不排除邻近村落的个别社火爱好者和儿童参与到社火表演中来。



> 土门的社火，王府的灯，永丰堡的唱大戏，胡家边的闹春官。①

> 王府的黄河灯就是出了名的。按照八卦插下三百六十个灯杆子，上头把灯挂上，正月十五晚上大人娃娃就进去游百病么。摆灯复杂得很，花的代价也大得很。②

在旧社会，王府(营)的社火主要是住在王府城里的老户，也就是西城和吴车院的人组织的。但是在外界来看，社火就是王府营村的，地域概念被隐形地扩大了。拿笔者的调查经历来说，和访谈对象聊及有关社火的话题，当被问及“家是哪儿的?”答曰：“王府东庄子的。”访谈对象立马说：“早几年的黄河灯就是你们王府的拿手戏。”20 世纪 60 年代，村中人口增加，导致建房用地十分紧张，陈、吴两姓村民迁至城东形成了今天的新东，而迁出的这些人正好是社火活动的主要组织者。因此，后来的新东就成了王府(营)村社火的主阵地。直至 20 世纪 90 年代，每年正月十五，新东还会摆“九曲黄河阵”、闹社火，吸引周边村子乃至镇上的居民前来看热闹。进入 21 世纪，村落空心化日益严重，闹社火所需的人手和资金一年比一年短缺，新东最终无力

① 访谈对象：马嘉庆；访谈人：王生林；访谈时间：2019 年 6 月 23 日；访谈地点：土门镇漪泉村。

② 访谈对象：郑廷玉；访谈人：王生林；访谈时间：2018 年 2 月 26 日；访谈地点：土门镇土门村。

筹办工程浩大的黄河灯阵。不过,新东还是有基础和实力组织一些小社火,每年坚持串院子、闹十五。

相比于王府营村,土门镇上社火的影响范围显然更大,并且保持着旺盛的传承活力。与此同时,随着村际交通的日益便捷,新东的社火对邻近村落似乎并没有很大的吸引力,王府营村更多的村民还是愿意去土门街看社火。

社火的组织与村落经济水平、人口组成、历史传统等诸多因素相关,这在集镇社会中则表现为明显的地域等级。集镇中心村落、集镇外围村落和边缘村落的地缘优势,在社火筹办以及上街表演的过程中表现得十分明显。集镇大街作为整个镇子的政治、经济和商贸中心,也是各村社火表演的重要场域。这一公共空间里的节日社火表演,往往呈现出“中心大村带头闹,外围村落跟着闹,边缘村落看热闹”的等级感。即便是在由多个分散的自然村组成的行政村里,有没有社火、社火规模大小等都反映着中心村和边缘村、杂姓村和单姓村之间的等级差异大小。其实,集镇社火体现的地域等级更为深刻地渗透在集镇人民的日常生活中,只是在元宵节这一天通过社火这一集体集会式的交流实践活动表达了出来。

## 四、集镇社火的文化内涵与民俗角色

在实践民俗学的研究视角下,集镇社火是牵动区域社会内所有个人、家庭、村落的一次集体集会式的节日交流实践,这场交流实践过程中的每个人都扮演着独一无二的角色,不只是社火表演者才扮演特定的角色。这种广义的在节日现场参与活动的角色,我们可以称为节日里的民俗角色。民俗学者的田野调查其实也是一种以一定的节日民俗角色与其他不同的民俗角色进行交流的过程,这一过程嵌入了节日整体交流实践过程。在调查的交流过程中所获得的鲜活个人叙事,可以揭示当地老百姓共同理解的节日生活的意义。

集中于元宵节的社火活动在全国各地广泛分布,在这种具有高度统一性的节庆时空中还蕴含着家国一体的政治秩序。虽然社火的外在形式以及文化内涵具有明显的区域差异性,但它们所承载的久远而厚重的历史传统乃是其更深层次的共性特征。个体从家庭走向村落或集镇,从日常劳作转向节日娱乐，迈出了节日交流实践的一小步，实际上也是参与表达国家认同的一大步。

### （一）社火与庙会的异同

赵世瑜在其《明清华北的社与社火——关于地缘组织、仪式表演以及二者的关系》一文中认为，社火属于广义的庙会之一种。[①] 社火与庙会在象征含义上都具有民众表达超村落地域认同的含义，但是在集体表演活动的行为结构上，时间节点的差异显得至关重要。以农历正月十五元宵节为代表的年节时段是举办社火活动的集中时间。换句话说，正月十五闹社火是全国“统一”的，但是名目众多的地方庙会的举办时间却是因地而异。

在这样的时间差异背景下，就开放性而言，庙会活动的地域是不完全受限的，而社火则是一项虽超越家庭或村落但又有明显地域限制的活动。举例来讲，不管是泰山庙会还是妙峰山庙会，全国各地民众只要有意愿和条件，都可以参加。也就是说，赶庙会的人可以错开时间赶若干个庙会。相比之下，社火则不同。年节期间，全国各地民众都会在自己家乡举办社火或其他形式的民俗活动。通俗来讲，元宵节闹社火有一种“各过各的日子”的感觉。因此，形容某个庙会远近闻名时，往往会说其香众来自若干不同的县乃至省，而很少有离开家乡到别处闹社火的情况。

此外，就外在形式和文化内涵而言，社火确实和许多庙会活动具有相似之处。但是，把社火跟庙会中迎神赛会的游行、游演混为一谈是不合理的。无论北方地区还是南方地区，迎神赛会活动往往以区域内民众对某个神灵的共同信仰为核心。换句话说，尽管不同地区、不同庙会中的表演形式不同，但是迎神赛会活动的信仰内核是单一的、固定的，更多呈现为“朝圣”的形态。

与此同时，许多地区的社火表演也有“拜庙”或“谒庙”的环节，庙中供奉的神灵也因地而异。尽管在形式上是对酬神娱神、祈福禳灾等诉求的表达，但是，在同质化的求吉心理背后，多以村社为单位组织的社火拜庙更多的是

① 参见赵世瑜：《明清华北的社与社火——关于地缘组织、仪式表演以及二者的关系》，《中国史研究》1999年第3期。

对地域认同的强调。因为，历经长时段的流变，社火所承担的祭祀、娱神功能已然明显减弱，甚至处于边缘地位，营造热闹的节日氛围、凝聚村民、实现村落内部成员之间以及跨越村落的交流等功能成为社火历久弥新的更深层次的原因。所以，以差异的眼光看待社火与庙会是十分必要的。

以土门的社火为例，各村在正式表演即“出身子”之前，所有参演人员要祭拜庄王爷，而作为祭拜对象的庄王爷其实就是一块临时制作的纸质牌位。祭拜的目的则是让庄王爷保佑当年的社火表演平安顺利，以及全村男女老少在新的一年里无病无灾、农事丰收之类。不难发现，只在闹社火时“出面”的庄王爷其实扮演的是一个村落保护神的角色，其神职在社火活动中得到了最大限度的显现。村里其他庙宇中供奉的各类神祇，似乎与社火活动没有直接的关系。旧时，土门个别村子的社火在上街之前还有拜庙的习惯，其实就是到庙前唱几段祈福禳灾类的秧歌，而现在基本已完全消失。各村闹社火的大致流程都是请庄王爷、出身子、串院子、上街、卸身子。伴随着元宵节的落幕，庄王爷佑护社火身子的使命也就完成了。

### （二）跨村落的交流实践与礼俗秩序

在实践层面上，社火则是连通个人、家庭以及村落的一项集体民俗活动。在老人们的记忆中，20 世纪 80 年代前后是土门社火最为鼎盛的时期，几乎达到了家家参与闹社火的程度。尤其是高跷、芯子等社火项目具有一定危险性，每个表演者的身边都需要家人时时照看。元宵会的成员、社火身子、十里八村的乡亲齐聚土门镇，“闹社火”和“看社火”的意涵已然被扩大成一场牵涉全镇千家万户的盛大集会。

在元宵节这一天，以村社为单位组织的社火表演队伍齐聚土门街，作为本村的“门面”精彩亮相。土门村元宵会的一位成员曾用“针锋相对”一词形容 20 世纪 80 年代前后街上三个大队的社火之间的竞争关系。两家社火一旦“迎头”，都会铆足劲砸钹敲鼓，对唱秧歌，“逼迫”对方让路，激烈的时候甚至会发生肢体冲突。现在，相向行进的两支社火队伍更多的是通过祝福的秧歌和夸张的舞姿向对方表达问候，完成村与村之间一次亦庄亦谐的交流。喧天的锣鼓营造出喜庆热闹的节日氛围，浓妆艳抹的社火身子承载着村民久远的文化记忆，朗朗上口的秧歌唱词寄托着男女老少对平安幸福生活的美好希冀，与社火表演相伴的走亲访友、求神拜佛、逛街购物等活动共同构成了元宵节期间集镇人民的交流图景。

尽管各地社火表演活动的外在形式五花八门、不尽相同，但都有承载族群历史记忆的共同内涵。在社火表演中常常或隐或现地存在一些具有政治象征意味的文化事象。比如，常见于西北地区社火中掌管农事的春官，反串皮袄、鞑子扮相的膏药匠等。又如，河北武安白府村正月十七的“拉死鬼”习俗，“鬼”的形象在特殊时期化身为特定历史人物，被打上了时代的烙印。①

地处河西走廊东端的土门镇，自明初实行卫所制度以来便是军事重地，亦为边关屯守之所。战争年代军事堡寨的建立对于后来当地的人口组成和道路交通都产生了深远影响，和平年代繁荣的商贸正是以此为基础发展起来的。今天，尽管不能确切地考证居住于土门的村民有多少是古时军户的后代，但从未中断过的社火却是一条连接古今的坚韧纽带，一年一度如期举办的社火实际上就是对土门历史的传承。相较于文字记载的历史，社火的传承则是一种依靠身体行为和感觉的延续。只要社火不中断，属于土门村民的族群历史就不会中断。如此看来，村民暂时告别繁忙的田间劳作，或从他乡回到家乡，然后走出村落，齐聚集镇参与社火活动，看似迈出了由村落到集镇的一小步，实则正是这样千千万万个一小步构成了区域社会表达国家认同的一大步，普通民众家国一体的礼俗秩序也借此得以巩固。

（三）社火中的民俗角色

在田野访谈中出现的个人叙事，其实是以个人身份进入社会文化再生产过程的不可或缺的话语形式，与集体叙事是相互建构的关系。② 社火作为区域社会内民众的重要节日文化活动，在维系历史记忆、加强身份认同、调解日常生活等诸多方面具有深刻的影响和作用。在对土门社火的民俗志研究中，承载着个体丰富生活记忆的个人叙事不仅是笔者研究的重要资料，更是笔者与作为民俗主体的村民进行对话、交流的实践过程，是一种极富变化的文本。

① 参见朱少波、李扬：《武安白府村“拉死鬼”傩俗探析》，《民俗研究》2009年第2期。

② 参见刘铁梁：《个人叙事与交流式民俗志：关于实践民俗学的一些思考》，《民俗研究》2019年第1期。

1.元宵会成员

以村落为单位组织的社火表演在一定意义上是村民集体力量的表达和对外形象的展示，专门为闹社火而成立的元宵会正是社火得以顺利组织、表演的重要力量。俗语说："宁带千军，不领一会。"潜台词便是筹办庙会之类的集体活动需要组织领导者具备超凡的人格魅力。

20世纪80年代以前，各村都有独立的元宵会，其成员往往来自村中有名望且实力雄厚的大户，比如土门村的柴姓，漪泉村的高姓、方姓、马姓，台子村的袁姓、李姓，人们有时候甚至直接用"某(姓氏)家的社火"代指该村的社火。可见，元宵会在社火活动中占据着显要地位。其实，元宵会成员在闹社火以外的村落公益事业中也扮演着号召众人的角色，类似于村里的非正式干部。刘铁梁在《作为公共生活的村落庙会》一文中将这类人称为"非正式权威"或"民间权威"①。传统社会中，村里的非正式权威在调解民事纠纷、组织村民参加集体活动等事宜中具有相当的话语权，甚至能和基层干部相抗衡，从而有力参与区域社会秩序的建构。20世纪80年代以后，伴随着基层行政力量的不断深入和加强，村两委班子和元宵会在人员上发生了明显的重叠，行政力量不同程度地介入了社火。但是，村委会成员同样是本村人，旧有的宗族和邻里关系仍然对其具有无法规避的制约作用。直至现在，各村的社火基本上都是村委会和元宵会两支相互交叠的力量组织筹办的。至于统领全局的元宵会会长是不是村委会成员，则是因村而异。

2.懂社火与装社火的人

此外，要装成一支成形的社火，不仅要熟悉戏曲小说里的人物角色，还需准确对应各自的脸谱、穿着、兵器乃至典型动作等。因此，在受教育水平相对低下的农村地区，完成这项工作就需要具有一定知识储备的人，即懂社火的人。而村里边懂社火的往往是那些草台戏班成员、戏曲爱好者或者部分读过书的人。只要懂社火，就能在一年一度装社火的时候露上一手，拥有相关的知识甚至会被作为在集体活动中凸显自己地位的一种资本。届时，各村懂社火的人都会挖空心思装扮自家社火，并且会在看别村社火的时候"挑刺儿"。在人与人关系熟络的乡土社会里，大家都熟知哪个村有哪几个

① 刘铁梁：《作为公共生活的乡村庙会》，《民间文化》2001年第1期。

行家，这类人往往也会被认为掌握了某种特殊知识而受到众人的敬重。

每年闹社火，最积极的便是那些好红火、爱装社火的人。个人兴趣爱好不同，其喜爱的社火项目也不同。当然，也有部分表演人员出于外因而装社火。锣鼓队是社火队伍的重要组成部分，既要为唱家伴奏，还要控制整支队伍的行进节奏。锣鼓家伙的演奏者基本为身强力壮的中年男子，用四溢的热情敲出社火队伍气势和全村百姓的精气神。手执黑伞的秧歌唱家则要具备口齿伶俐、声嗓敞亮、善于随机应变等长处，一般每个村都有几个好唱家。



踩高跷者基本为富于冒险精神的青少年男子，大多是村里的学生、青年。能够踩上一副足够高的跷子，穿上一身威风的戏服在大街上大步流星，在同龄人中间堪称一件值得炫耀的事。蜡花一般由少女和中年妇女扮演，执扇舞绸，姿态曼妙。芯子社火要由体重较轻的幼童来扮演，村中适龄小孩的家长一般会主动送自家孩子去装芯子。因为芯子上饰演的大多数是神话人物，比如七仙女、八仙之类，正月十五都会披红挂彩，所以村民们认为装了芯子的孩子会得到神仙的庇佑，茁壮成长。

旧时，村里的新媳妇或不孕妇女往往会被送到社火当中坐一坐东洋车子，认为这样有利于怀孕，其实更多的是出于一种讨喜的求吉心理。拉东洋车子的麻婆子则是社火中最令人捧腹的丑角，一般是男扮女装。麻婆子有时是村中爱丢丑的男子扮演的，有时人们也会强行让车中女性的丈夫装麻婆子，供大家取笑。直到现在，社火里的东洋车子仍然很受年轻人的欢迎，把身边熟识的朋友塞进车子里推上一番显得别有风趣。

3.“看社火”:作为观众的乡民

在手机、电视等娱乐媒体全面普及之前，人们的娱乐资源十分匮乏，传统的集体性民俗活动成为人们放松身心、联络感情的重要平台。正月十五，土门各村以及周边定宁、泗水、黄花滩等乡镇的乡民都会扶老携幼，齐聚土门街看社火。对于不闹社火的村子来说，上街看社火已然成为必不可少的元宵节俗。

土门街作为全镇的商贸、文化中心，不仅商品门类齐全，而且庙宇寺观众多。人们在元宵节这一天上街，也叫“逛十五”“游百病”，除了观看社火表演，还会购物消费、走亲访友、祈福还愿等。走出家门，来到大街上，置身于热闹的节日氛围中，包含着人们在新年伊始祈求身体健康、万事顺遂等朴素的精神诉求。所以,“看社火”的意涵早已超越了社火活动本身,在某种程度上也是全镇广大民众的一次文化赶集。不论唱大戏还是闹社火,都是为传统农村地区输送文化给养的重要方式。虽然它们的观众多为目不识丁的农民,但是高亢的秦腔、精彩的社火故事也许就是他们世代沿袭的文化教科书,对忠奸善恶、是非美丑的体认和对远古的祖先追忆无不蕴含其中。



在社火活动中,元宵会成员、懂社火的人、装社火的人以及闹社火的人都全身心地投入盛大的集会当中。在一段段关于社火的故事当中,每一位讲述者都是主角。每年闹社火,看社火,这样的年才算是完整的。对于参与其中的每一位村民来说,通过参与社火,与周边的人发生一次“非常”的交流,自己才成了地域社会中完整的一分子。在某种程度上而言,“闹社火,看社火”这样一种节日交流实践,对于社会的建构具有类似于黏合剂的作用,不仅家户、村落、集镇这三个层面上的交流得以实现,经由集镇,整个地域社会也和外部世界建立了联系。也就是说,以社火为载体的节日交流实践把个体带进了一个超村落的社会中,也把外部的世界带回到自己的日常生活中。与此同时,家国一体的礼俗秩序也借此得以彰显。

## 余 论

社火虽然多以村社为单位组织表演,但并不是村村有社火。就本文个案所在的土门镇而言,集镇是承担区域社会物资交流的贸易空间,集镇街道同时是多个村落社火表演的公共文化空间。集镇中心村落、外围村落和边缘村落在参与社火活动的过程中彰显了村落层面上的地域等级秩序。这不仅说明社火在农村地区并非普遍、平均的存在,而且体现了社火在村落交流过程中的载体作用,以及以社火为代表的文化活动与经济物资交流活动在建构集镇社会秩序方面的同构关系。

与华北地区兴盛的庙会活动不同,西北地区的社火没有单一、明确的信仰内涵,在某种程度上是一种凸显民众地域认同、历史认同和国家认同的文化集会。个人、家庭、村落等不同层级的单位共同参与到社火当中,日常的交往关系在节日活动当中得到了加强和更新。大量与社火相关的鲜活的个人叙事勾连着集镇的历史与当下、节日与日常,尤其成为理解集镇社会和民众生活的重要文本。

社火和庙会等民俗活动作为传统中国礼乐文化的有机组成部分，也是基层社会参与大一统国家建构的积极实践。立足本文个案，不难发现超越村落的集镇社火表演不仅有增进社区交流、促进社区认同的功能，其实社火队伍还会代表全镇到县城表演，也有可能代表全县到市区、省城参加汇演，基层文化交流实践逐层跨越的地域等级与国家的行政体系等级呈现出高度的重合。这一通过公众节俗活动巩固地域等级秩序的过程，完美演绎了传统中国民众家国一体的观念。

# “民变其俗”:乡村清明节集体墓祭传统的当代变革

## ——基于黔中鱼陇寨的田野考察

蒙锦贤*

**摘　要**

在现代急剧的生活变革中,乡村因民众主体缺席,传统的集体性实践习俗变得难以为继,传统乡村社会惯行的集体组织方式、运行逻辑和人情规约都受到了挑战,民众既经历着外出谋求生计与返乡崇宗敬祖的时空错位与情感矛盾,又面临着传统习俗断裂、人际关系淡化和集体认同危机等多重困境。为解决清明节墓祭的“后顾之忧”,黔中鱼陇寨的清明节集体祭扫传统经历了“家门集体祭扫(清明节)—家庭个体祭扫(清明节)—家庭个体祭扫(春节)—家门集体祭扫(春节)”的变革过程。这场“一波三折”的变革反映出民众在追求现代美好生活的进程中面临的诸多现实困境,也体现了民众在节日传统的传承与变革过程中所发挥的实践能动性。探究这场“民变其俗”的过程,有利于我们重新审视“风俗”“传统”与民众生活的关系。

**关键词**

乡村　清明节　春节　墓祭　变革

* 蒙锦贤,山东大学儒学高等研究院民俗学博士研究生。

一直以来，传承性和变异性被民俗学视为民俗、民间文学的基本特征。吕微认为此“二性”最能接触到“民间文学内在规则的问题”，而钟敬文、高丙中分别对“民”和“俗”的界定，使得民俗学、民间文学的学术立场从“外在的”转向了“内在性”。① 不论严格的“内外之分”是否必要，我们都反思了民俗主体与研究对象的关系。民俗事象本身会在传承和发展中发生变异，如钟敬文所说：“变异实际是民俗文化机能的自身调适，也是民俗文化生命力的所在。”②对于节日习俗的变迁，张勃也指出：“变化是传统节日生命史上的常态。”③但作为研究对象的节日习俗本质上是民俗主体创造并为民俗主体的生活服务的，而作为实践主体的“民”便成为促使节日传统发生变革的动力，包括学者、政府官员等都可能参与其中。因此，民俗传统是内在性与外在性并包的社会性产物，如何看待和理解节日习俗的变迁则是民俗学者长久的研究课题。节日习俗的衰落会引发消极的“丧失性”叙事，被发明的节日传统则会受到“民俗主义”的话语批判，民众主体在节日习俗变革中所具备的自主性和能动性却容易被低估和忽略。④ 近年来，清明节备受国家和社会重视，然而笔者在黔中鱼陇寨的田野调查中发现，地方民众自发地放弃了过清明节，而将墓祭活动提前至春节期间进行。要理解清明节在当地语境中的变迁，只有从民众主体的“内在视野”去探讨节日传统变革的原因、过程、影响和意义，才能更好地理解民众的生活世界。本文先从学术史的角度梳理学界对清明节在不同时期、不同地区传承与变迁情况的讨论，在整体把握清明节的历时性与共时性发展情况的基础上，审视黔中鱼陇寨清明节集体祭扫传统的当代境遇与变革机制，从民众主体的生活逻辑探讨清明节俗传统的当代变革与未来发展趋向。



① 参见吕微：《“内在的”和“外在的”民间文学》，周星主编：《民俗学的历史、理论与方法》，商务印书馆2006年版，第103页。

② 钟敬文主编：《民俗学概论》(第二版)，高等教育出版社2010年版，第78页。

③ 张勃：《坚守与调适：城市化进程中清明节的传承与变迁》，《文化遗产》2016年第1期。

④ 参见韩敏：《人类学调查中的“衣食”民俗》，周星主编：《民俗学的历史、理论与方法》，商务印书馆2006年版，第183页。

## 一、"传承"与"变迁":学术史视域下的清明节俗文化

清明节的习俗传统在中国古代已历经多次变革。据胡书玲考证:"中国古代墓祭之俗起源于史前时期,盛行于殷商,西周时期逐渐少见。经过秦汉至隋唐的发展,于唐代前期,民间形成寒食扫墓习俗。宋代以后,墓祭则在清明节。"①墓祭之俗从寒食节嫁接到清明节是一次显著的节日传统变革,使清明从"节气"变成了一个具有祭祀性质的"节日"。唐代上巳节春游、踏青和交往的习俗也被整合到清明节中,唐宋以后清明节的"习俗活动之丰富在中国传统节日中足以和春节一比高下"②。清明节俗传统不断完备,与此同时,寒食节和上巳节也逐渐衰落。清明节在民国时期还相继被定为"植树节""民族扫墓节"和"音乐节"等③,1949年后因"文化大革命"等情况一度被禁止,直到2008年成为国家法定假日才重新兴盛起来。④

清明节在当代社会语境中发生了很大的改变,尤其是改革开放以来,随着工业化、城市化的快速发展,大量人口的跨地区流动,城乡社会的清明节习俗都在发生不同程度的改变。王均霞在上海调查时发现:"清明节实践形式的改变,正在根本上将传统的、与农业文明相适应的清明节转变成现代的、与都市文明相适应的'传统'节日。"⑤都市清明节与乡村清明节的加速背离,使得当代城市清明节不断适应国家倡导的"文明祭扫"话语和新的城市文化生态,更侧重于环保、安全、健康、便捷的理念诉求,以及对英雄先烈、传统文化的宣传教育。⑥ 高度城市化的香港社会对"公共性"的诉求则比内地的城乡社会更为强烈,如吴真所言:"传统清明祭祖的仪式空间由户外转向室内,参与仪式的主体由个体家庭转为群体,仪式目的从传统的思亲报恩扩

---

① 胡书玲:《中国古代墓祭及扫墓礼俗考述》,《山西档案》2012年第4期。

② 黄涛:《清明节的源流、内涵及其在现代社会的变迁与功能》,《民间文化论坛》2004年第5期。

③ 参见张勃:《坚守与调适:城市化进程中清明节的传承与变迁》,《文化遗产》2016年第1期。

④ 参见陈连山:《清明节源流考》,《中国艺术报》2018年第4期。

⑤ 王均霞:《传统的固守与变迁:上海清明节祭扫习俗的都市化进程》,《华东师范大学学报》(哲学社会科学版)2015年第6期。

⑥ 参见毛巧晖:《微信时代清明节仪式空间与民间叙事的重构》,《中原文化研究》2017年第5期。

大到了具有公益性质的慈善事业。”[①]这样的转变是社会环境决定的，在“无山可拜、无墓可扫”[②]的现实语境下，香港民众的祭祖行为只能转向宗教团体举行的、面向整个香港公共社会的大型法会。与此同时，“公墓”在当代乡村社会的推行，也改变了清明节祭扫实践的物理空间，形成了新的社会公共秩序。[③]“公墓”的出现改变了清明节祭扫传统的仪式行为，余红艳指出：“公墓的出现与盛行必然使清明扫墓习俗发生一定程度的变迁，其中最显著的即是‘圆坟’仪式的消亡。”[④]仪式的缺失也消解了传统祭祀活动所建构的“和邻”文化和祭祀内涵。

在快速城市化的当代社会，民众主体受经济条件、工作时间和空间距离等因素的限制，往往无法参与清明节的祭扫活动，既经历着外出谋求生计与返乡崇宗敬祖的时空错位与情感矛盾，又面临着传统习俗断裂、人际关系淡化和集体认同危机等多重困境。张晓瑾在鄂东乡村田野调查时发现：“社会发展的变迁，人们的流动性加快，C村青壮年普遍在外打工，一年当中难以回家对先人进行祭拜，清明习俗在传承主体上出现了分化，在C村清明习俗主要由现住民保留传承，而现住民无非是老人、妇女及儿童。”[⑤]原本由于传统禁忌而不被允许参加墓祭的妇女，以及因年迈退出扫墓队伍的老人，如今却成了清明节扫墓的主力军。张勃也认识到民众崇宗敬祖的需求与现实的各种限制之间存在巨大的张力，“这种张力成为人们调整自身行为并引发清明节当前之变的重要因素”[⑥]。为了应对时空的限制，民众或选择在清明节前的周末提前扫墓，或进行遥远的路祭、网祭等。现代社会发生的急剧的生活革命，促使城乡民众的思想观念发生了转变，人们不再严格遵循节日的时间行事，而是更加灵活地提前实践节日活动，甚至在无法返乡墓祭的情况下接

① 吴真：《清明祭祖节俗的城市化进程——以香港“清明思亲法会”为中心》，《西北民族研究》2010年第1期。

② 20世纪60年代以来，香港政府大力推行火葬的丧葬改革。参见吴真：《清明祭祖节俗的城市化进程——以香港“清明思亲法会”为中心》，《西北民族研究》2010年第1期。

③ 参见侯丹洁、滕璐阳、毛水芹：《空间转换与变迁中的清明祭祖仪式——基于浙江省嘉兴市广陈镇山塘村的调研》，《节日研究》2020年第1期。

④ 余红艳：《镇江清明祭扫仪式中“和邻”文化的变迁》，《民间文化论坛》2013年第1期。

⑤ 张晓瑾：《鄂东乡村扫墓习俗探究——以湖北黄冈C村的过程事件分析为例》，《社科纵横》2012年第27期。

⑥ 张勃：《坚守与调适：城市化进程中清明节的传承与变迁》，《文化遗产》2016年第1期。

受了“代客扫墓”“微信扫墓”“网上墓园”等前所未有的纪念方式，以便利用清明节假期前往各大景区游玩。这些社会现象的发生足以说明清明节的传统与城乡民众的现代生活之间存在许多不相适应之处。

综上所述，清明节的节俗传统经历了长时间的变迁，既有新习俗的融入，也有旧习俗的消失。在当代城市化的社会语境中，全国各地的清明节传统习俗都遭遇了类似的现实困境，“公墓”的出现改变了祭扫的仪式空间，而民俗主体参与节日活动的时空限制，则促使清明节祭扫传统进行了多元的调适和变革。2019年春节，笔者在黔中鱼陇寨进行田野调查时发现，常年外出打工的民众为了赓续清明节集体祭扫和轮值组织的传统，以解决家门人际关系淡化、集体认同危机等问题，自主协商并将集体祭扫传统提前至春节期间进行，年后各自外出务工，清明节则不再祭扫。经过深入访谈得知，改革开放以来鱼陇寨清明节集体祭扫的传统习俗经历了“集体祭扫（清明节）—个体祭扫（清明节）—个体祭扫（春节）—集体祭扫（春节）”的变革过程。探究这场“一波三折”的清明节祭扫习俗变革在乡村社会发生的内在逻辑、过程和意义，有利于我们认识民众在节日传统的传承和变革过程中发挥的“实践能动性”，进而更好地理解在生活革命进程中节日传统与民众生活之间的关系。

## 二、重返“集体”：鱼陇寨清明节祭扫传统的当代变革

黔中鱼陇寨清明节的传统习俗主要是墓祭，坟墓集中成片或散点分布于村子四周的山上，人们按照既定路线完成祭扫活动需要一整天的时间。①鱼陇寨清明节集体祭扫的组织方式以“家门”为单位，布依语称为小“孔”（音译）。清明节时，各小“孔”虽不统一组织祭祖，但祭扫都从“马凉坡”的始迁祖墓开始，然后每小“孔”根据家门的坟墓分布，规划出不同的祭扫路线。1949年所修家谱记载，全寨单姓同宗，至今已繁衍十八代，总体上有三大“孔”（家支），大“孔”之下，根据血缘和人际亲疏关系组成八个小“孔”，小

① 鱼陇寨隶属贵州省安顺市西秀区黄腊乡，布依族蒙氏世居于此，除一户姓郭外，其余皆为蒙氏，现有村民135户，约680人，耕地总面积约3000亩，以水稻种植为主。

"孔"之内视彼此为最亲密的"家人",迎生送死、婚嫁、乔迁和祭祀等重大民俗事件皆以家门为单位进行组织,其他小"孔"自愿协助。在经济落后、物资匮乏的年代,但凡寨中有人家要摆宴席,都要借遍全村的供桌、长条凳、饭甑和碗筷等,因此清明节家门集体祭扫活动也以"打平伙"的方式进行,将各家的桌椅板凳、锅碗瓢盆等都凑在一起,各户按人口凑钱购买物资,包括鸡、猪肉、香烛和鞭炮等。家门内以"集体轮值"①的组织方式进行,每年换一家领头,当值的家户是摆桌聚餐之所,需要额外提供柴米油盐。通过清明节集体轮值的组织方式,家门成员每年都能进行一次集体宴饮、爬山、祭祀和交流的活动,不断巩固血脉相承的意识,在交流、协作中增进集体的情感,从而维系和提升家门的认同感。正如王加华所言:"作为人群聚合与社会交往方式的节日",具有"动员民众、凝聚人心,加强亲情与友情,增强群体、社区与地域认同感的积极价值与作用"。②



改革开放以来,"中国的社会、经济及文化均发生了结构性巨变,导致普通民众的日常生活也发生了急剧的变革"③。民众主体的思想观念、生活理念和价值追求的转变,是促成日常生活变革的内在动力,人们背井离乡前往更发达的地区务工和生活,其目的已经不再是纯粹谋求生计,而是追求更为先进、便捷、优越的生活方式。21 世纪的最初 10 年,村里人纷纷前往广东、浙江和江苏等沿海地区打工,经济收入的提高使得乡村社会出现了建房"比赛"的风气,也促使人们更为拼命地将时间和精力投入到置换金钱的东方"流水线"上。虽然难以流动带走、转交代管或割舍不顾的祖先成了农民工的"后顾之忧",但清明节不计成本回村祭祖的人仍屈指可数,人们基于经济成本、工作时间、个人追求等方面的考虑,只能放弃回乡祭祖。随着越来越多的村民外出打工,传统乡村的社会组织和运作方式逐渐涣散,许多集体性的传统习俗因主体缺席而陷入了困境,例如丧礼中"缺人抬棺"的事实就严重伤害了家门成员之间的感情。由于家门成员的交流沟通减少,人际矛盾缺乏调解,集体实践的热情也逐渐低迷,部分家庭推脱或放弃清明节轮值的

① 鱼陇寨"集体轮值"的组织方式只在清明节墓祭习俗中实行。

② 王加华:《作为人群聚合与社会交往方式的节日——兼论节日对基层社会建构与治理的价值》,《东南学术》2020 年第 2 期。

③ 周星:《生活革命、乡愁与中国民俗学》,《民间文化论坛》2017 年第 2 期。

机会，家门共同体也出现了分裂、部分重组和单户独立的现象，乡村社会“各扫门前雪”的个体化趋势增强，节日习俗传统的实践方式也随之发生变革。个体家庭于清明节自行祭扫成为新趋势，但这不过是集体组织方式涣散的结果，习俗的实践主体仍是留守的老人。为了进一步解决“后顾之忧”，一些家庭放弃了清明节，将墓祭活动提前至春节进行，如村民蒙柏玉说：

孩子远在外地上学不能回来，我们（夫妻）在外省打工，每年清明节就只有老爷爷一个人去参加集体扫墓。我觉得老爷爷有些孤单，再加上我们家的坟墓都在比较高的坡上，家门中有些人不团结，嫌累不愿意陪他上去，就坐在坡脚等。所以我就决定在春节假期提前扫墓，这样既能尽到缅怀悼念祖先的心意，又能照顾到老爷爷的感受。到清明节，他就不用去遭罪了，我们在外面也不用再挂念这桩事，孩子也可安心读书，这可以说是两全其美的事。①

中青年两代人常年在外打工和求学，留守老人成了清明节祭扫活动的主要实践者。由于变化之后的集体祭扫传统缺乏组织和实践的动力，人际关系变得“不团结”，老人独自上山扫墓也变成了“遭罪”。这样的现实困境迫使蒙氏决定退出集体，提前在春节进行祭扫，这个“两全其美”的办法也的确能够解决农民工清明节无法回乡祭扫的困境。因此，近年来个体家庭在春节扫墓逐渐成了普遍现象②，但这种方式无疑加剧了家门集体认同的破裂。近年来，民众开始自发地进行了更大的变革，将清明节的集体祭扫活动提前于春节期间举行。此举最早由谁提出？发生在何时？对于这个问题，

① 被访对象：蒙柏玉，男，49岁；访谈人：蒙锦贤；访谈时间：2019年3月12日；访谈方式：电话访谈。

② 蒙柏玉指出：“近年来普遍出现自家在春节扫墓的现象了，在我们黄腊乡范围内也属我们寨比较突出。因为社会和现实所迫，大家外出时间不一，很多人选择外出前就把墓给扫了，这样心里少了一种挂念。就这样相互影响，春节扫墓的人家就越来越多了，之后清明节也就不必再进行了。”访谈对象：蒙柏玉，男，49岁；访谈人：蒙锦贤；访谈时间：2019年3月12日；访谈方式：电话访谈。同属一个家门的蒙先仕也指出：“提前在春节上坟也不只是我们几家，现在已成越来越普遍了，我们提前上坟是为了能集合人员，团结家门。这几年外出务工的多了，加上我们家门上学的也多，这部分人员已经很多年没参与上坟了，到清明节要上坟的时候都只剩老人，要么就自家提前（春节）上了。”访谈对象：蒙先仕，男，43岁；访谈人：蒙锦贤；访谈时间：2019年3月11日；访谈方式：微信访谈。

说法不一，难以考究，同一个家门的蒙柏玉、蒙先仕都自诩为首倡者①。2018年春节，蒙柏玉、蒙先仕、蒙先高等所在的家门进行商议，赓续家庭轮值的组织传统，将集体墓祭的时间提前到春节期间，具体时日需要“择日”②，由当值家庭负责协调；往后家门遭遇丧事，每家必须派一人返乡参与治丧③。2019年2月14日（元月初十），蒙先永领头当值，进行了将清明节集体祭扫传统挪至春节期间进行的首次实践，虽然只是新“约定”，还未“俗成”新传统，却表现出民众为适应现代生活而勇于变革传统习俗的自主性。2020年春节，受新冠肺炎疫情影响，往年大年初八就纷纷外出打工的村民在家里过上了元宵节，直到2月底国家为了促进农民工返岗就业，村里的青壮年们才被安排搭上政府调配的客车，乘坐免费的航班离开家乡。随着村里的疫情防控卡点撤销，蒙柏玉所在家门也于2月15日（正月廿二）由蒙先周当值，顺利开展了集体祭扫活动。元宵节过后，鱼陇寨的祭扫活动已经陆续开展，包括原本就在春节期间进行墓祭的习俗④，以及个体家庭或家门集体提前在春节期间开展清明节的祭扫活动⑤。

鱼陇寨的清明节祭扫习俗经历了“家门集体祭扫（清明节）—家庭个体祭扫（清明节）—家庭个体祭扫（春节）—家门集体祭扫（春节）”的缓慢变革过程，从背离集体祭扫的传统到重返“集体”的变革实践，折射出乡村社会在现代化进程中遭遇的现实困境，也体现出民众主体在坚守传统与追求现代美好生活的矛盾之间，积极自主地推动了节日传统的变革。值得注意的是，

---

① 蒙柏玉：“把清明节集体扫墓安排（在）春节期间进行，也可以说我们这‘孔’是寨子里首创的。这是去年出于我的想法，然后向蒙先仕提出，他也很有同感，于是去年召集家门成员（目前有六家）共同商议定了下来。”访谈对象：蒙柏玉，男，49岁；访谈人：蒙锦贤；访谈时间：2019年3月12日；访谈方式：电话访谈。蒙先仕：“我提出建议，为了能让家门老小都参与进来，并记住自家及家门的坟墓所在的位置，所以就商议集体提前上。”访谈对象：蒙先仕，男，43岁；访谈人：蒙锦贤；访谈时间：2019年3月11日；访谈方式：微信访谈。

② 上坟祭扫的日子，需要择日先生进行推算，每个月都有一些适合墓祭的吉日可供选择，“月忌日”“破日”等则不可上坟祭祖。

③ 家门成员共同治丧本是传统乡土社会理所当然的事情，在当代语境中却成了一种需要被提出、被强调、被约定的行为，可见传统道德和人情规约遭遇了挑战。

④ 蒙柏玉：“有的是姑妈家儿子第一年生了儿女后，要来老外家（舅家）祭祖，远在他乡的蒙氏后人春节期间也回来祭祖。”访谈对象：蒙柏玉，男，49岁；访谈人：蒙锦贤；访谈时间：2019年3月12日；访谈方式：电话访谈。

⑤ 2021年2月18日（正月初七），蒙先仕一家当值，各家平摊伙食费和香、烛、纸钱等费用（人均30元），顺利开展了第三次春节集体墓祭活动。受疫情影响，政府提倡“就地过年”，有3个家庭的中青年未返乡过年和参加墓祭。

民众主体并不考虑清明节的节日命运，也不关心清明节传统文化的传承和创新问题。他们认为，把清明节的习俗提前到春节进行并没有什么不妥，大家都能重新参与扫墓，也不妨碍年后外出打工或学习，是个“两全其美”的办法，也更符合现实生活需求。村民蒙先仕认为，如此践行主要是让晚辈记住自家和家门的坟墓位置，家门老小都能有时间参与祭扫活动，也可以重新团结家门。此外，春节不干燥，也不容易引起火灾。那么，清明节都不再过了，是否称得上是节日传统的变革？同属该家门的蒙先高认为：“改变到春节扫墓，只是过完春节要外出务工的人员对祖先悼念的一种心情和行动而已，传统要发生改变，可能要（等）到每个村组都建有‘村组公墓’。”[①]由此看来，民众并不认为此举是传统的变革，家门集体墓祭的组织方式和祭扫的仪式内容才是他们眼里的“传统”，这就是村落民众与学者之间存在的“认知和情感的双重鸿沟”[②]。民众在春节期间提前践行清明节的墓祭习俗，显然也是对崇宗敬祖的传统文化的坚守，清明时节的踏青、插柳等民俗活动固然无法一起被搬到春节期间进行，但墓祭活动缺失是否会使清明节的意义削弱？清明节是否会因此脱去“节日”这层外衣，重归“节气”本位？这些是学者才会思考的问题。不过，并不是说老百姓不关心节日文化的发展，他们只是更注重切身的生活和精神需求。民众主体对节日传统变革的认知态度，促使我们重新审视“风俗”“传统”的内涵，进一步思考节日文化与民众生活之间的关系。

## 三、“清明不再扫墓”：“民”的生活与“节”的传统

“移风易俗”通常被视为国家和知识精英自上而下地教化民众、革除陋习的行动，在促使民俗传统发生变革的过程中，民众的自主性和能动性往往被忽略。正如岸本美绪所言：“为政者会比普通的老百姓较容易地改变风俗，但是实际上连君主宰相也抗不住大势所趋。‘风俗’归根究底是基于各

① 访谈对象：蒙先高，男，42岁；访谈人：蒙锦贤；访谈时间：2019年3月10日；访谈方式：微信访谈。

② 周星：《“生活革命”与中国民俗学的方向》，《民俗研究》2017年第1期。

个人的行为。”[1]她认识到了“风俗”的易变性、风俗之变的不可抵抗性，以及个体的实践能动性，也对“风俗”的概念有深刻的反思。“中国的‘风俗’概念没有‘文明’那样直线式进步的涵义，也没有‘文化’‘习惯’那样的对抗外部影响的防卫性意识。”[2]这就是说，风俗既不是像文明一样持续发展，也不是像文化和习惯一样难以改变。正因为风俗是向所有人敞开的，所以为政者、士大夫和民众都可以摆布和改变风俗；但“风俗”又如实际的“风”一般“摸不着边”，因此无法控制。岸本美绪为个人自主改变传统习俗提供了根本上的合法性，但是她所观照的对象是顾炎武等“移风易俗”的士大夫，所以更倾向于从“社会”层面强调“风俗”对于个人行为的控制，而对民众主体的生活需求和实践能动性缺少论述。不过，其所指出“移风易俗”的目标则适用于举国上下的风俗变革，即不是“文明化”或“回到自然”，而是形成“一团和气”的社会秩序。[3] 鱼陇寨民众自发地放弃过清明节，集体在春节期间墓祭，所要挽回和追求的就是家门的团结。



缺乏对民众主体的重视是个体在移风易俗过程中发挥的自主性和能动性被忽略的重要原因，所以“从集体性的关注转向对个人，特别是有创造性的个人的关注，关注个人在传统的传承和变异中所起的作用”[4]成为美国民俗学在20世纪中后期的重要转向。“眼光向下”、“民”的重新发现和“还俗于民”等提法也促使中国民俗学界重新审视民俗传承的内在机制。近年来，实践民俗学研究更加强调“民众作为生活实践中的主体”[5]，从“民”的角度看待习俗传统，如张士闪所言：“民俗的本质是民众主体的文化创造，自无可疑。民俗传统，即是民众在长期生活实践中，以约定俗成的方式，促使某种价值规范发生从世俗到超验的升华过程。”[6]节日传统便是一种民众主体创造并赋予崇高精神内涵的意义体系，从某种意义上说是超越于世俗时空的价值体系。鱼陇寨民众在长期的生活实践中创造的集体轮值组织和墓祭的习俗

① 岸本美绪：《“风俗”与历史观》，《新史学》第13卷第3期，2002年。

② 岸本美绪：《“风俗”与历史观》，《新史学》第13卷第3期，2002年。

③ 参见岸本美绪：《“风俗”与历史观》，《新史学》第13卷第3期，2002年。

④ 杨利慧、安德明：《美国当代民俗学的主要理论和方法》，周星主编：《民俗学的历史、理论与方法》，商务印书馆2006年版，第595页。

⑤ 刘铁梁：《个人叙事与交流式民俗志：关于实践民俗学的一些思考》，《民俗研究》2019年第1期。

⑥ 张士闪：《当代村落民俗志书写中学者与民众的视域融合》，《民俗研究》2019年第1期。

传统，本质上是团结家门的价值规范体系，这套超验的体系在人们的婚丧嫁娶等其他民俗生活中同样发挥效用，并非清明节本身具有的精神文化内涵才促使人们形成了集体祭扫的民俗传统。清明节对于鱼陇寨民众而言，不过是一次表现和巩固价值规范体系的时机，习俗实践时间的变化并不会影响该传统的意义体系，所以鱼陇寨民众不将清明节的变革视为“传统”发生改变。虽然民众认为“公墓”的出现将会改变传统，但集体祭扫的组织方式不变，价值规范体系仍在“观念空间”中得以传承和延续。①



从民众主体的角度来理解，鱼陇寨清明节集体祭扫的传统没有改变；但从整个中国节日体系发展的角度来看，其实从个体家庭将清明节的祭扫活动提前至春节进行就已经是一次非常重大的节日传统变革，如同唐宋之际寒食节的墓祭习俗被融入清明节，也标志着寒食节的逐渐衰亡。所以，鱼陇寨民众将墓祭习俗挪至春节期间进行，清明节也将逐渐从当地民众的生活世界中退出。从近两年在鱼陇寨的田野观察来看，春节期间已经开展墓祭活动的家庭，在清明节便不再进行任何活动，最终也没有转向“家祭”，清明节成了一个平常的日子。我们无法与不再过清明节的民众进行协商，让留守的老人继续扫墓，或者开展家祭、插柳等活动。高占伟、叶涛在讨论传统节日的传承问题时已经指出：“民俗作为传承文化有其自身发展的规律，尊重民俗首先必须尊重其内在规律。”②节日习俗也有其自身的内在规律，人们会主动摒弃一些不合时宜的节俗，也会改变习俗的实践方式，或者开展新的节日活动，不过“即使少数人大力提倡，如果多数人就是不愿意这么做，最终还是成不了民俗的”③。此外，盛行一时的节日活动无法在时间之流中沉积下来，也无法成为民俗传统，所以顾希佳提倡尊重民众的意愿。“对于民俗学者来说，我们的职责是观察而不应该过多地干预。民众过节日，是民众的事，他们有权这么过，也有权那么过，原本不必强求一律。”④虽然她强调的是

① 参见侯丹洁、滕璐阳、毛水芹：《空间转换与变迁中的清明祭祖仪式——基于浙江省嘉兴市广陈镇山塘村的调研》，《节日研究》2020 年第 1 期。

② 高占伟、叶涛：《以年节和清明为例看传统节日的传承》，《民俗研究》2010 年第 3 期。

③ 顾希佳：《清明节俗的历史轨迹与当代走向》，《民间文化论坛》2010 年第 5 期。

④ 顾希佳：《清明节俗的历史轨迹与当代走向》，《民间文化论坛》2010 年第 5 期。

民俗学者要尊重民众过节的具体活动形式，不必强求统一，而不是像鱼陇寨民众直接不过清明节，但其看待民众过节的基本理念是正确的，我们应当尊重民众过节的权利。

节日传统本来就是民众创造并服务于自身生活的产物，所以从民众的生活逻辑看待节日传统的变迁是较为合适的。清明节祭扫传统与民众追求现代生活的实践相悖，无奈之下，民众只能自主谋求节日传统的变革，从个体家庭退出清明节集体祭扫的传统，到集体跳出清明节的时间限制，将集体祭扫的传统重新纳入自身的时间体系之中，正如王加华所言："从社会时间的角度来看，正是由于时间体制的不同才导致了今天传统节日的日渐式微与衰落。"[①]农民工的时间生活模式不单纯是从农事时间体制转向了工业时间体制，他们外出、返乡也形成了"候鸟"式的时间模式，两种时间制度之间的模式化迁徙，便决定了一些传统节日的兴衰。清明节墓祭习俗对时空条件的要求难以与农民工的时间生活模式相匹配，民众只能在现实"生活"与节日"传统"之间进行权衡和选择，要么不惜一切代价在清明节返乡祭扫，要么放弃过节或变革节日传统，集体祭扫习俗对鱼陇寨民众而言意义重大，因此民众必须将其纳入新的时间模式之中。从生活逻辑的角度能够更好地理解"民"的生活与"节"的传统与之间的关系，如萧放、贾琛所言："传统节日复兴应尊重民俗生活逻辑和一般文化逻辑。"在节日文化资源的保护与开发过程中，"我们应以它是否满足民众的生活需要和精神需求作为重要标准"。[②]节日传统变迁的内在规律就是符合不同历史时期民众的现实生活需求，即便节日的习俗内容和实践方式发生了变革，但是传统的价值规范理念根本上还是延续的，所以清明节的节日习俗传统在现代城市社会中仍以各种各样的方式存在和实践着。民众在节日传统变迁的动态过程中，并非是完全被动、消极或漠视的，也不是等待知识精英进行移风易俗，也会根据生活的境遇和需求自主地进行传统习俗的变革。在民俗传统的变革过程中，民俗

① 王加华：《传统节日的时间节点性与坐标性重建——基于社会时间视角的考察》，《文化遗产》2016年第1期。

② 萧放、贾琛：《中国传统节日的传承与变革》，《社会治理》2020年第7期。

学者的立场和态度至关重要，应该尽可能地从民众的生活逻辑出发，从实践的角度看待民俗传承。①

## 余　论

纵观鱼陇寨清明节墓祭传统的连续变革，我们发现民俗传统经历中断、变异和调适之后，又返回了原来的“传统”，但并非全然不变地“回到自然”，而是在当代社会语境中发展出适应民众时间生活制度的“新传统”。随着社会进一步发展和民众生活方式的改变，“新传统”或许还将继续发生变革，关键在于我们如何看待节日传统的变革。10年前，学界已经有了较为客观的看法，即民俗学者应该尊重民众过节的意愿，要做一个旁观者，冷静地观察，而非干预，顶多给予适当的引导。时至今日，我们看待和理解这个问题的思路是否有进步？笔者认为，民俗学者的作为并非干预之“度”的问题，而是在“旁观”与“干预”之间寻找合适的实践方式，“适当的引导”从宏观层面来说是具有可行性的，更好的方式则可借鉴刘铁梁基于中国本土社会的田野经验提出的“感受”“交流”的民俗学。这两个关键词既是理解节日传统变革的正确态度，也是一种互相体认和解决民众生活困境的实践方式。通过“感受”和“交流”，民俗学者能够充分尊重民众主体在节日传统变革过程中的实践能动性，将关注点从节日习俗的存续转到民众的生活问题，能够理解和帮助民众解决现实困境，远比从节日文化传统的角度对民众进行引导更有意义。民俗学对节日传统的研究无疑要以“民”为本位，“节”的传统实则也是为民众主体的生活服务，鱼陇寨清明节集体祭扫传统的当代变革，只是中国老百姓为追求现代美好生活而自主进行“移风易俗”的一个缩影，既折射出民众在现代社会进程中遭遇的生活困境，也体现着民众自主和能动地解决生活困境的勇气和智慧。因此，鱼陇寨民众在长期的生活实践中思考、商议和商量出的习俗变革办法，理应被理解、被重视。民俗学者在广大乡村地区

① “将民俗事象在历史时间中的传承，理解为行动者实践的过程及变化轨迹。两者之间的根本差异，是将关注的对象从客体性的民俗事象，转变为历史社会互动中的实践主体。”萧放、鞠熙：《实践民俗学：从理论到乡村研究》，《民俗研究》2019年第1期。

进行田野调查时，需要感受民众在急剧的生活变革过程中所经历的情感矛盾和认同危机，在交流中理解他们何以通过种种方式变革民俗传统。当然，也可以在交流中分享调查案例，为面临相同或相似的现实生活困境的地方民众提供参考的建议和有益的解决方案。民俗学者在田野调查中看待乡村节日传统的变迁时，也应兼顾多个实践主体的叙事，理解民众对自身实践行为的认知和评价，尽可能从民众的生活逻辑出发，积极看待民俗传统在当代乡村社会的发展过程。

# 平湖秋社习俗调查报告

张玉观*



**摘　要**

浙江平湖有众多祭祀社神的民间组织——社。社，以自然村为单位，由民众自发结成。各社每年祭祀社神，称“做社”。“做社”分春、秋两次，秋季“做社”即为“秋社”。平湖秋社历史悠久，传承至今。秋社日，社主请“做社”先生主持仪式，先在本庙敬神，再回到当社社主家中安置佛桌台、请神、接神、吃社酒宴、唱社书、送神、讨口彩，以报丰稔。秋社既是古老的民间信仰的心理寄托，同时在促进民众团结、保持社会稳定方面具有现实意义。

**关键词**

秋社习俗　平湖　浙江

浙江省平湖县(今平湖市)民间具有秋季“做社”的传统。从1963年开始，笔者即对平湖“做社”展开调查，至今已有50多年，前后总共参与现场调查12次。第一次调查是在1963年九月初八日，是个“秋社”，地点在当时的平湖县钟埭乡联丰大队第九生产队，小地名叫作“龙潭浜”。当年这个社的当社者是大姓张家，秋社由张生寿主持。这个队共有31户人家，有张、倪、盛、沈四个姓氏，张姓有26户。当时，他们知道我老家(原白马乡红建村)有位“做社”先生顾方其(艺名“肖宝昌”)是我的熟人，就让我帮忙请来“做社”。

* 张玉观，浙江省嘉兴市非物质文化遗产专家委员会委员。

这是我有生以来第一次参加平湖民间"做社"活动，而且是个"秋社"。

2016年，杭州师范大学与嘉兴市文联、嘉兴市民间文艺家协会合作展开"嘉兴节日志"课题调研，邀我撰写平湖"秋社"调查报告。在与"做社"先生徐文珠取得联系后，我们决定选择在平湖市新埭镇大齐塘村的沈家浜做"秋社"，时间定在2017年11月8日(农历九月二十日)。本调查报告即是对这次"秋社"活动进行的调查记录。



## 一、平湖"做社"的历史沿革

平湖历史上有祭祀社神的传统，民间称为"做社"。"社"是古代土地神名，也指祭祀土地神的地方。土地神源于古代的"社神"，原指管理一小块地面的神。《公羊传》注曰："社者，土地之主也。"①东汉应劭的《风俗通义》引《孝经》曰："社者，土地之主，土地广博，不可遍敬，故封土以为社，而祀之报功也。"②后世将"社神"称为土地神，清代翟灏《通俗编・神鬼》云："今凡社神，俱呼土地。"③民间祭祀土地神的活动，即为"做社"。

"做社"的传统可追溯到汉代以前。《汉书・五行志》载："旧制二十五家为一社。"④由此可见，所谓"社"，就是地方上最小的民间单位。以社为单位而立庙供奉的土地神叫"社神"。一般认为，大约在元代之后，全国各地的"社"和"社祭"就逐渐衰落了。不过在平湖以及其周边的一些地方，"做社"的活动被当地民众继承了下来。平湖民间"社"的名称，因时间和季节而异。新年里，正月初至正月二十期间的社，称为"新年社"，又称"元宵社""牛社"；三月的社，则称为"春社"；青黄不接的季节"做社"，称为"青苗社"；七月初七至二十期间的社，是为"秋社"，也称"秋苗社""太平社"；农历九十月间生姜上市时的社称为"青姜社"，也称"新姜社"。此外，各地乡间以及庙里的各位神佛、菩萨，根据他们的生日和卒日而"做社"，称为"迎神社""迎会社"。

"社日"是古代祭祀社稷的日子。社日分春分社和秋分社。汉以后，一

① 李学勤主编：《春秋公羊传注疏・庄公二十五年》，北京大学出版社1999年版，第171页。

② (汉)应劭：《风俗通义・祀典・社神》，明万历本。

③ (清)翟灏：《通俗编・神鬼》，清乾隆十六年(1677)翟氏无不宜斋刻本。

④ (汉)班固：《汉书・五行志中之下》，中华书局1962年版，第1413页。

般用戊日，以立春后第五个戊日为春社。宋代诗人梅尧臣的《春社》诗，对当时春社日的盛况作了生动的描写。

年年迎社雨，淡淡洗林花。
梅下赛田鼓，坛边伺肉鸭。
春醪朝共饮，野老暮相哗。
燕子何时至，长皋点翅斜。①

立秋后第五个戊日为秋社，正是秋分前后。汉代以前，只有春社，汉代以后才有春社、秋社。秋社名始见于唐代。《荆楚岁时记》记载："社日，四邻并结综会社，牲醪，为屋于树下，先祭神，然后飨其胙。"②唐代韩偓《不见》诗云："此身愿作君家燕，秋社归时也不归。"③



此前在调查平湖"做社"习俗时，已故的"做社"先生陈金波告诉我：平湖是吴越地区的重点产粮区，历来有祭祀社神的习俗，历史悠久。《礼记·月令》中就有仲春三月"择元日命民社"④的记载，"社"是土地神，与农业关系极大。

平湖"东湖十景"中，至今还保留着古代社日风貌的"东田社鼓"景点。明代大学士李东阳曾游东湖并作《东田社鼓》，诗云："日之出，东田东，鼓填填，走社翁。封肥羊，系壮豕，舞复歌，社神喜，但愿年年好风雨，侬衣有桑食有黍，长迎社神击社鼓。"⑤此诗十分传神地展现出明代平湖乡村"做社"的火热景象。此外，清代《（光绪）平湖县志》"春分社，田家醵钱为会，牲醴祭神，以祈丰稔……秋分社，田家又醵钱为会，牲醴祭神，以报丰稔"⑥之记载，也反映出当地民间具有"做社"的传统。

平湖"做社"以乡村为主。中华人民共和国成立后，政府号召"破四旧，立四新"，特别是"文化大革命"开始以后，当地"做社"活动彻底停止。至改革开放后，农村各地重视地方传统文化，"做社"习俗重新恢复，各乡镇的"做社"逐步兴起，一般仍以乡村民间组织和乡村的民间庙宇为主。

---

① （宋）梅尧臣：《春社》，（宋）蒲积中编：《岁时杂咏》卷十，清文渊阁《四库全书》补配文津阁《四库全书》本。

② （梁）宗懔，姜彦稚辑校：《荆楚岁时记》，岳麓书社 1986 年版，第 23 页。

③ （唐）韩偓：《不见》，（清）曹寅编：《全唐诗》卷六八三，清文渊阁《四库全书》本。

④ （汉）郑玄注，（唐）陆德明音义：《礼记·月令第六》，《四部丛刊》景宋本。

⑤ （明）李东阳：《怀麓堂集·诗稿三·东田社鼓》，清文渊阁《四库全书》本。

⑥ （清）彭润章修，叶廉锷纂：《平湖县志·地理下·风俗》，清光绪十二年（1886）刊本。

当地结社的方式基本以自然村为单位，自由结社，由村坊中某一户发起，同村坊的若干户村民自愿参加，少则七八户，多六七十户，均可结成一个社。“做社”的日期，过去一般会请风水先生选定某个黄道吉日，定为“做社”的吉日。村坊“做社”一年两次，分为“春社、秋社”。这种“做社”的民间组织一旦形成，往往相对稳定，参与者可轮流担当社主。一年做毕，选定下一年的社主人选，也有连任几年的。社主主要负责商定“做社”日期、邀请某某来担任“做社”先生以及演唱社书的书目等。

从20世纪60年代至今，“做社”的经费开支随社会经济发展水涨船高。例如，1963年农历九月初八龙潭浜“秋社”共有26户，每户社主只分摊3元，“做社”先生酬金只付6元钱。到了1993年农历正月初八平湖南桥乡新港村的“春社”时，该社共24户，每户分摊19.6元，“做社”先生酬金60元。2000年后，“做社”先生的酬金增至两三百元不等，至2017年，已达到600元。社户的分摊也从几元增加到百余元不等。

21世纪后，农村经济发展很快，每个村坊涌现出不少创业人士以及富裕的企业老板，有了一定的经济实力。他们把本村坊“做社”民俗活动当作“献爱心，做好事”的平台，纷纷参与捐钱、捐物，提高了“做社”活动的档次，从而减轻了社中一般社户的经济负担。但每个社户参与“做社”是一种精神上的寄托，并不愿意少出钱，于是就用多余的钱把社酒办得更丰盛些。

## 二、平湖沈家浜“太平社”及其“做社”先生概述

平湖市新埭镇大齐塘村12组（原秀溪乡新生村9组）1999年并入新埭镇，小地名“沈家浜”，社户21户。大齐塘村位于新埭镇南部，东与本镇牌楼村接壤，南与诸仙汇塘相望，并与钟埭镇曙光村相接，西与嘉善县惠民镇毗邻，北接本镇萃贞村，村部设在大齐塘集镇。该村占地面积6025亩，耕地面积5074亩，辖区内有19个村民小组，1311户，4941人。该村在清代属平湖县西十九都，民国后期隶属埭乘乡，后改称秀溪乡，1999年平湖市撤乡并镇时并入新埭镇。

和平湖农村的其他一些地方大致相仿，沈家浜的“做社”有着相当悠久的历史，然而在1949年以后则一度停歇。至2007年，村里有人提议恢复“做

社”，推选李补英担任社的主要负责人，取名“太平社”，邀请著名钹子书艺人徐文珠担任“做社”先生，负责唱社书。该社成立至今已有10余年，年年“做社”。其时间则要与“做社”先生协商，选定一个好日子进行。

当地习惯，凡是参与“做社”的农民，都被称为“社主”，也有称作“社户”的。社主负责人是大家的领头人，要负责安排“做社”的各项事务，如经费开支掌控、人员调配等。按惯例，太平社“做社”要用整整一天的时间。参与的社户要聚餐，俗称“吃社酒”，通常包括中、晚两餐。有的村社历来只吃一餐，一般安排是晚餐。晚餐以后通常要听社书，这是“做社”礼仪之后的余兴节目。

沈家浜“秋社”，长期以来都邀请徐文珠担任“做社”先生。徐文珠，1957年6月30日生于平湖广陈镇，是国家级非物质文化遗产项目平湖钹子书传承人。徐文珠的父亲徐阿培(1915～1987)是平湖钹子书第八代传人，其女徐文珠是第九代传人。徐阿培生前是平湖著名的钹子书艺人和“做社”先生。1953年3月，平湖县成立农民书艺人联合会，徐阿培担任执行委员。1956年，平湖县农民书艺人联合会改组成立平湖县曲艺协会，徐阿培任协会主任。1958年，徐阿培以曲艺工作先进县代表身份出席“全国曲艺代表大会全国曲艺会演”，会议期间全体代表受到了敬爱的周恩来总理的亲切接见，并与周总理合影留念。

徐文珠19岁那年，父亲徐阿培看到她平时喜欢钹子书，也听她哼唱过几段开篇，觉得她嗓音条件不错，就决定收其为徒。从此，徐文珠开始跟随父亲学唱传统钹子书以及“做社”仪式和“唱社书”，一起学唱的还有他的姐姐。先学的是说唱传统书目《白玉燕》和《九更天》的几回书目。由于父亲教唱认真，姐妹学唱用功，因而进步很快。后来，在父亲的指点和推荐下，姐妹俩开始进入书场，俗称“进场子”，正式售票向观众说唱。这是平湖历史上传统钹子书第一次有女性说唱的“双档”钹子书。她们年轻漂亮，说表艺术到位，营业收入可观。跑场子说唱钹子书五年不到，她姐姐就离开说书舞台，去创办企业，只剩徐文珠一个人坚持进入书场说唱传统钹子书。由于她的坚持和努力，她能说唱的钹子书长篇书目有《白玉燕》《狸猫换太子》《九更天》《红鬃烈马》《双金印》《呼家将》《薛仁贵征东》《大红袍》《文武香珠》等10多部。

1985年后，徐文珠除了跑场子说书外，还常去参加市里、镇村组织的文艺演出活动。1995年,她加入平湖市民间文艺家协会,2000年加入嘉兴市曲艺家协会。2008年,平湖钹子书被列入国家级非物质文化遗产名录。2009年2月,徐文珠被评为浙江省非物质文化遗产项目平湖钹子书代表性传承人,同年6月,又被评为国家级非物质文化遗产项目平湖钹子书代表性传承人。

随着电视机进入千家万户,传统钹子书演唱的平台逐渐消失。与此同时,另一种传统民俗习俗现象再度出现,平湖乡村的"做社"习俗自20世纪80年代重新恢复。当时,她很快适应这一形势,转入"做社"、唱社书,一方面可借此挣点钱,另一方面可以继续弘扬传统钹子书演唱,既做好社又唱好书,一步步走到今天。

徐文珠说:"我从20岁开始跟随父亲学唱传统钹子书,然后再学唱社书。因为'做社'有一整套习俗的程序,无论桌台摆式还是社单抄写,都很讲究。每一个社的地址通报都要用旧时的地名,如果没有先生指点,你一点也不懂,但在社会上一些老长辈的社主他们都懂,弄得不好,你先生出洋相难为情不算,还要影响你'做社'先生今后的信誉和生意。对请神、接神、送神时的神佛,根据各个社的方位,也有所变动,都要记忆熟练才能胜任。我本人真正'做社'是从20世纪90年代开始的,第一次'做社'在新庙'天宝庵'。当时收费200元,心里非常高兴。第二次,在前港公社三华村'青龙庙',菩萨叫'刘公猛将'。这个社在'文化大革命'时期也没停止过,因为我父亲与这个社的社主——和尚阿叔是比较要好的朋友。'破四旧'那个年代,他们将'做社'仪式放到房间里,村上也没有几个人参加,声音很轻,时间放到晚上8点30分到10点半。"

现在,徐文珠已经收了徒弟,包括徐全妹(堂妹)、肖芳英(女)、戈全梅(女)、王玉华(女)、宋红兵(男)、周星(男)共6位。其中,肖芳英已被评为平湖市第二批非物质文化遗产项目平湖钹子书代表性传承人,徐全妹已经可以独立"做社"了。



## 三、平湖沈家浜"秋社"实录

沈家浜是从2007年开始结社,每年有"春社""秋社"两社,春社是每年农历二月二十二日，秋社是每年农历九月二十日，本庙菩萨为英烈候“朱福二老爷、夫人娘娘”，“做社”先生都是徐文珠。

2017 年 11 月 8 日(农历九月二十日)是沈家浜“秋社”日，秋高气爽，远看田野里透出一片金黄色稻浪，在微风里点着稻头。早上 7 点，徐文珠先生打了一辆出租车，从平湖市区当湖街道梅园路出发，前往新埭镇大齐塘村 12 组，到达现场已是早上 7 点 50 分。经过一番准备，上午 9 点 30 分徐文珠已布置得差不多了。接下来，当社社主吴建国带领“太平社”各户社主到沈家浜本庙举行敬神祭祀仪式。

### (一)本庙敬神

沈家浜的本庙菩萨是“朱福二老爷”，他有两个夫人。庙是朝南向的，庙前有一条东西向的河浜即“沈家浜”。庙内有两位菩萨朝南坐，朱福二老爷在中间，东边是朱福二老爷夫人。据说另一位夫人比较凶，故不在这里安设神像，她与朱福二老爷住在两处。在本庙北 200 米左右另有一座被称为“夫人庙”的小庙，即另一位夫人的住处。“做社”祭神都在本庙，夫人庙通神一下即可，平时百姓烧香两处都要去祭拜。夫人庙是一座两间开阔的民间小庙，由当地百姓集资修建。据说，历史上当地确实有过这么一座小庙，故地方政府对它采取默许态度。这种地方小庙在平湖乡间时有遇见，民众回忆其在历史上也有一定的规模，但在地方史书上却大都没有记载。当地百姓对其又普遍认可，每逢“做社”就会前往祭拜，举行一定的敬神仪式。

去本庙祭拜，首先由当社社主吴建国挑担，担子里有两蒸笼荤素菜肴，包括猪头、原鸡、原鱼及水果糕点等。跟在吴建国后面的是当天参加“秋社”的各户社主及其家人，有的拿着圆团、册糕、水果等，俗信以为将这些食品摆放上庙里菩萨佛台之后，家里人吃了，就会得到菩萨的保佑。菩萨前佛台上，除了摆放这些食品水果之外，还有佛茶、佛酒以及点亮的香烛等。前来参拜的社主们手持三支香跪拜，“做社”先生开唱请神歌、接神歌、敬神歌，其中当社社主要根据“做社”先生的唱词段落不断斟酒、敬酒。请神时，先生还要通报社单，届时会直接读各社主姓名。此次，徐文珠则用钹子书演唱曲调来通报社单名字，这样听起来更为热情好听，很受社主欢迎。

据徐先生说，平湖“做社”旧时是由“太保先生”主持，他们不唱书，用一只扁鼓、一面小锣伴奏，后来即称为“锣鼓书”。前几年，她自己在请神、接神、送神时也用鼓和一面小锣，唱书时再改用钹子。近几年来，为方便携带，她“做社”时请神、接神、送神和唱书全都用钹子。

前往本庙祭拜、点烛、敬酒、朗读社单，唱一段曲，都是讲一些祈求菩萨保佑的套话，然后焚烧纸锭，燃放鞭炮等。这样的目的是把这次“秋社”大事向神灵——庙里“朱福二老爷”——通报一下，告知他今天“沈家浜太平社”在做“秋社”，希望得到他的认可。燃放“高升”鞭炮后，庙里的敬神仪式结束。上午 10 点 10 分左右，吴建国领队，带大家返回。



**(二)布置“做社”桌台**

离开本庙后，众人要返回当社的社主吴建国家，然后将庙里敬过菩萨再拿回来的所有菜肴等在灶头前放一放，敬过灶神后再安放到早已安排好的“做社”佛桌台上。桌台由两张八仙桌拼成，放在吴建国家东楼底层一间，靠近北墙壁朝南向。墙上挂一幅刺绣佛图，台前挂上一份用大红纸写的社单名字。这些社单名字都是徐文珠先生用毛笔在现场书写完成的，可见“做社”先生也要具备毛笔书写的本领。“做社”桌台上物品的安放程序如下。

1.摆放佛码

旧时，佛码是购买的印刷佛像，里面有 36 个朝神，有具体名单，安排方式也有所不同。旧时“做社”时先安放神案，排列神码，分一台、二台、三台。第一台排列九个神码，依次奉祀九位神仙：观音、玉皇大帝、三天三宝、玄天上帝、文昌帝君、关圣帝君、三官大帝、和合二仙、寿星。第二台也排列九个神码，依次奉祀九位神灵：朝元代、青龙吉庆、五路财神、南极仙翁、南朝圣众、利市仙官、招财进宝、正乙玄坛、五岳曹神。第三台排列十五个神码，依次奉祀十五位神灵：城隍、杨老爷、钱郡王、霍光丞相、刘猛将、施王、朱福老爷、王三爷、李侯王、栏头土地、金七总管、通天五圣、灶君、土地、田公田婆。此外，在神码前安放猪头、鸡、鱼、猪肚子，二十四个酒盅（排成一排）、二十四双筷子（扎成一把），另祀三个神灵：上界天仙符官、中界云仙符官、下界水仙符官。台前安放香烛、社单。

神码为水印木刻，长三尺，宽一尺左右，旧时一般南货店均有出售。家中帮手们将神案大致布置妥当，“做社”先生从本庙回来后，就亲自折叠神码，并将神码安放到规定的位置上，这是旧时“做社”的办法。现在，神码都是“做社”先生在现场用大红纸折叠的，有所简化，不一定是36个。神码前放置酒杯三个，竹筷一把，佛茶三杯，糖茶三杯。

2. 摆放菜肴

桌台上安放的菜肴通常是“四荤四素，九籽盘”。四荤，当天准备的有原猪头一个、猪脚一只、蹄髈一只、猪尾巴一条、猪肠一盆、一块放在大盆内的块头大肉、原鸡一只、原鱼一条。四素包括豆腐干一碗、片腐一盆、红枣一袋、糖果一盘。以上这些菜肴都是煮熟的。

九籽盘包括桂圆、荔枝、开心果、花生果、长寿面、香蕉、火龙果、红枣、苹果，共九种。这些都是社主带来的，要放在佛台上，然后再带回去让家人小孩子食用，以求菩萨保佑。

3. 摆放酒饭

除以上物品外，另须摆放两瓶酒、两碗饭。酒的种类各地不同，有黄酒也有白酒。“太平社”这次“做社”用的是当地的“平湖黄酒”，据说“朱福二老爷”喜欢喝本地黄酒。

平湖其他地方“做社”时，除在正间安放佛桌台外，还会另辟一个地方或者在另一间里再安放一个佛台，安放三甲符官、佛茶、佛饭及荤素菜肴，等等。本次“做社”，佛台上除了以上这些，桌台最前口有一对大香炉、三支香、一对大蜡烛。此外，将原本另间安放的三甲符官等也移到桌台的前半部。“做社”先生解释，现在都这样简化，好让社主一起敬酒跪拜。

佛桌台的西南角还有一桌，是8个六七十岁的本地念佛老太太。她们围着一张八仙桌四面坐着，手里折着元宝，嘴里念念有词，俗称念“八仙佛”，也称念“八仙元宝”。折好的元宝都要在当天送神时焚烧掉。

### （三）请神

一切安排好后，徐文珠先生手执钹子开始请神。她站在佛台最前面，请神时下跪，接神时站着演唱。当社社主吴建国安排一位洒酒社主祭酒，自己和妻子则双双执香跪拜在桌台前，参加当天“秋社”的其他“太平社”社主都站着执香祭拜，并燃放鞭炮。

请神开始前，徐文珠先生先报请今朝“秋社”社主名单。报完名单后，开始演唱请神。其演唱的《请神词》如下：

九霄云内殿门开，一阵香风扑面来，符官是，相貌堂堂离紫府，威风凛凛出天坛。

还请上界符官号天仙，身骑龙马下凡间，手执令字旗一面，金盔金甲好威严。

还请中界符官号云仙，银盔银甲电光现，手执请神旗一面，驾马三鞭到坛前。

(白)恭请三界功曹符官使者，身登宝位，社主虔诚带领众姓香民，奉敬上中下三界符官，接风酒当初敬，社主敬酒——

(唱)初杯酒，敬天仙，上界符官本性盖。身穿绣袍出天池，九霄云内得成仙。

民为上，号青天，平江知府最清廉。秉公执法为父母，封伊上界达三天。

地势高，地为腰，大地松花满天飘。地角清泉花四溅，地岳地府下地朝。

(白)社主虔诚众姓香民，奉敬符官使者，接风酒，当二敬。

(唱)二杯酒，敬云仙，中界符官刘沉香。他是劈山救母威名大，三郎神得求上天庭。

传仙法，救娘亲，骨肉团圆转家乡。孝心一片动天地，封你中界为朝神。

水汪汪，水更猛，水流水花水榭香。水府龙宫来朝拜，云仙升腾神坛上。

(白)社地虔诚众姓香民，奉敬符官使者，接风酒，当敬三杯——

(唱)三杯酒，敬水仙，下界符官周叔成。扬州知府亲继父，蓬莱山得遇吕洞宾。三杯三盏敬符官，相烦符官请转神。

(白)今据是浙江省嘉兴府平湖市监管秀溪乡新生村9组，阿东坊、大历塘圩，本庙沈家浜、英烈侯朱福二爷、夫人娘娘、财神等总大神，带领众姓乡邻，善男信女，虔诚恭请，太平社会敬灵神，奉敬符官请朝神。

(唱)赞符官上马三杯酒，上马驾鞭去请神。

灵霄殿玉皇大帝焚香请，三天三宝焚香请，三天门里一同行。

普陀山，奉请观世音，

云台山，三官大帝焚香请。

武当山，玄天上帝同降临。

宝光山，文昌帝君焚香请，玉泉山，关圣帝君同降临。

蓬莱山，奉请福禄寿三位老星君，昆仑山，和合二仙一同行。

请了佛，又请神，再来请五岳众灵神。

(白)中界符官身骑快马到福州府富阳元桥奉请郡王：

(唱)后殿夫人一同行。

到山东登州府蓬莱县奉请刘猛将大人，后殿夫人一同行。

前往西岳华山府奉请金七总管，后殿夫人一同行。

再到安徽安庆府龙里县奉请霍光丞相，后殿夫人一同行。

再到金泽镇灶天侯王焚香请，杨龙杨虎一同行。

到浙江杭州城隍山请省主城隍，后殿夫人一同行。

三天竺请普门大士，南高峰请刘猛将大人，

北高峰请财洛大帝，玉泉山请关圣君帝，

南山净寺请三珍珠佛，昭庆寺请如来世界。

符官使者回来请嘉兴府府主城隍，后殿夫人一同行。

烟雨楼请赵一都堂，杉青闸请四大人，

十八里桥请财洛大帝，焦山门朱福二爷同降临，

新丰镇请四王千岁，湖墩廊请王四相公，

白马堰请后府城隍，平湖县县主城隍同降临。

后殿夫人出宫门，还有那三班衙役、六房书吏、船上官兵。

符官使者到观音堂请普门大士，

衙前镇奉请圣母娘娘，大营头六伦圣人，

小营头圣母娘娘，乍浦镇西中圣母娘娘，

草旗港送子观音同降临，小普陀出海观音，

四牌楼张六丞相，黄泥堰四王真人，

李墩君宪候王，乐天上帝一同行。

淡水桥请森罗天子，马暨庙三尊朱佛，

南河楼四王千岁，北河楼镇河候王，

庙街请霍光丞相，后殿夫人一同行。

赵家庙请乐天七帝杨千岁，大齐塘刘猛夫人焚香请，

坍牌楼海王爷千岁，新埭镇草荐城隍，

青阳汇请洛神慈君，兴塔庙请上天王爷刘大人，

全塘侨金七总管，十字街请杨千岁大人，

拔砖庙四王千岁，泗里桥普门大士，

新仓镇请草荐城隍，奉庆女庵皋请四大人，

棉长江财洛大帝，红庙头安乐王爷同降临。

谢塘周老爷千岁，丁家庙铁面龙图，

陈家圩方丞相，王河浜陈四千岁，

周桥湾四王千岁，青龙高刘猛将大人，

蔷薇庙杨金大王，半路桥朱福二爷，

先锋庙右金先锋，县前桥樵楼五圣，

奉请灶君土地在家庭。

（白）奉请众位大人，身登高位，社主虔诚，众姓香民，奉敬众位明神，三十六位朝神，接风酒当普敬。

（唱）杜康王制造多美酒，传入凡间敬朝神。

（白）本庙福德五圣、五位大人、门神和李侯王、栏头五圣、蚕花五圣、田公地母，奉请青龙、白虎、朱雀、玄武、勾陈、腾蛇、檐头五圣、瓜仙五圣请降临，东厨司命，除鬼土地请降临。符官请得清，记得明，凡人若然请神勿周到，烦请上界符官请灵神。

请神完毕，焚化一提纸锭元宝，众人跪拜，祈请三界符官使者出发，去往上、中、下三界，迎请各路神佛前来赴宴。

**（四）接神**

请神结束，众人休息片刻，然后开始接神。先向神案上斟酒，表示神佛已陆续赴宴，接着徐文珠先生代表主人向神佛敬酒，同时开唱《接神词》，其具体内容如下：

紫香炉内绿条条，红烛双双放白毫。

上盖九州珠子透，根盘四海叶飘飘。

本有长生不老千年果，枝有四十八万节万年桃。

神主点香求吉利，祈求荣华富贵乐陶陶。

金龙传定玉楼台，南宫北府殿门开。

着金袍，束金带，朝神位位下云霄。

众姓香民虔诚请，秋苗社会敬灵神。

远望南山一枝花，着地生根直到梢。

千年结对寿仙桃，赐给人间长生老。

(白)奉请三十六位大人，身登宝位，社主弟子会同众姓香民奉敬仙界士真，五岳大人，接风酒当初敬。(社主斟酒)——

(唱)初杯酒，碧波清，百花小姐闹东京。

终身许配曲文善，二郎神相请朗必林。

(白)社主虔诚，会同众姓香民，接风酒当成双二敬。社主斟酒——

(唱)二杯酒，敬神灵，飞来峰景致在杭州，

孤山独坐西湖内，天竺山进香闹稠稠。

(白)社主虔诚，会同众香民，接风酒当圆满三敬——

(唱)三杯酒，敬神灵，何文秀落难唱道情。

九里桑园访贤妻，夫人名叫王兰英。

(白)三杯酒，恭敬神，传香人带领社主虔诚今居浙江省嘉兴府平湖市监管秀溪乡新生村9组。奉请敬圣，社主弟子会同众姓香民，于2017年农历九月二十大开黄道吉日奉敬神灵——

(唱)五岳大神请得来，三牲供礼来奉敬。

刀筷齐全尽周到，陈年美酒多恭敬。

刀筷齐全尽周到，猪头肚子免杀生。

玉德公鸡多敬神，原鱼一条敬灵神。

从灵神，都到来，焚香点烛透天门。

利利佛码全酒金，三界符官请得来。

七星蹄子多供敬，香烟滚滚上天庭。

三十六位朝神，受得众社员恭敬——

口求神灵多流恩，一保家门多顺利，

二保人口共太平，三保普福生灵，

四季呈祥共安宁，五谷茂盛多丰登，

六畜兴旺利倍增，七子团员多幸福，

八节康宁无灾星，究竟靠神多显灵，

十全齐美挂当门。

十字当头加一撇，千年富贵万早兴。

大字当头加一划，天阑照遍众乡民。

大字当中加一点，太太平平过光阴。

天字出头夫作主，夫妻和睦同到根。

王字旁边点一点，玉堂富贵挂当门。

王字一点为主字，主事称心保安宁。

主字旁边加一撇，生意兴隆赚黄金。

好言好语说勿灵，再一杯美酒敬灵神。

香在炉中炉在台，花在园中四季开。

酒在壶中香馥郁，神在虚空赐福来。

众大人，来时三杯接风酒，

去就是，上马交杯送神灵。

香在炉中阵阵飞，红烛双双渐渐低。

来时带进千年福，去时要留万年兴。

（白）社主弟子虔诚，会同众姓香民，执壶把盏，奉敬上一台门神士真、一中一台福禄财神、正一台岳朝神，三界符官使者，上马交杯酒当初敬——

请神、接神结束，已是中午11点40分左右，“太平社”各社主等人员也已聚集，社主们纷纷合影留念。接着，“社主负责人”石姚根、当社社主吴建国安排各社主入座，开始社酒宴。

**（五）社酒宴**

酒席非常丰盛，香烟有“红利群”“黑利群”，也有几位老板从口袋里摸出“红中华”来，酒则有“红酒”“黄酒”“高粱酒”等，饮料也有两三种。大约有24道荤素菜，包括肉、鱼、鸡、鸭、鳗鱼、黄鳝、虾、牛肉丝、红烧羊肉，还有各种小炒。通常，各地“做社”时，社酒宴中会有两道基本菜肴，一道是蹄髈，俗称

“掘藏”,另一道是“笋干烧肉”,俗称“节节高”,都是好口彩。本次沈家浜“秋社”社酒宴也不例外。

“秋社”酒宴到中午1点结束,有社主要去上班或办理事情就先行离开,也有一些社主及老人和帮忙的人留下来。大家帮忙清理酒宴,打扫卫生,然后搬一个台子作为书台,将其他台子安排好,各自泡上一杯茶,准备听“做社”先生唱书。



### (六)唱社书

按照当地习俗,社酒宴后是“唱社书”环节。本次是“做社”先生徐文珠演唱传统钹子书,书目是《薛仁贵征东》。徐文珠,中等个子,微胖身段,圆圆的脸膛,有一双会说话的眼睛,具有江南农村中年妇女特有的气质。她一开口,声音清亮,带点沙哑,态度和蔼,话速较快,吐字清楚,绘声绘色,是一位出色的传统说唱艺人。“社书”一直唱到下午3点左右,中间有5分钟的“小乐惠”。“小乐惠”就是唱到中间唱书先生喝口茶、休息休息的意思。一般唱书时“小乐惠”有10分钟时间,因唱社书不同,本次休息5分钟就够了。

“做社”唱书,俗称“唱社书”,与书场唱书既相同又不同。相同之处在于,说唱的书目都是传统的钹子书长篇书目;不同之处在于,平时书场里说唱书目一般开一部书至少说半个月以上,开书都是从书目中的主人公的出生说起。例如《薛平贵征东》,从薛仁贵投胎出生开始,至少要说到薛仁贵做上大元帅为止,俗称“剪书”。但社书就不同,因为只有两三个小时,而今年说唱后要等到明年再接下去,故一般说书先生都会精选一段比较精彩的部分来唱,行书也比较快。徐文珠先生本次说唱的选段是:某庄园员外女儿无奈出嫁给山上强盗,帮员外造屋掮木头的小工薛仁贵帮助救驾。演唱时,书中情节既热闹又紧张。

按当地习俗,演唱书目有的由社主选定,也有的由“做社”先生自定。春社、秋社是同一个“做社”先生的,开书后可以连续唱,也有每次“做社”开一部书。自20世纪80年代起,社书基本上都以“做社”先生自定为主。在说唱形式上,旧时老一辈艺人以“锣鼓书”形式为多,道具是“一只扁鼓、一面小铜锣”,徐文珠先生的父亲徐阿培以及陈金波、马文祥等老一辈艺人都是这样。但改革开放恢复唱社书后,只有很少的先生唱社书用这种形式,大多数用钹子书作道具。有时候在“做社”仪式中请神、接神、送神用锣鼓书作道具和曲调，但唱社书则用钹子书作为道具，演唱的也是钹子书基本调。

这种现象出现的原因可能有两方面。一方面，旧时锣鼓书与钹子书演唱者音质不同，节奏也不同，锣鼓书曲调抒情深沉，节奏比较慢。改革开放后，人们的生活节奏加快，听众不习惯锣鼓书形式，同时演唱锣鼓书的先生因为年龄而逐渐减少，而新一代钹子书艺人大都不会演唱锣鼓书曲调。目前，平湖剩余年老钹子书艺人中只有一两位会敲会唱，但年事已高，已经唱不动了，锣鼓书面临失传的危险。即便徐文珠先生这样的国家级钹子书传承人，也只会敲锣鼓，但她的演唱仍以钹子书曲调为主。另一方面，携带是否方便也是一个因素。因为锣鼓书这只鼓再加小锣有点分量，再要加带钹子就更麻烦，所以前者被逐渐舍弃不用。



有人说，平湖钹子书没有音乐，因为它没有乐器伴奏，只有敲打钹子的帮衬，演员没有悠扬如歌的演唱，有的只是带有一种数板式的吟诵。其实，这种“数板式的吟诵”(后来大家都称之为钹子书“清板”)，也有音高和节奏的规律，构成了音调，这种音调就是一种音乐的表现。换言之，这就是传统的钹子书音乐。

“太平社”已成立10年时间，各社主对“做社”的基本习俗规定都很熟悉，所以待到“做社”先生唱书刚结束——下午3点左右，21位社主都已到齐。

(七)送神

下午社主到齐后稍作准备，便开始送神仪式。送神时，仪式在门外进行，各社主双手执香，先生徐文珠则手执钹子演唱《送神词》。其具体内容如下：

(唱)初杯酒，敬朝神，唐朝天子李世民。

功劳要算薛家将，千古留名到如今。

(白)社主虔诚，会同众姓香民，起马交杯酒当二敬——

(唱)二杯酒，碧波清，呼延庆偷祭铁丘坟。

锄奸杀霸保宋朝，多亏里头包文正。

(白)社主虔诚，会同众姓香民，起马交杯酒当二敬——

(唱)三杯酒，乐逍遥，蔡状元起造洛阳桥。

安德海酒醉送书信，四海龙王免三潮，三杯三盏都奉敬。

(白)秀溪乡洁于大虔诚。(以下再次通报社单)

(唱)保佑种田稻茂盛,种瓜兴旺利倍增。

春蚕蚕花多茂盛,捉鱼日日好收成。

蚕豆草籽无虫害,麦旺油菜爿爿兴。

养得牛来像虎样,畜猪棚里长千斤。

东风吹进金银宝,西风吹进聚宝盆。

南风吹进金银宝,北风路上赚黄金。

好一好二说勿尽,说一句来当一声。

众界符官忙匆匆,马上准备送灵神。

三天三宝四宝殿,三天门内一同行。

灵霄殿,三官大帝回宝殿。

武当山,玄天上帝请动身。

包家山,文昌帝君回宝殿.

玉皇山,奉送关圣帝君,

蓬莱山,福禄寿三星四宝殿.

昆仑山,和合兄弟一同行。

送仔佛,再送神,回来送五岳众大人。

奉送东岳刘沉香,西岳奉送金七总管。

奉送南岳钱郡王,北岳奉送杨大人。

中岳殿金山城隍回宝殿,真主太子一同行;

省主城隍回宝殿,三班衙役一同行:

府主城隍回宝殿,三班衙役一同行;

县主城隍回宝殿,三班衙役一同行:

本庙神驾回宝殿,六房书吏一同行:

本庙五圣回宝殿,灶君土地守门庭。

轿来坐轿抬了去,马来骑马去腾云。

众神灵,出辕门,三位符官来送行。

奉送三天三宝回宝殿,三朱门里一敬神,

玉皇大帝回宝殿,灵霄宝殿焚香迎。

观音大帝回宝殿,洛伽山上焚香迎,

灵台山三官大帝回宝殿，武当山玄天上帝回转门，
宝光山文昌帝君，玉泉山关圣帝君回宫门。
蓬莱山福禄寿三老星君回宝殿。
昆仑山和合弟兄转宫门，东岳奉送刘猛将，
西岳奉送金大人，南岳奉送田七相，
北岳奉送杨大人，中岳上王敬圣回宝殿，
珍珠太子一同行。奉送省主城隍回宝殿，
元王真人回金身。南高峰猛将大人回宝殿，
北高峰财洛大帝转回程，湖南浔寺三珍珠佛回宝殿，
昭庆寺如来在尊完敬圣。嘉兴府府主城隍回宝殿，
烟雨楼赵一都堂完敬圣，三请胜四王千岁回宝殿，
十八里桥财洛大帝转回程，焦山门朱福二爷奉送去，
新丰镇奉送四大人，白马埝侯火城隍回宝殿.
平湖县县主城隍宝敬圣，观音广普门大士回宝殿，
庙街上霍光丞相转衙门，拳送谢塘周老爷千岁，
赵家庙杨千岁大人，大齐塘猛将大人，
坍牌楼海大人，兴塔庙四王千岁，
红旗塘上天王爷，新埭镇草荐城隍，
青阳汇洛神星君，余塘桥金千总官，
十字街杨大人千岁，拔砖庙四王千岁，
河里桥先行大士，新仓镇草荐城隍，
奉庆愚庵四大人，衙前镇郭人王真人，
白沙湾圣母娘娘，大营头六伦圣人，
小营头圣母娘娘，乍浦镇雨中圣母，
菜萁港送子观音，小普陀出海观音，
四牌楼张六丞相，黄泥埝四王真人，
李墩上君宪侯王，淡水桥森罗天子，
马厩庙三尊珠佛，南河楼四王千岁，
北河楼镇海侯王，棉长江财洛七命，
红庙头安乐王爷。丁家庙铁面龙图，

陈家圩方丞相大人，王河浜陈四千岁，

周桥湾四王大人，青龙庙刘猛将大人，

蔷薇庙粉金大王，县前桥樵楼王圣来相送，

灶君土地降家庭，焚香人如有失送神，

各请大人转宫门。

唱完《送神词》后，焚烧纸锭元宝，众社主祭拜，鸣放鞭炮送神。



（八）讨口彩

送神结束后，接下来"做社"先生为沈家浜"秋社"的各位社主向神佛讨吉利口彩。"讨口彩"开始，各社主回到桌台前，向着佛台，双手执香，跟随徐文珠跪拜。讨口彩是另一种唱词，有根据"做社"时流传下来的手抄本进行的，有的先生会根据"做社"的地域或社主的情况自由编造发挥，演唱也会用先生自己通常演唱的钹子书作为基本调。本次徐文珠先生的"讨口"彩唱词就是她根据当地社主情况而现场边编边唱自由发挥的。

各位在场社主们，我敲钹子把口彩讨。

菩萨保佑大家好，社主个个身强力壮保健康。

老年人，身体好，增福增寿哈哈笑。

身上无疼无痒毛病少，吃得饱来困得好。

五十、六十算小弟弟，七十、八十多来稀。

百岁老人勿稀奇，五代同堂又兴旺。

漂亮姑娘手艺巧，村上人都把大拇指翘。

求求红娘做媒人，年轻小伙子个个想同伊对象找。

夫妻对对配成双，生活过得乐陶陶。

送子观音来帮忙，金童玉女配成双。

龙凤双胞福气好，爷爷奶奶笑声高。

四岁进了幼儿园，给爸爸妈妈小手招。

老师教教就开窍，背诵儿歌声音好。

读进小学成绩好，门门功课算头挑。

初中基础打得牢，平中、当高稳牢牢。（注：平中、当高是平湖最好两所高中学校）

只因小孩爷娘闲话听得进，老师的教导认真要。

心情舒畅进学校，认认真真在课堂。

放学回家忙家务，路上耽搁时间少。

看见网吧头不回，从不进舞厅去把舞来跳。

日长夜大身体好，玩手机看电视，分寸掌握牢。

道德品质人人赞，读书学习成绩算头挑。

为爷娘面子来争光，为沈家浜村上显荣耀。

名牌大学进了北京城，父老长辈都在哈哈笑。

农业生产年成好，稻田兴来双千挑。

种西瓜，品质高，西瓜藤兴来满田跑。

名牌种，品味好，又甜又大不得了。

种姜姜农哈哈笑，姜梗青来比人高。

闻闻新姜香味好，卖买新姜价钿高。

开厂老板运道好，相信菩萨来帮忙。

进厂原料质量好，出厂产品优质高。

保质保量促营销，厂里产品利润年年大提高。

老板经营生产又顺当，职工产品工艺抓得牢。

老板待佛诚信好，“做社”拜佛年年到。

东风吹进摇钿树，西风吹进金元宝。

南风吹进聚宝盆，北风吹进金链条。

做老板生意通四海，笔笔生意变黄金。

条条路上有金银，福气好来带进门。

“沈家浜”上老板福气好，大钞票，存银行，

小钞票烧香拜佛发善心，为村里新农村建设立功劳。

再看看场上车子停到木佬佬，说明伢农村形势好。

走路勿得脚着地，落雨天高跟皮鞋勿湿皮。

自行车，电瓶车，三轮车，摩托车。

面包车，小轿车，还有新型充电车。

沈家浜家家场门前，名牌轿车多来喜。

奉劝大家千万要注意，胆大细心要牢记。

吃酒勿开车，开车勿吃酒勿忘记。

转弯抹角开慢车，开车安全记心里。

各位社主请听好，"做社"拜佛诚信记心里。

为的是全村好运气，家家幸福生活甜蜜蜜。

但社会当中总有不平稳，心胸开阔要牢记。

村上有难大家帮，奉劝大家心齐泰山移。

送福积德记心里，观音菩萨送来好运气。

邻里团结互助记心里，好心才有好财气。

望各位长寿百岁好福气，沈家浜村上金银铺满地。



讨口彩结束，时间已是下午5点左右。至此，本次平湖沈家浜"秋社"的整个"做社"程序全部顺利完成。

(九)"做社"结束后的安排

按近几年"做社"的习惯，"做社"程序结束后有三种安排。一种是当社社主当即按原定酬金付给"做社"先生，其收到酬金后即刻回家。也有的社主比较热情、客气，会特地邀请先生吃晚餐，晚餐后再用车送其回家。还有一种情况是"社主"留先生吃饭后，先生再唱"一回书"，约1个小时后社主再送先生回家。本次沈家浜"秋社"结束后，即采用的是第三种安排。社主请徐文珠先生留下来吃晚餐，饭后先生唱了一回《薛仁贵征东》，唱完后社主送先生回家。徐文珠说书大约说到晚上8点。从早上7点左右直到晚上9点左右，本次沈家浜的"秋社"终于圆满结束。然后，社主安排了一辆车将徐文珠先生和笔者直接送到平湖家里，到家时大约已是晚上10点了。

原定本次"秋社"付给先生500元酬金，但在当社社主吴建国付酬金时，徐文珠先生提出因晚上多唱了一回书，要加酬金100元。最后，吴建国实付给徐文珠先生的酬金是600元。

说到"做社"酬金之事，徐文珠先生是这样说的：现在平湖农村里"做社"有几种方式。一是"份子社"。如秀溪乡长福寺社，共81户社主，"做社"结账根据总开支(叫"抹台子")结，即今天这个社总共用去多少，由81户社主平均分摊到每户社主名下。二是"金堂社"。以"佛娘"为主组织香客前来"做社"，金堂社日期根据本庙菩萨生日而定，地点一般在佛娘家里搭个篷布棚，靠收取香客烧香拜佛和拜忏收费的钱来支付酒席和“做社”先生的费用。三是“庙会社”。具体组织者是香头或者佛娘，同样靠烧香拜佛费用作为开支，但一般不搭棚、不办酒席，地点都在庙里。“做社”日期是本庙菩萨出生日或者卒日，一年基本定为两社。

沈家浜“秋社”采取第一种“做社”筹资方式，社主共同商量后每户社主定好交费120元，由“当社社主”决定开支。有时也由“社主负责人”看实际情况而定，如当社社主酒宴确实举办得非常丰盛，收的钱远远不够，社主负责人就提议社主增加资金。比如本次“秋社”，因为吴建国的酒、菜、烟都办得丰盛高档，先前的资金不够使用，事后每户社主又各自增加了60元，实际上每户社主本次“做社”共花了180元。



## 结　语

平湖“做社”是一年两季，分春、秋二社。据史料记载：春社日在从立春算起的第五个戊日（多在春分时），祭神以求年成；秋社日在从立秋算起的第五个戊日（多在秋分时），祭神以报收成。本文是“秋社”习俗调查报告，与春社相比，程序基本相同。除本文所调查的沈家浜“秋社”外，徐文珠先生在2017年农历九月另做有24个“秋社”。（见表1）

**表1　　徐文珠2017年农历九月做“秋社”情况**

| 序号 | 农历日期 | 做秋社地点 |
|---|---|---|
| 1 | 九月初一 | 城北乡双桥村 |
| 2 | 九月初二 | 白马乡陆家桥 |
| 3 | 九月初三 | 秀溪乡钟林村 |
| 4 | 九月初四 | 白马乡新群村 |
| 5 | 九月初五 | 新埭镇 |
| 6 | 九月初六 | 嘉兴县新丰镇 |
| 7 | 九月初七 | 城北乡福臻村 |
| 8 | 九月初八 | 陆林园 |
| 9 | 九月初九 | 城北乡 |
| 10 | 九月初十 | 城北乡三港村 |

续表

| 序号 | 农历日期 | 做秋社地点 |
|---|---|---|
| 11 | 九月十一 | 白马乡红建村 |
| 12 | 九月十二 | 当湖街道广福园社区 |
| 13 | 九月十三 | 钟埭镇 |
|  | 九月十四、十五 | 休息 |
| 14 | 九月十六、十七、十八、十九 | 城北乡花园小区观音生日 |
| 15 | 九月二十 | 新埭镇大齐塘沈家浜 |
| 16 | 九月二十一 | 新埭镇鱼圻塘村 |
| 17 | 九月二十二 | 当湖街道凝萃小区 |
| 18 | 九月二十三 | 白马堰庙会 |
| 19 | 九月二十四 | 秀溪乡长福寺王家浜 |
| 20 | 九月二十五 | 新庙乡 |
| 21 | 九月二十六 | 新埭镇牌楼村 |
| 22 | 九月二十七 | 秀溪乡钟林村 |
| 23 | 九月二十八 | 秀溪乡钟林村 |
| 24 | 九月二十九 | 新埭镇向阳河 |

从表1可以看出，平湖民间做"秋社"的习俗非常普遍。平湖的"做社"仪式，是古老的民俗信仰，是孝敬土地神，祈求保佑、五谷丰登、家人平平安安，体现出一种普通的心理诉求，是人与人、人与神的心灵沟通。与此同时，"做社"也是一个村坊的合作形式，必须有团结、和谐、友好的良好氛围才能合作，增强村坊自身的凝聚力。可见，当下重新恢复"做社"民俗活动，除了古老的民间信仰的心理寄托外，还有促进民众团结合作、保持社会稳定的现实意义。所以，新时代的"做社"民俗仪式，依旧能得到广大民众的认同和传承。

此外，从实地调查情况看，当下"做社"也存在不足之处，有待加强与提高。

首先，"做社"仪式的固定性和规范性需加强。时代不同了，人们的审美意识在改变，古老的仪式既然还在传承，想得到人们的向往就要在一些地方有所加强，如时间上统一，布设上统一，仪式上统一，等等。

其次，"做社"先生艺术上的传承面临困境。从目前平湖的情况来看，真正以规范的民俗形式“做社”的先生已经不多,除了徐文珠、王纪外,另有叶金龙、沈荣庆二位老先生,但二人年事已高,不能胜任。其余的新生代先生缺少老一辈在艺术上的指导,“做社”传统无以为继。

再次,有些地方“做社”重祭拜仪式,忽视了唱社书。唱社书本是“做社”的重要一环,在古老的“做社”仪式中,要占用5个多小时,这样才叫作“做社、唱书”。从目前情况看,沈家浜太平社的两次“秋社”总体比较完整,无论是“做社”的神灵祭拜还是唱社书,都能很好地继承传统,因为这个社的“做社”先生是著名的钹子书传承人徐文珠。其他的“做社”活动情况参差不齐,有待加强。